中 国 人 口 较 少 民 族 研 究 丛 书

中国人类学民族学研究会人口较少民族研究专业委员会　组织编写

中国人口较少民族研究

图书索引

苏贵章　孙秀斌　庄善洁　主编

ZHONGGUO RENKOU JIAOSHAO MINZU YANJIU
TUSHU SUOYIN

第二辑

知识产权出版社
全国百佳图书出版单位
—北京—

图书在版编目（CIP）数据

中国人口较少民族研究图书索引．第二辑 / 中国人类学民族学研究会人口较少民族研究专业委员会组织编写；苏贵章，孙秀斌，庄善洁主编．—北京：知识产权出版社，2022.12

ISBN 978-7-5130-8478-9

Ⅰ.①中… Ⅱ.①中… ②苏… ③孙… ④庄… Ⅲ.①少数民族—著作—书目索引—中国 Ⅳ.①Z89∶K28

中国版本图书馆 CIP 数据核字（2022）第 222314 号

内容提要

本书是中国人类学民族学研究会人口较少民族研究专业委员会组织编写的一部集检索与导读为一体的书目检索工具书，是“中国人口较少民族研究丛书”研究成果之一。编者梳理并筛选了中华人民共和国成立以来研究珞巴族、毛南族、门巴族、仫佬族、怒族、普米族、撒拉族、塔吉克族、塔塔尔族、土族、乌孜别克族、锡伯族、裕固族 13 个人口较少民族重要的、具有学术价值的图书，利用二次文献编纂原理，对每一个人口较少民族的研究图书按《中国图书馆分类法》（第五版）进行学科分类，同一学科下的图书又按题名汉语拼音顺序排列，编制成索引。索引著录项目包括书名、作者、出版者、出版时间、中图法分类号、关键词、内容摘要、馆藏单位等著录项。

本书可作为图书馆、人口较少民族研究领域的研究者的参考用书。

责任编辑：许　波　　　　**责任印制**：孙婷婷

中国人口较少民族研究图书索引（第二辑）

ZHONGGUO RENKOU JIAOSHAO MINZU YANJIU TUSHU SUOYIN（DI-ER JI）

中国人类学民族学研究会人口较少民族研究专业委员会　组织编写

苏贵章　孙秀斌　庄善洁　主编

出版发行：	知识产权出版社有限责任公司	**网　址**：	http: //www.ipph.cn http: //www.laichushu.com
电　话：	010-82004826		
社　址：	北京市海淀区气象路 50 号院	**邮　编**：	100081
责编电话：	010-82000860 转 8380	**责编邮箱**：	xubo@cnipr.com
发行电话：	010-82000860 转 8101	**发行传真**：	010-82000893
印　刷：	北京中献拓方科技发展有限公司	**经　销**：	各大网上书店、新华书店及相关专业书店
开　本：	720mm×1000mm　1/16	**印　张**：	19.5
版　次：	2022 年 12 月第 1 版	**印　次**：	2022 年 12 月第 1 次印刷
字　数：	415 千字	**定　价**：	98.00 元

ISBN 978-7-5130-8478-9

“中国人口较少民族研究丛书”总序

一

我国是统一的多民族国家，全国共有56个民族，其中有55个少数民族。在55个少数民族中，人口在30万以下的民族统称为人口较少民族。

20世纪80年代以来，我国著名的人类学家、社会学家费孝通教授，提出了人口较少民族的概念。他先后深入鄂伦春族、裕固族、撒拉族、土族、赫哲族等少数民族地区进行调研，建议把人口较少民族作为一个类型集中研究并采取扶持发展的措施。

根据费孝通教授的建议，中华人民共和国国家民族事务委员会（简称“国家民委”）组织有关专家、学者对人口较少民族进行了广泛深入的调研，当时划定的范围是十万人口以下的民族为人口较少民族。

为什么把人口较少民族作为一个类型集中研究并采取扶持发展的措施？

十万人口以下的民族共有22个。22个人口较少民族的特点可以用五个字概括：“少、弱、边、散、穷”。“少”是指22个民族总人口63万，占全国总人口的万分之四点八，占全国少数民族总人口的千分之六；“弱”是指经济发展、文化传承都处在弱势地位；“边”是指22个民族中有18个民族分布在边境地区，绝大部分民族都与国外同一民族相邻而居；“散”是指人口较少民族主要分布在10个省区，大多处于与其他民族混合杂居的状态，居住得特别分散；“穷”是指经济社会发展水平相对落后，社会发育程度低，生产力水平低，贫困问题突出。

2004年10月21日，在第十六届中央政治局第十六次集体学习时，胡锦涛同志特别指示国家民委牵头，进一步做好扶持我国人口较少民族加快发展的工作。

进入新时代，习近平总书记先后到赫哲族、土族等人口较少民族所在地区考察。在云南省考察期间，习近平总书记亲切会见了独龙族干部群众代表，并给独龙族的乡亲们回信。习近平总书记对人口较少民族的经济社会发展和民族文化传承都做出重要的指示，表明了我们党高度重视扶持人口较少民族发展工作。

二

中华人民共和国成立以来，在党的民族政策的光辉照耀下，扶持人口较少民族发展，大体经历了三个阶段：

（一）单一民族扶持阶段

黑龙江省帮扶鄂伦春族下山定居。1953年，黑龙江省300多户、1303名鄂伦春族同胞下山定居，告别了世代狩猎和“衣靠兽皮食兽肉，‘斜人柱’内把家安”的历史。下山定居是鄂伦春族发展史上的里程碑事件，它不仅让鄂伦春族群众过上了居有定所的生活，也有力地推动了整个民族的发展。

1996年，黑龙江省启动扶持赫哲族上岸转产工作。政府通过“引、促、带”方式成功使赫哲人逐渐从江里转向岸上，进而打破了单一以渔为生转向渔农并重，并大力发展民族文化旅游业、发展多元经济。赫哲族的转产，走出了人口、经济的扩张与资源匮乏的困境。

这一阶段的工作充分体现出党的民族政策在鄂伦春族、赫哲族地区所发挥的巨大作用。

（二）试点先行阶段

2000年，云南省整体扶持景洪市基诺山和勐海县布朗山，同时国家民委与国务院扶贫开发领导小组办公室（以下简称“国务院扶贫办”）联合实施“两山”综合扶贫开发试点。该试点在思路与方法上不同于一般性扶贫，而是根据“两山”特殊性贫困和不同民族、不同地区实际，在政策上不搞一刀切，集中力量综合扶持。在2～3年内集中使用7000多万元，较大地改善了基诺族、布朗族的生活和“两山”的面貌。

（三）规划扶持阶段

国家民委于2005年会同中华人民共和国国家发改委、中华人民共和国财政部、中国人民银行、国务院扶贫办编制了《扶持人口较少民族发展规划（2005—2010）》，人口较少民族的发展进入了规划扶持。第一个规划编制的范围是十万人口以下的22个民族，涉及10个省区、86个县（旗）、238个乡镇、640个行政村、总人口63万。

2011年编制了第二个规划《扶持人口较少民族发展规划（2011—2015年）》，即“十二五”规划。扶持范围扩展了，被扶持民族的人口数量从10万人口以下的民族，扩展为30万人口以下的民族；从22个人口较少民族扩展为28个人口较少民族；从63万人扩展为169.5万人；扶持的行政村由640个扩展为2119个；从10个省区扩展为13个省区和新疆生产建设兵团。

2016年编制了第三个规划《“十三五”促进民族地区和人口较少民族规划》，人口扩展为189万人，行政村扩展为2390个，自然村约1万个。

三个专项规划的扶持，对于人口较少民族地区脱贫致富奔小康产生了重要的促进作用。

习近平总书记强调，全面建成小康社会，一个民族都不能少。在庆祝中国共产党成立一百周年大会上，习近平总书记代表党和人民庄严宣告，经过全党全国各族人民持续奋斗，我们实现了第一个百年奋斗目标，在中华大地上全面建成了小康社会，历史性地解决了绝对贫困问题，正在意气风发向着全面建成社会主义现代化强国的第二个百年奋斗目标迈进。扶持人口较少民族发展，是党的民族政策的生动体现，是全面建成小康社会的有力举措。

三

伴随着人口较少民族的发展，人口较少民族的研究不断地深化。2017 年 11 月，中国人类学民族学研究会人口较少民族研究专业委员会成立，以佳木斯大学为依托单位，邱洪斌同志任主任。几年来，在国家民委的重视下，在中国人类学民族学研究会的领导下，佳木斯大学充分发挥人口较少民族研究专业委员会的作用，在人口较少民族研究方面取得了丰硕成果。

佳木斯大学把人口较少民族专业委员会建成了一个学习交流的平台、团结进步的平台、铸牢中华民族共同体意识的平台。在人口较少民族研究中，专业委员会坚持做到：

把握研究方向。铸牢一种意识，铸牢中华民族共同体意识；坚持两个共同，各民族共同团结奋斗、共同繁荣发展；践行三交理念，促进各民族交往、交流、交融；维护四种关系，维护平等、团结、互助、和谐的社会主义民族关系；增进五个认同，增进对伟大祖国、中华民族、中华文化、中国共产党、中国特色社会主义的认同。

围绕重点研究。新时代扶持人口较少民族的重要任务是集中帮扶发展相对滞后的人口较少民族整体率先脱贫，推进发展水平较高的人口较少民族整体率先奔小康，分批分步实现全面小康。人口较少民族专业委员会围绕着这个任务开展了对人口较少民族的研究。

形成良好态势。人口较少民族研究专业委员会承担着 28 个民族的研究任务。佳木斯大学发挥综合性大学优势，整合了历史学、民族学、医学、药学、社会学、文学、语言学、美术学、音乐学、体育学、旅游管理学、图书馆学等多学科研究力量，对人口较少民族历史文化与社会发展进行全方位的研究，形成了研究学科齐全、专家学者聚集、研究力量雄厚、领导高度重视的态势。

为体现研究成果，人口较少民族研究专业委员会计划出版“中国人口较少民族研究丛书（以下简称丛书）”，并以“图说”“口述”“健康”“史记”“译著”等形式一个民族一个民族地出版系列丛书。同时，收集、整理和编辑中华人民共和国成立以来，在国内外公开发行的刊物和在内部交流的刊物上发表的有关28个人口较少民族的研究报告、论文、著作等，形成28个人口较少民族文献汇编，将陆续出版系列著作。

“中国人口较少民族研究丛书”以独特的视角、新颖的形式、丰富的资料、深刻的内涵，体现了党和国家对人口较少民族的关怀和重视；体现了专家、学者对人口较少民族研究的成果；体现了新时代人口较少民族铸牢中华民族共同体意识的精神风貌。

葛忠兴（国家民委原专职委员）

2022年5月18日于北京

前言

1999年，费孝通先生向中华人民共和国国家民族事务委员会（简称“国家民委”）建议，对10万人以下的人口较少民族进行专门的国家扶持。在他的倡议下，国家民委组织多家学术机构成立了“中国人口较少民族经济和社会发展研究课题组”，对22个人口较少民族的经济和社会发展问题进行了专题调查研究，形成了一份综合调研报告和24份民族调研报告。

2011年6月，国家民委发布了《扶持人口较少民族发展规划（2011—2015年）》，将全国总人口在30万以下的28个少数民族界定为人口较少民族，由“十一五”时期的22个人口较少民族扩大至28个，新增了景颇族、达斡尔族、柯尔克孜族、锡伯族、仫佬族、土族6个民族。28个人口较少民族有着悠久的历史，创造了丰富的民族文化遗产和灿烂的民族艺术瑰宝。中华人民共和国成立后，在党的领导和关怀下，人口较少民族的政治建设、社会生活、经济生活、教育文化、宗教信仰、族群发展、生态环境等发生了巨大变化并取得了长足进步。为了保护、传承、宣传人口较少民族文化，越来越多的具有学术价值的原始文献相继问世，成为认识和研究人口较少民族文化的钥匙。这些研究文献满足了编纂专题书目的基本要件，因为只有多而杂，才有对其进行专门梳理的必要。将多而杂的文献辑录出来并进行整理，是满足某种研究需要的专题书目的价值所在。

书目是著述与出版成果的一种记录工具，具有文献方面的价值。它在“辨章学术，考镜源流”方面，为研究者提供整体意义上的文化发展脉络和知识学术图谱，具有学术价值，特别是某些专题书目的编制，更有明确的学术功能指向，是基础性质的学术史料。

2017年11月28日，中国人类学民族学研究会正式批复，依托佳木斯大学成立了中国人类学民族学研究会人口较少民族研究专业委员会，同时建成中国人类学民族学人口较少民族研究文献馆。本书是人口较少民族专业委员会《人口较少民族研究丛书》研究成果之一。编者整合了1949—2020年出版发行的各人口较少民族的研究文献书目，力求全面反映28个人口较少民族的历史变迁、经济社会发展状况、自然人文景观、教育文化、特有民风民俗等内容，为研究者提供便捷的检索路径，是一部集检索与导读为一体的书目检索工具书，旨在集中揭示原始文献蕴含的丰富内容和鲜明特色，引导读者选择性阅读，为人类学、民族学领域的研究者和爱好者提供便捷的文献检索途径。

本书的图书信息获取来源主要包括佳木斯大学人口较少民族研究文献馆、国家图书馆、各省市图书馆、孔夫子旧书网等网络资源以及通过田野调查搜集正式或非正式的人口较少民族出版物。非正式出版物是构成民族地方文献资源的重要组成部分，它作为非物质文化遗产的承载体具有一定的文献价值。

《中国人口较少民族研究图书索引》包括第一辑、第二辑。搜集整理了自1949年中华人民共和国成立后至2020年12月研究我国28个人口较少民族重要的、具有学术价值的现代图书文献。每一个民族的图书书目从学科属性角度按照《中国图书馆分类法》第五版进行分类，并形成二次文献。按文献学科属性分为B（哲学、宗教）、C（社会科学总论）、D（政治、法律）、F（经济）、G（文化、科学、教育、体育）、H（语言、文字）、I（文学）、J（艺术）、K（历史、地理）、P（天文学、地球科学）Q（生物科学）、R（医药、卫生）、S（农业科学）、T（工业技术）、Z（综合性图书）。

编者从图书的外部特征、内部特征和馆藏单位介绍了图书情况。外部特征包括书名、著者、出版者、出版时间；内部特征包括关键词、中图法分类号、内容摘要；馆藏情况提供了文献收藏单位。收藏单位不明的，标注为“暂时无法提供馆藏信息”。

本书编写过程中的难点是在图书真实存在的基础上对内容提要的撰写。编者认真分析每一部图书的前言、序言（总序）、后记、全文等内容，客观、精练地揭示图书的价值、意义、内容。通过简短的介绍让读者快速了解图书的内容与价值。

编者利用较短篇幅全面介绍每一个人口较少民族的人口分布、地理位置、宗教信仰、非物质文化遗产项目名录等内容，有利于读者全面了解每一个民族。

凡是涉及两个以上人口较少民族的著作和关于少数民族研究方面的论著收录在《中国人口较少民族研究图书索引》第二辑里，为了节省篇幅，没有在各个人口较少民族采用“互见”方法。

在图书编写过程中，孙秀斌、苏贵章、庄善洁承担了审校工作。崔秀兰、谭杰、纪莉莉联系了28个人口较少民族的专家对全书的内容进行了认真审核。

《中国人口较少民族研究图书索引（第一辑）》编辑人员的具体分工是：孙秀斌（第七章、第八章）、庄善洁（第三章、第四章）、朱翃（第十二章、第十五章）、杨欣（第一章、第五章）、迟秀丽（第十一章）、姜殿清（第九章、第十章）、李洪伟（第二章、第十四章）、赵莹（第六章、第十三章）。

《中国人口较少民族研究图书索引（第二辑）》编辑人员的具体分工是：苏贵章（第十四章）、孙秀斌（第十一章、第十二章）、庄善洁（第五章、第十章）、朱翃（第二章、第四章）、迟秀丽（第一章、第六章）、边际（第七章、第八章）、范明智（第三章、第十三章）、于静（第九章）。

在图书编撰过程中，黄任远、葛丰交、朱玉福、张晓兵、李若青、曹先强、马伟、马成俊等民族学专家对本书进行了审核，穆智、李留茜、胡周艳、何箫、赵敏、杨晓锐、贾玉超等研究生参与了校对工作，在此一并表示感谢。

在图书文献收集过程中，由于学识有限，经验不足，资料不全，难免遗漏一些有价值的文献，特别是非正式出版物文献，恳请读者提出宝贵意见。

编　者

2022 年 4 月于佳木斯大学

目　录

第一章

珞巴族研究图书索引

珞巴族简介

我国珞巴族人口为4237人（2020年第七次全国人口普查数据），珞巴族多数集中在林芝市的墨脱、米林、察隅和山南市的隆子等县，少数散居在林芝市巴宜区、朗县和拉萨市等地。

珞巴族有本民族语言，没有本民族文字。珞巴语属汉藏语系藏缅语族，各部落之间方言差别较大。

珞巴族主要信仰万物有灵的原始宗教，部分人也信仰藏传佛教。

珞巴族的节日很多，农祀节日主要有“昂德林节（丰收节）”“尼乌节”等；岁时年节主要有“旭独龙节”和“梭龙社节”等。

关于本民族的传说、历史故事等只能靠口头传颂，代代相传。珞巴族始祖传说(阿巴达尼的传说）是珞巴族流传最广、影响最大的系列神话。2011年，“珞巴族始祖传说”列入第三批国家级非物质文化遗产代表性项目名录。

珞巴族服饰与珞巴族长期从事采集、狩猎生产的活动方式及当地的气候条件密切相关，其既是珞巴人民智慧的结晶，也是珞巴族社会发展的缩影。2008年，“珞巴族服饰”列入第二批国家级非物质文化遗产代表性项目名录。

F　经济

001《达木村调查：珞巴族》

党秀云、周晓丽主编，中国经济出版社2011年出版

关键词：珞巴族 民族经济 调查报告 达木村

中图法分类号：F327.745

本书是中央民族大学“985”工程“中国民族经济村庄调查丛书”之一，分村庄、农户和农民三个部分。作者通过实地调查，介绍了村庄、农户和农民的基本情况、种植业发展状况、科学、医疗、教育情况、社会福利和惠农政策等；记录了榜样农户、种植户、贫困户的家庭情况；介绍了优秀的村干部、医生、商人和重视教育及成功转型的农民、受尊敬的老人、勤劳的妇女、有志气的年轻人的生活等，是了解珞巴族民族经济发展的重要参考资料。

收藏单位：国家图书馆、北京大学图书馆、东莞图书馆等

H　语言、文字

002《珞巴族语言简志：崩尼—博嘎尔语》

欧阳觉亚编著，民族出版社1985年出版

关键词：珞巴族 民族语

中图法分类号：H289

本书是中华人民共和国国家民族事务委员会（以下称“国家民委”）“民族问题五种丛书”之一，主要记述了珞巴语语音、词汇、语法及方言。其中语音部分介绍了珞巴语语音特点、博嘎尔语语音系统；词汇部分介绍了珞巴语词汇的一般特点、构词法、藏语借词；语法部分介绍了词类、词组、句法等；方言中包含各方言的主要特点、方言间语音对应关系、各方言词汇异同的比较等，是了解珞巴族语言价值性很高的参考资料。

收藏单位：国家图书馆、西北民族大学图书馆、青海民族大学图书馆等

I　文学

003《珞巴族风情录》

冀文正著，成都时代出版社2002年出版

关键词：珞巴族 散文

中图法分类号：I267

作者曾28次徒步翻越喜马拉雅山，8次穿越雅鲁藏布江大峡谷，历经千辛万苦收获了大量珞瑜民间文化第一手资料，被誉为“珞瑜文化第一人”,《解放军报》称他为“抢救珞渝文化第一人”。本书包含“岁时节令”“神秘的‘孤岛’”等珞巴族历史、神话、民俗内容，对了解、研究珞巴族风土人情具有较高参考价值。

收藏单位：国家图书馆、四川省图书馆等

004《珞巴族歌谣》

冀文正著，四川民族出版社2010年出版

关键词：珞巴族 民歌 作品集

中图法分类号：I277.297.7

本书是“峡谷流风丛书”之一，收录、整理了部分珞巴族情歌、生活歌、仪式歌等歌谣近千首，有利于读者了解珞巴族文学特点及民俗风情。

收藏单位：暂时无法提供馆藏信息

005《珞巴族民间文学资料》

西藏民族学院珞巴族民间文学调查组1980年编印

关键词：珞巴族 民间文学

中图法分类号：I297.77

本书概述了珞巴族文学简史，收录了珞巴族民间歌谣《珞巴古歌（百力）》《赞珞巴新村（夹依）》等；民族传说《斯金金巴巴娜达明和金尼麦包》《阿巴达尼和阿巴达洛》等；民族神话《九个太阳》《人为什么和猴子不一样》《三个神牛》等；民间故事《猴子屁股为什么红》《啄木鸟》等。同时，书中还收录了珞巴族民间谚语，是学习和研究珞巴族民间文学的参考资料。

收藏单位：国家图书馆、中山大学图书馆、福州大学图书馆等

006《珞巴族文学史》

于乃昌主编，江苏教育出版社、西藏人民出版社2001年出版

关键词：珞巴族 文学史

中图法分类号：I207.977

作者自1970年以来曾六次深入喜马拉雅山区考察门巴族、珞巴族的文学艺术和文化，是中国门巴族珞巴族文学艺术和文化研究的开拓者，享有“门巴族珞巴族研究专家”的称誉。本书是“中国少数民族文学史丛书”之一，作者从文学的产生、神话、歌谣、古诗歌、民间故事、民间文学艺术家、文学的内向与开放七个方面介绍了珞巴族文学史，是研究珞巴族文学史重要的参考资料。

收藏单位：国家图书馆、西藏图书馆、深圳大学图书馆等

007《珞瑜情歌》

冀文正搜集，冀文正、杨惠临整理，中国民间文艺出版社1986年出版

关键词：珞巴族 民间文学 情歌

中图法分类号：I276.29

本书包含222首冀文正同志20世纪50年代艰苦搜集、精心雕琢的珞巴族情歌。情歌是珞巴族民歌的重要组成部分，它以纯朴的语言、热诚的情感、生动的比喻，歌颂了纯洁诚挚的爱情，控诉了旧社会的婚姻制度，表达了对爱情、幸福生活的强烈向往。本书是研究珞巴族历史、宗教、语言、民俗等方面的重要资料，具有极高的参考价值。

收藏单位：国家图书馆、云南大学图书馆、黑龙江省图书馆等

K　历史 地理

008《大山民族：西藏米林珞巴族社会文化今昔》

中共米林县委宣传部，厦门援藏工作队编，海峡文艺出版社2010年出版

关键词：米林县 珞巴族 民族文化

中图法分类号：K287.7

本书共9章27节，详尽地介绍了在西藏自治区米林县生活的珞巴族（博噶尔部落）的历史状况、社会结构、经济形态、文学艺术、宗教习俗等方面的内容，第一次全面展示了珞巴族社会、历史文化的独特面貌。

收藏单位：首都图书馆、福建省图书馆、厦门市图书馆等

009《珞巴族》

王玉平编著，民族出版社1997年出版

关键词：珞巴族

中图法分类号：K287.7

本书是“民族知识丛书”之一，主要介绍了珞巴族的概况、古老的社会组织、婚姻与家庭、社会经济、物质文化、生活习俗、宗教信仰、文学艺术等方面的内容，是了解珞巴族生活习俗的参考资料。

收藏单位：国家图书馆、哈尔滨师范大学图书馆、贵州民族大学图书馆等

010《珞巴族》

豆晓荣主编，新疆美术摄影出版社、新疆电子音像出版社 2010 年出版

关键词：珞巴族 民族文化 民族历史

中图法分类号：K287.7

本书是“中华民族大家庭知识读本”之一，主要介绍了我国珞巴族的起源、发展历史、宗教信仰、民俗文化，节日礼仪，以及相关的神话传说和历史故事等。

收藏单位：国家图书馆、重庆图书馆、浙江图书馆等

011《珞巴族》

包路芳著，翟振武编，中国人口出版社 2013 年出版

关键词：珞巴族 民族文化

中图法分类号：K287.7

本书是“中国少数民族人口丛书”之一，不仅介绍了珞巴族的由来、人口与分布、生产与生活等，还介绍了珞巴族的历史沿革、宗教信仰与文化艺术等内容。

收藏单位：国家图书馆、南宁师范大学图书馆、西南大学图书馆等

012《珞巴族》

金开诚主编，吉林文史出版社 2010 年出版

关键词：珞巴族 民族文化 神话

中图法分类号：K287.7

本书是“中国文化知识读本”之一，主要包括美丽动人的神话传说、勤劳耕种的高原民族、高原峡谷的时尚风情、野味浓厚的珞巴饮食、独具特色的节日及风俗、神秘的宗教禁忌、风情独特的火塘建筑、屋脊民族的传统文化等方面的内容，让读者可以全方位、多角度地了解珞巴族。

收藏单位：国家图书馆、长沙图书馆、成都图书馆等

013《珞巴族》

陈立明、李锦萍著，辽宁民族出版社 2014 年出版

关键词：珞巴 民族文化 历史渊源

中图法分类号：K287.7

本书是“走近中国少数民族丛书”之一，作者以图文并茂的形式，记述了珞巴族的历史渊源、经济生活、文化习俗、历史人物、名胜古迹等。

收藏单位：国家图书馆、深圳大学图书馆、云南民族大学图书馆等

014《珞巴族：西藏米林县琼林村调查》

龚锐、晋美主编，云南大学出版社 2004 年出版

关键词：珞巴族 西藏米林县 民族调查

中图法分类号：K287.7

本书是“中国民族村寨调查丛书”之一，以主要分布于西藏东南部的珞巴族为对象，着重介绍珞巴族人口、经济、社会、文化、风俗习惯、婚姻家庭、教育等情况，是了解西藏自治区米林县琼林村珞巴族历史文化的参考资料。

收藏单位：国家图书馆、湖北民族大学图书馆、西南民族大学图书馆等

015《珞巴族阿迪人的文化》

（印）沙钦·罗伊著，李坚尚、丛晓明译，西藏人民出版社 1991 年出版

关键词：珞巴族 民族文化

中图法分类号：K287.7

本书是一本全面介绍西昂地区各部落群体的著作，介绍了其名称的由来，地域，不同群体的起源、迁徙和分布，以及交通、村落、住房、服饰、武器等。

收藏单位：国家图书馆、湖南工业大学图书馆、西南民族大学图书馆等

016《珞巴族的社会和文化》

李坚尚、刘芳贤著，四川民族出版社 1992 年出版

关键词：珞巴族 民族历史 文化

中图法分类号：K287.7

本书作者通过长期的社会调查，对珞巴族概况、产业结构、经济制度、氏族制度及其解体、等级制度及其演变、婚姻和家庭、物质文化、科学、文化和艺术、原始宗教等内容进行了深入研究，是研究珞巴族社会与文化的参考资料。

收藏单位：国家图书馆、广西民族大学图书馆、云南大学图书馆等

017《珞巴族简史》

《珞巴族简史》编写组，《珞巴族简史》修订本编写组编，民族出版社 2009 年出版

关键词：民族历史 珞巴族

中图法分类号：K287.7

本书为“中国少数民族简史丛书（修订本）”之一，主要内容包括族源和远古社会、新石器时代的文化遗存和父系氏族社会、西藏地方政权对珞瑜地区的管理、家长奴隶制社会的形成与发展、反对外国殖民主义者的斗争、物质生活、宗教信仰、科学知识和文化艺术及西藏和平解放以来的珞巴族在历史、社会经济、教育、文化等方面的发展，是研究珞巴族历史的重要参考资料。

收藏单位：国家图书馆、北京语言大学图书馆、湖北民族大学图书馆等

018《珞巴族社会历史调查（一）》

西藏社会历史调查资料丛刊编辑组编，民族出版社 2009 年出版

关键词：珞巴族 民族历史 社会调查

中图法分类号：K287.7

本书是“中国少数民族社会历史调查资料丛刊（修订本）”之一，主要包括《米林县南伊乡珞巴族社会历史调查报告》《米林县珞巴族社会历史调查报告》《墨脱县达木地区珞巴族社会历史调查材料》《隆子县三安曲林区斗玉珞巴族调查资料》《西藏自治区雅鲁藏布江下游希蒙珞巴族调查》等内容，附录内容是国外关于珞巴族的记载。历史调查报告主要包含珞巴族的人口分布、民族名称和语言、民间传说和历史沿革、反帝反侵略的光荣历史、民主革命前的社会生产和社会形态、生活习惯等内容。

收藏单位：国家图书馆、西南民族大学图书馆、云南农业大学图书馆等

019《珞巴族社会历史调查（二）》

西藏社会历史调查资料丛刊编辑组编，民族出版社 2009 年出版

关键词：珞巴族 民族历史 社会调查

中图法分类号：K287.7

本书是“中国少数民族社会历史调查资料丛刊（修订本）”之一，内容包括博嘎尔部落专题调查、博嘎尔部落物质文化与精神文化的补充调查、博嘎尔部落原始宗教的专题调查、珞巴族民间文学调查（含有 33 篇故事）、珞巴族民间歌曲调查（含男女恋爱时演唱的曲调，节庆、宴请、嫁娶、乔迁和宗教祭祀活动时边歌边舞的曲调，交换、狩猎及械斗等场合演唱的曲调，嫁娶礼仪中演唱的曲调，丧事仪式中演唱的曲调等）、隆子县以南珞瑜地区的部落调查（崩尼、崩如等部落的物质生活、宗教和文化）、珞巴族的苏龙部落社会历史调查、德根部落的若干情况、义都部落的情况调查等。本书在 1989 年原版基础上增加了博嘎尔部落专题调查、博嘎尔部落的特质文化与精神文化的补充调查、博嘎尔部落原始宗教的专题调查、珞巴族民间文学调查、珞巴族民间歌曲调查等内容。

收藏单位：国家图书馆、北京师范大学图书馆、西南民族大学图书馆等

020《西芷（藏）米林县珞巴族社会历史调查报告》

中国社会科学院民族研究所 1978 年编印

关键词：米林县 珞巴族 社会历史

中图法分类号：K28

本书是珞巴族调查材料之一。中国社会科学院民族研究所于 1976 年 4 月至 1977 年 2 月对西藏自治区的门巴族、珞巴族、僜人的社会历史、语言等方面进行了考察。这份报告以珞巴族概况为基础，重点介绍了珞巴族的农副业生产、社会组织、等级状况、婚姻与家庭、生活习惯与其他文化及习俗等。

收藏单位：云南农业大学图书馆、暨南大学图书馆等

021《雅鲁藏布江大峡谷的子民：珞巴族》

李旭著，云南人民出版社 2003 年出版

关键词：珞巴族

中图法分类号：K287.7

本书通过记录家庭成员及其相互关系，简要介绍珞巴族家庭财产继承、家庭与社区、家庭产业经济、家庭日常生活、家庭精神生活、宗教生活和节日、丧葬与家庭的明天，为读者们展现了珞巴族的生活及发展变迁。

收藏单位：收藏单位：国家图书馆、东北林业大学图书馆、牡丹江师范大学图书馆等

022《中国珞巴族》

格桑、王蔷编著，宁夏人民出版社 2012 出版

关键词：珞巴族 民族文化 物质文化

中图法分类号：K287.7

本书是“中华民族全书”之一，作者详细而完整地介绍了珞巴族的物质文化、

民间文化、社会文化、信仰文化、对伟大祖国的贡献、精神气质、文化传承、族际交往等内容，全书内容翔实，文字优美，图片精良，可读性强，是全面了解珞巴族的读物。

收藏单位：国家图书馆、汉口学院图书馆、西宁市图书馆等

023《中国少数民族设计全集：珞巴族》

中国少数民族设计全集编纂委员会编，山西人民出版社 2019 年出版

关键词：珞巴族 民族文化

中图法分类号：K28

本卷共收录与解析了 49 个设计案例。这些案例覆盖了珞巴族传统生活中的衣、食、住、行、用五大方面，即珞巴族传统建筑、珞巴族传统服饰、珞巴族传统餐饮、珞巴族传统生活用具、珞巴族传统生产工具、珞巴族传统手工艺和珞巴族传统民俗与宗教造像等，帮助读者了解珞巴族的设计文化。

收藏单位：国家图书馆、深圳市龙岗图书馆等

Q 生物科学

024《西藏墨脱县珞巴族传统利用植物》

陈文允等著，云南科技出版社 2019 年出版

关键词：珞巴族 植物资源 资源利用

中图法分类号：Q948.527.54

本书是关于墨脱县珞巴族主要聚居地——达木乡和加热萨乡珞巴族植物资源利用的调查。通过两次墨脱县珞巴族民族植物学的调查，书中整理和分析了墨脱珞巴族经常利用的 102 种植物，并对这些植物进行了包括学名、当地名称、物种形态特征、地理分布及传统知识和用途等描述，并给出了珞巴族传统药用植物的化学成分及其结构式，也展示了这些植物物种的生境、生长状况和形态特征等实物图片。本书为今后继续调查、整理和研究珞巴族传统植物保护提供基础资料，也为墨脱县植物资源的可持续利用提供了科学基础。

收藏单位：国家图书馆等

第二章

毛南族研究图书索引

毛南族简介

毛南族总人口124 092人（2020年第七次全国人口普查数据）。主要聚居在广西壮族自治区环江毛南族自治县的上南、中南、下南山区，贵州省平塘县、独山县交界的卡蒲河、六硐河河谷地带等地。

毛南语属汉藏语系壮侗语族侗水语支。毛南族因长期和壮族、汉族、布依族人民交往，大部分人都能说壮、汉或布依语。毛南族没有本民族文字，通用汉文。毛南族信仰多神。

毛南族独特的节日为庙节——分龙节。

“肥套”是毛南族还愿等活动的总称，在传承过程中融合口头文学、山歌、戏剧、舞蹈、音乐、打击乐等艺术元素成为内容丰富的民俗活动。2006年，“毛南族肥套”被列入第一批国家级非物质文化遗产代表性项目名录。

打猴鼓舞是毛南族独有的一种民间舞蹈，动作模仿猴子，被誉为舞蹈中的“活化石”。2008年，“毛南族打猴鼓舞”被列入第二批国家级非物质文化遗产代表性项目名录。

花竹帽，毛南语为“顶卡花”（即在帽底编织花纹），是毛南族男女青年定情信物，亦是女子出嫁时必不可少的嫁妆，被誉为“族宝”。花竹帽取材十分讲究，常于夏至后立秋前选取修直匀称的筋竹和墨竹。2011年，“毛南族花竹帽编织技艺”被列入第三批国家级非物质文化遗产代表性项目名录。

B 哲学、宗教

001《毛南族经书》

广西壮族自治区少数民族古籍工作办公室、广西少数民族古籍保护研究中心主编，广西民族出版社2018年出版

关键词：毛南族 原始宗教

中图法分类号：B933

该书是“广西珍贵少数民族古籍善本影印系列丛书”之一，选择自2008年以来第一至第四批《国家珍贵古籍名录》的广西壮族自治区麽经进行影印出版，本卷包括《土话全集壹卷》《红筵满供之本》两部分内容。

收藏单位：国家图书馆、广西壮族自治区图书馆、北京中医药大学图书馆等

002《毛南族神话的生态阐释》

吕瑞荣、谭亚洲、覃自昆著，广西人民出版社2012年出版

关键词：毛南族 神话

中图法分类号：B932.2

该书介绍了毛南族的宗教神话状况及其由来，包括毛南族山乡的自然与人文、毛南族宗教、毛南族神灵谱系、毛南族神话的生态源流等内容。

收藏单位：国家图书馆、广西壮族自治区图书馆、南宁市图书馆等

D 政治、法律

003《广西民族区域自治集成：环江毛南族自治县卷》

黄荣彪、黄炳峰主编，广西民族出版社2017年出版

关键词：毛南族 民族区域自治

中图法分类号：D633.2

该书是广西壮族自治区“十二五”时期重点出版图书，介绍了环江毛南族自治县在党的民族政策指引下，在党和各级政府的关怀下，以毛南族为主体的各族人民，弘扬艰苦奋斗、勤劳勇敢、团结合作、助人为乐的优良品德，经过团结奋斗所取得的成就。本书总结了环江毛南族自治县实行民族区域自治的经验，对宣传党的民族政策、促进各民族间的相互了解、增进民族团结具有重要作用。

收藏单位：国家图书馆等

004《中国共产党环江毛南族自治县历史：1930—2007》

中国共产党环江毛南族自治县委党史研究室著，广西人民出版社2012年出版

关键词：毛南族 中国共产党党史

中图法分类号：D235.674

该书记述了中共环江地方党组织的创立和发展壮大的历程，记录了在中国共产党的领导下，环江毛南族自治县人民经过抗日战争和解放战争，取得胜利的光辉历史。

收藏单位：国家图书馆、广西壮族自治区图书馆、南宁市图书馆等

F 经济

005《波川村调查：毛南族》

李澜主编，中国经济出版社2011年出版

关键词：波川村 毛南族 调查报告

中图法分类号：F327.675

该书是“中国民族经济村庄调查丛书”之一。通过对毛南族波川村的历史变迁及政治、经济、社会、文化等各方面进

行全景式调查研究，展示了该村庄的发展历程和现状。本书分村庄、农户、村民三部分，包括村庄概况、波川村的毛南族文化、村庄教育与管理、现代科技在农业中的应用等内容。

收藏单位：国家图书馆、广西师范大学图书馆、桂林航天工业学院图书馆等

H 语言

006《茶洞语研究》

李如龙等著，民族出版社 2012 年出版

关键词：侗水语支 语言研究

中图法分类号：H272

该书是“中国新发现语言研究丛书”之一。第一章绪论，介绍了茶洞语的分布地域和人口、茶洞的历史和社会情况、茶洞语语言状况及研究现状。第二章语音，包括语音系统、汉借词的语音特点、方音差异。第三章词汇，包括固有词，汉语借词，同音词、多义词和同义词。第四章语法，包括词类、若干短语和句型等。第五章茶洞语的系属。

收藏单位：国家图书馆、四川省图书馆、佳木斯大学图书馆等

007《环江毛南族语言使用现状及其演变》

张景霓等著，科学出版社 2017 年出版

关键词：毛南语 语言史 环江毛南族自治县

中图法分类号：H276

该书是“语言保护研究丛书”之一，主要探讨毛南语使用的情况是稳定使用还是功能出现了衰退；毛南族兼用汉语的情况如何；在毛南族的语言生活中，毛南语和汉语如何和谐互补；毛南族的双语类型是怎样的；毛南族语言状况的新问题有哪些；青少年母语能力、迁徙及外出的毛南族母语的情况如何，等等。本书适合少数民族语言学、民俗学、语用学、文字学、社会学等专业的研究者及爱好者阅读、参考。

收藏单位：国家图书馆、广西大学图书馆、佳木斯大学图书馆等

008《毛南语 366 句会话句：少数民族语汉英日俄对照》

张景霓等著，社会科学文献出版社 2016 年出版

关键词：毛南语

中图法分类号：H276.94

该书将毛南族的 366 句口语用特定符号系统转写下来，同时用汉语、英语、俄语、日语进行意译，以期让更多的人参与到对我国民族语言文化的抢救、保护、学习、传承的伟大事业中来，积极对外传播我国少数民族语言口语及其会话知识。该书的出版，为我国少数民族语言文化的繁荣发展发挥了应有作用，同时对我国少数民族语言文化知识的传承、传播及对外宣传我国民族语言文化保护政策起到积极的推动作用。

收藏单位：国家图书馆、百色学院图书馆、佳木斯大学图书馆等

I 文学

009《毛南山乡文艺生态审美》

吕瑞荣著，中国社会科学出版社 2016 年出版

关键词：毛南族 文艺生态

中图法分类号：I207.976

毛南山乡所呈现的文学艺术成果集中体现了毛南族的文学艺术创造观念及创造力。毛南族在漫长的历史进程中，孕育并发展了与自然、社会和谐相处的理念，其文学艺术蕴含着鲜明而独特的生态特征。作者深入分析了毛南山乡的文艺现象及其内在的本质，揭示毛南族创造文学艺术成果的心理与规律，阐述毛南山乡文艺生态的属性及发展趋势，探索提升毛南族整体文化素养的理念、途径与方式，并为探讨其他民族的文艺生态提供了借鉴。

收藏单位：国家图书馆、广西大学图书馆、佳木斯大学图书馆等

010《毛南族二十世纪文学作品选》

蒙国荣、过伟主编，中国文联出版社2001 年出版

关键词：毛南族 文学作品集

中图法分类号：I227

该书由一篇总序、两篇序言、五辑组成。第一辑是诗歌，分为旧体诗词、自由体诗、散文诗、民歌体诗。第二辑是散文，包括《花竹帽》《放鸟飞》《小画家》等 37 篇散文。第三辑是小说。第四辑是戏剧，收录了《三娘与土地》（毛南戏）。第五辑是文学评论，包括《毛南当代文学掠影》等 4 篇文章。

收藏单位：南宁师范大学图书馆等

011《毛南族民歌》

蒙国荣、谭亚洲译注，广西壮族自治区少数民族古籍整理出版规划领导小组办公室主编，广西民族出版社 2000 年出版

关键词：毛南族 民歌

中图法分类号：I277.297.6

民歌是毛南族人民传授农业生产知识、教育后人、表达感情、寄托希望的载体。本书收录了清代至民国年间歌手用毛南族土俗字传抄流传下来的民歌，包括毛南族的古歌、劳动歌、仪式歌、情歌和生活歌等，从各个不同的角度和侧面反映了毛南族先民的思想、情感和愿望。

收藏单位：国家图书馆、广西大学图书馆、广西民族大学图书馆等

012《毛南族民歌选》

袁凤辰等编，广西民族出版社 1987 年出版

关键词：毛南族 民歌

中图法分类号：I277.297.6

毛南族人口虽然较少，但民歌丰富多彩。编者于 1978—1981 年，搜集到曲调 28 种、歌词 2.5 万行左右并编辑成书。内容有引歌、神话歌、礼俗歌、劳动歌、讥讽歌、史歌、苦歌、儿歌、谜歌、叙事长歌、抒情长歌、情歌、新歌及曲谱等。本书对毛南族民歌的搜集与整理是对文化遗产抢救性的贡献，为读者了解毛南族的民歌提供了有价值的研究资料。

收藏单位：国家图书馆、广西民族大学图书馆、南宁师范大学图书馆等

013《毛南族民间故事集》

袁凤辰等编选，中国民间文艺出版社 1984 年出版

关键词：民间故事 毛南族

中图法分类号：I277.3

该书包括神话传说、风物传说、爱情

故事、世俗故事、武士故事、机智人物故事、笑话、动物故事 8 辑，收录了 93 个毛南族民间故事，反映了毛南族人民的精神品质和道德追求，是了解毛南族历史文化的参考资料。

收藏单位：国家图书馆、南宁市图书馆、云南省图书馆等

014《毛南族民间故事精选》

谭树扬、覃自昆主编，广西民族出版社 2015 年出版

关键词：毛南族 民间故事

中图法分类号：I277.3

该书包括毛南族创世神话传说、毛南族历史人物故事、毛南族风物传说、毛南族动物故事、毛南族智慧笑话等内容，挖掘和整理了珍贵的毛南族文化史料，反映了毛南族多姿多彩的民间民俗风情，使读者在听故事的同时接受传统文化熏陶，突出了民俗资政教化的功能和价值。

收藏单位：国家图书馆等

015《毛南族民间故事选读》

谭炳贤、谭树扬主编，广西民族出版社 2015 年出版

关键词：毛南族 民间故事

中图法分类号：I277.3

该书是环江民族文化乡土教材，包括毛南族的创世神话故事、风物传说、世俗故事、人物故事、民间笑话等内容，从不同方面反映了毛南族的历史和生活，体现了毛南族人民勤劳勇敢和民族智慧，反映了毛南族人民的道德观、价值观和艺术修养，有较高的文学艺术价值。

收藏单位：国家图书馆、南宁师范大学图书馆等

016《毛南族神话研究》

韦秋桐、谭亚洲著，广西人民出版社 1994 年出版

关键词：毛南族 神话

中图法分类号：I207.9

毛南族的神话故事，既有神奇而浪漫的色彩，又非常贴近人民大众的生活。人们不仅在大树下、火塘旁讲述神话故事，而且在各种民俗活动中也传扬着神话传说。本书是一部论述毛南族神话的著作，其价值与意义不言而喻。

收藏单位：广西大学图书馆、广西科技师范学院图书馆等

017《毛南族文学史》

蒙国荣、王弋丁、过伟著，广西人民出版社 1992 年出版

关键词：毛南族 文学史

中图法分类号：I207.9

该书是“中国少数民族文学史丛书”之一，介绍了毛南族历史发展轨迹、社会面貌、民俗文化及远古至当代的文学发展史。本书既探索毛南族自己的历史文化和文学，同时也探索各族文化交流对毛南文学的影响。本书无论是编写原则、史料运用、研究方法，都有独到、值得借鉴的地方，令人耳目一新，为研究毛南族历史文化和文学提供了参考。

收藏单位：国家图书馆、广西大学图书馆、广西民族大学图书馆等

018《诗意环江》

环江毛南族自治县社会科学界联合会、环江毛南族自治县社会科学普及基地编，漓江出版社 2019 年出版

关键词：毛南族 诗歌

中图法分类号：I227

该书是“环江社科丛书：世界遗产地诗词选系列丛书”之一，是广西壮族自治区河池市环江毛南族自治县组织的以“诗意环江”为主题的诗歌大赛获奖作品选集，收录了孙大顺、盘妙彬、祝枕漱等在全国范围内具有影响力的诗人作品。诗集分“壮美·环江”“品味·环江”“古韵·环江”三部分。从体裁上说，既有古体诗，也有现代诗；从题材上说，主要是对环江毛南族自治县历史人文、地方风物、发展面貌的描摹、赞美以及歌颂。

收藏单位：广西壮族自治区图书馆等

019《新时期中国少数民族文学作品选集：毛南族卷》

中国作家协会编，作家出版社2015年出版

关键词：少数民族文学 毛南族

中图法分类号：I297.6

《新时期中国少数民族文学作品选集》的出版，是对新时期我国少数民族文学成果的梳理和检阅，是我国少数民族发展的大事，也是中国当代文坛的盛事。毛南族卷编选了毛南族各类题材的代表性作品，集中展示了新时期毛南族文学繁荣发展的成就，是研究毛南族文学的参考资料。

收藏单位：国家图书馆、南宁市图书馆、广西民族大学图书馆等

020《中国民间文学“三套集成”：环江毛南族自治县歌谣集（上、下）》

广西环江毛南族自治县“三套集成”办公室编，环江县印刷厂1987年印刷

关键词：民间文学 作品集 民间歌谣

中图法分类号：I277.267.4

被称为“世纪经典”和“文化长城”的“中国民间文学三套集成”正式开始于1984年，包括《中国民间故事集成》《中国歌谣集成》《中国谚语集成》三套书的省卷本90卷、县卷本4000多卷。编纂期间，先后有几十万文化工作者参与调查、搜集、编纂。本卷是关于环江毛南族自治县歌谣集成。

收藏单位：国家图书馆等

J 艺术

021《毛南族花竹帽编织技艺》

吕洁著，北京科学技术出版社2014年出版

关键词：毛南族 编织技艺

中图法分类号：J523.4

该书为“广西国家级非物质文化遗产系列丛书”之一。作者运用了人类学田野调查方法，对毛南族濒临失传的传统工艺——广西壮族自治区环江毛南族自治县下南乡花竹帽编织工艺进行了深入考察，并图文并茂做了详尽记录，指出结合旅游开发，保护并传承花竹帽传统工艺不失为一条可供选择的发展之路，为抢救、保护民族传统技艺提供了参考。

收藏单位：国家图书馆、南宁市图书馆、梧州市图书馆等

022《毛南族民歌研究》

曾宏华、谭亚洲、谢姿媚著，广西民族出版社2013年出版

关键词：毛南族 民歌

中图法分类号：J607.276

该书是研究毛南族民歌的专著，包括毛南族基本情况介绍和毛南族民歌的审美特征、创作手法、艺术特色、音乐特征等内容，是全面了解毛南族民歌的重要参考资料，具有较高的资料价值和学术价值。

收藏单位：国家图书馆、南宁市图书馆、广西壮族自治区图书馆等

023《毛南族舞蹈》

《中国民族民间舞蹈集成·广西卷》编辑部编，甘肃人民出版社 1987 年出版

关键词：毛南族 民间舞蹈

中图法分类号：J722.2

该书为“中国民族民间舞蹈集成·广西卷”之一，介绍了毛南族舞蹈的种类，包括“还愿舞”“猴鼓舞”等，此外还有用以祈求风调雨顺、逢凶化吉、祛病平安的舞火龙活动，分“请水”“舞龙”和“放水灯”三部分。

收藏单位：国家图书馆、广西师范大学图书馆等

024《毛南族仪式歌研究》

谢姿媚著，光明日报出版社 2016 年出版

关键词：毛南族 民歌

中图法分类号：J607.276

毛南族仪式歌是毛南族民歌的重要组成部分，是指在毛南族风俗活动中唱、念的风俗歌谣，反映了毛南族民俗生活与祈福、祛灾的心理要求，与音乐、舞蹈、社交活动、民俗仪式、民间宗教的活动等结合相当密切，属于非物质文化遗产。

收藏单位：暂时无法提供馆藏信息

025《“声”“势”齐奏，人神共舞：毛南族“肥套”仪式乐舞考察》

陈玉玉著，中央民族大学出版社 2018 年出版

关键词：毛南族 民族舞蹈 肥套

中图法分类号：J722.227.6

作者以民族志、民族音乐学、音乐人类学为理论基础，以广西壮族自治区环江毛南族的“肥套”仪式乐舞为主要研究对象，将仪式中的乐舞文化结合在仪式行为中研究，并与民族文化和社会文化互为关照，既梳理了“肥套”仪式的生态环境、历史背景和文化语境等大环境，又对仪式中音乐、舞蹈的形态与结构分类、审美特征和文化内涵等方面进行了分析。本书将民族仪式音乐还原于社会历史环境，通过对“肥套”仪式乐舞的功能、文化意义、文化根源的分析，追寻仪式乐舞的文化意蕴。

收藏单位：国家图书馆、广西大学图书馆、广西师范大学图书馆等

026《世遗环江 多彩毛南：庆祝环江毛南族自治县成立 30 周年广西美术名家走进环江采风作品展作品集》

中共环江毛南自治县委员会、环江毛南自治县人民政府、广西壮族自治区美术家协会编，广西美术出版社 2017 年出版

关键词：毛南族 绘画 作品集

中图法分类号：J221

该书收录了 40 多位广西壮族自治区美协画家 100 多幅写生创作作品。作品反映了环江毛南族自治县的风土民俗、人文景观、山水田园，展现了环江毛南族自治县多彩的生活。该书的出版，是为庆祝广

西壮族自治区环江毛南族自治县成立30周年献礼，也推动了环江毛南族自治县文化艺术的宣传及发展，促进了广西壮族自治区文化艺术的繁荣发展。

收藏单位：国家图书馆、湖北省图书馆、深圳技术大学图书馆等

K 历史、地理

027《本色毛南：毛南族卷》

李甜芬著，广西民族出版社2010年出版

关键词：毛南族 民族历史 民族文化

中图法分类号：K287.6

该书是“广西世居民族文化丛书”之一，介绍了毛南族的历史文化与现代化进程，包括“一方山水秀”“山风为谁舞”“古风古韵”“年节依旧”“乡野神灵”“爱意暖暖”“吃的花样”等内容。作者以生动的文学语境、散文化的文字和大量精致真实的图片，介绍了毛南族的地理分布、自然环境、历史来源、传统经济生活、语言、文化艺术、生活习俗及民间宗教信仰等。本书的出版对整理和保护毛南族文化有着不可忽略的特殊意义。

收藏单位：国家图书馆、辽宁省图书馆、南宁市图书馆等

028《断裂与延续：毛南族家庭、生计与文化研究》

何海狮著，民族出版社2015年出版

关键词：毛南族 民族文化

中图法分类号：K287.6

本书为“广西各民族发展丛书”之一，是一部毛南族民族志。田野调查地点为广西壮族自治区环江毛南族自治县下南乡堂八村。作者以毛南族的家为视角，关注毛南族家庭结构、家计生产、家的空间、家的仪式等内容，并从中窥视毛南族社会结构的特征及社会变迁轨迹，继而探讨了中国人口较少民族发展问题。本书具有很高的资料性和学术性，既可作为了解毛南族民族情况的基础读本，也是学术研究的参考文献。

收藏单位：国家图书馆、广西师范大学图书馆、佳木斯大学图书馆等

029《分龙节》

孟凡云主编，光明日报出版社2019年出版

关键词：毛南族 民族节日 风俗习惯

中图法分类号：K892.376

“肥庙”是毛南族的传统节日，“肥”为“作”，“肥庙”即作庙，即在三界庙前做祭祀活动之意。汉语译为“庙节”，又称为“分龙节”。实际上“肥庙”不只是在三界庙前进行祭祀活动，而是由家庭和社会活动两部分构成，两部分活动的内容都包含祭祀活动和世俗活动。该书详细介绍了毛南族的分龙节，对了解毛南族传统文化和习俗有参考价值。

收藏单位：暂时无法提供馆藏信息

030《广西毛南族社会史》

孟凡云著，民族出版社2013年出版

关键词：毛南族 社会史

中图法分类号：K287.6

本书为教育部人文社会科学研究一般项目“毛南族历史与现状调查研究”资助项目。作者在全面吸收和继承现有研究成果基础上，针对以往缺陷和漏洞，采用民

族史学、社会史学、民族学、文化人类学等学科原理，具体应用实地调查方法、历史文献研究方法、跨学科研究方法等，对毛南族历史上的重要问题展开调查和研究，如毛南族的族名、族源，毛南族的社会形态和社会组织，毛南族现实生活、生产现状的变迁等，力图在前人研究的基础上，纠错补偏，获得更科学客观的结论。

收藏单位：国家图书馆、云南省图书馆、杭州市图书馆等

031《广西毛南族文化创新研究》

韦美日、李燕玲等著，民族出版社2017年出版

关键词：毛南族 民族文化

中图法分类号：K287.6

本书包括毛南族语言文化创新、建筑文化创新、生活习俗文化创新、人生礼仪文化创新、生产习俗文化创新、宗教信仰文化创新、伦理道德文化创新、文化艺术创新、文化教育创新等内容，分析了毛南族文化存在的历史形态及其独特个性，对毛南族文化发展的现状进行了实地调查研究，呈现了其在多元文化环境影响下的真实面貌，描述了毛南族族群对自身文化的认知态度及其对文化发展影响，探讨了毛南族文化创新的途径和思路。不仅提供了毛南族文化的研究资料，也增进了读者对毛南族文化教育的认识和理解。

收藏单位：国家图书馆、柳州市图书馆、广西大学图书馆等

032《贵州毛南族》

邹洪涛、杨正举主编，贵州民族出版社2011年出版

关键词：毛南族 贵州省

中图法分类号：K287.6

本书全面介绍了贵州毛南族的源流、人口分布、语言、服饰、饮食、节庆、民居、风俗习惯、民间艺术等方面的情况，对贵州毛南族非物质文化遗产和旅游资源的开发利用进行了研究，并有针对性地提出了贵州毛南族聚居区的发展思路，为研究毛南族发展历史提供了参考。

收藏单位：国家图书馆、贵州省图书馆、杭州图书馆等

033《贵州毛南族传统文化及其发展研究》

樊敏著，贵州民族出版社2010年出版

关键词：毛南族 民族文化 贵州省

中图法分类号：K287.6

本书是一部具有社会意义的学术专著。分列12章，前11章将贵州毛南族的传统文化分为“语言文化”“传统社会组织”“传统饮食文化”“传统服饰文化”“传统节日文化”“传统婚礼文化”“传统葬礼文化”“音乐舞蹈文化”“传统体育游戏文化”“传统工艺文化”“传统建筑文化”11大门类，将贵州毛南族的传统文化真实而完整地呈现给读者，并分门别类就如何保护、传承和发展该类传统文化进行了具体论述。同时专列第12章论述贵州毛南族传统文化的发展，提出的对策思路颇具现实参考价值。

收藏单位：国家图书馆、贵州省图书馆、贵阳学院图书馆等

034《贵州毛南族志》

石光尤著，线装书局2014年出版

关键词：毛南族 民族志 贵州省

中图法分类号：K287.6

本书从17个方面记载贵州省内毛南族的历史文化，资料以占贵州全省毛南族人口88%的平塘县聚居区的资料为主，如实记载，不做分析和评论。本书是贵州毛南族历史民风民俗轮廓的画像，具有较高史料价值。

收藏单位：国家图书馆、中国社会科学院图书馆、贵阳学院图书馆等

035《环江毛南族自治县地名词典》

《环江毛南族自治县地名词典》编纂委员会编，广西民族出版社2020年出版

关键词：毛南族 环江毛南族自治县

中图法分类号：K926.74-61

本书是涵盖了环江毛南族自治县6镇5乡1民族乡的政区、居民地、重要企事业单位、街道、交通运输、河流、建筑物、旅游纪念地、自然地理实体和废弃地名等信息的地名词典，是对环江毛南族自治县第二次全国地名普查结果的整理。本书介绍了环江各地地名信息，展现了环江地名文化所具有的浓厚地方特色和民族特色。书中普查的地名体现了环江各民族的地方语言、地理环境、生产活动、社会心理、历史文化和习俗风尚等方面的特点，反映了环江各民族尤其是毛南族的悠久历史和灿烂文化。

收藏单位：国家图书馆等

036《环江毛南族自治县概况》

《环江毛南族自治县概况》编写组编，民族出版社2008年出版

关键词：毛南族 环江毛南族自治县

中图法分类号：K926.74

本书是“中国少数民族自治地方概况丛书（修订本）”之一，作者从地理环境、历史、民族区域自治、农业、工业、交通、邮电通信、贸易、旅游、社会事业、城乡建设、环境保护等角度进行全面介绍，有助于读者了解毛南族历史和发展状况。

收藏单位：国家图书馆、广西大学图书馆、广西民族大学图书馆等

037《环江毛南族自治县简介》

环江毛南族自治县史志办公室1987年编印

关键词：环江毛南族自治县 地方志

中图法分类号：K296.7

本书介绍了环江毛南族自治县的概况，包括方位、面积、建置沿革、人口民族、自然条件、经济、土特产、文化、文物胜迹、光荣传统和现代人物等，为读者深入研究环江毛南族自治县提供了第一手资料。

收藏单位：国家图书馆、广西壮族自治区图书馆、暨南大学图书馆等

038《环江毛南族自治县水源镇上南村志》

上南村志编委会编著，接力出版社2013年出版

关键词：环江毛南族自治县 村史

中图法分类号：K296.75

环江毛南族自治县西部上南村（现在称“上南社区”）是毛南族主要聚居地“三

南”（上南、中南、下南地区）之一。本书是上南村有史以来第一部村志，记述了上南村的建置沿革、历史大事、风俗掌故、俊杰人物，集政治、经济、文化为一体，反映了上南村的历史和现状，讴歌了党和政府关怀支持上南村发展的丰功伟绩。

收藏单位：国家图书馆、广西大学图书馆、广西民族大学图书馆等

039《环江毛南族自治县志》

环江毛南族自治县地方志编纂委员会编，广西人民出版社 2002 年出版

关键词：环江毛南族自治县 地方志

中图法分类号：K296.74

本书是环江毛南族自治县第一部社会主义新方志，由图、表、概述、大事记、建置、政区、自然、政治、经济、军事、农业、工业、交通、财贸、金融、文化、教育、社会、民族、人物、附录等篇章组成。全面记述了环江县的自然地理及社会、政治、经济、人文等方面的历史与现状，展现了环江人民改造山河的英雄气概和伟大业绩，讴歌各类优秀人物的光辉事迹和崇高精神，也描述了环江在迁建道路上的坎坷曲折。是一部古今兼蓄、纵横均备、真实可靠的县情资料，是详略得当、资料丰富的地方百科全书，也是一部面向全县各族人民进行热爱家乡、热爱社会主义祖国教育的乡土教材。

收藏单位：国家图书馆、广西大学图书馆、广西民族大学图书馆等

040《环江毛南族自治县志：1988—2005》

环江毛南族自治县地方志编纂委员会办公室编，中国文史出版社 2020 年出版

关键词：环江毛南族自治县 地方志

中图法分类号：K296.74

本书力求全面、系统、真实、准确记载环江毛南族自治县在 1988—2005 年在物质文明、精神文明、政治文明、社会文明、生态文明建设中的史实。本书类目有特载、大事记、政权、政治协商、群众、社会团体、法制、经济监督管理、农业、工业、商贸、交通运输、信息产业、城乡建设、环境保护、财政、税收、银行、综合政务、教育、科技、文化、旅游、卫生、医疗、乡镇、社区，具有综合性、资料性特点。

收藏单位：暂时无法提供馆藏信息

041《火影石灵：毛南族》

孟学华著，贵州民族出版社 2014 年出版

关键词：毛南族 民族文化 贵州省

中图法分类号：K287.6

本书为“贵州民族文化书系”之一，以叙事方式为主，勾勒贵州省毛南族文化版图，展示其悠久的历史文化，以全新的视角探寻该民族的文化发展轨迹，解读毛南族具有鲜明特色的文化事象。作者采取宏观叙述与田野案例穿插叙事的方法，力图写成民族历史文化的故事书，内容虽然通俗易懂，生动有趣，但都是以坚实的学术研究为基础，能够让读者在愉快的阅读和浏览中获取正确的知识。

收藏单位：广西民族大学图书馆、广西师范大学图书馆、广西艺术学院图书馆等

042《毛南傩：毛南族傩神面具神话故事传说及其冠帽图纹札记》

黄晨子著，广西师范大学出版社2015年出版

关键词：毛南族 傩文化 神话故事

中图法分类号：K892.24

本书是关于毛南族傩神面具文化研究专著，记录了毛南族36副傩神面具的神话传说故事，梳理了面具人物之间的神职关系，收集冠帽图纹元素原图进行矢量化解构分析、讲解；对错误的图纹元素进行甄别、指正。该书的研究成果，有利于毛南族傩神面具在未来文化继承、文化发展、文化转型、文化利用中的探索，对拯救少数民族文化有积极的贡献。

收藏单位：国家图书馆、成都大学图书馆、华东政法大学图书馆等

043《毛南山乡风情录》

卢敏飞、蒙国荣编著，四川民族出版社1994年出版

关键词：毛南族 少数民族风俗习惯

中图法分类号：K892.376

本书从社交礼仪、生产习俗、饮食服饰、婚姻生育、丧葬习俗、宗教活动、岁时节日、建筑艺术、歌舞体育等方面展现了毛南族独特的民俗风情，涉及范围较广，是了解毛南族民俗民风的参考资料。

收藏单位：国家图书馆、广西民族大学图书馆、成都大学图书馆等

044《毛南族》

莫家仁著，民族出版社1988年出版

关键词：毛南族 民族史

中图法分类号：K281.76

本书是“民族知识丛书”之一，包括壮丽多姿的毛南山乡、溯古话毛南、经济发展及其特点、艺苑中的花朵、“三南文风颇盛”的来历及其他、婚姻家庭及丧葬习俗、生活习俗及传统礼节、毛南山乡变新颜等内容，图文并茂展现了毛南族在中华人民共和国成立后发生的巨大变化，为读者了解毛南族的历史变革提供了参考。

收藏单位：国家图书馆、广西大学图书馆、广西民族大学图书馆等

045《毛南族》

黄仲盈著，中国人口出版社2013年出版

关键词：毛南族 民族史

中图法分类号：K287.6

本书为“中国少数民族人口丛书”之一，包括“土著毛南”“傩样人生”“石木之工”“天人合一”“血脉传承”“生命律动”等章节，全面介绍了毛南族的起源、文化、宗教信仰、民俗、雕刻艺术、发展前景等方面的内容，全景式展示了毛南族独有的民族特色和民族风情，语言可读性较强，具有科学性和文学性，适合广大民众阅读。

收藏单位：国家图书馆、广西大学图书馆、南宁师范大学图书馆等

046《毛南族》

李青华编著，吉林出版集团有限责任公司、吉林文史出版社2010年出版

关键词：毛南族

中图法分类号：K287.6

本书为“中国文化知识读本”系列之一，从历史悠久的勤劳民族、光辉灿烂的

文化艺术、多种经济的共同发展、特色民俗显毛南风情、特色鲜明的民族服饰、独特的毛南婚丧习俗、独特的民族宗教信仰、多姿多彩的毛南风光 8 个方面展现了毛南族的历史和发展。文字优美生动，语言简明通俗，图文并茂把中国文化中的物态文化、制度文化、行为文化、精神文化等知识要点全面展示给读者。

收藏单位：百色学院图书馆、广西医科大学图书馆、梧州市图书馆等

047《毛南族》

管仲主编，新疆美术摄影出版社、新疆电子音像出版社 2010 年出版

关键词：毛南族 民族史

中图法分类号：K287.6

本书是“中华民族大家庭知识读本”系列之一，介绍了毛南族的概况，包括毛南族的由来、人口发展及主要分布、生产生活形态；毛南族的历史沿革，包括毛南族的族称和族源、古近代的毛南族社会、中华人民共和国成立后的毛南族社会；毛南族的宗教信仰和文学艺术，包括毛南族的宗教信仰、文学艺术、风俗习惯与禁忌、神话传说与历史故事选粹等，为读者了解毛南族提供了参考。

收藏单位：国家图书馆、广西民族大学图书馆、广西民族师范学院图书馆等

048《毛南族》

韩德明著，辽宁民族出版社 2014 年出版

关键词：毛南族 民族史

中图法分类号：K287.6

本书为“走进中国少数民族丛书”之一，包括大山里的民族、生产劳动折射的智慧、安身立命的人生观、社会的构架、衣食住行的习俗与礼仪、不可或缺的人生礼仪、技艺中呈现的民族文化等内容，以图文并茂的形式展示了毛南族的历史渊源、经济生活、文化习俗、历史人物、名胜古迹和民族区域自治政策的伟大实践。

收藏单位：广西师范大学图书馆、广西壮族自治区图书馆、广西大学图书馆等

049《毛南族：广西环江县南昌屯调查》

匡自明、黄润柏主编，云南大学出版社 2004 年出版

关键词：毛南族 环江毛南族自治县 民族调查

中图法分类号：K287.6

本书为“中国民族村寨调查丛书”之一，记述了毛南族的概况与历史、生态环境、人口、经济、社会政治、婚姻家庭、法律、文化、风俗习惯、教育、科技卫生及宗教信仰等内容。这次调查，运用了民族学、社会学、民族政治学、历史学、人口学、生态学、语言学等多学科的理论和方法，采用专题调查、查阅文档、参与观察、家户访谈、问卷调查、碑刻搜集、族谱和实物搜集、照相、录音、录像等调查手段，既有文字资料，又有实物资料、照片资料和录像资料，充分展现了民族村寨全貌，为开展民族工作提供了参考，具有现实参考价值和历史保存价值，

收藏单位：国家图书馆、广西大学图书馆、广西民族大学图书馆等

050《毛南族百年实录》

中国人民政治协商会议广西壮族自治区委员会编，广西民族出版社 2013 年出版

关键词：毛南族 民族历史

中图法分类号：K287.6

本书为“广西政协文史丛书”之一，图文并茂展现了毛南族百年来族源与变迁、政治、经济、文化、教育、卫生、科技等方面的变化与发展历程，彰显其魅力无穷的民族文化，具有较高的史料价值和文学艺术价值。

收藏单位：国家图书馆、广西大学图书馆、广西艺术学院图书馆等

051《毛南族百年实录》

全国政协文化文史和学习委员会、广西壮族自治区政协文史和学习委员会编，中国文史出版社 2019 年出版

关键词：毛南族 民族历史

中图法分类号：K287.6

本书以“亲历、亲见、亲闻”为原则，记录了毛南族百年发展的历史片段、重大事件、重要人物及风土人情，歌颂了毛南族在我国历史长河中，尤其是近现代历史中发挥的独特作用，呈现了与众不同的风俗民情，展示了各族人民共同团结奋斗、共同繁荣发展的光辉历程。本书的出版，有利于传承与弘扬毛南族优秀的民族文化，提高毛南族的民族素质，对巩固民族团结有深远的影响和重要的现实意义。

收藏单位：国家图书馆、广西师范大学图书馆、桂林电子科技大学图书馆等

052《毛南族肥套》

韩德明编著，北京科学技术出版社 2012 年出版

关键词：毛南族“肥套”祭礼

中图法分类号：K892.26

本书为“广西国家级非物质文化遗产系列丛书”之一。“肥套”是毛南族风格独特的民俗活动，以歌、舞、乐、戏等艺术形式展现了毛南人祈求民族生生不息、冀望风调雨顺、五谷丰登的美好愿望。本书从毛南族“肥套”的历史传说、艺术形态及其元素、文化内涵、保护与传承等方面全面展现了这一文化遗产，有助于读者仔细品味其中的善、诚、信、孝，更好了解毛南族历史文化。

收藏单位：国家图书馆、南宁市图书馆、广西河池市民族图书馆等

053《毛南族风俗志》

蒙国荣、谭贻生、过伟编著，中央民族学院出版社 1988 年出版

关键词：毛南族 少数民族风俗习惯

中图法分类号：K892.376

本书是“民俗文库”之一，着重介绍毛南族的居住、饮食、服饰、生产、交通、婚姻、家庭、村落、岁时、节日、丧葬、宗教、道德、礼仪等风俗民情。

收藏单位：国家图书馆、广西大学图书馆、广西民族大学图书馆等

054《毛南族简史》

《毛南族简史》编写组、《毛南族简史》（修订本）编写组编，民族出版社 2008 年出版

关键词：毛南族 民族历史

中图法分类号：K287.6

本书是“中国少数民族简史丛书（修订本）”之一，在1984年原版《毛南族简史》基础上，修改了错别字，增补了新观点。新增中华人民共和国成立后的内容，简要介绍了现当代毛南族的历史，展现了毛南族人民在党和政府关怀下发生的巨大变化。本书对研究毛南族历史有重要参考价值。

收藏单位：国家图书馆、广西大学图书馆、广西科技师范学院图书馆等

055《毛南族民俗风情》

过竹编著，广西民族出版社2012年出版

关键词：毛南族 民俗

中图法分类号：K892.376

本书是“广西民族风情典录丛书”之一，采集有关广西壮族自治区民族毛南族历史文化、民俗风情并加以整理编写，包括欢乐的劳动场景、瑰丽的生活画面、缤纷的岁时节庆、庄重的民族礼仪、久远的民族信仰、璀璨的民间艺术、愉悦的游艺民俗等内容，具有鲜明的特色和代表性，使读者从中感受到毛南族独特的民俗风情。

收藏单位：国家图书馆、广西大学图书馆、广西民族大学图书馆等

056《毛南族史志概要》

覃立新编著，广西师范大学出版社1992年出版

关键词：毛南族 民族史志

中图法分类号：K287.6

本书包括毛南族的族称和族源的由来、中华人民共和国成立前的社会生产发展状况、经济形势、政治状况、革命斗争传统、人民政权的建立和土地改革的完成、社会主义改造的历史性胜利和社会主义建设的重大成就、居住、衣饰、饮食、婚姻、丧葬、节日、伦理、生活习俗、文学、戏剧与舞蹈、雕刻与编制、教育与卫生等内容，记述了毛南族的历史与现状，为深入研究毛南族历史提供了参考资料。

收藏单位：国家图书馆、南宁师范大学图书馆、广西师范大学图书馆等

057《毛南族研究文选》

覃永绵、谭鹏星编，广西民族出版社1987年出版

关键词：毛南族 作品集

中图法分类号：K28

本书收录了研究毛南族的相关论文。这些论文的研究内容有综合论述毛南族历史文化及其特点的，有专论毛南族民歌的种类、思想内容和艺术技巧的，有研究民歌的音乐性、音韵美方面的，还有研究盘古神话、舞蹈艺术的。

收藏单位：广西民族大学图书馆、广西社会科学院图书馆等

058《毛南族志》

《毛南族志》编纂委员会编著，广西人民出版社2015年出版

关键词：毛南族 民族志

中图法分类号：K287.6

本书是广西壮族自治区毛南族的第一部百科全书，采用述、记、志、传、图、表、录等体裁，详细记录了广西壮族自治区毛南族经济社会、历史沿革、风俗宗

教、名胜古迹、人物典籍等内容，既是一部百科全书，又是一部立志育人的乡土教材。本书内容丰富，体例编排科学，类目设置合理，资料翔实可靠，体现了较高的编纂水准。全书融思想性、资料性、知识性于一体，还原了毛南族的历史风貌，揭示了生命延续、荣枯变迁的历史规律，为读者了解、研究毛南族提供可靠依据和借鉴。

收藏单位：国家图书馆、广西师范大学图书馆、桂林师范高等专科学校图书馆等

059《神人和融的仪式：毛南族肥套的生态观照》

吕瑞荣著，中国社会科学出版社2014年出版

关键词：毛南族 祭礼

中图法分类号：K892.26

毛南族“肥套”是流行于广西壮族自治区毛南山乡、具有丰富艺术元素的综合性仪式，被列入国家首批非物质文化遗产保护名录。作者借助“肥套”的主要元素及其环境，运用生态批评的理论与方法，对其做了全面、深入而系统的研究，揭示了“肥套”的建构特点及艺术价值，探讨了“肥套”的孕育和发展图式，“肥套”与族内其他艺术形态、与其他民族艺术形态之间的影响与融合，“肥套”所体现出来的毛南族艺术的精神、理想和规律等，提出了保护“肥套”的理念与方法。

收藏单位：国家图书馆、广西民族大学图书馆、广西艺术学院图书馆等

060《镶嵌在时光里的秘境：平塘卡蒲毛南族风情叙事》

《镶嵌在时光里的秘境》编委会编，陆青剑著，贵州人民出版社2014年出版

关键词：毛南族 民族文化

中图法分类号：K287.6

本书以专栏的方式和图文并茂的手法从衣、食、住、婚、葬、庆、娱等方面对贵州毛南族文化进行记录、梳理与诠释，既是介绍贵州毛南族文化的大众读物，又是一部泛着浓郁田野气息的文化志书。这部民俗随笔著作，通过对毛南族的“情感交织”表达了毛南族的精神内在，展示了毛南人的豁达心态和坚守心理。读者通过阅读本书，可以感受到贵州毛南族跳动的脉搏和生存智慧。

收藏单位：国家图书馆、广西民族师范学院图书馆、桂林航天工业学院图书馆等

061《与神共舞：毛南族傩文化考察札记》

韩德明著，广西人民出版社2005年出版

关键词：毛南族 民族文化 傩戏 考察报告

中图法分类号：K287.6

本书为“文化田野图文系列丛书”之一，包括初识毛南、毛南傩、三元公的担子、祈求与报答、文化的自尊等内容。作者采用随笔的写法，通过图文并茂的形式传达来自非物质文化遗产信息，讲述的是在田野考察中发生的故事与感受，记录的是在田野考察中采访的人和事，在注重细节真实和情节生动的同时讲求文字简洁流

畅。对图片的处理力求用有形的设计来表现无形的语言，图片和文字有机结合，相得益彰，体现了传统与现代的完美统一。

收藏单位：国家图书馆、广西大学图书馆、广西科技师范学院图书馆等

062《中国毛南族》

谭自安等编著，宁夏人民出版社2012年出版

关键词：毛南族 民族史

中图法分类号：K287.6

本书为“中华民族全书”之一。作者既讲解了毛南族的族源族称、历史沿革、人口状况、生态资源、对伟大祖国的贡献、历史和社会状况，又介绍了毛南族诸多风俗习惯、特产风物、与周边民族的交往等内容，充分展示了毛南族丰富多彩的文化内涵，全面探寻毛南族波澜起伏的历史轨迹，深刻解读毛南族自强不息的精神气质。

收藏单位：国家图书馆、广西民族大学图书馆、广西民族师范学院图书馆等

063《中国少数民族大辞典：毛南族卷》

谭自安主编，中国大百科全书出版社2018年出版

关键词：毛南族

中图法分类号：K287.6-61

本书是一部百科性质的工具书，全书共40万字，辞目2000条，全面、系统地介绍了毛南族的历史文化和社会现状。分概述、族称族源、生存环境、历史、文化、生产生活习俗，风景名胜旅游、经济、科技、教育、医疗卫生、体育、人物13大类，每个大类又分设若干小类。卷末还附有其他相关具体材料。本书的出版发行，充分体现了党和政府对毛南族文化工作的高度重视，对抢救、挖掘、传承、研究和保护毛南族文化起到“存史、资政、团结、为民”的作用，对提高民族自信心，增强民族自豪感，了解和研究毛南族文化具有重要意义。

收藏单位：国家图书馆等

064《中国少数民族设计全集：毛南族卷》

中国少数民族设计全集编纂委员会编，山西人民出版社、人民美术出版社2019年出版

关键词：毛南族 民族文化 研究

中图法分类号：K28

《中国少数民族设计全集》是中国少数民族设计文化的抢救性整理工程，是国内第一套全面、整体、系统展示中国少数民族设计艺术的大型丛书，共55册。本卷甄选毛南族传统建筑、传统服饰、传统餐饮、传统生活用具、传统生产工具、传统民俗和宗教造像等方面约70个传统造物设计案例，对其设计形式、设计特点及文化价值进行专业阐释和评述，并附有大量珍贵历史图片和专业设计图片。本书比较全面展示了毛南族传统造物设计成就，体现了毛南族的民族文化特点。

收藏单位：国家图书馆、华东师范大学图书馆、四川师范大学图书馆等

065《走出大山看世界：毛南族》

蒋志雨著、高发元主编，云南人民出版社、云南大学出版社2003年出版

关键词：毛南族 民族史

中图法分类号：K287.6

本书是“20世纪中国民族家庭实录”丛书之一。作者以记者的敏锐捕捉毛南族家庭中沉落的素材和细节，以学者的功底去观察分析，以作家的手笔去书写，将深奥的、理性的学术观点，隐藏在随意的寻常道白之中，让读者在欣赏故事中了解毛南族的知识、生活及发展变迁，叙述真实而客观，文字朴实而有感觉。

收藏单位：国家图书馆、广西大学图书馆、广西民族大学图书馆等

R 医药、卫生

066《广西中药资源大典：环江卷》

黄俞淞主编，广西科学技术出版社2019年出版

关键词：中药资源 中药志 环江毛南族自治县

中图法分类号：R281.4

《广西中药资源大典》依托第四次全国中药资源普查（广西壮族自治区）试点工作取得的成果，在基本摸清广西中药民族药源家底的基础上，深入挖掘和整理广西中药特别是壮族、瑶族等民族药的理论、经验和独特用药方法及价值。本卷简要介绍环江毛南族自治县的自然地理、自然资源、社会经济、药用资源多样性、珍稀濒危及特有药用植物、常用药材及地道药材、药用资源的开发利用与保护，以及约370种药用资源的形态特征、分布、性味主治、采收加工等。

收藏单位：暂时无法提供馆藏信息

067《毛南族医药》

孙济平主编，贵阳中医院编，贵州民族出版社2006年出版

关键词：毛南族 民族医药

中图法分类号：R297.6

本书在广泛普查调研的基础上，对毛南族医药的历史和现状进行了介绍。全书35万字，184幅黑白药物图。分医史、医药基础理论和治疗方法、药物、单验方4个部分。在搜集过程中只有原方却无方例者，编者只是拟加方名，原资料无病例者，编者也暂时欠缺的，只提供其方。本书可为从事民族医药研究的读者提供参考。

收藏单位：国家图书馆、贵州省图书馆、浙江省图书馆等

068《毛南族医药》

谭恩广主编，广西民族出版社2007年出版

关键词：毛南族 民族医学

中图法分类号：R297.6

本书搜集、记载了毛南族民间中草药231种，民间治病常用方5000余方，包括内、外、妇、儿、五官科、其他疑难杂症等内容，每一方按国家标准分为药物、用法、疗效、病例和来源5项内容。书中既有常见病，也有疑难杂症与少见的病种，所用治病的药方具有一病多方的特点，根据病情提供药方参考。本书内容丰富，特色鲜明，叙述引证清楚，具有多功能的作用，是众多行家能手智慧的结晶，具有鲜明的民族特色和医学价值。

收藏单位：国家图书馆、广西民族大学图书馆、广西壮族自治区图书馆等

S　农业科学

069《环江毛南族自治县耕地地力评价》

环江毛南族自治县农业局编著，广西科学技术出版社2015年出版

关键词：耕作土壤 土壤肥力 环江毛南族自治县

中图法分类号：S159.267.4

本书是“广西县域耕地地力评价丛书”之一，全面总结环江毛南族自治县开展的耕地地力评价和县域施肥指标体系研究相关工作，包括自然与农业生产概况、耕地土壤及农田基础设施概述、耕地地力评价方法与步骤、耕地土壤属性、耕地地力、中低产田划分与改良、施肥指标体系、县域施肥指标体系、配方制定与配方肥开发、主要作物分区施肥指导意见等内容。

收藏单位：国家图书馆、南宁师范大学图书馆、华东师范大学图书馆等

Z　综合性图书

070《环江年鉴》

环江毛南族自治县地方志编纂委员会编，中州古籍出版社2019年出版

关键词：环江毛南族自治县 年鉴

中图法分类号：Z526.74

本年鉴记述了环江毛南族自治县2017年政治、经济、文化、社会等各项事业的基本情况，设有特载、县庆特辑、基本县情、政治、人民团体、法制、军事、工业、农业·水利、自然保护区·林业、经济综合管理、财政·税务·金融·保险、国土资源·建设·环保等类目，为社会各界了解和研究当今环江提供了参考资料。

收藏单位：国家图书馆等

071《中国毛南族研究文献题录》

冯涛编著，华中科技大学出版社2015年出版

关键词：毛南族 文献

中图法分类号：Z89

本书采用国内外学术界普遍认可的著录规范全面系统地对国内有关毛南族研究的文献进行搜集整理和分类著录，旨在弘扬我国多样性民族文化宝库中的毛南族文化，在回顾前人研究贡献和借鉴前人研究经验的基础上，为当下和今后毛南族研究的发展提供重要的参考。本书不仅可以为毛南族研究的专家学者提供一部重要的工具书，而且对于挖掘和弘扬毛南族民间文化、促进民族研究的学术繁荣发展起到重要的推动作用。

收藏单位：国家图书馆、广西大学图书馆、广西师范大学图书馆等

第三章

门巴族研究图书索引

门巴族简介

门巴族总人口数为 11 143 人（2020 年第七次全国人口普查数据），主要分布在我国西藏自治区东南部的门隅和墨脱地区，错那县的勒布是门巴族的主要聚居区。

门巴族有自己的语言——门巴语，属汉藏语系藏缅语族藏语支。方言差别较大，无本民族文字。门巴族人民和藏族人民长期友好往来，互通婚姻，在政治、经济、文化、宗教信仰、生活习俗等方面都有十分密切的关系，因此多通晓藏语，通用藏文。

门巴族的手工业有竹木器、石器制作、金属加工及造纸等门类，其中以竹木器制作最为发达和最具特色。

门巴族戏剧俗称“门巴戏”，戏剧的表演形式十分粗犷和古朴，保留着早期戏剧的古老面貌。门巴戏的传统剧目还有《卓娃桑姆》和《诺桑王子》等。2006 年 5 月 20 日，“山南门巴戏”经国务院批准列入第一批国家级非物质文化遗产名录。

D 政治、法律

001《乡村巨变：西藏山南勒布门巴民族乡调查报告》

杜莉著 社会科学文献版社 2011 年出版

主题词：农村调查 门巴族

中图法分类号：D668

本书详细、系统地介绍了西藏山南勒布门巴民族乡、西藏那曲县罗玛镇 14 村、西藏拉萨市曲水县达嘎乡其奴九组、西藏日喀则市东嘎乡通列和帕热两村 4 个村落的乡村概况、基层组织、经济发展、社会生活、民族、宗教信仰、文教卫生、民俗风情等，涉及当地民众生活的方方面面。书中结合田野调查与深度访谈掌握了第一手资料，真实反映了西藏边疆基层村落经济社会发展过程中现实存在的突出问题，反映了西藏和平解放以来社会主义制度给西藏山村带来的变化。

收藏单位：国家图书馆、四川省图书馆、重庆图书馆等

F 经济

002《墨脱村调查：门巴族》

王丽平编著，中国经济出版社 2012 年出版

主题词：门巴族 民族经济 调查报告

中图法分类号：F327.754

本书通过对墨脱村的调研，展示了西藏自治区墨脱县墨脱村门巴族的历史、经济、习俗等发展和变化。调研组于 2010 年 7 月中旬入藏至 8 月上旬结束，调查历时半个多月，通过文献查阅、问卷调查、个案访谈及观察法等研究方法，搜集了大量一手资料，为本书的撰写奠定资料基础。本书中收录了大量的调查走访的图片，让读者更为直观地领略到门巴族村落的情况。

收藏单位：国家图书馆、云南省图书馆、佳木斯大学图书馆等

H 语言、文字

003《仓洛门巴语简志》

张济川编著，民族出版社 1986 年出版

主题词：门巴语

中图法分类号：H267.7

仓洛门巴语隶属汉藏语系藏缅语族，在语音词汇，语法各方面与藏语有不少共同之处，有些词则与独龙语相同。门巴族没有自己的文字，过去门巴族喇嘛都学习藏文经典。门巴族与藏族历来接触比较多，不少人会讲藏语，少数人还兼通汉语。本书以墨脱县的背崩村为代表点，从语音、词汇、语法、方言四个方面做简要的介绍。

收藏单位：哈尔滨师范大学图书馆、北京大学图书馆、福建省图书馆等

004《错那门巴语简志》

陆绍尊编著，民族出版社 1986 年出版

主题词：门巴语

中图法分类号：H267.7

本书以错那县勒布区麻玛公社的门巴语为代表，将其语音、词汇、语法的基本情况和方言的异同情况分别进行介绍。这种语言内部分歧不大，根据语音和词汇的差异，参照语法的异同情况，可分为南北

两个方言，南部方言主要分布在错那县勒布区的错那县以南的门达旺地区，人口多而且集中，语言通行范围较广。北部方言主要分布在墨脱县德兴区文浪公社，人口少，语言通行不广。

收藏单位：国家图书馆、四川省图书馆、重庆图书馆等

005《门巴语方言研究》

陆绍尊著，民族出版社 2002 年出版

主题词：门巴语 方言

中图法分类号：H267.7

门巴族人民有自己的语言，却没有本民族自己的文字。本书是门巴语研究著作，作者从语音、语法、词汇、长篇语料等方面研究了门巴语方言。

收藏单位：国家图书馆、重庆图书馆、佳木斯大学图书馆等

I　文学

006《仓央嘉措及其情歌研究资料汇编》

黄颢、吴碧云编，西藏人民出版社 1982 年出版

主题词：仓央嘉措 生平事迹 情歌（文学）

中图法分类号：I207

本书介绍了仓央嘉措生平研究、仓央嘉措情歌（藏文，英文和汉文）和仓央嘉措情歌评论。仓央嘉措是门巴族最著名的诗人之一，在藏族诗歌方面的贡献是巨大的，开创了新的诗风，永远值得纪念和尊敬。他所写的诗歌驰名中外，不但在藏族文学史上有重要的地位，而且在世界诗坛上也是引人注目的一朵奇花异葩，引起了不少学者的研究兴趣。

收藏单位：国家图书馆、贵州民族大学图书馆、云南大学图书馆等

007《穿越墨脱：孤身走进雅鲁藏布江大峡谷》

王强著，四川少年儿童出版社 2000 年出版

主题词：纪实文学

中图法分类号：I267

本书是作者独身冒险穿越雅鲁藏布江大峡谷墨脱县的经历写实，用大量的笔墨描绘了大峡谷中门巴族和珞巴族人的生活现状。作者用自身的经历和独特的视角，讲述了一个个生动的故事，使读者有身临其境的感觉。

收藏单位：国家图书馆、四川大学图书馆、成都理工大学图书馆等

008《李素芝——门巴将军》

中央宣传部宣教局等，学习出版社 2004 年出版

主题词：生平事迹 李素芝

中图法分类号：I253.6

李素芝是原中国人民解放军西藏军区总医院院长。进藏 28 年来，他情系高原，无怨无悔，艰苦奋斗，甘于奉献，把西藏自治区各族人民视为自己的亲人，把西藏自治区当作自己的故乡。本书是李素芝先进事迹的报告。

收藏单位：国家图书馆、成都图书馆、佳木斯大学图书馆等

009《灵在民间》

冀文正编著，电子科技大学出版社 2016 年出版

主题词：门巴族 珞巴族 民间故事

中图法分类号：I277.3

本书以作者搜集的珞瑜地区民间故事为主体，涉及民间传说、神话、猎人与动物等内容，是对作者60年来有关门巴族与珞巴族历史、风情、民俗、文化等珍贵的第一手资料的归纳与梳理。

收藏单位：国家图书馆、西安图书馆、黑龙江省图书馆等

010《门巴族风情录》

冀文正著，成都时代出版社2002年出版

关键词：散文集

中图法分类号：I267

本书是“芳草地文丛”之一，作者以散文集的形式，以军旅文人的视角，针对这一居住于西藏的土生土长的古老民族，阐述其抵御外来侵略和开发边疆的历史。

收藏单位：国家图书馆、四川省图书馆等

011《门巴族民间故事》

冀文正著，四川民族出版社2012年出版

主题词：门巴族 民间故事 作品集

中图法分类号：I277.3

本书收录了门巴族的神话、传说、故事共98篇，比较全面地为读者展示了门巴族民间文学的魅力。

收藏单位：中山大学图书馆、西南民族大学图书馆等

012《门巴族民间文学资料》

西藏民族学院门巴族民间文学调查组搜集、于乃昌整理，西藏民族学院科研处1979年出版

主题词：民间文学 门巴族

中图法分类号：I296.7

门巴族民间文学是中华民族文学艺术宝库中一颗璀璨的明珠。1979年5月，西藏自治区门巴族、珞巴族民间文学调查组成立，于同年8月初至9月底在西藏自治区错那县勒布区开展了对门巴族民间文学的调查收集工作。本书记录了门巴族的神话、传说、故事、萨玛、酒歌等民间文学。

收藏单位：国家图书馆、广西民族大学图书馆、云南民族大学图书馆等

013《塔冈鸟和黑乌鸦》

丹朗、翟跃飞编，西藏人民出版社1991年出版，2013年出版再版

主题词：门巴族 民间故事 藏语

中图法分类号：I277.3

本书用藏文汉文对照的连环画形式，讲述门巴族广泛流传的一个民间故事。

收藏单位：国家图书馆、西藏农牧学院图书馆、宁夏师范学院图书馆等

014《印象墨脱》

谢国高、郭振华编，南方日报出版社2020年出版

主题词：散文集

中图法分类号：I267

本书收录60多篇文章，描写了墨脱的美丽风光和独特风情，抒写了作者在墨脱的经历和由此产生的心路历程，强烈体现了作者的“一次墨脱行，一生墨脱情”，从侧面展现了墨脱的魅力。

收藏单位：国家图书馆、广州大学图书馆、成都理工大学图书馆等

015《遇见墨脱：一个援藏干部的三年心路》

喻晓坤著，南方日报出版社2020年出版

主题词：西藏自治区 纪实文学

中图法分类号：I253.3

作者将三年的援藏日记整理出来作为向读者呈现援藏生活的一个窗口。透过本书，读者可以看到千百名援藏干部在新时代矢志奋斗的一个缩影及怀揣家国情怀、全力以赴投入，不忘初心，牢记使命的真实故事。

收藏单位：国家图书馆、惠州学院图书馆、深圳图书馆等

K 历史、地理

016《边陲墨脱：西藏仅存的一神秘处女地》

罗洪忠著，学林出版社2012年出版

主题词：文化史 墨脱县

中图法分类号：K297.54

本书介绍了世界第一大峡谷壮观的瀑布、罕见的大雪山、茂密的原始大森林等自然奇观，与珞巴族、门巴族的历史文化和宗教民俗巧妙地结合在一起，可读性颇强。作者想方设法搜集到了国内外不少珍贵照片，为这部图文并茂的人文书籍增色不少，使读者能够全方位地认识墨脱、了解墨脱。本书作者以文化的视角对生活在西藏自治区边陲墨脱县的门巴族、珞巴族的生活状况及有关墨脱县的人文、地理环境做了文化探讨。

收藏单位：国家图书馆、黑龙江省图书馆、深圳图书馆等

017《花地之家：门巴族》

张宗显著，云南人民出版社；云南大学出版社2003年出版

主题词：门巴族 家庭生活 错那县

中图法分类号：K286.7

作者对西藏自治区门巴族一家的社会调查，反映了现今门巴族的生产、生活、文化状况，让读者在欣赏故事中了解门巴族的发展变迁。

收藏单位：国家图书馆、重庆图书馆、云南省图书馆等

018《莲花遗梦》

罗洪忠，西藏人民出版社2015年出版

主题词：墨脱县 地方史

中图法分类号：K297.54

本书通过中国珞瑜文化第一人——冀文正的口述，再现了20世纪五六十年代墨脱县门巴族、珞巴族人民的社会生活、民俗风情等。本书对研究我国珞瑜地区近代社会史、宗教史及为民俗学、社会学、人类学等提供了一份真实可靠的历史记录，对研究门巴族等文化有参考价值。

收藏单位：国家图书馆、西藏民族大学图书馆等

019《门巴族》

王骞主编，新疆美术摄影出版社；新疆电子音像出版社2010年出版

主题词：门巴族 民族文化 民族历史

中图法分类号：K286.7

本书是“中华民族大家庭知识读本”系列丛书之一，主要介绍了我国门巴族的起源、发展历史、宗教信仰、民俗文

化、节日礼仪及相关的神话传说和历史故事等。

收藏单位：国家图书馆、甘肃省图书馆、重庆图书馆等

020《门巴族》

王雪晨著，吉林出版集团有限责任公司2010年出版

主题词：门巴族 民族文化 民族历史

中图法分类号：K286

本书是“中国文化知识读本”丛书之一，对门巴族的民族传统、节日庆典、信仰禁忌、手工技术、艺术文学及民族魅力做了介绍。

收藏单位：国家图书馆、福建省长乐市图书馆、佳木斯大学图书馆等

021《门巴族》

包路芳著，中国人口出版社2014年出版

主题词：门巴族 民族文化

中图法分类号：K286.7

本书是“中国少数民族人口丛书”之一，介绍了门巴族的发展历程，主要内容包括：住在门隅的人、我爱我的家乡、社会生活与文化、人口规模及其结构、婚姻与家庭等。

收藏单位：国家图书馆等

022《门巴族封建农奴社会》

张江华等编著，四川民族出版社1988年出版

主题词：门巴族 封建制度 农奴制度

中图法分类号：K286

本书为读者介绍了门巴族封建农奴社会的情况，内容包括：概况和历史沿革，封建奴隶制度下的社会经济，封建农奴制的生产关系和原始公有制残迹，等级制度，政治制度和阶级斗争，婚姻、家庭与物质生活，宗教信仰，丧葬形式及禁忌，民间文学艺术，后记。

收藏单位：国家图书馆、四川省图书馆、佳木斯大学图书馆等

023《门巴族简史》

《门巴族简史》编写组、《门巴族简史》修订本编写组编，民族出版社2008年出版

主题词：门巴族 民族历史

中图法分类号：K286.7

本书是“中国少数民族简史丛书（修订本）”之一，全面系统地反映门巴族的历史、地理、经济、文化、社会的基本情况和实行民族区域自治的历程、成就和经验。

收藏单位：国家图书馆、西藏图书馆、佳木斯大学图书馆等

024《门巴族社会历史调查（一）》

西藏社会历史调查资料丛刊编辑组，《中国少数民族社会历史调查资料丛刊》修订编辑委员会编，民族出版社2009年出版

主题词：门巴族 民族历史 社会调查

中图法分类号：K286.7

本书是“中国少数民族社会历史调查资料丛刊（修订本）”之一，包括《西藏自治区错那县勒布区门巴族社会历史调查报告》《墨脱县门巴族社会历史调查报告》《错那县门巴族社会历史调查报告》《西藏自治区门隅地区若干资料》《上珞渝地区基本情况调查报告》等。

收藏单位：国家图书馆、佳木斯大学图书馆、广西东方外语职业学院图书馆等

025《门巴族社会历史调查（二）》

西藏社会历史调查资料丛刊编辑组、《中国少数民族社会历史调查资料丛刊》修订编辑委员会编，民族出版社 2009 年出版

主题词：门巴族 民族历史 社会调查

中图法分类号：K286.7

本书是“中国少数民族社会历史调查资料丛刊（修订本）”之一，包括《关于墨脱县门巴族社会历史若干问题的补充调查》《墨脱县门巴族社会历史补充材料》《错那县勒布区门巴族社会历史若干问题的补充调查》。

收藏单位：国家图书馆、四川省图书馆、佳木斯大学图书馆等

026《墨脱传奇》

廖东凡著，中国藏学出版社 2016 年出版

主题词：风俗习惯 墨脱县

中图法分类号：K892.475.4

本书介绍了作者 1982 年在阿里地区进行民俗考察期间的所见所闻，包括丰富多彩的墨脱县历史、文化、民风民俗和神话故事等，内容丰富，引人入胜。具体有凄美的爱情故事、神奇的传说、奇异的风俗民情、寓言故事、酒歌等内容。

收藏单位：国家图书馆、浙江省图书馆、江西省图书馆等

027《亲近墨脱》

罗洪忠著，西藏人民出版社 2019 年出版

主题词：地方史 墨脱县

中图法分类号：K297.54

本书分上、下两册，上册为人文历史卷，下册为民俗风情卷。作者在阅读大量历史资料的基础上，以严谨的治学态度审视这段历史，展示了雅鲁藏布大峡谷一个个真实的历史画面。重点介绍进出墨脱的古道、公路和中国最美徒步线路、河流、湖泊，以及生活在墨脱的珞巴族、门巴族的人文风情、民间文学和当地土特产等。

收藏单位：国家图书馆等

028《西芷（藏）墨脱县门巴族社会历史调查报告：门巴族调查材料之一》

中国社会科学院民族研究所 1978 年编印

主题词：墨脱县 门巴族 调查报告

中图法分类号：K286

考察队于 1976 年 4 月至 1977 年 2 月对西藏东南部的门巴族、珞巴族和僜人的社会历史和语言进行了实地调查。本书包括美丽富饶的墨脱县，墨脱县的历史沿革，墨脱县门巴族的封建农奴制生产关系，藏传佛教和门巴族的原始信仰，婚姻丧葬和其他礼俗，门巴农奴的新生等内容。

收藏单位：暂时无法提供馆藏单位

029《西芷（藏）错那县勒布区门巴族社会历史调查报告：门巴族调查材料之二》

中国社会科学院民族研究所 1978 年编印

主题词：门巴族 社会调查报告

中图法分类号：K286

本书介绍了西藏自治区错那县勒布区概况及其社会生产力、生产关系、生活与文化。对西藏自治区的门巴族、珞巴族和僜人的社会历史和语言进行了初步的调查。

收藏单位：云南农业大学图书馆、暨南大学图书馆、华东师范大学图书馆等

030《西藏门巴族》

张江华、陈景源著，西藏人民出版社1985年出版

主题词：门巴族

中图法分类号：K286

本书内容包括：一片隐秘的地方，传说和历史，生产、村社组织与封建农奴制度，婚姻与家庭，古老的宗教，多种形式的藏俗和禁忌，绚烂多彩的民间文学，深山峡谷的欢笑等，从多角度介绍了门巴族的民俗和历史。

收藏单位：国家图书馆、西南大学图书馆、西藏图书馆等

031《西藏墨脱的诱惑：神秘奇险的高原边地之旅》

金辉著，东方出版社1995年出版

主题词：游记 墨脱县

中图法分类号：K928.9

墨脱县地处西藏自治区东南部边陲，特殊的地理条件和封闭的环境，使墨脱县的自然和人文景观充满神秘的色彩。作者是第一个徒步走进墨脱的作家，本书是第一部写神秘墨脱的作品，第一次向世人展示边境墨脱的神秘环境和壮美景观。

收藏单位：国家图书馆、湖北省图书馆、四川省图书馆等

032《西芷（藏）门隅地区的若干资料》

中国社会科学院民族研究所1978年编印

主题词：西藏自治区 门隅地区 文献资料

中图法分类号：K286.7

本书收录了西藏自治区门隅地区的一些基本资料，其中包括门巴族反抗农奴制度的斗争，门巴族的一般风俗习惯，门隅地区的门巴族，六世达赖罗桑瑞晋仑央嘉措等内容。

收藏单位：三峡大学、暨南大学等

033《西藏门隅地区的人文历史与现状》

白玛朗杰主编，中国藏学出版社2018年出版

主题词：西藏自治区 地方史

中图法分类号：K297.5

本书共七章，对西藏自治区门隅地区的历史、地理、气候、自然资源、经济、贸易、文化、宗教等进行了详细介绍。本书是了解门隅地区人文历史与现状的重要参考资料。

收藏单位：国家图书馆、西南民族大学图书馆、青海民族大学图书馆等

034《峡谷风云：世界第一大峡谷人文历史解读》

罗洪忠著，电子科技大学出版社2012年出版

主题词：墨脱县 地方史

中图法分类号：K297.54

本书分为八章，主要内容包括：远古

历史的回音、门巴族的迁入、向峡谷深处进军、墨脱历史新纪元等。

收藏单位：国家图书馆、广西壮族自治区图书馆、四川省图书馆等

035《隐秘乐园门隅：门隅的历史法律地位》

巴桑罗布著，中国藏学出版社 2014 年出版

主题词：藏南地区 地方史

中图法分类号：K297.5

门隅位于喜马拉雅山南坡我国西南边疆，是西藏自治区错那宗辖地。此地资源丰富，气候温润，自古被人们称为“隐秘乐园”，门巴族、珞巴族就居住在那里。作者出生在错那县。他通过诸多藏文史籍，尤其是珍贵史籍《门隅明灯》《门隅水羊清册》等，详述了家乡门隅的悠久历史和现状。本书既有作者的亲自调查，也有大量的历史依据，资料丰富，学术性、现实感、趣味性兼具。

收藏单位：国家图书馆、安徽省图书馆、青海省图书馆等

036《中国门巴族》

多布杰编著，宁夏人民出版社 2012 年出版

主题词：门巴族 民族文化

中图法分类号：K286.7

本书为“中华民族全书”之一，共分为 10 章，主要包括门巴族概况，门巴族的物质文化，门巴族的民间文化，门巴族的社会文化，门巴族的信仰文化等内容。

收藏单位：佳木斯大学图书馆、广西民族大学、湖北省图书馆等

第四章

仫佬族研究图书索引

仫佬族简介

仫佬族有 277 233 人（2020 年第七次全国人口普查数据）。主要分布在广西壮族自治区，贵州省也有分布。

仫佬语属汉藏语系壮侗语族侗水语支，仫佬语中吸收了不少汉、壮语词汇，绝大多数人兼通汉语，部分人还会说壮语。仫佬族没有本民族的文字，通用汉字。

仫佬族地区由于田地较少，因而采集药材、饲养家畜和兼营打铁、制缸瓦、纺织等副业生产有一定的发展。广西壮族自治区仫佬族居住面积 87 平方千米，人们称之为“百里煤乡”。人民政府建井采煤，铺设铁路，将无烟煤运往各地。

仫佬族聚族而居，堂屋中间墙壁置“香火”，是仫佬人家特有的取暖、烧火的生活设备，挖地炉烧火已有悠久的历史。

仫佬族有着丰富多彩的文学艺术。由于仫佬族没有文字，只有语言，这就决定了仫佬族历史上留下来的文学主要是民间文学，诸如神话、传说、诗歌、故事、戏曲等。

仫佬族有着十分丰富的节日文化，有不少带有民族特色的节日，如仫佬年、走坡节、接祖先节和依饭节等。仫佬族最独特的节日是依饭节，意为“向祖先还愿”。作为仫佬族山乡特殊而隆重的节日，依饭节于 2006 年经国务院批准列入第一批国家级非物质文化遗产名录。

C 社会科学总论

001《仫佬族流动人口与流出地社会变迁研究：基于广西罗城凤梧村的调查》

岳雪莲著，经济科学出版社2016年出版

关键词：仫佬族 流动人口 罗城仫佬族自治县

中图法分类号：C924.256.74

本书综合运用民族学、人口学、社会学及人类学等学科的相关理论和方法，以罗城仫佬族自治县流动人口作为切入点，通过个案的实地调查研究，依靠翔实、充分的田野调查资料，分析了少数民族流动人口对民族地区的经济、政治和文化等方面的影响及在此基础上引起的社会变迁现象。

收藏单位：国家图书馆、湖北省图书馆、防城港市图书馆等

002《中国仫佬族人口》

肖永孜、陈洁莲等著，中国人口出版社2004年出版

关键词：仫佬族 民族人口学

中图法分类号：C924.24

本书是国家哲学社会科学重点项目“中国民族人口”的系列专著。作者从仫佬族的起源与变迁、规模与分布、身体素质与文化素质、年龄和性别结构、人口职业结构、人口生育、死亡、婚姻与家庭、人口未来发展趋势预测、人口与发展等方面进行全面、系统、详细的探索和论述，是仫佬族第一部人口学方面的专著。

收藏单位：国家图书馆、广西壮族自治区图书馆、重庆图书馆等

D 政治、法律

003《不可忘却的人间大爱：记抗日战争时期广西罗城仫佬山乡人民救助难童的历史》

银景琦主编，广西人民出版社2015年出版

关键词：抗日战争 社会救济 罗城仫佬族自治县

中图法分类号：D693.66

本书以文、图、物、像的形式记录了抗日战争时期广西临桂教养院300多名难童迁到罗城仫佬族自治县龙岸乡龙寨村的历史，这段特殊的历史从侧面反映了仫佬山乡人民在抗日战争期间做出的重要贡献。

收藏单位：国家图书馆、柳州市图书馆、南宁师范大学图书馆等

004《红日高照仫佬乡》

罗城县《红日高照仫佬乡》写作组著，广西人民出版社1975年出版

关键词：社会主义建设 罗城仫佬族自治县

中图法分类号：D619.674

本书搜集、整理了一些中华人民共和国成立前后的图片并进行对比，通过10个篇章对仫佬族人民在党的领导下走社会主义道路，在工业、农业等方面不断发展取得的进步进行了细致的描述。

收藏单位：国家图书馆、青海省图书馆、广西壮族自治区图书馆等

005《仫佬族地区文书古籍影印校注》

广西壮族自治区少数民族古籍工作办公室等主编，广西教育出版社2016年出版

关键词：仫佬族 古籍

中图法分类号：D929

本书严格遵循“民族性、科学性、规范性”的整理原则开展深入的田野调查。共收入清代至民国时期广西壮族自治区河池市罗城仫佬族聚居地区流传的民间文书733件，依文书性质和内容分为买卖契约、典当借贷契约、分关书、赋税文书、拨粮领粮凭证、政府其他管理凭证6大类。采取影印校注对照的方法进行整理，了解文书产生、收藏、流传、使用的社会历史文化背景，尽量还原文书收藏和使用者的原生状态。本书是广西壮族自治区少数民族民间经济类文书整理的首次尝试，对于民族史、社会经济史、地方史等多方面具有研究参考价值。

收藏单位：国家图书馆等

F 经济

006《罗城仫佬族自治县水利电力志》

罗城仫佬族自治县水利局编，广西人民出版社2018年出版

关键词：水利史 电力工业 罗城仫佬族自治县

中图法分类号：F426.61

本书实事求是地记述了罗城仫佬族自治县各族人民在自治县党委、人民政府的领导下，治水办电、兴水利除水害的60多年艰苦奋斗历程及所取得的成就和经验，展现了罗城仫佬族自治县水利水电事业发展的光辉历程。

收藏单位：国家图书馆、华东师范大学图书馆等

007《铜匠村调查：仫佬族》

王文录主编，中国经济出版社2011年出版

关键词：乡村 仫佬族 民族经济 调查报告

中图法分类号：F327.675

铜匠村坐落于广西壮族自治区河池市罗城仫佬族自治县四把镇，2018年被广西壮族自治区民委确定为民族团结示范点并全面开始广西世居民族（仫佬族）新农村建设。铜匠村在仫佬族传统文化的积淀下，不断吸收融合现代文化的元素，通过自己的勤奋与努力打造铜匠村的未来。本书的第一部分介绍了铜匠村概况及历史变迁、种植业和养殖业、旅游业和手工业、运输业和建筑业、社会文化事业、经济制度及政策、民族文化。第二部分介绍了以农业为主的家庭、以工商业为主的家庭、多种经营的家庭、贫困户。第三部分记录了党的好干部、行业带头人、特色人物、普通农民。附录有铜匠村经济调查问卷。

收藏单位：国家图书馆、黑龙江省图书馆、广西壮族自治区图书馆等

H 语言、文字

008《侗台苗瑶语言的汉借词研究》

曾晓渝主编，商务印书馆2010年出版

主题词：汉语关系 壮侗语族 仫佬语

中图法分类号：H4

本书是“中国的语言接触与语言关系研究丛书”之一，系统性地研究侗语、水语、仫佬语、壮语、瑶语、畲语里的汉语借词。书中的语料均为在少数民族地区进行田野调查所获的第一手资料。汉语借词的读音要受本族语言音系的制约，同时也会反映当时当地通用汉语方言的基本特

点。书中用层次分析法将侗、台、苗、瑶语里的汉语借词分成了不同的历史层次。透过汉语借词，可以了解少数民族语言自身及相关汉语方言的历史演变。

收藏单位：国家图书馆、湖北省图书馆、四川省图书馆等

009《罗城仫佬族语言使用现状及其演变》

张景霓等著，科学出版社2016年出版

关键词：仫佬语 语言史 罗城仫佬族自治县

中图法分类号：H275

罗城仫佬族自治县是中国唯一的仫佬族自治县。本书从仫佬族语言使用的不同角度出发，探寻仫佬语使用现状及其演变的规律。本书包括绪论、罗城仫佬族自治县东门镇语言使用情况、罗城仫佬族自治县四把镇仫佬语使用情况、罗城仫佬族自治县小长安镇仫佬语使用情况、罗城仫佬族稳定使用仫佬语的条件和因素、罗城仫佬族语言兼用的现状及成因、罗城仫佬族青少年语言使用状况、仫佬语受汉语影响引起的变化等内容。

收藏单位：国家图书馆、武汉图书馆、吉林省图书馆等

010《仫佬语－汉语－英语常用词汇对照》

银莎格编著，民族出版社2016年出版

关键词：仫佬族 词汇

中图分类：H275.3

本书收入词条约4000条，加上常用搭配约500条，以及仫佬语主要实词后附音节形式200余条，共收入仫佬语词汇约4700条。书中以国际音标标注仫佬语词条，其汉语和英语释义是在语境观察比较的基础上给出的。书中提供汉语与仫佬语、英语与仫佬语的对照检索，方便读者学习和利用仫佬语词汇资料。

收藏单位：国家图书馆、浙江省图书馆、广西大学图书馆等

011《仫佬语简志》

王均、郑国乔编著，民族出版社1980年出版

关键词：仫佬族 语言史

中图法分类号：H275

本书是“中国少数民族语言简志丛书”之一，由语音、词汇、语法、词的组合、句子和句子成分等内容组成，对研究仫佬族语音的发展和变迁有一定的借鉴作用。

收藏单位：国家图书馆、广东省立中山图书馆、江西省图书馆等

012《仫佬语366句会话句》

张景霓等著，社会科学文献出版社2016年出版

关键词：仫佬语

中图法分类号：H257.94

作者介绍了366句仫佬族日常会话，并简要说明仫佬族的重要节日、风俗习惯。本书的出版有利于挖掘、保护仫佬族文化遗产，尊重、继承和弘扬仫佬族优秀传统文化，积极促进仫佬族文化产业发展，努力推进仫佬族文化对外交流等工作任务和政策措施的完成和实施。

收藏单位：国家图书馆、湖北省图书馆、广州市越秀区图书馆等

013《壮侗语族语言研究》

覃晓航著，民族出版社 2012 年出版

关键词：壮侗语族 仫佬语

中图法分类号：H41

本书主要从系属、语音、语法、文字、词汇、语言与文化、语言比较等方面对壮侗语族特别是使用人口最多的语言——壮语进行探索和研究。

收藏单位：国家图书馆、佳木斯大学图书馆、云南省图书馆等

I 文学

014《仫佬剧的诞生》

老锐著，广西人民出版社 1994 年出版

关键词：仫佬族 戏剧

中图法分类号：I236.73

本书是一部纪实性的著作，作者用流畅的语言翔实地记述了仫佬族戏曲剧种产生的过程，以及学者们对它发展方向的探讨，给研究者留下了一部具有文献价值的历史记录。

收藏单位：广西科技师范学院图书馆、广西民族大学图书馆、广西师范大学图书馆等

015《仫佬山歌》

银联建主编，广西民族出版社 2014 年出版

关键词：山歌 作品集 罗城仫佬族自治县

中图法分类号：I277.297.5

本书是为罗城仫佬族自治县成立 30 周年县庆献礼而编写的一本山歌集，反映了仫佬族歌曲随时代的发展和变化。

收藏单位：国家图书馆、广西壮族自治区图书馆、广西民族师范学院图书馆等

016《仫佬山歌选》

谭为宜等主编，广西人民出版社 2016 年出版

关键词：仫佬族 山歌 作品集

中图法分类号：I277.297.5

本书为仫佬族山歌汇编作品集，收录了 2000 多首仫佬族山歌，题材丰富，包括送别歌、相思歌等，反映了仫佬族日常生产生活的众多场景，折射出他们的思想观念、生活愿望和理想追求。本书的出版有助于仫佬族山歌的传承和发展。

收藏单位：国家图书馆、中央民族大学图书馆等

017《仫佬族古歌》

龙殿宝等主编，广西民族出版社 2007 年出版

关键词：仫佬族 民歌 作品集

中图法分类号：I277.297.5

本书全面搜集仫佬族各个历史时期具有代表性的传统歌谣。全书分为开坛歌、古条歌、走坡歌、口风歌、礼俗歌、仫佬语古歌、壮语情歌、其他歌共 8 辑。本书是首次对仫佬族古籍资料进行全面整理，具有鲜明的民族文化特色，对研究民间文学、仫佬族与壮族及其他民族关系有参考价值。

收藏单位：国家图书馆、南宁市图书馆、广西壮族自治区图书馆等

018《仫佬族民间故事》

包玉堂主编，漓江出版社 1982 年出版

关键词：仫佬族 民间故事

中图法分类号：I277.3

本书收集和整理了120篇仫佬族民间故事。在收集材料的过程中采用录音和笔录相结合的方式，确保故事记录的准确性。读者通过这些民间故事，可以充分地了解仫佬族人民的历史、文化、政治和风俗习惯，同时也能洞悉到仫佬族人民的生活和情感。

收藏单位：国家图书馆、广西壮族自治区图书馆、青海省图书馆等

019《仫佬族民间故事选》

包玉堂等编，上海文艺出版社1988年出版

关键词：仫佬族 民间故事

中图法分类号：I277.3

仫佬族民间传说故事中丰富多彩的题材和内容反映了一个古老民族的生活道路、民族性格和审美观念，其含蓄的艺术性反映了仫佬族人民的智慧和才能。读者可以通过它们了解仫佬族民间文学的概貌，大体了解仫佬族各个历史时期的历史、地理、政治、经济、文化状况，了解仫佬族人民的思想情感，性格及仫佬山乡的风土人情。

收藏单位：国家图书馆、柳州市图书馆、广西壮族自治区图书馆等

020《仫佬族文学史》

龙殿宝等著，广西教育出版社1993年出版

关键词：仫佬族 文学史

中图分类：I207.9

本书是“中国少数民族文学史丛书”之一，由绪论、远古文学、中古文学、近古文学、近现代文学和当代文学等部分组成，记录了神话、传说、动物故事、文人故事、歌谣等形式的仫佬族文学作品；介绍了诗人龙谢兰、包玉堂和民间戏剧家吴老年、吴吉杨、吴开林等民族艺术家的作品。

收藏单位：国家图书馆、广西壮族自治区图书馆、贵州省图书馆等

021《仫佬族依饭经文辑录》

广西壮族自治区少数民族古籍整理出版规划领导小组办公室主编，广西人民出版社2014年出版

关键词：仫佬族 民族节日

中图法分类号：I297.5

本书借用汉文来记述仫佬族“依饭节”经书唱本资料。书中蕴含的仫佬族社会结构、人际关系、民族间的关系及民族生活习俗、信仰习俗、社会道德和家庭伦理观念等方面的信息，是研究仫佬族民族心理、社会历史文化，以及研究地方史、民族史、宗教史的珍贵资料。

收藏单位：国家图书馆、广西壮族自治区图书馆、广西艺术学院图书馆等

022《仫佬族20世纪文学作品选》

周岳云、过伟主编，广西民族出版社2003年出版

关键词：仫佬族 少数民族文学

中图法分类号：I297.5

本书精选仫佬族（1901—2000年）的古典诗词、民歌体诗与新诗、叙事诗和抒情诗、散文与杂文、短篇小说与中篇小说、彩调剧、仫佬剧、话剧与电视剧及文

学评论。精选古典诗人、现代资深作家、文艺评论家与文学新秀之优秀作品，展示了仫佬族与时俱进、持续创新的文学。

收藏单位：国家图书馆、广西壮族自治区图书馆、南宁市图书馆等

023《难忘岁月：罗城仫佬族自治县新闻作品选》

潘琦主编，广西人民出版社 2004 年出版

关键词：新闻报道

中图法分类号：I253

本书是罗城仫佬山乡历史变迁的生动写照和忠实记录，收录的是当年县报道组及与县报道组有关的人们所写的新闻和反映当地人民精神风貌的诗歌、散文等文艺作品，以及他们的回忆、论文等。

收藏单位：国家图书馆、广西壮族自治区图书馆、宁夏图书馆等

J　艺术

024《传承仫佬族非物质文化遗产技艺：剪纸篇》

蔡咜琳主编，广西人民出版社 2018 年出版

关键词：仫佬族 非物质文化遗产 民间工艺 剪纸

中图法分类号：J528.1

本书是技法类图书，将“非遗”文化引进校园，由浅入深地传授读者具体的仫佬族民间剪纸技法。这些剪纸作品形象生动、推陈出新，将民俗和现代美学意识相融合，寄予人们吉祥如意的美好生活。本书的出版，对现代艺术的发展具有积极的借鉴意义，对于非物质文化遗产的保护与传承意义深远。

收藏单位：国家图书馆、广西壮族自治区图书馆等

025《古韵遗彩：仫佬族手工艺文化》

银联军编著，广西美术出版社 2013 年出版

关键词：仫佬族 民间工艺 图集

中图法分类号：J528-64

本书是“仫佬族民间文化艺术系列丛书”之一，介绍了织布、印染、刺绣、雕刻、竹编、草编、首饰、制陶等仫佬族民间手工艺。

收藏单位：国家图书馆、广西壮族自治区图书馆、南宁市图书馆等

026《仫佬剧》

唐代俊等编，广西民族出版社 2018 年出版

关键词：仫佬族 民族戏剧 戏剧研究

中图法分类号：J825.67

本书阐述了仫佬剧的产生和发展过程，并从保护和传承仫佬族民间文化的角度论述了研究仫佬剧的意义；从音乐元素、舞台表演等专业角度着重、详细分析了仫佬剧中的民族、民间艺术特性。本书第四章是仫佬剧剧目与曲谱选录，有《潘曼小传》和《玉笛情缘》《唢呐欢歌》等，是研究仫佬剧的珍贵的剧目曲谱资料。

收藏单位：国家图书馆、广西大学图书馆、广西师范大学图书等

027《仫佬族民间音乐》

广西・罗城仫佬族自治县文化局 1988 年编印

关键词：仫佬族 民间音乐

中图法分类号：J607.275

仫佬族民间音乐是仫佬族文化的重要组成部分，是我国少数民族宝贵的文化遗产之一。本书收集了仫佬族民歌唱腔50种，依饭节唱腔19种，道师祭丧用唱腔20种，舞狮唱腔3种，打击乐10种，基本上收齐了仫佬族的民间音乐。

收藏单位：广西民族大学图书馆、广西壮族自治区图书馆、中南民族大学图书馆等

028《仫佬族民间音乐研究》

唐代俊著，广西民族出版社2015年出版

关键词：仫佬族 民族音乐研究

中图法分类号：J607.275

本书是“广西少数民族民间音乐丛书”之一，在介绍仫佬族历史文化、生活环境和风情习俗的基础上，概括梳理了仫佬族音乐发展的历史，全面介绍了仫佬族音乐的种类，并对仫佬族音乐中特色鲜明的民歌、仪式音乐和民间戏曲三大类型进行了系统、深入的研究与阐释，体现了仫佬族音乐的文化内涵与音乐特性。

收藏单位：南宁师范大学图书馆、广西大学图书馆等

029《仫佬族舞蹈》

《中国民族民间舞蹈集成·广西卷》编辑部，仫佬族自治县人民政府编1988年编印

关键词：仫佬族 舞蹈

中图法分类号：J722

本书介绍的仫佬族舞蹈有依饭舞、装身学法、花灯舞、独角秀等。从概述、音乐、造型、服饰、道具、动作说明、场记说明、艺人简介等方面详细地介绍了仫佬族的民间舞蹈。

收藏单位：广西民族大学、中南民族大学、中央民族大学等

030《山乡·翰墨神韵》

政协罗城仫佬族自治县委员会、罗城仫佬书画院编，广西美术出版社2018年出版

关键词：仫佬族 美术 作品集

中图法分类号：J121

本书为罗城仫佬族自治县书画摄影作品晋邕展作品集，包括书法作品60幅、美术作品40幅、摄影作品60幅，艺术化地展示仫佬山乡的山水风光、民族风情，展现罗城发展变化的新景象及仫佬族儿女奋发向上的精神面貌。

收藏单位：国家图书馆等

031《生命崇拜与仫佬族民歌意象研究》

吴静著，群言出版社2020年出版

关键词：民歌 仫佬族

中图法分类号：J607.275

本书运用神话学、文学地理学、民俗学、人类学、叙事学等理论，结合作者的田野调查，从生命崇拜的角度全面系统地解读仫佬族民歌，深入挖掘这些意象蕴含的丰富文化传统，归纳整理仫佬族的文化心理和民族性格，具有十分重要的现实意义。

收藏单位：国家图书馆、扬州大学图书馆、广西壮族自治区图书馆等

K 历史、地理

032《凤凰的故乡——仫佬族散记》

龙殿宝、剑钧著，广西人民出版社1988年出版

关键词：仫佬族 民族文化

中图号分类：K287.5

中华民族的灿烂文化凝聚着各族人民的劳动和智慧，社会主义祖国的繁荣和昌盛是全国各族人民共同奋斗的结果。本书介绍了仫佬族的历史发展、风土人情及古今各民族间团结友好的故事。

收藏单位：广西民族大学图书馆、中南民族大学图书馆、暨南大学图书馆等

033《凤兮仫佬：仫佬卷》

何述强著，广西民族出版社2010年出版

关键词：仫佬族 民族文化 广西 民族历史

中图法分类号：K287.5

全书分5章共36篇文章，多方位、多角度探寻仫佬族的历史与文化、宗教与风俗，洞幽掘微，屡有新见。书中配有精彩图片172幅，多数出自广西壮族自治区著名摄影家之手，图文并茂地介绍仫佬族的地理分布、自然环境、历史来源。

收藏单位：国家图书馆、广西壮族自治区图书馆、南宁市图书馆等

034《歌催月圆：仫佬族民俗风情文化》

银联军，广西美术出版社2013年出版

关键词：仫佬族 少数民族风俗习惯

中图法分类号：K892.375-64

本书介绍了仫佬族的牛诞节、婆王节、吃虫节、走坡节等民俗文化，将仫佬族人唯美的追求和积极的心态展示给世人。

收藏单位：国家图书馆、广西壮族自治区图书馆、南宁市书馆等

035《古砦乡志》

柳城县古砦仫佬族乡人民政府1999年编印

关键词：乡镇志 地方志

中图法分类号：K296.75

1999年版的乡志共分十三篇，内容包括地理、建置沿革、政治、农业、林业、教育、文化、医药卫生、社会风土、扶贫、人物、大事年表。

收藏单位：国家图书馆等

036《广西罗城县下里乡仫佬族社会调查报告》

中国科学院民族研究所，广西少数民族社会历史调查组编，1965年编印

关键词：调查报告罗城仫佬族自治县

中图法分类号：K287.5

调查组于1958年9月前往下里乡进行社会历史调查。本书从农业经济、工业与手工业、商业、政治、物质生活、风俗习惯等方面介绍了罗城仫佬族自治县下里乡的基本情况。

收藏单位：暂时无法提供馆藏信息

037《贵州仫佬族》

罗世庆主编，贵州省民委政法处编，贵州民族出版社1997年出版

关键词：仫佬族 民族识别 贵州省

中图号分类：K287.5

本书在介绍仫佬族的基本情况、仫佬族文化、仫佬族语言、仫佬族人物、仫佬族的民歌之余，着重介绍了贵州省民族识别工作队收集的原始资料，如贵州省居住的“木佬人”被政府认定为“仫佬族”的详细过程、文件、讲话、通知和宣传等。

收藏单位：国家图书馆、广西壮族自治区图书馆、贵州省图书馆等

038《贵州仫佬族历史文化》

陈正军著，贵州民族出版社 2003 年出版

关键词：仫佬族 民族历史 民族文化

中图法分类号：K287.5

本书为纪念贵州“木佬人”认定“仫佬族”十周年而写。作者对世居于贵州省中南部地区历史悠久的仫佬族历史与文化的发展过程、族称族源、分布变迁、社会结构、语言风俗习惯、民间文艺与文化传承进行介绍，探讨其人口分布及在长期的历史发展中与相邻各兄弟民族进行经济、文化交流的情况。

收藏单位：国家图书馆、贵州省图书馆、广东省立中山图书馆等

039《解放前仫佬族社会性质调查报告》

广西少数民族社会历史调查组 1959 年编印

中图法分类号：K287.5

本书是调查小组经过实地调查编写而成，从概况、经济生活（农业、手工业、采购业、商副业）、上层建筑、人民反抗斗争等几个方面介绍了仫佬族的发展变化，具有一定的时代特征和现实意义。

收藏单位：广西师范大学、云南农业大学、中央民族大学等

040《可爱的罗城》

吴保华编著，广西人民出版社 1993 年出版

关键词：广西罗城仫佬族自治县

中图法分类号：K926.74

本书介绍了广西壮族自治区罗城仫佬族自治县的建置、自然环境、民族概况、经济文化、重大事件及名胜古迹等。

收藏单位：国家图书馆、广西壮族自治区图书馆、玉林市图书馆等

041《罗城仫佬族自治县碑刻族谱辑录》

罗之勇等主编，广西人民出版社 2016 年出版

关键词：碑刻 罗城仫佬族自治县 仫佬族 民族谱系

中图法分类号：K877.42

本书主要收集罗城仫佬族自治县境内的碑刻和族谱，这些碑刻和族谱是散落在仫佬山乡的民间文化，让仫佬山乡的社会生活更具历史文化韵味、更加绚丽灿烂。本书分为碑刻和族谱两大部分，收录时进行了适当修改，将繁体字改为现代通用的简体字。碑刻和族谱通过真实具体的史料和图文并茂的形式，从不同角度展示了罗城仫佬族自治县仫佬族的民族风情与文化底蕴。碑刻和族谱翔实、具体、生动地再现了罗城仫佬族自治县社会的风云变幻和历史沧桑，为读者了解罗城仫佬族自治县历史及有重大影响的历史人物和探究罗城仫佬族自治县社会发展轨迹提供了参考。

收藏单位：国家图书馆、南宁师范大学图书馆、内蒙古自治区图书馆等

042《罗城仫佬族自治县概况》

《罗城仫佬族自治县概况》编写组,《罗城仫佬族自治县概况》修订本编写组编写，民族出版社 2009 年出版

关键词：罗城仫佬族自治县

中图法分类号：K296.74

本书是“中国少数民族自治地方概况丛书（修订本)”之一，主要内容包括：地理环境、历史沿革与社会变革、民族区域自治、农业、工业、交通通信、财政金融、扶贫开发、旅游、地方特产、对外开放、社会事业等。

收藏单位：国家图书馆、广西壮族自治区图书馆、安徽省图书馆等

043《罗城仫佬族自治县志》

罗城仫佬族自治县志编纂委员会编，广西人民出版社 1993 年出版

关键词：地方志 罗城仫佬族自治县

中图法分类号：K296.74

本书记述上至秦朝、下至公元 1985 年广西壮族自治区罗城仫佬族自治县的历史与现状。全书共 25 篇，记载了罗城仫佬族自治县的自然和社会的历史与现状，是一部具有实用价值的县情书。

收藏单位：南宁师范大学图书馆、广西壮族自治区图书馆、云南农业大学图书馆等

044《罗城仫佬族自治县志》

罗城仫佬族自治县县志编纂委员会编，广西人民出版社 2017 年出版

关键词：罗城仫佬族自治县 地方志

中图法分类号：K296.74

本书主要介绍了罗城仫佬族自治县 1986—2005 年，在工业、交通、邮电、城乡建设、环境保护、财税金融、商贸旅游、经济管理、科技、教育、文化、卫生、体育、乡镇以及人物等方面的内容。

收藏单位：国家图书馆、广西壮族自治区图书馆、内蒙古自治区图书馆等

045《罗城文史资料》

政协广西罗城仫佬族自治县委员会文史资料研究委员会编辑编印，1986 年至 1996 连续编印

关键词：文史资料 罗城仫佬族自治县

中图法分类号：K296.74

本书 1 ～ 9 辑通过多方面对罗城的历史文化进行了梳理整合，以第三辑为例，共分为教育之窗、工商经济、抗战岁月、兵事旧话、县政旧话、民族风习、土特产品、名胜古迹、人物春秋、姓氏寻源等栏目；以第九辑为例，主要介绍了抗战风云、史案忆录、经济史话、文教回忆、往事追忆、民族风情、人物春秋、社会百态等栏目，是了解罗城仫佬族自治县历史的参考资料。

收藏单位：国家图书馆、广西壮族自治区图书馆、广西师范大学图书馆等

046《罗城县集环乡仫佬族社会历史调查报告》

中国科学院民族研究所广西少数民族社会历史调查组编 1965 年编印

关键词：调查报告 罗城仫佬族自治县

中图法分类号：K296.74

本书从地理与人口、中华人民共和国

成立前后的历史等方面介绍了罗城县集环乡的一些基本情况。

收藏单位：暂时无法提供馆藏信息

047《罗城县四把乡仫佬族社会历史调查报告》

中国科学院民族研究所，广西少数民族社会历史调查组 1965 年编印

关键词：罗城仫佬族自治县 社会调查

中图法分类号：K296.74

本书从地理与人口、经济、中华人民共和国成立前后的政治状况、文化、教育、卫生、宗教信仰、物质生活、风俗习惯及家庭等方面进行调查和整理。

收藏单位：暂时无法提供馆藏信息

048《罗城县仫佬族民族来源》

中国科学院民族研究所 广西少数民族社会历史调查组 1963 年编印

关键词：罗城县仫佬族自治县

中图法分类号：K296.74

本书分为三个部分，分别介绍了石门乡、集环乡、四把乡和下里乡等地仫佬族的民族来源。

收藏单位：广西民族大学图书馆、南宁师范大学图书馆、陕西师范大学图书馆等

049《仫佬山乡：广西罗城县大梧屯田野报告》

周玉蓉主编，知识产权出版社 2008 年出版

关键词：罗城仫佬族自治县 田野调查

中图法分类号：K287.5

本书以广西壮族自治区罗城仫佬族自治县四把镇大新行政村大梧屯为调查点，调查内容涉及仫佬族社会与权力控制、生育文化与保健、婚姻与家庭、经济生产、精神文化生活、语言文字、卫生科技、伦理道德等方面。本书丰富了人类学研究的资料库，也为研究西部经济和少数民族文化提供了翔实细致的参考依据。

收藏单位：国家图书馆、重庆图书馆、贵州民族大学图书馆等

050《仫佬山之春》

韦贞鹏等主编，广西人民出版社 1993 年出版

关键词：罗城仫佬族自治县

中图法分类号：K296.74

本书记述罗城仫佬族自治县艰苦曲折的创业史和党的十一届三中全会以来发生的巨大变化。读者会随着作者的笔触，到仫佬族人家做客、走坡、赶庙会、过“依饭节”，其乐无穷，奇趣无穷。全书以报告文学、纪实文学、抒情散文的笔调着墨渲染有文采而不失其真，笔端妙趣横生，文章韵味悠远。

收藏单位：国家图书馆、广西壮族自治区图书馆、广东省立中山图书馆等

051《仫佬行歌》

陈正军、陈延松著，贵州民族出版社 2014 年出版

关键词：仫佬族 民族文化 贵州省

中图法分类号：K287.5

本书是“贵州世居民族文化书系”之一，在人类学、民族学基础上，以展示贵州省仫佬族为目的，以叙事方式为主，用文学化语言、散文化笔调勾勒贵州仫佬族文化版图，主要对仫佬族的族称、传说故

事、婚葬习俗、美食、服饰、刺绣剪纸和古老建筑等内容进行深入浅出的解读和介绍，通过不同的专题，梳理仫佬族文化发展的基本脉络，展现仫佬族的人文魅力。

收藏单位：广西壮族自治区图书馆、广西民族大学图书馆、贵州大学图书馆等

052《仫佬族》

李干芬、胡希琼著，民族出版社 1991 年出版；2004 年再版

关键词：仫佬族

中图法分类号：K287.5

本书介绍了仫佬族发展的简要历史、在中华人民共和国成立后的经济社会形态、文化特点、风俗习惯及目前的发展状况等内容，较为全面地介绍了仫佬族的基本情况和风土人情。对全面了解仫佬族具有重要作用。

收藏单位：佳木斯大学图书馆、国家图书馆、湖南图书馆等

053《仫佬族》

金开诚主编，吉林文史出版社 2010 年出版

关键词：仫佬族 民族文化

中图法分类号：K287.5

本书是“中国文化知识读本”之一，主要包括历史悠久的古老民族、多姿多彩的节日盛宴、风格独特的纪念日、有趣的“走坡”婚俗、崇尚青色的时尚民族、独具特色的饮食与建筑等内容。

收藏单位：国家图书馆、湖北省图书馆、广西民族大学图书馆等

054《仫佬族》

王骞主编，新疆美术摄影出版社；新疆电子音像出版社 2010 年出版

关键词：仫佬族 民族文化 中国 民族历史

中图法分类号：K28

本书是“中华民族大家庭知识读本系列丛书”之一，主要介绍了仫佬族的起源、发展历史、宗教信仰与民俗文化、节日礼仪，以及相关的神话传说和历史故事等。读者通过本书可以较为全面地了解仫佬族的基本情况。

收藏单位：国家图书馆、陕西省图书馆、浙江图书馆等

055《仫佬族》

郭宇波、王泉根主编，外语教学与研究出版社 2011 年出版

关键词：仫佬族 民族文化

中图法分类号：K287.5

本书是“民族文化经典故事丛书”之一，主要包括仫佬族概况、仫佬族的聚居地、仫佬族的生产习俗、仫佬族的衣食住行、仫佬族的节庆习俗等内容。

收藏单位：国家图书馆、乌鲁木齐市图书馆、绵阳师范学院图书馆等

056《仫佬族》

黎学锐、黎炼著，辽宁民族出版社 2015 年出版

关键词：仫佬族 民族历史 中国 民族文化

中图法分类号：K287.5

本书是“走近中国少数民族丛书”之一，主要包括岭南古老的土著民族、稻作民族的生存智慧、斑斓多彩的婚俗、庄重的人生礼仪、独具风味的民间饮食、技艺

精湛的衣饰、独特的人居模式、缤纷的岁时节令、丰富多样的民间艺术等内容。本书带领读者沿着仫佬族的历史发展轨迹去触摸仫佬族文化最厚重最真实的底色，去感悟仫佬族精神最核心最本质的内涵，对促进仫佬族与其他民族的对话交流，推动仫佬族民族文化与民族精神的传承、发展与弘扬具有重要的现实意义。

收藏单位：国家图书馆、黑龙江省图书馆、安徽省图书馆等

057《仫佬族：广西罗城县石门村调查》

章立明、俸代瑜主编，云南大学出版社 2004 年出版

关键词：罗城仫佬族自治县 民族调查

中图法分类号：K287.5

本书介绍了仫佬族的概况与历史、生态环境与自然资源、人口、经济、社会结构和组织、婚姻家庭、法律、语言与艺术、风俗习惯、生活方式和宗教等内容。作者在调查过程中收集了大量的语音文字和图片资料，并利用问卷调查、人口调查、入户调查、重点访谈、参与观察等方式获得了详细的资料。

收藏单位：国家图书馆、安徽省图书馆、南宁市图书馆等

058《仫佬族百年实录》

中国人民政治协商会议广西壮族自治区委员会编，广西民族出版社 2013 年出版

关键词：仫佬族 民族历史

中图法分类号：K287.5

本书图文并茂地再现仫佬族百年来族源与变迁、政治、经济、军事、文化、教育、卫生、科技等方面的变化与发展历程，彰显其魅力无穷的民族文化。本书的出版发挥了政协的“存史、资政、团结、育人”的重要作用，有利于传承与弘扬仫佬族优秀的民族文化，对巩固民族团结有深远的影响和重要的现实意义。

收藏单位：国家图书馆、广西大学图书馆、桂林理工大学图书馆等

059《仫佬族的历史与文化》

吴保华、胡希琼主编，广西民族出版社 1993 年出版

关键词：仫佬族 历史文化

中图法分类号：K287.5

本书作为罗城县仫佬族自治县成立十周年的献礼，全面、系统地介绍了仫佬族族称、族源、居民点分布现状、宗教信仰、生活习惯、节日文化、经济生活、语言、文学艺术、教育、科学、卫生、体育等内容。

收藏单位：广西壮族自治区图书馆、暨南大学图书馆、广西民族大学图书馆等

060《仫佬族风情志》

吴才珍著，广西民族出版社 1993 年出版

关键词：仫佬族 民族风情

中图法分类号：K892

本书通过 10 个篇章介绍了仫佬族的民族风情，具体分为：文明礼貌篇、物质建设篇，生产建设篇、组织信仰篇、社交节日篇、饮食衣饰篇、人生礼仪篇、健身体育篇、文化娱乐篇和建筑编织篇。内容丰富，为读者描绘了一幅仫佬族的风情画卷。

收藏单位：中山大学图书馆、广西民族大学图书馆、广西壮族自治区图书馆等

061《仫佬族风俗志》

罗日泽等著，中央民族学院出版社1993年出版

关键词：仫佬族 少数民族风俗习惯

中图法分类号：K892.375

本书是“民俗文库”丛书之一，介绍了仫佬族的生活习俗、生产习俗、恋爱婚娶习俗、生育、寿诞、丧葬、礼仪，家庭、宗族与社会组织、民间宗教与民间信仰、岁时节日、民间文艺、民间体育与民间游艺等民间风俗。

收藏单位：国家图书馆、南宁市图书馆、广西壮族自治区图书馆等

062《仫佬族简史简志合编（初稿）》

中国科学院民族研究所广西少数民族社会历史调查组编1963年编印

关键词：仫佬族 民族历史

中图法分类号：K287.5

本书介绍了仫佬族名称和源流、古代近代社会史、中华人民共和国成立前的经济政治和文化、仫佬族人民的解放和民主革命的彻底完成、社会主义改造的伟大胜利、第一个五年计划期间社会主义建设的成就、社会主义革命的胜利、民族干部的成长和社会主义民族关系的发展等内容。

收藏单位：国家图书馆、云南民族大学图书馆、西南民族大学图书馆等

063《仫佬族民俗风情》

过伟著，广西民族出版社2012年出版

关键词：仫佬族 少数民族风俗习惯

中图法分类号：K892.375

本书由广西壮族自治区仫佬族历史文化和民俗风情整理编写而成，内容包括生产劳动、日常生活、社会组织、岁时节日、民族礼仪、民族民间文学等，较为全面地展示了仫佬族的民族特色。

收藏单位：国家图书馆、广西壮族自治区图书馆、呼伦贝尔市图书馆等

064《仫佬族通史》

潘琦主编，民族出版社2011年出版

关键词：仫佬族 民族历史

中图法分类号：K287.5

本书论述了仫佬族的历史发展、社会文化等事象，上溯至百越、西瓯、骆越远古时期，下限至2011年8月。全书分正文和附录两部分。正文部分按仫佬族的发展结合中国社会历史发展脉络分章。附录部分包括罗城仫佬族自治县历届领导名录、仫佬族人物谱、仫佬族历史大事记和参考文献。

收藏单位：国家图书馆、广西壮族自治区图书馆、杭州图书馆等

065《仫佬族文化的生态智慧》

李大西著，民族出版社2018年出版

关键词：仫佬族 民族文化

中图分类：K287.5

本书在引论中阐述了关于仫佬族、仫佬族文化的主要形态、开展仫佬族文化生态智慧研究的价值和意义。分为3篇，上篇为物质文化与生态智慧；中篇为制度文化与生态智慧；下篇为精神文化与生态智慧。

收藏单位：国家图书馆、广西壮族自

治区图书馆、云南艺术学院图书馆等

066《仫佬族文物》

银景琦主编，广西人民出版社2014年出版

关键词：仫佬族 文物

中图法分类号：K874

本书分为不可移动文物篇、历史文物篇、民族服装服饰篇、仫佬族依饭节篇、民族生产生活用具篇、革命文物篇六部分，其中仫佬族“依饭节”已列入国家首批非物质文化遗产项目名录。本书介绍了370多件文物和24处文物保护单位及革命遗址，并配有中英文解说。本书的出版是广西壮族自治区罗城仫佬族自治县打造“仫佬族文化品牌”的有力举措，是一项优秀的民族文化研究整理成果，对研究仫佬族的历史文化有重要的价值。

收藏单位：国家图书馆、广西艺术学院图书馆、广西民族大学图书馆等

067《仫佬族研究文集》

吴国富著，民族出版社2018年出版

关键词：仫佬族 民族历史

中图法分类号：K287.5-53

本文集收录自20世纪90年代以来作者发表在各期刊和收录在著作中关于仫佬族历史文化研究的论文或著作章节，总计14篇，涉及仫佬族的族称、族源、形成、历史发展、文化传承及民族关系、民族识别、地方经济、社会发展、文化遗产及其传承保护等方面研究中的若干重要问题。

收藏单位：国家图书馆、浙江图书馆、西南政法大学图书馆等

068《仫佬族依饭节》

黎学锐、黎炼著，北京科学技术出版社2013年出版

关键词：仫佬族 民族节日

中图分类：K892.11

本书是“广西国家级非物质文化遗产系列丛书”之一。仫佬族依饭节又称“喜乐愿”“做依饭”“敬依饭公爷”，是仫佬族人民通过祭祀祖先、神灵来感恩还愿、欢庆丰收、驱灾除难及祈求来年人丁安泰、五谷丰登、六畜兴旺的民间文化信仰活动，是仫佬族传统文化习俗长期积淀的结晶。本书对仫佬族依饭节信仰的形成与仫佬族的地理居住环境、原始宗教信仰、稻作农耕文化等之间的密切关系进行了阐述，并深入分析其文化内涵与信仰功能，保护、传承与发展现状。

收藏单位：国家图书馆、柳州市图书馆、广西河池市民族图书馆等

069《神奇仫佬 幸福罗城：中国·广西·罗城》

李晓慧主编，中国画报出版社2013年出版

关键词：仫佬族 民族历史 图集

中图法分类号：K926.74-64

本书介绍了罗城仫佬族自治县的人文风情和自然环境，展示了罗城仫佬族自治县近几年在经济、文化、教育、旅游等方面所取得的成果。

收藏单位：百色学院图书馆、广西民族师范学院图书馆、广西壮族自治区图书馆等

070《万山里的凤和凰：仫佬族》

吴大伦著，云南人民出版社；云南大学出版社2003年出版

关键词：仫佬族 罗城仫佬族自治县 家庭生活

中图法分类号：K287.5

本书以记者的敏锐思维捕捉沉落的素材和细节，以学者的功底观察分析，以作家的手笔书写，将深奥的、理性的学术观点，隐藏在随意的寻常道白之中，让读者在欣赏故事中了解仫佬族的生活及发展变迁。

收藏单位：国家图书馆、柳州市图书馆、南宁市图书馆等

071《文字深处的图腾：走近仫佬族作家》

银建军、钟纪新主编，广西人民出版社2009年编印

关键词：作家 生平事迹 广西壮族自治区

中图法分类号：K825

为了向外界展示仫佬族文学的成就，也为了让读者更多地了解仫佬族文学，河池学院和罗城仫佬族自治县政府于2007年1月联合举行了第四次仫佬族文学研讨会，对仫佬族作家进行了一次大规模的采访，并将这些采访记录结集成书。通过这样一次大规模的对一个民族作家群完整的采访，为民族文化及民族文学，做出一些实质性、铺垫性的工作。

收藏单位：国家图书馆、广西壮族自治区图书馆、南宁市图书馆等

072《有凤来仪：仫佬族青石文化》

银联军著，广西美术出版社2013年出版

关键词：仫佬族 民族文化

中图法分类号：K287.5-64

本书是“仫佬族民间文化艺术系列丛书”之一，介绍了仫佬族以青石材料制作的建筑物、生产与生活用具、石雕、石刻等内容。

收藏单位：国家图书馆、广西壮族自治区图书馆、南宁市图书馆等

073《中国节日志：依饭节》

罗国安主编，光明日报出版社2017年出版

关键词：民族节日 仫佬族

中图分类：K892.375

“依饭节”是广西壮族自治区罗城仫佬族自治县最隆重的节日之一，每隔3至5年立冬后举行一次，为期一至三天。活动分为请圣、占牲、劝圣、唱神、合兵、送圣六个部分。依饭节为仫佬族独有的节日，是仫佬族文化的重要象征。本书包括节日的名称及分布区域、仫佬族地区的自然生态和历史文化背景、节日活动的举办内容和过程、节日的意义和功能、节日时空、组织、仪式活动、表演艺术与口头传统、游艺娱乐、节日用品等内容。

收藏单位：国家图书馆、广西壮族自治区图书馆、北京师范大学图书馆等

074《中国仫佬族》

路义旭、罗树新编著，宁夏人民出版社2014年出版

关键词：仫佬族 民族文化 中国

中图法分类号：K287.5.

本书是“中华民族全书”之一，主要包括仫佬族概况、仫佬族的物质文化、仫佬族的民间文化、仫佬族的社会文化、仫佬族的信仰文化等内容。本书记述准确，笔墨生动、图文并茂、创意新颖。书中有关家庭礼仪、取名习俗、婚姻习俗、节庆习俗等社会文化的介绍，让读者在阅读中增长知识，引发想象。

收藏单位：国家图书馆、南宁市图书馆、株洲市图书馆等

R 医药、卫生

075《仫佬医药》

梁栋、全永健主编，广西民族出版社2013年出版

关键词：仫佬族 民族医学

中图法分类号：R297.5

本书全面总结和记载了301种仫佬族医药病症及验方，以及308种仫佬族医药常用药物，26种特色诊疗技法。本书首次总结了仫佬族及其先民对大自然与人体关系的宏观认识，提出了“灵气”“意念”“和调”，以及“七窗四门”“气、血、精、骨、筋肉”等仫佬族医药生理病理，从而使仫佬医药的临床实践有了相应理论指导。

收藏单位：国家图书馆、柳州市图书馆、河北省图书馆等

076《中国仫佬族医药》

韦浩明主编，中医古籍出版社2014年出版

关键词：仫佬族 民族医学

中图法分类号：R297.5

本书对民间仫佬族的民族传统医学进行寻访和研究，主要介绍了仫佬族概况、仫佬族医药发展沿革、仫佬族医药理论及传承方式、仫佬族对于疾病的防治和保健的认识、仫佬族常用药物、仫佬族民间单方验方秘方、仫佬族民间医状况等内容。

收藏单位：国家图书馆、江西省图书馆、黑龙江中医药大学图书馆等

S 农业科学

077《罗城仫佬族自治县耕地地力评价》

罗城仫佬族自治县农业局编写，广西科学技术出版社2011年出版

关键词：耕作土壤 土壤肥力 土壤调查 罗城仫佬族自治县

中图法分类号：S159

本书在摸清罗城仫佬族自治县全县的土地资源现状下，为改良和培肥土壤、发展优势农产品生产、加快无公害农产品基地建设提供了科学依据。

收藏单位：国家图书馆、广西壮族自治区图书馆、南京大学图书馆等

T 工业技术

078《艾香袅袅：仫佬族饮食文化》

银联军编著，广西美术出版社2013年出版

关键词：仫佬族 饮食文化

中图法分类号：TS971-64

本书是“仫佬族民间文化艺术系列丛书”之一，从特色主食、特色杂粮、特色菜肴、特色小吃、特色水酒五个方面介绍了仫佬族的饮食文化。

收藏单位：国家图书馆、南宁市图书馆、广西壮族自治区图书馆等

079《蓝靛幽幽：仫佬族服饰文化》

银联军编著，广西美术出版社2013年出版

关键词：仫佬族 服饰文化

中图法分类号：TS941.12-64

本书是“仫佬族民间文化艺术系列丛书”之一，分为“遥远的色彩——蓝靛”“美丽的祝福——饰品”两部分，介绍了仫佬族的服装、帽子、围裙、布鞋、背带、装饰图案等服饰文化。

收藏单位：国家图书馆、广西图书馆、南宁图书馆等

Z 综合性图书

080《罗城年鉴》

罗城仫佬族自治县县志编纂委员会编，广西人民出版社2017年、2018年、2019年、2020年出版

关键词：罗城仫佬族自治县 年鉴

中图法分类号：Z526

本书是罗城仫佬族自治县人民政府主办的综合性年鉴。它以全面系统地记录罗城仫佬族自治县的经济和社会发展的基本情况为任务，旨在为各级领导机关提供决策信息依据，为社会各界了解和研究罗城仫佬族自治县提供基本材料，为编修罗城仫佬族自治县地方史志奠定史料基础。

收藏单位：国家图书馆、广西壮族自治区图书馆、华东师范大学图书馆等

第五章

怒族研究图书索引

怒族简介

怒族总人口 36 575 人（2020 年第七次全国人口普查数据）。主要居住在云南省怒江傈僳族自治州的泸水县（原碧江县）、福贡县、贡山独龙族怒族自治县、兰坪白族普米族自治县，以及迪庆藏族自治州的维西县和西藏自治区的察隅县等地。

怒语属汉藏语系藏缅语族，方言间差别较大。因和傈僳族、藏族、白族等民族长期共处，怒族人民普遍会说傈僳语、藏语和白语。怒族没有本民族文字，过去均以木刻为凭，现大都使用汉文。

怒族主要信奉原始宗教。

怒族仙女节又称“鲜花节”，每年农历三月十五日举行，为期三天。怒族仙女节的社会基础相当广泛，体现出原始宗教尤其是自然崇拜、生殖崇拜的意识及受藏传佛教文化的影响，对于怒族传统文化传承有着重要价值。2006 年，“怒族仙女节”被列入第一批国家级非物质文化遗产代表性项目名录。

怒族是个能歌善舞的民族。怒族的舞蹈共分三大类：一是“嘎”(无伴奏舞蹈，也叫踢踏舞)，二是“随”(也就是达比亚舞)，三是“库鲁”(也就是歌舞，又唱又跳，类似于“锅庄舞”)。2014 年，“怒族达比亚舞”被列入第四批国家级非物质文化遗产代表性项目名录。

B 哲学、宗教

001《流动的信仰：贡山县丙中洛乡查腊村怒族村民日记》

赵美主编，中国社会科学出版社 2009 年出版

关键词：怒族 原始宗教

中图法分类号：B933

本书是“新民族志实验丛书”之一，作者以日志的形式，真实地记录了 2004 年 5 月至 2006 年 12 月云南省贡山县丙中洛乡查腊村发生的故事，这些故事真实地反映了怒江大峡谷深处一个少数民族的生产、生活、社会文化变迁等方面的内容，为不同领域的研究提供真实而翔实的信息和素材。

收藏单位：国家图书馆、云南省图书馆、云南农业大学图书馆等

002《中国各民族原始宗教资料集成：怒族卷》

吕大吉、何耀华主编，中国社会科学出版社 2000 年出版

关键词：原始宗教 怒族

中图法分类号：B933

本书对怒族的原始社会、原始文化和原始宗教进行实地调查和整理，为研究怒族原始宗教的学者提供了第一手资料参考。

收藏单位：国家图书馆、辽宁省图书馆、佳木斯大学图书馆等

D 政治、法律

003《中国共产党贡山独龙族怒族自治县历史（1949—1978） 第1卷》

中共贡山县委党史研究室编，云南人民出版社 2016 年出版

关键词：贡山独龙族怒族自治县 中国共产党 党史

中图法分类号：D235.744

本书是中国共产党贡山独龙族怒族自治县地方历史的第一卷，主要记述了贡山县从 1949 年 6 月到 1978 年 12 月党的十一届三中全会召开前的情况。

收藏单位：国家图书馆、云南省图书馆等

004《中国共产党云南省贡山独龙族怒族自治县组织史资料，云南省贡山独龙族怒族自治县政权军事统战群团系统组织史资料：1949.8—1987.10》

中共贡山县委组织部、中共贡山县党史征研室编，云南民族出版社 1997 年出版

关键词：贡山独龙族怒族自治县 组织建设 史料

中图法分类号：D235.744

本书主要对云南省贡山独龙族怒族自治县政权军事统战群团系统组织史资料进行了整理汇总，整理的时间段是 1949 年 8 月至 1987 年 10 月，对云南省贡山独龙族怒族自治县政权、军事、统战、群团系统等组织史料进行了详细的摸底和梳理，为学者研究怒族的有关情况提供了第一手翔实资料。

收藏单位：国家图书馆、北京大学图书馆、昆明学院图书馆等

F 经济

005《老姆登村调查：怒族》

杨聪主编，中国经济出版社 2011 年

出版

关键词：怒族 民族经济 社会调查 福贡县老姆登村

中图法分类号：F327.745

本书是“中国民族经济村庄调查丛书”之一，本书的第一部分介绍了村庄的概况、历史变迁、人口、民族与宗教、经济社会、农业、特色产业、科技推广、教育、经济关系与经济政策、社会福利与保障、民族文化；第二部分介绍了创业进取户、特色农户、普通农户、特殊农户；第三部分介绍了不同时期的干部、致富带头人、一技之长者、普通村民等内容。

收藏单位：国家图书馆、云南大学图书馆、云南民族大学图书馆

006《怒族秘境》

蔡雯主编，王天玉、陶天麟撰稿，云南人民出版社 2016 年出版

关键词：怒族 旅游资源

中图法分类号：F592.774

本书是“云南少数民族系列丛书”之一，以图文并茂的形式，介绍了怒族生活的“三江并流”地区雄奇的自然风光、地理地貌，风格独特的建筑与饮食、别具特色的服饰与手工艺制品、热情的歌舞与神秘的岩画等旅游资源特色，为学者深入研究怒族的发展脉络提供了有益参考。

收藏单位：国家图书馆、佳木斯大学图书馆、昆明学院图书馆等

H 语言、文字

007《怒族怒苏语言资料集》

李卫才、段伶搜集整理，云南民族出版社 1991 年出版

关键词：怒族 怒苏语 语言资料

中图法分类号：H263

本书是“怒江民族语言丛书”之一，从怒苏语简介、散文、韵文和词语四个部分对怒族怒苏语相关情况进行了介绍，所体现的不只是语言的不同风格、不同语体和古词古语等，还体现了社会历史文化的各个方面。本书既是一本语言的专业书，也是一本民族历史文化古籍，为学者深入研究怒族的语言提供了第一手资料。

收藏单位：国家图书馆、大理大学图书馆、红河州图书馆等

008《怒族若柔语言资料集》

李绍恩、李志恩搜集整理，怒江傈僳族自治州少数民族语文指导工作委员会编

云南民族出版社 1993 年出版

关键词：怒族 若柔语 语言

中图法分类号：H263

本书是“怒江民族语言丛书”之一，主要内容包括散文、韵文、古语 3 个部分，为学者研究怒族语言的发展提供了丰富的第一手资料。

收藏单位：国家图书馆、云南大学图书馆、云南农业大学图书馆等

009《怒族语言简志：怒苏语》

孙宏开、刘璐编著，民族出版社 1986 年出版

关键词：怒族 怒苏语

中图法分类号：H263

本书是“中国少数民族语言简志丛书”之一。怒苏语主要是居住在碧江县一带的怒族人使用，故又称“碧江怒语”，本书介绍了怒苏语的概况、语音、词汇、语法、方言，为学者研究怒苏语提供了重要

参考。

收藏单位：国家图书馆、黑龙江省图书馆、西南大学图书馆等

I 文学

010《怒族民间故事》

叶世富、郭鸿才编，云南人民出版社1988年出版

关键词：怒族 民间故事

中图法分类号：I277.3

本书是“云南民族民间故事丛书”之一，是云南怒族有史以来第一部自己的文学作品集，其内容包括流传在民间神话故事、传奇故事、风物民俗故事、传说故事、动植物故事和日常生活故事等。怒族民间故事是怒族社会历史的折射，是怒族人民生产生活、思想伦理、美学观念和理想愿望的生动反映。从这些民间文学作品中可以看到怒族先民在遥远年代的幻想、追求与活动，体会出怒族人的思想、感情、愿望和理想。

收藏单位：国家图书馆、佳木斯大学图书馆、大理大学图书馆等

011《怒族文学简史》

攸延春著，云南民族出版社2003年出版，2014年再版

关键词：怒族 少数民族文学 文学史

中图法分类号：I207.963

本书是“中国少数民族文学史丛书”之“云南少数民族文学史系列”之一。本书前四章是古代文学，介绍了怒族的概况、神话传说、古歌谣、故事的兴起；五至七章介绍的是近现代文学，包括民族关系的变化与怒族社会结构的变迁、故事的发展与成熟、雪山峡谷的韵律——怒族民歌；第八章介绍的是当代文学。本书为研究怒族文学的学者提供了参考资料。

收藏单位：国家图书馆、佳木斯大学图书馆、大理大学图书馆等

012《新时期中国少数民族文学作品选集：怒族卷》

中国作家协会编，作家出版社2015年出版

关键词：怒族 少数民族文学 作品集

中图法分类号：I29

本书作为“中国少数民族文学发展工程”的一部分，内容包括佳作荟萃，群星璀璨等内容。这是对新时期我国少数民族文学成果的梳理和检阅，是我国少数民族发展的大事，也是中国当代文坛的盛事。该书编选了怒族各类题材的代表性作品，集中展示了新时期怒族民族文学繁荣发展的景象。

收藏单位：国家图书馆、佳木斯大学图书馆、昆明学院图书馆等

J 艺术

013《彩绘本中国民间故事：怒族》

苏二桥编文，杨杰绘画，浙江少年儿童出版社1992年出版

关键词：怒族 民间故事 连环画

中图法分类号：J228.4

本书通过彩绘的形式，讲述了大力士阿烘的故事。不但情节生动，伦理性、思辨性、趣味性融为一体，而且再现了历代怒族人民同大自然和社会邪恶势力做斗争的英雄事迹，歌颂了世居怒江的先辈们创世立业的聪明才智、美好道德和理想

情操。

收藏单位：国家图书馆、黑龙江省图书馆、华东师范大学图书馆等

K 历史、地理

014《“三江并流”区的怒族人家》

李月英著，民族出版社2005年出版

关键词：怒族 民族文化 贡山独龙族怒族自治县

中图法分类号：K286.3

本书分上、下两篇，上篇为怒族支系阿怒概况，下篇为怒族支系阿怒实证调查。主要介绍了怒族的由来、文化、人口、地理等。本书作为一项人类学的区域性研究，只涉及研究贡山怒族阿怒支系。

收藏单位：国家图书馆、佳木斯大学图书馆、西南林业大学图书馆等

015《当代云南怒族简史》

《当代云南怒族简史》编辑委员会编，云南人民出版社2014年出版

关键词：怒族 简史

中图法分类号：K286.3

本书是“当代云南少数民族简史丛书”之一，记载了中华人民共和国成立以来，在中国共产党的领导下怒族人民发展进步的历史轨迹。全书史料丰富，内容真实，特点突出，个性鲜明，系统地反映了怒族的历史、地理、经济、文化、社会的基本情况和实行民族区域自治的历程、成就和经验。为各级干部和广大人民群众更好地领会和掌握党的民族政策、总结历史经验教训、创造性地做好民族工作，提供了历史借鉴和科学依据。

收藏单位：国家图书馆、佳木斯大学图书馆、大理大学图书馆等

016《复苏了的神话》

何叔涛著，云南教育出版社1995年出版

关键词：民族文化 怒族 女性

中图法分类号：K280.74

本书是“云南民族女性文化丛书”之一，介绍了怒族社会中广为流传的女神传说，显示了远古时代女性的崇高地位。本书对了解怒族女性在民族发展中所做的贡献，认识她们淳朴的品质、高尚情操及在爱情、劳动、友谊等方面的传统美德，对于我们今天的物质文明建设和精神文明建设，都是有意义的。

收藏单位：国家图书馆、云南省图书馆、佳木斯大学图书馆等

017《贡山独龙族怒族自治县地名志》

李文军主编，云南民族出版社2009年出版

关键词：贡山独龙族怒族自治县

中图法分类号：K927.44

本书记载了贡山独龙族怒族自治县管辖地域内地名的历史来源、含义及其演变过程，是一部集地方历史、风土人情和社会经济发展的资料工具书。

收藏单位：国家图书馆、云南省图书馆等

018《贡山独龙族怒族自治县概况》

《贡山独龙族怒族自治县概况》编写组编，云南民族出版社1986年出版

关键词：怒族 贡山独龙怒族自治县

中图法分类号：K927.44

本书是“中国少数民族自治地方概况

丛书”之一，是按照国家民委民族问题五种丛书编委会的部署进行编写。本书着重介绍了贡山独龙族怒族自治县解放以来，贯彻党的方针政策，发展各项事业所取得的成就；同时还介绍了贡山独龙族怒族自治县的历史、地理、民族风情等，以期让读者对贡山的情况有一个梗概的了解。

收藏单位：国家图书馆、昆明理工大学图书馆、云南大学图书馆等

019《贡山独龙族怒族自治县志》

贡山独龙族怒族自治县志编纂委员会编，民族出版社 2006 年出版

关键词：贡山独龙族怒族自治县 地方志

中图法分类号：K297.44

本书为“中华人民共和国地方志丛书”之一，是一部有关贡山独龙族怒族自治县社会、经济、文化等各方面的百科全书式的文献，具有重要的出版价值。 本书时限上至追溯到本县自设之日始，下限至 1995 年，记述了贡山独龙族怒族自治县的自然地理、物产资源、历史沿革，主体民族的历史、文化、风情等。本书不仅是贡山县社会主义精神文明建设的一个重要成果，而且也为贡山县改革开放和社会主义各项事业的发展提供了宝贵的历史借鉴和科学决策的依据，具有深远的历史意义和现实意义。

收藏单位：国家图书馆、佳木斯大学图书馆、昆明医科大学图书馆等

020《贡山独龙族怒族自治县志：1978—2008》

贡山县地方志编纂委员会编，云南人民出版社 2020 年出版

关键词：贡山独龙族怒族自治县 地方志

中图法分类号：K297.44

本书为“中华人民共和国地方志丛书”之一，是一部有关贡山独龙族怒族自治县社会、经济、文化等各方面的百科全书式的文献，具有重要的出版价值。本书上限自 1978 年，下限至 2008 年，共 24 篇，内容包括建置区划，城乡建设，工业，商贸，交通，信息产业，旅游，综合经济，中国共产党贡山县地方组织，法制，军事，教育，科学技术，社会科学等。

收藏单位：国家图书馆等

021《家计与市场：滇西北怒族社会的生存选择》

温士贤著，社会科学文献出版社 2013 年出版

关键词：怒族 社会生活

中图法分类号：K286.3

本书为“民族与社会丛书”之一。作者选取了滇西北怒江峡谷深处的一个怒族村落——秋那桶村进行个案剖析，从宗教信仰、生计变迁、族源、历史、民俗民风文化等各方面进行深入的探讨，以期从个案中发现少数民族群体的生存策略，以及他们在市场化进程中所面临的生存困境。

收藏单位：国家图书馆、昆明理工大学图书馆、昆明学院图书馆等

022《傈僳族 怒族 勒墨人（白族支系）社会历史调查》

《中国少数民族社会历史调查资料丛刊》修订编辑委员会编，民族出版社 2009 年出版

关键词：怒族 民族历史 社会调查

中图法分类号：K280.74

本书是“中国少数民族社会历史调查资料丛刊（修订本）”之一，主要包括怒江傈僳族自治州基本情况、碧江县二区俄科罗村社会经济调查、贡山县一区丙中洛行政村调查、山东省益都县满族调查报告、福贡县二区一乡拉马鹿自然村调查等内容。对了解和研究我国云南怒江地区傈僳族、怒族、勒墨人社会历史有重要参考价值。

收藏单位：国家图书馆、大理大学图书馆、昆明学院图书馆等

023《怒族》

牧二、王泉根主编，外语教学与研究出版社 2011 年出版

关键词：怒族 民间故事

中图法分类号：K286.3

本书是“民族文化经典故事丛书”之一，主要内容包括怒族概况、怒族的思想观念、怒族的生活习俗、怒族的岁时风俗与人生礼仪、怒族的民间艺术等方面内容。本书以怒族的历史文化发展为主线，图文并茂，生动形象，是献给少年儿童的精神食粮。

收藏单位：国家图书馆、绵阳师范学院图书馆、乌鲁木齐市图书馆等

024《怒族》

段伶著，民族出版社 1991 年出版

关键词：怒族

中图法分类号：K286.3

本书是“民族知识丛书”之一，主要讲述了怒族发展的历史，在中华人民共和国成立初期的经济社会形态，怒族的文化特点和风俗习惯以及目前的发展状况等，真实地向人们展示怒族的民族特点、风俗习惯、生活方式、民族来源、悠久的民族历史文化等典型民族特征。

收藏单位：国家图书馆、佳木斯大学图书馆、大理大学图书馆等

025《怒族》

余新主编、怒江州政协文史资料委员会编，云南民族出版社 2007 年出版

关键词：怒族

中图法分类号：K286.3

本书是“怒江州民族文史资料”丛书之一，对怒族的生存环境、人口及其分布、历史、宗教、科技、政治、经济、交通、教育、语言文字、生产、生活等进行了全面的阐述，是云南怒江州怒族社会历史资料，整体完整度较高，介绍内容比较完整详细，为我们深入研究怒族的有关历史发展提供了第一手详细资料。

收藏单位：国家图书馆等

026《怒族》

陆薇编著，吉林出版集团有限责任公司、吉林文史出版社 2010 年出版

关键词：怒族 民族文化

中图法分类号：K286.3

本书是“中国文化知识读本”之一，在深入挖掘和整理中华优秀传统文化成果的同时，结合社会发展，注入了时代精神。书中优美生动的文字、简明通俗的语言、图文并茂的形式，把中国文化中的物态文化、制度文化、行为文化、精神文化等知识要点全面展示给读者。

收藏单位：国家图书馆、佳木斯大学图书馆、云南民族大学图书馆等

027《怒族》

杨丽春主编，新疆美术摄影出版社、新疆电子音像出版社 2010 年出版

关键词：怒族 民族历史

中图法分类号：K286.3

本书是“中华民族大家庭知识读本”系列丛书之一，简要介绍了怒族的起源、发展历史、宗教信仰与民俗文化、节日礼仪及相关的神话传说和历史故事等。

收藏单位：国家图书馆、云南省图书馆等

028《怒族》

何叔涛编，中国人口出版社 2014 年出版

关键词：怒族 民族文化

中图法分类号：K286.3

本书是“中国少数民族人口丛书”之一，主要介绍怒族的族源传说、原始宗教、丰富多彩的生活与艺术、生生不息的人口传承及民族经济的新跨越，详细记录了怒族人民的生活全景，是保存和记录怒族人民文化的重要资料，为学者深入研究怒族历史发展进程提供了比较翔实和丰富的研究资料。

收藏单位：国家图书馆等

029《怒族》

王天玉、陶天麟著，中国民族摄影艺术出版社 2007 年出版

关键词：怒族

中图法分类号：K286.3

本书是“中国人口较少民族丛书”之一，详细介绍了怒族的有关情况，调查比较细致、客观，内容有神奇美丽的秘境、名天下而贯古今的族名、“千脚落地屋”内美食飘香等。本书对怒族的生存环境、人口及其分布、历史、文化科技、政治、经济、交通、军事、教育、宗教、语言文字、生活生产、民俗、民族交往等进行了全面的阐述，是论述怒族的一本比较系统而深入的专著。

收藏单位：国家图书馆、佳木斯大学图书馆等

030《怒族》

李月英、张芮婕著，辽宁民族出版社 2015 年出版

关键词：民族文化 怒族

中图法分类号：K286.3

本书为“走近中国少数民族丛书”之一，以图文并茂的形式，叙述了怒族的历史渊源、经济生活、宗教信仰、礼俗与禁忌、魅力文化、民族教育、民间艺术、民族经济、文化习俗、历史人物、名胜古迹等内容，描述了生活在这片神奇土地上的怒族同胞的风情画卷，使广大读者走进和了解他们的文化和生活，加深彼此的沟通，促进各民族的和谐发展。

收藏单位：国家图书馆、佳木斯大学图书馆、贵州财经大学图书馆等

031《怒族：贡山丙中洛乡查腊社》

怒族调查组编写、赵美主编，云南大学出版社 2001 年出版

关键词：怒族 民族调查 贡山独龙族怒族自治县

中图法分类号：K286.3

本书是“西南边疆民族研究书系”之一，介绍了查腊社怒族的历史沿革、生态环境、人口、经济、社会、婚姻家庭、文化、卫生科技等方面的调查成果。这些调查成果真实地记录了民族村寨的全貌，是第一手的最新资料，具有现实的参考价值和历史的保存价值。

收藏单位：国家图书馆、云南民族大学图书馆、云南师范大学商学院图书馆等

032《怒族百年实录》

傅仕敏主编，中国文史出版社2010年出版

关键词：怒族 民族历史

中图法分类号：K286.3

本书是“中国少数民族文史资料书系”之一，是怒族历史上的人、事、物的汇集，为学者深入研究怒族的社会历史发展提供了第一手资料。本书包括民族的起源与变迁、政治、军事、经济、思想、文化、社会民情、民族风情、人物春秋等内容。

收藏单位：国家图书馆、云南省图书馆等

033《怒族简史》

《怒族简史》修订本编写组编，民族出版社2008年出版

关键词：怒族 民族历史

中图法分类号：K286.3

本书是“中国少数民族简史丛书（修订本）”之一，详细介绍了怒族的人口分布、地理、物产和语言、古代的怒族、近代的怒族、中华人民共和国成立前后怒族的社会经济形态、社会组织、物质生活及精神文化。这些翔实的资料对了解怒族提供了有价值的参考。

收藏单位：国家图书馆、佳木斯大学图书馆、云南大学图书馆等

034《怒族简史简志合编》

中国科学院民族研究所云南民族调查组、云南省民族研究所合编，云南省民族研究所1962年出版

关键词：怒族 民族历史

中图法分类号：K286.3

本书详细介绍了怒族人口分布、地理环境、语言、怒族的历史、生产力发展水平、土地制度、民族和社会道德等内容。本书对怒族不但有感性认识，也有理性认识，观点正确，思想新颖，资料翔实，内容丰富，体例较新，用词精当，为深入研究怒族提供了第一手资料。

收藏单位：国家图书馆、云南省图书馆、广东省立中山图书馆等

035《怒族历史与文化》

赵沛曦、张波著，云南民族出版社2007年出版

关键词：怒族 民族历史 文化史

中图法分类号：K286.3

本书全面系统地阐述了怒族的生存环境、人口分布、历史潮流、风俗习惯、民族交往、政治文化教育等方面的内容。

收藏单位：国家图书馆、大理大学图书馆、昆明市官渡区图书馆等

036《怒族社会历史调查》

《民族问题五种丛书》云南省编辑委员会编，民族出版社2009年出版

关键词：怒族 社会调查

中图法分类号：K286.3

本书包括怒族简况、怒族社会概况、碧江县一区九村怒族社会调查、福贡县一区木古甲村怒族社会调查、贡山县一区怒族情况、怒江区的商业、怒族宗教情况等内容，为学者深入研究怒族社会历史提供了第一手资料。

收藏单位：国家图书馆、佳木斯大学图书馆、大理大学图书馆等

037《怒族文化大观》

刘达成主编，云南民族出版社2013年出版

关键词：怒族 民族文化

中图法分类号：K286.3

本书是“云南民族文化大观丛书”之一，涵盖怒族的历史渊源、语言文字、宗教信仰、风俗习惯、伦理道德、天文历法、文学艺术、科学技术、教育体育、哲学思想、商业贸易、经济生产、建筑名胜等各个领域。从某种意义上说，这是一本真实反映和记叙怒族人民社会、历史、文化的小百科全书，值得一读。

收藏单位：国家图书馆、佳木斯大学图书馆、红河学院图书馆等

038《怒族文化史》

陶天麟著，云南民族出版社2014年出版

关键词：怒族 民族文化 文化史

中图法分类号：K286.3

本书是“云南少数民族文化丛书”之一，系统、全面地记述了怒族的历史渊源、生产生活、语言文字、宗教信仰、婚姻家庭、伦理道德、节庆礼俗、文学艺术、文物古迹、教育医药卫生等方面的文化历史，反映了怒族文化的起源、发展和演变的历史，展示了怒族文化的源远流长和丰富内涵。是论述怒族的一本比较系统而深入的专著。

收藏单位：国家图书馆、佳木斯大学图书馆、云南大学图书馆等

039《千里怒江第一湾：怒族》

尹善龙著，云南人民出版社、云南大学出版社2003年出版

关键词：怒族 家庭生活 贡山独龙族怒族自治县

中图法分类号：K286.3

本书是“20世纪中国民族家庭实录”之一，本书内容中有不少是本民族的作者写本民族的家庭，甚至还有一些作者直接就写自己的家庭，写得很精彩，写得贴近生活的本真，让读者在欣赏故事中了解怒族的知识、生活及发展变迁。

收藏单位：国家图书馆、昆明学院图书馆、西南林业大学图书馆等

040《峡谷中的怒族社会》

张跃、李绍恩主编，云南大学出版社2012年出版

关键词：怒族 民族文化

中图法分类号：K286.3-53

本书汇集的是首届“中国·怒族历史与文化学术研讨会”上48篇反映怒族历史与文化的研讨文章，是近年来研究怒族历史与文化的学术成果，对怒族宗教信仰、生计变迁、族源、历史、民俗民风文化等各个方面进行了深入的探讨。全书包括怒族历史及族源、怒族文化与保护、怒

族宗教、怒族社会发展及民族关系、怒族考古等部分。

收藏单位：国家图书馆、云南省图书馆、云南大学图书馆等

041《中国节日志：仙女节》

张跃主编，光明日报出版社2014年出版

关键词：怒族 民族节日

中图法分类号：K892.11

本书介绍了云南省怒江傈僳族自治州贡山独龙族怒族自治县怒族“阿怒”支系的民间传统节日——仙女节，内容包括：流布区域和社会环境、起源与变迁、活动内容、意义与功能、组织、仪式活动、表演艺术与口头传统等。

收藏单位：国家图书馆、西南林业大学图书馆、山西省图书馆等

042《中国节日志：如密期》

张跃主编，光明日报出版社2014年出版

关键词：怒族 如密期

中图法分类号：K892.1

“如密期”（又有“开春节”等称谓），是生活在怒江流域怒族最为古老的民间传统祭祀习俗，主要流传于怒江州原碧江县，以及现福贡县、泸水县一带“怒苏”支系的怒族，是怒族最为盛大的节日之一，具有浓郁的原始宗教性质。本书真实地记录和描述了节日的真实情景。

收藏单位：国家图书馆、西南林业大学图书馆、成都中医药大学图书馆等

043《中国怒族》

李绍恩编著，宁夏人民出版社2012年出版

关键词：民族文化 怒族

中图法分类号：K286.3

本书是“中华民族文化丛书”之一，分别从民族概况、物质文化、民间文化、社会文化、信仰文化、对伟大祖国的贡献、精神气质、文化传承、族际传承、族际交往、文化发展愿景、有影响的文化人物、重要贡献等方面对怒族进行了详细的介绍，每章内容配以精美的图片，图文并茂，为扩大怒族宣传、深化怒族研究、弘扬怒族优秀文化创造了条件，是一本了解怒族的通俗读物。

收藏单位：国家图书馆、佳木斯大学图书馆、昆明理工大学图书馆等

044《中国少数民族设计全集：怒族》

中国少数民族设计全集编纂委员会编，山西人民出版社2019年出版

关键词：怒族 工艺设计

中图法分类号：K892.3

本书结合怒族历史文化背景，借鉴已有研究成果，共收入怒族衣、食、住、行、用方面具有典型意义的案例50余个，具体包括建筑、餐饮、交通及杂用器物等生活用具、民俗、礼俗、宗教内容。

收藏单位：国家图书馆、重庆工商大学图书馆、四川师范大学图书馆等

R　医药、卫生

045《怒族医药调查实录》

郭世民主编、云南省中医中药研究院编，云南民族出版社2016年出版

关键词：怒族 医药调查

中图法分类号：R296.3

本书是“国家中医药管理局民族医药文献整理丛书”之一，详细介绍了怒族医药的传承，既有文字为载体的文献传承，又有非文字方式的口碑传承。本书做了初步的文献调查与怒族聚居地实地采访实录，为研究怒族医药发展的学者提供了第一手资料。

收藏单位：国家图书馆、云南中医药大学图书馆、成都医学院图书馆等

046《怒族医药简介》

郭世民、俞永琼主编，中医古籍出版社 2014 年出版

关键词：怒族 民族医学

中图法分类号：R296.3

本书是在对怒族医药有关的文献进行整理和对怒族医药现状进行调研的基础上编写而成，主要介绍怒族基本状况、怒族医药发展沿革、怒族民间医药的医技、医法和特点、怒族对于疾病的防治和养生保健的认识、怒族常用药物、重要医药人员介绍和民族医药传说与趣话等内容。本书为今后继续开展怒族医药的抢救性发掘整理和深入研究提供了坚实的基础和依据。

收藏单位：国家图书馆、佳木斯大学图书馆、云南中医药大学图书馆等

047《峡谷深处的健康智慧：怒族传统医药文化》

王志红、谢薇、杨云著，民族出版社 2015 年出版

关键词：怒族 民族医学

中图法分类号：R296.3

本书系国家社会科学基金资助项目研究成果，是第一部怒族传统医药文化的专著。本书从怒族社会历史发展与生态文化环境、原始宗教的医学萌芽、神话传说民间故事中的医学文化、传统医学观念和医学思想、民俗生活中的健康智慧、民间医药医术名医等六个方面，阐述了民族医学不仅仅体现在医疗活动中，还深深地蕴含在传统的生活习俗中等。本书是一部涵盖面广、概括性强、参考价值高的著作。

收藏单位：国家图书馆、佳木斯大学图书馆、云南中医药大学图书馆等

第六章

普米族研究图书索引

普米族简介

普米族总人口 45 012 人（2020 年第七次全国人口普查数据）。主要分布在云南省西北部高原的兰坪白族普米族自治县和宁蒗彝族自治县。

普米语属汉藏语系的藏缅语族羌语支，有南、北方言之分，没有本民族的文字，通用汉文。

普米族的宗教信仰主要是原始宗教，少数普米族也信仰道教或藏传佛教。“丁巴教”是普米族原始宗教的主要形式。

普米族有自己的节日。主要有“大过年”“大十五节”“绕岩洞”“转山会”等，“大过年”是普米族最隆重的节日。

普米族创造了许多想象丰富、优美绚丽的民间文学作品，其中关于开天辟地、人类起源、民族迁徙、习俗起源的神话传说数量较多，时代也较古老，如《洪水朝天》《给羊子的来历》等。

普米族的民间诗歌以体裁广阔、曲调多样、富有浓郁的生活气息和广泛的群众基础而远近闻名，是名副其实的诗与歌的统一。可分习俗歌、山歌、苦情歌和欢乐歌几类，如《创世歌》《放牧牛歌》《贡戛岭歌》等。

普米族是能歌善舞的民族，民间舞蹈种类繁多，内容十分丰富。“搓蹉”，意为“跳舞”，保留了古代艺术歌、舞、乐三位一体的特点，舞步变化丰富，是普米族象征团结友爱、吉祥幸福的民间舞蹈。2008 年，“普米族搓蹉”列入第二批国家级非物质文化遗产代表性项目名录。

B 哲学、宗教

001《藏族 纳西族 普米族的藏传佛教》

杨学政著，云南人民出版社，云南大学出版社 2016 年出版

关键词：普米族 藏传佛教

中图法分类号：B946.6

本书是“云南文库·学术名家文丛”之一，通过藏族、纳西族和普米族的藏传佛教调查多民族丰富的传统文化，对深刻认识该民族的社会历史、宗教历史、文化艺术、风俗习惯及民族关系等方面有重要作用。从这个意义而言，藏族、纳西族和普米族的藏传佛教是典型的地域民族宗教，它在中国宗教学和中国藏学研究领域中具有重要的研究价值。

收藏单位：国家图书馆、云南省图书馆、云南农业大学图书馆等

002《中国普米族宗教研究》

熊永翔著，中国社会科学出版社 2015 年出版

关键词：普米族 宗教

中图法分类号：B928.2

本书在吸取国内外普米族宗教研究最新成果基础上，结合充分的实地田野调查，着重对滇西北（云南境内）普米族人的社会历史环境、普米族宗教文化现象、普米族宗教祭司与经籍、普米族宗教价值取向的本土文化根基、多元文化的适应与变迁中的普米族宗教文化等予以系统的阐述和研究。

收藏单位：国家图书馆、佳木斯大学图书馆、云南中医药大学图书馆等

D 政治、法律

003《兰坪白族普米族自治县党群志：1943—1990》

何文锦主编，中共兰坪白族普米族自治县委党史征集研究室编，云南民族出版社 1997 年出版

关键词：普米族 中国共产党 党史 兰坪白族普米族自治县

中图法分类号：D235.744

本书是“云南省地方志丛书”之一，记述时间为 1943—1990 年，内容以党委活动为中心，力求全面、准确地记录云南省兰坪白族普米族自治县党史大事。本书对研究普米族的党和群众的有关活动提供翔实的资料。

收藏单位：国家图书馆、云南省图书馆 中国社会科学院图书馆等

004《中共兰坪白族普米族自治县党史大事记》

何文锦主编、中共兰坪白族普米族自治县党史征集研究室编，云南民族出版社 2001 年出版

关键词：普米族 党史

中图法分类号：D235.744

本书记述时间为 1948—2000 年，内容以中共党委活动为中心，力求全面、准确地记录兰坪县在中国共产党领导下，在政治、经济、文化、教育、群团、组织建设等方面的党史大事记。本书对研究普米族的政治生活提供了翔实的第一手资料。

收藏单位：西南民族大学图书馆、北京大学图书馆等

005《中国共产党兰坪白族普米族自治县历史：1936—1978 第一卷》

中共兰坪县委党史研究室编，云南人民出版社 2021 年出版

关键词：普米族自治县 地方史

中图法分类号：D235.744

本书真实记述了 1936 年至 1978 年，中国共产党团结、带领兰坪县各族人民为实现民族独立、人民解放和国家富强、人民幸福前赴后继、英勇奋斗、可歌可泣的奋斗史。中华人民共和国成立后，在中国共产党的领导下，中共兰坪县委及县属各级党组织进行政治、经济、科学、教育、文化、党的建设等方面的重要执政活动。本书是一部鲜活的爱国主义、基层党史党建读物，具有社会价值、史料价值。

收藏单位：暂时无法提供收藏信息

006《中国共产党云南省兰坪白族普米族自治县组织史资料 云南省兰坪白族普米族自治县政权系统、军事系统、统战系统、群团系统组织史资料》

中共兰坪白族普米族自治县委组织部等编，云南民族出版社 1998 年出版

关键词：普米族 中国共产党 党史

中图法分类号：D235.744

本书采用“分期划块、纵横结合”的体例编写，如实反映历史原貌，说明发展演变过程。按照中央组织史资料分期，即：从 1947 年 12 月省工委派出特派员到滇西和滇西北开展党的工作、武装斗争时期，基本完成社会主义改造和开展全面建设社会主义时期，“文化大革命”时期，社会主义现代化建设新时期。一个时期为一章。本书对了解普米族的组织史提供了翔实的资料。

收藏单位：红河州图书馆、昆明市官渡区图书馆、昆明学院图书馆等

F 经济

007《兰坪白族普米族自治县林业志》

兰坪白族普米族自治县林业局编、兰坪白族普米族自治县木材总公司编，云南民族出版社 1997 年出版

关键词：兰坪白族普米族自治县 林业史

中图法分类号：F326.277.44

本书是“云南省林业志丛书”之一，详今略古，立足当代，以“新观点、新资料、新方法”，上溯 1872 年，纵横百里，首次记述了兰坪森林资源的演变，林业沿革和经营发展的基本脉络，凡是林业上的大事均予入志，体现了社会主义新方志的时代特点和地方特色，为兰坪林业建设的重大决策提供历史借鉴和科学依据，为研究普米族林业发展提供了第一手详细资料。

收藏单位：国家图书馆、佳木斯大学图书馆、云南大学图书馆等

008《牛窝子村调查：普米族》

冯彦明主编，中国经济出版社 2011 年出版

关键词：牛窝子村 普米族 民族经济 社会调查

中图法分类号：F327.745

本书以牛窝子村为调查对象，分为村庄、农户、村民 3 部分，介绍了牛窝子村概况、牛窝子村手工业和服务业、牛窝子村的教育、牛窝子村的经济制度等，为研

究普米族牛窝子村的有关情况提供了翔实的资料。

收藏单位：国家图书馆、黑龙江省图书馆、成都大学图书馆等

G 文化、科学、教育、体育

009《兰坪白族普米族自治县教育志》

兰坪白族普米族自治县教育委员会编，云南民族出版社 2001 年出版

关键词：兰坪白族普米族自治县 教育工作

中图法分类号：G527.744

本志记载了雍正九年（公元 1731 年）至 1995 年共 260 多年的可溯源历史。略述了兰坪白族普米族自治县明、清时期和民国时期的教育状况，详记了中华人民共和国成立以后全县教育事业的发展和变化，特别是中国共产党十一届三中全会以来教育事业的发展变化。本书为研究普米族的教育发展情况提供了翔实的资料。

收藏单位：国家图书馆、佳木斯大学图书馆、云南财经大学图书馆等

H 语言、文字

010《大羊普米语参考语法》

蒋颖著，中国社会科学出版社 2015 年出版

关键词：普米语 语法

中图法分类号：H266.4

本书是“中国少数民族语言参考语法研究系列丛书”之一，全书分为绪论篇、词类篇、构词篇、句法篇、语料篇五章，重点分析和研究普米语词法和句法。在复辅音的衰变、动词的语法范畴、形容词与动词的异同、格助词的多功能性与语法化、偏正短语及中补短语的演变，比较句、双宾句、连动句、存现句、判断句等特定句式的特点等问题上做了新的解释与探讨。

收藏单位：国家图书馆、佳木斯大学图书馆、浙江图书馆等

011《普米语词集》

胡革红主编，云南人民出版社 2016 年出版

关键词：普米语 词典

中图法分类号：H266.6

本书以《现代汉语词典》中的词汇为对照，翻译成普米族语词汇的工具书，并对词条进行了国际音标注音，通过若干次的讨论、整理，审定了近 10000 个词条。许多普米族的专用词汇可能没有搜集到，因为有些普米语词汇没有相对应的汉语词汇。本书普米语词汇以丽江市宁蒗县北片区普米语词汇的发音为标准，所以会和其他地方的词汇有差别。本书配套有视频光盘，不仅使普米语以文字和影像形式得以保存，而且为学习普米语提供了极大方便。

收藏单位：国家图书馆、佳木斯大学图书馆、西南大学图书馆等

012《普米语动词的语法范畴》

傅爱兰著，中国文史出版社 1998 年出版

关键词：普米语 动词

中图法分类号：H266.4

本书是一部坚持微观研究的语法研究成果，有深度，有新意，反映了藏缅语语法研究的新水平。这部著作还揭示了普

米语动词语法范畴的多形式性、语法手段的多功能性，梳理了语法意义和语法形式之间复杂的交叉特点，对认识藏缅语语法的特征也是有价值的。特别是在研究方法上，作者着力于语音分析，从语音变化上看语法变化。

收藏单位：国家图书馆、佳木斯大学图书馆、北京大学图书馆等

013《普米语方言研究》

陆绍尊著，民族出版社 2001 年出版

关键词：普米语 方言

中图法分类号：H266.7

本书是“中国少数民族语言方言研究丛书”之一，从语音、语法、词汇、长篇语料等方面研究了普米语方言，有利于更深层次地揭示少数民族语言的发展规律，服务于少数民族语言文字的规范化，更好地促进少数民族语言文字的学习、使用和规范。书中大部分内容都是在田野调查中获得的，为深入研究普米语方言形成的社会原因提供了有益参考。

收藏单位：国家图书馆、佳木斯大学图书馆、云南大学图书馆等

014《维西普米族基本语言词汇》

熊智媛、熊智深编著，德宏民族出版社 2019 年出版

关键词：普米语 词汇 维西傈僳族自治县

中图法分类号：H266.3

本书整编了维西境内普米族语言文化中基础常用的词、词汇、句子（对话），将其按照特定的分类方式进行图文并茂地归类和整理，并邀请永春乡和攀天阁乡熟悉普米语的长辈、老者对整编的词句进行普米语发音，再以汉字记音方式进行注译。作为少数民族语言读本，有利于推动少数民族语言的传承和发展，对少数民族文化的保护和发展具有积极的意义。

收藏单位：国家图书馆、深圳大学城图书馆、中南民族大学图书馆等

I 文学

015《普米族歌谣集成》

普米族民间文学集成编委会编，中国民间文艺出版社 1990 年出版

关键词：普米族 诗歌

中图法分类号：I296.67

本书是“民间文学集成丛书”之一。普米族歌谣反映的是普米族各个历史时期特定的生活内容和思想感情，在表现形式上，创造了新颖别致、丰富多彩的文学风貌，形成独特的艺术风格，取得了卓越的艺术成就。本书还收录了一些劳动歌、苦歌、新民歌等，对深入研究普米族的文学历史提供了有益借鉴。

收藏单位：国家图书馆、佳木斯大学图书馆、大理大学图书馆等

016《普米族故事集成》

云南省兰坪白族、普米族自治县等编，中国民间文艺出版社 1990 年出版

关键词：普米族 民间故事

中图法分类号：I277.3

本书是“云南民间文学集成”之一，选编了大量的普米族民间故事，包括神话故事、风物习俗故事、英雄传奇、生活故事四个部分。这些故事充分体现出了普米族的风土人情，对深入研究普米族的风俗

提供了有价值的资料。

收藏单位：国家图书馆、云南省图书馆、大理大学图书馆等

017《普米族祭祀歌》

杨照辉译注、熊长麟编辑、云南省少数民族古籍整理出版规划办公室编，云南民族出版社 1990 年出版

关键词：普米族；祭礼

中图法分类号：I296.622

本书是“中国少数民族古籍丛书”之一，是从数以百计的普米族祭祀歌中加以选择、编辑而成，反映了普米族先民从游牧时代对天神和帐篷的蓬竿崇拜，到半农时代的山、龙、灶、祖先和中柱崇拜的自然宗教意识。更重要的价值还在于它提供了大量的普米族社会历史发展及南移的情况，有助于对普米族历史、文化、宗教情况的了解和研究。

收藏单位：国家图书馆、佳木斯大学图书馆、云南民族大学图书馆等

018《普米族民间故事》

王震亚编，云南人民出版社 1990 年出版

关键词：普米族 民间故事

中图法分类号：I277.3

本书是“云南民族民间故事丛书”之一，介绍的民间故事情节曲折，形象生动。如“统格萨的故事”，矛盾一个接一个，斗争一场接一场，使故事情节波澜起伏，险象丛生，目不暇接，大大增强了故事的充实感。加之有曲折、有起伏的发展节奏，使故事的传奇色彩更突出，更有艺术吸引力，为研究普米族文学提供了第一手翔实资料。

收藏单位：国家图书馆、佳木斯大学图书馆、云南师范大学图书馆等

019《普米族民间故事选》

王震亚编，上海文艺出版社 1994 年出版

关键词：普米族 民间故事

中图法分类号：I277.3

本书是“中国少数民族民间文学丛书”之一，收集了《开天辟地》《爱情鸟》《天心阁的传说》等百余篇故事，人物的色彩鲜明而生动。

收藏单位：国家图书馆、佳木斯大学图书馆、云南民族大学图书馆等

020《普米族文学简史》

杨照辉著，云南民族出版社 2014 年出版；云南大学出版社 2016 年出版

关键词：普米族 文学史

中图法分类号：I207.966

本书是“中国少数民族文学史丛书”之一，从上古时期的文学（公元 6 世纪）、中古时期的文学（公元 6—18 世纪）、近现代文学（1840—1949 年）、当代文学（1949—1991 年）四个时段对普米族文学进行介绍，涵盖了社会历史文学概况、起源神话、洪水神话等具体内容。本书发掘整理了世代流传在人民群众口头上的作品，大部分材料是在田野调查中从当地的祭司、歌手和群众口中记录来的，其中有一部分在刊物上发表过。

收藏单位：国家图书馆、佳木斯大学图书馆、西南大学图书馆等

021《普米族谚语》

殷海涛、张鹏云搜集，殷海涛译辑，中国民间文艺出版社 1989 年出版

关键词：普米族 谚语

中图法分类号：I277.7

普米族的民间文学丰富、绮丽，尤其是民间谚语，以独特的艺术魅力，深受人们的喜爱。谚语是民间文学的一种载体，是以精炼的语句，生动的形象表现各种知识和生活经验的语言艺术。本书除了具有上述谚语的共性之外，还具有鲜明的民族特色和浓郁的生活气息，有些谚语还具有其独特的表现手法。本书对弘扬民族优秀文化传统起到了积极的促进作用。

收藏单位：国家图书馆、佳木斯大学图书馆、云南大学图书馆等

022《新时期云南少数民族文学作品选：普米族卷》

云南省作家协会编，云南民族出版社 2015 年出版

关键词：少数民族文学 普米族 作品集

中图法分类号：I29

本书所选作品均为改革开放以来至 2014 年 6 月 30 日公开发表的优秀中短篇小说及散文、诗歌等。优先选编在州、市级以上评奖活动中获奖、列入年度排行榜、入选各类文学专辑的作品。这些作品主要反映改革开放以来少数民族地区发展进步及少数民族精神状态。

收藏单位：国家图书馆、西南民族大学图书馆、昆明学院图书馆等

023《新时期中国少数民族文学作品选集：普米族卷》

中国作家协会编，作家出版社 2014 年出版

关键词：普米族 少数民族文学 作品集

中图法分类号：I29

本书收录的作品是 1976 年至 2011 年在国内公开出版发表的中短篇小说、散文、报告文学和短诗等门类的佳作。

收藏单位：国家图书馆、佳木斯大学图书馆、昆明学院图书馆等

024《一个普米人的心经》

鲁若迪基著，长江文艺出版社 2013 年出版

关键词：普米族 诗集

中图法分类号：I227

本书是鲁若迪基的第四部诗集，属于中国作家协会 2013 年重点扶持作品。作者通过对故乡、世界、爱情的抒写，展示了一个诗人的心路历程和对人类、世界的眷恋、忧思及对美好爱情的吟唱。

收藏单位：国家图书馆、佳木斯大学图书馆、清华大学图书馆等

J 艺术

025《彩绘本中国民间故事：普米族》

肖融，浙江少年儿童出版社 1992 年出版

关键词：民间故事 彩绘本 普米族

中图法分类号：J228.4

本书属于文学和艺术性兼备的原创绘本，采用图文并茂的形式，讲述了普米族阿巴扎的故事。

收藏单位：国家图书馆、华东师范大学图书馆、成都大学图书馆等

026《普米族韩规绘画》

偏初里、胡镜明著，云南民族出版社 2018 年出版

关键词：普米族 原始宗教 绘画

中图法分类号：J229

本书主要展示了普米族韩规以宗教内容为主要题材的绘画，形式多样，造型准确，形象生动，色彩艳丽，是普米族传统文化中的瑰宝。普米族韩规绘画从开始在石壁、兽皮上画画，到后来发展到在麻布、纸张上绘画，不论是内容还是色调上都有一个不断发展成熟的过程，久而久之，渐渐形成了韩规独具一格的绘画风格。

收藏单位：国家图书馆等

027《普米族民间歌曲集成》

丽江地区文化局，云南民族出版社 1995 年出版

关键词：普米族 民间歌曲

中图法分类号：J642

本书是“中国民间歌曲集成云南卷丛书”之一，详细介绍了普米族的民间歌曲。普米族的民歌丰富多彩，有着鲜明的民族风格和浓郁的乡土气息，与普米族人民的生产生活、风俗习惯、传统礼仪，均有着密切的联系，它反映着普米族人民的思想情感及道德风尚。

收藏单位：国家图书馆、四川音乐学院图书馆、云南农业大学图书馆等

028《普米族民间音乐集》

丽江市普米文化研究会，丽江市文化馆编，云南人民出版社 2016 年出版

关键词：普米族 民间音乐 作品集

中图法分类号：J642.216.6

本书收集整理了一百三十首民间音乐作品，包括歌曲、舞曲、器乐曲，内容涉及古歌、情歌、生产、生活、劳作歌，真实反映了普米族的历史和现实生活，表达了普米族人情感世界和审美价值取向。

收藏单位：国家图书馆、云南省图书馆、成都大学图书馆等

029《普米族民族艺术研究》

李学更著，云南大学出版社 2014 年出版

关键词：普米族 民族艺术

中图法分类号：J12

本书是“滇西学术文丛”之一，主要包括普米族先天之艺术性格、道德与普米族民族艺术的同构、普米族民族底蕴的展露、普米族民族性艺术的深层感悟、巫术中的艺术思维呈现等内容。

收藏单位：国家图书馆、佳木斯大学图书馆、四川省图书馆等

030《天籁之歌：普米族音乐及民歌演唱特色探析》

陈旭著，云南民族出版社 2014 年出版

关键词：普米族 民歌

中图法分类号：J607.266

本书详细阐述了普米族民歌的源流变迁，以及演唱旋律、技巧、民族文化的特色、民族风情的特色、地域特色和与其他民族相互学习、交往的特征等，以原创歌曲研究的形式宣传地方民族文化和民族风

情，方便当地群众演唱本地喜爱的民间歌曲，对研究普米族的民歌演唱有一定的理论意义。

收藏单位：国家图书馆、云南省图书馆等

031《云南纳西族、普米族民间音乐》

云南省丽江地区文教局编，云南人民出版社 1985 年出版

关键词：普米族 民间音乐

中图法分类号：J642.274

纳西族、普米族的民间音乐丰富多彩并且有独特的艺术风格特征。这是纳西族、普米族人民在长期社会实践中，创造积累起来的宝贵的民族文化遗产，也是中华民族文化中的宝贵财富。在努力建设高度的社会主义精神文明，开创我国社会主义音乐事业新局面的今天，发掘和研究民族民间音乐遗产具有重要意义。

收藏单位：国家图书馆、云南大学图书馆等

K 历史、地理

032《滇西有座雪邦山：普米族》

尹善龙著，云南人民出版社、云南大学出版社 2003 年出版

关键词：家庭生活 兰坪白族普米族自治县 普米族

中图法分类号：K286.6

本书以记者的敏锐捕捉沉落的素材和细节、以学者的功底观察分析、以作家的手笔书写，将深奥的、理性的学术观点，隐藏在随意的寻常道白之中，让读者在欣赏故事中了解普米族的知识、生活及发展变迁。

收藏单位：国家图书馆、大理大学图书馆、红河学院图书馆等

033《兰坪白族普米族自治县概况》

《兰坪白族普米族自治县概况》修订本编写组编，2008 年民族出版社出版

关键词：普米族 兰坪白族普米族自治县

中图法分类号：K927.44

本书是“中国少数民族自治县概况丛书（修订本）”之一，涵盖地理环境、历史沿革与社会变迁、农业、工业、交通通信、财税金融、贸易、旅游、社会事业等方面内容。

收藏单位：国家图书馆、佳木斯大学图书馆、云南大学图书馆等

034《兰坪白族普米族自治县志》

本书编纂委员会编纂，云南民族出版社 2003 年出版

关键词：兰坪白族普米族自治县 地方志

中图法分类号：K297.44

本书是“中华人民共和国地方志丛书”之一，以兰坪白族普米族自治县为重点，从自然环境、人口、民族、综合经济、种植业、林业、养殖业、建筑业、交通、商业、金融等方面全面记述兰坪 2000 余年的建置沿革到 700 多年的政治经济文化。本书有助于读者全面系统地了解兰坪、认识兰坪，为开发兰坪、建设兰坪提供翔实县情资料。

收藏单位：国家图书馆、佳木斯大学图书馆、云南农业大学图书馆等

035《兰坪白族普米族自治县志：1978—2005》

本书编纂委员会编，云南人民出版社 2010 年出版

关键词：兰坪白族普民族自治县 地方志

中图法分类号：K297.44

本书主要记载改革开放以来兰坪白族普米族自治县的辉煌业绩，全面反映了经济社会发展的历史和现状。时代特点鲜明，地方特色突出，史料丰富，数据翔实，总体设计合理，结构编排有序，语言表述流畅，是一部可知以往、可鉴当代、可传后世的好志书。

收藏单位：国家图书馆、佳木斯大学图书馆、云南省图书馆等

036《泸沽湖畔的普米人》

宋兆麟著，云南教育出版社 2009 年出版

关键词：普米族 民族人类学

中图法分类号：K286.6

本书是“田野中国丛书”之一，是作者在当地进行田野调查的实录，这些事实发生在泸沽湖周围，包括婚姻家庭田野调查和社会生活纪实。本书为读者进一步研究普米族提供了有益参考。

收藏单位：国家图书馆、佳木斯大学图书馆、大理大学图书馆等

037《怒江文史资料选辑：兰坪普米族社会历史调查专辑　第 12 辑》

政协怒江傈僳族自治州委员会文史研究委员会，兰坪白族普米族自治县委员会文史研究委员会 1989 年编印

中图法分类号：K250.674

关键词：文史资料 兰坪白族普米族自治县 普米族

本书是关于兰坪白族普米族自治县的文史资料，是了解和研究 兰坪白族普米族自治县历史的重要参考资料。

收藏单位：国家图书馆等

038《普米研究文集》

胡文明主编，云南民族出版社 2002 年出版

关键词：普米族 民族历史 民族文化

中图法分类号：K286.6

本书共收集 60 余位族内外专家、学者对普米族文化的论述，包括民族识别，渊源历史，语言文字，社会制度，经济形态，宗教哲学，道德教育，法律文化，文学艺术，传统科技等内容。本书不仅可以提高普米族自身的文化认同和人文素养，而且可以提高普米族在海内外的知名度。

收藏单位：国家图书馆、佳木斯大学图书馆、昆明学院图书馆等

039《普米族》

熊德鼎、王泉根编，外语教学与研究出版社 2011 年出版

关键词：普米族 民族文化 民族历史

中图法分类号：K286.6

本书是“民族文化经典故事丛书”之一，主要包括普米族概况、普米族的生活习俗、普米族的婚姻家庭、普米族的宗教信仰、普米族的岁时风俗、普米族的民间文艺和体育竞技等内容。本书为研究普米族的文化提供了第一手翔实资料。

收藏单位：国家图书馆、广东外语外

贸大学图书馆、绵阳师范学院图书馆等

040《普米族》

严汝娴、陈久金著，民族出版社 1986 年出版

关键词：普米族 民族文化 民族历史

中图法分类号：K286.6

本书是“民族知识丛书”之一，介绍了普米族发展的简要历史，普米族在中华人民共和国成立初期的经济社会形态、普米族的文化特点、风俗习惯及目前的发展状况等内容。作者调查深入细致，用词简练，内容丰富，数据准确，为深入研究普米族的历史提供了翔实的第一手资料。

收藏单位：国家图书馆、大理大学图书馆、佳木斯大学图书馆等

041《普米族》

政协兰坪白族普米族自治县委员会编，德宏民族出版社 1997 年出版

关键词：普米族 民族文化 民族历史

中图法分类号：K286.6

本书总结了普米族宝贵的文化遗产，对于深化普米族社会的物质文明和精神文明建设，丰富祖国文化遗产的宝库，有着积极的现实意义和深远的历史意义。

收藏单位：国家图书馆、佳木斯大学图书馆、云南农业大学图书馆等

042《普米族》

豆晓荣主编，新疆美术摄影出版社、新疆电子音像出版社 2010 年出版

关键词：普米族 民族文化 民族历史

中图法分类号：K286.6

本书是“中华民族大家庭知识读本”系列丛书之一，主要介绍了我国普米族的起源、发展历史、宗教信仰与文化艺术、传统民俗与禁忌及相关的神话传说和历史故事等内容。

收藏单位：国家图书馆、云南工商学院图书馆、西南林业大学图书馆等

043《普米族》

崔华洋编著，吉林文史出版社 2010 年出版

关键词：普米族 民族文化 民族历史

中图法分类号：K286.6

本书是“中国文化知识读本”之一，主要内容包括：怀念故土的游牧民族、简约神奇的木楞住房、风味独具的牛肴奶酒、丰富多彩的节日活动、热闹有趣的抢婚风俗、火塘边上的民俗文化、独特的传统礼仪和宗教信仰、火塘边上的“四色礼”、风格别致的民族时尚、风景秀丽的游览胜地。本书以图文并茂的形式，把普米族的物态文化、制度文化、行为文化、精神文化等全面展示给读者。

收藏单位：国家图书馆、佳木斯大学图书馆、西南林业大学图书馆等

044《普米族》

朱凌飞、杨周明著，辽宁民族出版社 2014 年出版

关键词：普米族 民族文化 民族历史

中图法分类号：K286.6

本书是“走近中国少数民族丛书”之一，以图文并茂的形式，叙述了普米族的历史渊源、经济生活、文化习俗、历史人物、名胜古迹和区域自治与现今情况等内容。

收藏单位：国家图书馆、佳木斯大学图书馆等

045《普米族》

杨照辉著，中国民族摄影艺术出版社2007年出版

关键词：普米族 民族文化 民族历史

中图法分类号：K28

本书是“中国人口较少民族丛书”之一，采用图文并茂的形式，对普米族进行了详细介绍，为研究普米族提供了第一手真实资料。文字部分全面介绍了普米族的基本情况，分析和解读了普米族原生态特点的文化，介绍了其社会、经济和文化发展取得的成绩和存在的问题。

收藏单位：国家图书馆、佳木斯大学图书馆、红河学院图书馆等

046《普米族》

杨子英、鹿顺花、和玉庭著，中国水利水电出版社2004年出版

关键词：普米族 民族文化 民族历史

中图法分类号：K892.366

本书是“中国少数民族风情游丛书”之一，以图文并茂的形式，对主要居住于云南省西北部高原地区的普米族进行了详细介绍。本书分为普米族历史简介、普米族民俗文化、普米族地区风景区介绍三个部分，主要介绍其民族发展史、民俗文化、宗教信仰等。书中不仅全面描述了普米族的文化渊源和历史传承，还介绍了其主要聚居地的风景名胜，并提供了住宿、交通、购物等最新旅游信息。

收藏单位：国家图书馆、佳木斯大学图书馆、云南大学图书馆等

047《普米族》

熊德鼎、胡文明编著，中国人口出版社2013年出版

关键词：普米族 民族文化 民族历史

中图法分类号：K286.6

本书是“中国少数民族人口丛书”之一，力图从历史、文化、经济、社会等各个方面，用准确、科学、生动的语言，全方位描述和展现普米族历史和现状，从普米族的起源和变迁、社会组织与风俗习惯、民族英雄、人口发展、婚姻与家庭、生产方式与经济结构、文化等方面向读者介绍了普米族。

收藏单位：国家图书馆、成都中医药大学图书馆、南开大学图书馆等

048《普米族：宁蒗永宁乡落水村》

刘韵涵主编，普米族调查组编写，云南大学出版社2001年出版

关键词：普米族 民族调查 宁蒗彝族自治县

中图法分类号：K286.6

本书是“西南边疆民族研究书系”之一，主要包括重新建设中的落水村生态环境、由传统走向现代化的民族经济、落水村普米族的禁忌与习惯法、婚礼中的宗教仪式等内容，可为普米族的历史文化研究提供参考。

收藏单位：国家图书馆、云南大学图书馆、云南工商学院图书馆等

049《普米族百年实录》

傅仕敏主编，全国政协文史和学习委员会暨云南省政协文史委员会编，中国文史出版社2010年出版

关键词：普米族 民族历史

中图法分类号：K286.6

本书是“中国少数民族文史资料书系”之一，是普米族历史上的人、事、物的汇集，包括综述、民族的起源与变迁、政治、经济、思想、文化、民族风情、当代风貌等内容，客观地反映了普米族百年来的历史、文化、经济社会的发展。

收藏单位：国家图书馆、云南大学图书馆、云南农业大学图书馆等

050《普米族风俗志》

殷海涛著，中央民族大学出版社 1993 年出版

关键词：普米族 少数民族风俗习惯

中图法分类号：K892.366

本书是“民俗文库”丛书之一。主要介绍普米族的节日庆典、传统礼仪、文化娱乐、衣食住行、家庭婚姻、丧葬习俗、宗教祭祀、禁忌预兆、民间文艺等内容，为读者研究普米族提供了第一手丰富的资料。

收藏单位：国家图书馆、佳木斯大学图书馆、云南大学图书馆等

051《普米族风物志》

和建全著，云南人民出版社 2015 年出版

关键词：普米族 民族历史

中图法分类号：K286.6

本书采用章、节、目结构，设概述、大事记、人物简介及附录，以图文并茂的方式，客观、真实地记述普米族的历史源流、社会形态、经济状况、风俗、宗教信仰、文化艺术、语言文字等。

收藏单位：国家图书馆、云南省图书馆、湖北省图书馆等

052《普米族简史》

严汝娴、王树五著，《普米族简史》修订本编写组编，民族出版社 2009 年出版

关键词：普米族 民族历史

中图法分类号：K286.6

本书是“中国少数民族简史丛书（修订本）”之一，以时间为顺序，全面系统地反映普米族从古代到中华人民共和国成立以来的历史、地理、经济、文化、社会的基本情况和实行民族区域自治的历程、成就和经验。

收藏单位：国家图书馆、佳木斯大学图书馆、大理大学图书馆等

053《普米族文化大观》

杨照辉主编，云南民族出版社 2013 年出版

关键词：普米族 民族文化

中图法分类号：K286.6

本书是“云南民族文化大观丛书”之一，是一部集普米族的渊源历史、语言文字、宗教信仰、风俗习惯、伦理道德、文学艺术、教育体育、医药卫生、建筑设施、商业贸易、交通通信为一体的综合性图书。全书以田野调查材料为基础，从古到今，由远及近地反映普米族的变迁历史，对了解和研究普米族历史文化提供了重要资料参考。

收藏单位：国家图书馆、佳木斯大学图书馆、大理大学图书馆等

054《普米族文化探幽》

杨照辉著，云南民族出版社 2008 年出版

关键词：普米族 民族文化

中图法分类号：K286.6

本书是“云南省社会科学院离退休专家学术文库”之一，阐述了普米族文化的历史渊源及宗教起源，收录了《简论普米族族源与人口变动》《藏族普米族创世神话的比较》《“白狼歌”辨析》等文章，为读者深入研究普米族文化提供了重要资料参考。

收藏单位：国家图书馆、云南大学图书馆、云南民族大学图书馆等

055《普米族志》

兰坪县民族事务委员会、兰坪县政协民族研究室编，云南民族出版社 2000 年出版

关键词：普米族 民族志 兰坪白族普米族自治县

中图法分类号：K286.6

本书是“兰坪白族普米族自治县地方志丛书”之一，主要内容包括概述、大事记、渊源与人口、社会政治、社会经济、婚姻家庭和社会组织、生产生活习俗、宗教信仰、文字语言、文化艺术、教育卫生、科技历法、人物等。

收藏单位：国家图书馆、佳木斯大学图书馆、昆明学院图书馆等

056《维西普米族》

和丽华、熊智深编著，德宏民族出版社 2016 年出版

关键词：维西傈僳族自治县 普米族

中图法分类号：K286.6

本书主要内容包括：维西傈僳族自治县普米族同胞的族源，县内分布特点，农牧农耕文化，民居建筑文化，宗教，风俗习惯（节日、婚嫁、丧葬、服饰、饮食、禁忌等），音乐舞蹈，体育，风景名胜等。

收藏单位：国家图书馆、云南省图书馆、西南大学图书馆等

057《一个民族的脊梁》

郑海、殷海涛著，云南教育出版社 1995 年出版

关键词：民族文化 普米族 女性

中图法分类号：K280.74

本书是“云南民族女性文化丛书”之一，介绍云南各民族妇女的进步与发展，展示云南民族女性文化的最初一页。普米族妇女曾经在极其漫长的岁月里当之无愧地成为这个民族的脊梁，从许多年轻的普米族姑娘身上，可以十分明确地认定，在未来的日子里，她们仍将是这个民族值得骄傲的脊梁。她们正同自己的男性同胞一起把富裕与文明引向那个世世代代养育了这个古老民族的地方。本书的出版，对于了解云南，特别是了解支撑云南经济文化的“半边天”，无疑是有帮助的。

收藏单位：国家图书馆、佳木斯大学图书馆、大理大学图书馆等

058《云南兰坪白族普米族自治县概况》

羊明主编，民族出版社 2008 年出版

关键词：兰坪白族普米族自治县

中图法分类号：K297.44

本书是国家民委“民族问题五种丛书”之“中国少数民族自治地方概况丛书”之一，主要包括自治地方的行政区划、自然资源、民族分布、历史发展、政权建设、社会变革、经济文化以及名胜古迹、宗教

信仰、风俗习惯等内容。

收藏单位：国家图书馆、大理大学图书馆、红河学院图书馆等

059《云南少数民族古籍珍本集成：普米族·第15卷》

普学旺主编、云南省少数民族古籍整理出版规划办公室编，云南人民出版社2015年出版

关键词：少 古籍 普米族

中图法分类号：K280.74

云南少数民族古籍以其种类多、历史悠久、载体多样而独具特色，是云南不可再生的珍贵文化遗产，也是亟待抢救保护和开发利用的重要文化资源。本书是关于普米族的古籍文化资源介绍。

收藏单位：国家图书馆、佳木斯大学图书馆、云南省图书馆等

060《云南省兰坪白族普米族自治县地名志》

兰坪白族普米族自治县人民政府编，兰坪白族普米族自治县人民政府1991年出版

关键词：兰坪白族普米族自治县 地名志

中图法分类号：K927.44

本书详细记录了普米族自治县的各地有关情况，本志共录地名1408条，按性质分类为行政区划、自然村、企事业单位、人工建筑、自然地理实体、名胜古迹等。每条地名都按标准名称、汉语拼音、所处方位、语别、含意译释和名称来历等顺序，词条式地列述。

收藏单位：国家图书馆、北京大学图书馆、华东师范大学图书馆等

061《云南省兰坪白族普米族自治县营盘镇志》

张秀鹏等编著，云南民族出版社2008年出版

关键词：普米族 兰坪白族普米族自治县营盘镇

中图法分类号：K297.44

本书是"中华人民共和国地方志丛书"之一，系统介绍了云南省兰坪白族普米族自治县营盘镇的各种情况，包括地理环境、人口、民族、经济、林业、交通、人民法庭、政党团体等内容。

收藏单位：国家图书馆、大理大学图书馆、昆明学院图书馆等

062《中国普米族》

和向东编著，宁夏人民出版社2012年出版

关键词：普米族 民族文化

中图法分类号：K286.6

本书是"中华民族文化丛书"之一，分别从民族概况、物质文化、民间文化、社会文化、信仰文化、对伟大祖国的贡献、精神气质、文化传承、族际传承、族际交往、文化发展愿景、有影响的文化人物、重要贡献等方面对普米族进行了详细的介绍，每章内容配以精美的图片，图文并茂，是一本人们了解普米族的通俗读物。

收藏单位：国家图书馆、佳木斯大学图书馆、昆明理工大学图书馆等

063《中国少数民族设计全集：普米族》

中国少数民族设计全集编纂委员会编，山西人民出版社 2019 年出版

关键词：普米族 民族设计

中图法分类号：K28

该书共收录具有普米族特色的传统造物典型 50 例，内容涉及建筑、服饰、餐饮、生活用具、生产用具、手工艺、民俗和宗教造像八大类，每个案例又分别从分析图、分析短文两个维度进行说明，涵盖案例名称、尺寸形态、出处、基本功能、制作流程等，力求给读者以直观感受。

收藏单位：国家图书馆、四川师范大学图书馆、四川音乐学院图书馆等

R　医药、卫生

064《普米族单方治疗杂病手册：内治分册》

云南兰坪白族普米族自治县卫生局主编，中国医药科技出版社 1992 年出版

关键词：普米族 秘方

中图法分类号：R289.5

本书经过长期收集，将获得的单方、秘方依据现代医学分为十一类，归类整理，按病设方。每病详述临床表现、辨证施治，介绍民间单方、民族医师秘方、效方，中药汤头及西医治疗方法。内容丰富，颇有实用价值。

收藏单位：国家图书馆、大理大学图书馆、昆明医科大学图书馆等

第七章

撒拉族研究图书索引

撒拉族简介

撒拉族总人口 165 159 人（2020 年第七次全国人口普查数据）。主要聚居在青海省循化撒拉族自治县、化隆回族自治县甘都乡和甘肃省积石山保安族东乡族撒拉族自治县的大河家。

撒拉语属阿尔泰语系突厥语族西匈奴语支乌古斯语组。无文字，通用汉文。伊斯兰教是撒拉族主要信仰。

开斋节、古尔邦节、圣纪节是撒拉族人的三大节日。

撒拉族婚礼是撒拉族人生礼仪中最为重要的一项活动。2006 年，“撒拉族婚礼”列入第一批国家级非物质文化遗产代表性项目名录。

撒拉族的传统服饰颜色鲜艳明快，富有民族特色。男子身着白色的对襟汗褂，腰系红布带或绣花腰带，外套黑色短坎肩。青年妇女喜欢穿色泽艳丽的大襟花衣服，外套黑色坎肩。2008 年，“撒拉族服饰”列入第二批国家级非物质文化遗产代表性项目名录。

篱笆楼是撒拉族特有的建筑。2008 年，“撒拉族篱笆楼营造技艺”列入第二批国家级非物质文化遗产代表性项目名录。

撒拉族民间文学种类丰富，有神话、传说、叙事诗、谜语等。2014 年，“骆驼泉传说”列入第四批国家级非物质文化遗产代表性项目名录。

撒拉族是一个善于歌唱的民族，在长期的历史发展中创造了丰富多彩的民族音乐。2014 年，“撒拉族民歌”列入第四批国家级非物质文化遗产代表性项目名录。

B 哲学、宗教

001《古兰经：撒拉族手抄本》

马小琴、马忠著，民族出版社 2017 年出版

关键词：《古兰经》阿拉伯语

中图法分类号：B961

本书是“青海省少数民族古籍丛书”之一，不仅是撒拉族信仰伊斯兰教的标志，也是撒拉族 800 多年沧桑历史的见证。这部手抄本《古兰经》在研究抄写年代、历史渊源、版本变化及书写者的真实状况等方面具有重要的历史价值和文物价值。

收藏单位：国家图书馆、华东师范大学图书馆、广西民族大学图书馆等

F 经济

002《三兰巴海村调查：撒拉族》

王天津主编，中国经济出版社 2015 年出版

关键词：撒拉族 民族经济 社会调查 循化撒拉族自治县

中图法分类号：F327.444

本书是“中国民族经济村庄调查丛书”之一。三兰巴海村是撒拉族的发祥地，其民族文化、风俗习惯积淀深厚。调查组通过多方面、多方式的调查，掌握了村庄发展史、经济增长史和民族生活史，从村庄各行业的运营、辛勤劳作的农户、勇于探索市场经济的村民三部分向读者详细介绍了三兰巴海村的状况，对进一步研究撒拉族村庄经济社会发展具有重要参考价值。

收藏单位：国家图书馆、北京大学图书馆、佳木斯大学图书馆等

003《瓦匠庄村调查：撒拉族》

祁永寿、王建军、李双元主编，中国经济出版社 2014 年出版

关键词：撒拉族 民族经济 调查报告 循化撒拉族自治县

中图法分类号：F327.445

本书是“中国民族经济村庄调查丛书”之一，分别对瓦匠庄村的概况及变迁、农户的观念、村民的经历进行调查研究，其目的是通过村庄经济的调查，系统梳理中华人民共和国成立以来，特别是改革开放以来瓦匠庄村经济社会的发展变迁，并验证民族文化在村庄经济社会发展中的地位及作用。全书共分三部分，内容涉及村庄、农户和村民三个方面，为进一步研究撒拉族村庄经济社会发展提供了比较翔实的实证资料。

收藏单位：国家图书馆、北京大学图书馆、佳木斯大学图书馆等

004《中国民族地区经济社会调查报告：循化撒拉族自治县卷》

马成俊主编，中国社会科学出版社 2015 年出版

关键词：民族地区经济 经济发展 调查报告 循化撒拉族自治县

中图法分类号：F127.8

本书对 21 世纪以来青海循化撒拉族自治县的政治、经济、文化、教育、宗教等问题进行了深入调查，并对其发展做出了评价。全书共分六章，内容包括历史沿革与政治结构、民族地区社会结构转型与变迁、文化教育与科学技术、循化撒拉族自治县生态环境、循化县经济发展、民族语言文字，向读者全方位地介绍了循化撒

拉族自治县的各方面情况。

收藏单位：国家图书馆、北京大学图书馆、新疆师范大学图书馆等

005《中国撒拉族绿色家园：循化旅游文化》

马有义主编，青海人民出版社 2008 年出版

关键词：旅游文化 循化县撒拉族自治县

中图法分类号：F592.744.4

本书对循化县撒拉族自治县的地域文化和民族文化进行了一次深度的巡视，包括对撒拉族东迁史的考证，对黄河古文化遗迹遗存的挖掘，对循化境内藏族文化历史的钩沉，对孟达自然景观的实地考察，是关于循化旅游文化的专著，也是循化民族历史文化的全景式展示。其既传承了撒拉族独具魅力的文化，又向世人阐述了循化本土色彩斑斓的人文景观和美丽多姿的自然景观。

收藏单位：国家图书馆、甘肃民族师范学院图书馆、青海民族大学图书馆等

G　文化、科学、教育、体育

006《循化撒拉族自治县文化资源开发研究》

冯敏主编，青海人民出版社 2000 年出版

关键词：文化事业 循化撒拉族自治县

中图法分类号：G127.444

本书向读者介绍了循化撒拉族自治县丰富的文化资源，内容包括民族文化的现状及特征、民俗文化的特色及其开发利用、经济文化的优势与发展前景、宗教文化及其开发利用、饮食文化享誉海内外、旅游文化丰富多彩、古建筑文化的优势与开发、开发县域文化资源价值、问题、目标、前景。

收藏单位：国家图书馆等

007《濒危语言：撒拉语研究》

马伟著，上海文艺出版社 2019 年出版

关键词：撒拉语

中图法分类号：H232

本书是“青海民族大学博士点建设文库”成果之一，主要包括撒拉族的历史来源探讨，撒拉语的特点概述，撒拉语的发展变化分析，撒拉语和土耳其语的对比研究，汉语对撒拉语的影响研究，撒拉语的濒危状况分析，口头文献材料撰写及汉语翻译，街子土语、孟达土语、卡索土语、伊犁土语四个田野点词汇对照等方面的内容。作者对撒拉族的基本面貌、变化情况进行了较为系统而深入的研究，探讨了语言濒危现象，丰富了人们对撒拉语的认识，并为其他濒危语言保护工作提供了参考。

收藏单位：国家图书馆、青海民族大学图书馆等

H　语言、文字

008《撒拉汉、汉撒拉词汇》

中国社会科学院民族研究所主编；林莲云编著，四川民族出版社 1992 年出版

关键词：词汇 突厥语族

中图法分类号：H232.3

本书是“中国少数民族语言系列词典丛书”之一，是一本撒拉语汉语双解的大

词典，反映了汉语和撒拉语相互影响的情况。撒拉语分为街子和孟达两个土语，本书以街子土语语音为标准。撒拉族没有文字，本书采用国际音标拼写。它既是撒拉族学习汉语的工具书，又可作为其他民族学习、了解撒拉语的辅助读物，对突厥语语言研究有一定的参考价值。

收藏单位：国家图书馆、北京师范大学图书馆、佳木斯大学图书馆等

009《撒拉语话语材料集》

米娜瓦尔·艾比布拉编著，中央民族大学出版社 2010 年出版

关键词：撒拉语 语言学

中图法分类号：H232

本书是“中国少数民族语言话语材料丛书”之一，作者多次赴青海省循化撒拉族自治县进行田野调查，收集了故事、歌谣、谚语等民间文学材料等当代口语材料，用国际音标与汉语对照方式整理，不仅对于深入研究撒拉族的语言、文化、民俗和历史具有重要的学术价值，而且对于中国民族语言学的建设具有现实意义。

收藏单位：国家图书馆、北京大学图书馆、新疆大学图书馆等

010《撒拉语简志》

林莲云编著，民族出版社 1985 年出版

关键词：撒拉语

中图法分类号：H232

本书是国家民委“民族问题五种丛书”之“中国少数民族语言简志丛书”之一，是撒拉语研究领域的重要成果。作者根据青海省循化撒拉族自治县街子公社的撒拉语材料介绍了撒拉语的语音、词汇、语法，从语言学角度分析了撒拉语的特征。

收藏单位：国家图书馆、北京师范大学图书馆、青海民族大学图书馆等

011《撒拉语结构》

（俄罗斯）捷尼舍夫著，白萍译，马伟、马成俊校，民族出版社 2014 年出版

关键词：撒拉语 语法

中图法分类号：H232

本书分析了撒拉语的语音、形态、句法的结构和词汇的构成，总结归纳了撒拉语的结构规律。全书包括语法和词汇两部分内容。

收藏单位：国家图书馆等

012《撒拉语形态研究》

马伟著，中国社会科学出版社 2015 年出版

关键词：撒拉语 语法

中图法分类号：H232

本书是中央民族大学“985 工程”“中国少数民族语言研究丛书”之一，作者根据长期的田野调查资料，以及和亲属语言的对比，吸收传统语法研究尤其是突厥语研究的理论与方法，对撒拉语形态进行全面而详细的描述，其成果对撒拉族语言文化的保护起到积极的作用，也为日后全面而深入的亲属语言比较研究提供可靠而翔实的参考资料。

收藏单位：国家图书馆、北京大学图书馆、佳木斯大学图书馆等

013《撒拉语语音研究》

舍秀存著，上海大学出版社 2015 年出版

关键词：撒拉语 语音

中图法分类号：H232.1

本书是"昆仑学术丛书"之一。作者通过对撒拉语语音与其他突厥语语音、古突厥语语音文献进行比较，分析撒拉语语音的共时特点和历时演变规律，揭示撒拉语语音衰变的特点和规律。其中，对撒拉语语言接触、语言使用情况的调查研究，有助于探讨影响撒拉语语音演变的原因，并为撒拉语的保存工作做好准备。

收藏单位：国家图书馆、北京师范大学图书馆、佳木斯大学图书馆等

014《撒拉语366句会话句：少数民族语汉英日俄对照》

马伟著，社会科学文献出版社2015年出版

关键词：撒拉语 口语

中图法分类号：H232.94

本书是"中国少数民族会话读本"之一，分别用撒拉语、汉语、英语、日语、俄语介绍撒拉族的366句日常会话，并对该民族的重要节日、风俗习惯进行简要说明，能够为我国民族语言文化的繁荣发展发挥应有作用，同时对我国民族语言文化知识的传承、传播，以及对外宣传我国民族语言文化保护政策起到积极的推动作用。

收藏单位：国家图书馆、中国传媒大学图书馆、佳木斯大学图书馆等

015《撒拉族语言文化论》

韩建业著，青海人民出版社2004年出版

关键词：撒拉语 文化语言学

中图法分类号：H232

本书是继《撒拉语简志》之后的又一部重要的研究撒拉语的著作。作者对主要集中在青海地区的撒拉族语言的语音、词汇、句法等内部结构规律进行介绍的同时，又对其所承载的风俗文化、民间文学等文化内涵进行研究。

收藏单位：国家图书馆、北京师范大学图书馆、首都图书馆等

016《撒维汉词典》

韩建业，马成俊主编，民族出版社2010年出版

关键词：撒拉语 维吾尔语 汉语 对照词典

中图法分类号：H232

为便于其他民族了解撒拉语，本词典收入了撒拉语单词、词组、常用语、谚语和成语，并适当收录了一些古代撒拉语词汇和已被撒拉族接受的汉语、藏语、阿拉伯语和波斯语词汇。

收藏单位：国家图书馆、辽宁省图书馆等

017《新疆—青海撒拉语维吾尔语词汇比较》

许伊娜编著，新疆大学出版社2000年出版

关键词：撒拉语 词汇 维吾尔语 对比研究

中图法分类号：H232.3

本书主要对新疆维吾尔自治区和青海省两地撒拉语词汇和与之对应的汉语、维吾尔语做了比较，并说明它们彼此之间的异同及青海、新疆维吾尔自治区不同的社

会文化环境、语言环境对它们的影响。这部著作不仅是在我国突厥语研究工作上的创新，也是对普通语言学和社会语言学理论意义的新贡献。

收藏单位：国家图书馆、中央民族大学图书馆、佳木斯大学图书馆等

018《新疆撒拉语》

许伊娜，吴宏伟著，新疆大学出版社2005年出版

关键词：撒拉语 新疆维吾尔自治区

中图法分类号：H232

本书介绍了新疆维吾尔自治区撒拉族的形成历史和人口状况，根据田野调查的第一手资料，分析新疆维吾尔自治区撒拉族人所使用的语言结构和现状，着重从语音、形态、句法、词汇方面描述和对比新疆维吾尔自治区撒拉语的特点及变异之处。

收藏单位：国家图书馆、中央民族大学图书馆、石河子大学图书馆等

I 文学

019《孤独与花园》

韩文德 著，青海人民出版社2015年出版

关键词：诗歌 撒拉族

中图法分类号：I227

本书所选作品努力挖掘、创造撒拉族的品性与黄河性格同构关系，拥有精神象征的高度。诗篇闪烁着金子般的灿烂光泽，通过个人体验，在信仰精神的照亮下思索关于生与死、罪与罚、苦难与救赎等人类生存的重大命题，诗集中的长诗，具有一定价值和史诗品格。

收藏单位：国家图书馆、青海省图书馆、青海师范大学图书馆等

020《尕日莽 阿合莽：撒拉族史诗》

马忠著，九州出版社2012年出版

关键词：撒拉族 史诗

中图法分类号：I227.3

本书是一部撒拉族民族英雄史诗，几乎囊括了近800年流传的民族神话传说和典故。作者从各类历史书籍中提取素材，同时大量采访民间传说，在此基础上尽量还原历史真实，艺术地再现撒拉族东迁的路线图，宣扬了撒拉族的爱国主义和民族团结的氛围，对于撒拉族的历史和文化不仅具有研究、参考的史料价值，而且有欣赏、珍藏的艺术价值。

收藏单位：国家图书馆、首都图书馆、佳木斯大学图书馆等

021《骆驼泉：撒拉族民间故事集》

马学义搜集整理，中国民间文学艺术研究会青海分会编，青海人民出版社1982年出版

关键词：撒拉族 民间故事 作品集

中图法分类号：I277.3

撒拉族的民间故事在撒拉族民间文学中占有相当大的比重，它的内容贯穿了热爱自由、追求幸福的主线。作者搜集整理了17个撒拉族人民喜闻乐见的民间故事，这些故事内容完整，人物形象鲜明，情节生动，引人入胜。有些故事取材于现实生活，充满了浓郁的民族特色和乡土气息，增加了故事隽永的魅力，迄今仍广为流传。

收藏单位：国家图书馆、北京师范大

学图书馆、华东师范大学图书馆等

022《莫道乡关远》

马明全著，青海人民出版社2020年出版

关键词：散文 撒拉族

中图法分类号：I267

本书集中展现了作者的家国情怀、精神境界和文化思考，表达对生命的热爱和对家国的情感。

收藏单位：国家图书馆等

023《前世流传的玉》

奥斯曼著，青海人民出版社2016年出版

关键词：长篇小说 撒拉族

中图法分类号：I293.247.5

本书是撒拉族文学的第一部长篇小说，小说以黄河岸边小镇青年男女的承诺和坚守的爱情故事为线索，叙述了传统又纯真的爱情，在世俗和现实重重挤压之下艰难的生存状态。

收藏单位：循化县图书馆等

024《青海民族民间文学资料：撒拉族专集》

中国民间文艺研究会青海分会1979年编印

关键词：民间文学 撒拉族 青海

中图法分类号：I277

撒拉族人民在其民族的形成和发展过程中，创造了丰富多彩、独具一格的撒拉族民间文学。本书向读者介绍的撒拉族民间文学有撒拉曲儿、撒拉花儿、宴席曲、民间故事、神话传说、童话、戏剧、笑话、谜语、谚语等多种形式，让读者了解到撒拉族民间文学不仅有深刻的思想内容，而且具有较高的艺术价值。

收藏单位：中央民族大学图书馆、南开大学图书馆、天津图书馆等

025《清水湾诗笺》

韩原林著，青海人民出版社2016年出版

关键词：诗歌 撒拉族

中图法分类号：I227

本诗集收录了诗歌157首，是一部描写家园之美、成长之歌，生命之恋的诗歌作品集。

收藏单位：国家图书馆等

026《清水微澜》

韩文德著，作家出版社2012年出版

关键词：诗歌 撒拉族

中图法分类号：I227

本书收入作者2008年至2012年创作的部分诗作和三部长诗。作者深切关注黄河岸边撒拉人现实生活中生存的村庄与土地、筏子客、田野、粮食、炊烟、风情浓郁的歌谣与舞蹈所构成的俗世家园。评论家称其长诗“将个人的精神体验推衍到普遍的人生情景之中，具备某种史诗的高度，跨越民族的界域，反映出一般人类的东西。”

收藏单位：青海省图书馆、青海民族大学图书馆、青海师范大学图书馆等。

027《秋夫诗选》

秋夫著，青海人民出版社1986年出版

关键词：诗歌 撒拉族

中图法分类号：I227

秋夫是撒拉族文学作家，他观察客观世界的视角独特，以尖锐的透视力从外壳楔入内核，他的诗歌充分体现了对人生命运的感悟。本书包括四个部分，即：光的赞歌、早开的花朵、戈壁花瓣和美的旋律。

收藏单位：国家图书馆、青海省图书馆等

028《撒拉尔的传人》

阿尔丁夫・翼人主编，陕西人民出版社 1991 年出版，甘肃民族出版社 2009 年出版

关键词：撒拉族 名人 生平事迹 报告文学

中图法分类号：I253

本书 1991 年出版的第一辑是关于撒拉族人物的报告文学集，也是较早地以一个民族的传人为对象的报告文学集，记录了为社会各项事业做出贡献的 21 名撒拉族人士。为展现改革开放以来，在各行各业中做出突出贡献的撒拉族代表人士，2009 年作者又编写了第二辑，通过介绍他们的成功业绩，为本民族树立开拓进取、自强不息的学习榜样。同时，向兄弟民族介绍和展示本民族在各个领域所取得的骄人成就和崭新风貌，进一步增进了民族交流，加强了民族团结。本书的出版为广大读者从传人的层面认识撒拉族提供了新的领域，具有重大的学术价值和社会意义。

收藏单位：国家图书馆、青海省图书馆等

029《撒拉族民间故事精选》

马小琴、马忠编，青海人民出版社 2015 年出版

关键词：撒拉族 民间故事 作品集 青海省

中图法分类号：I277.3

本书是“青海世居少数民族民间故事丛书”之一，主要收录了流传在撒拉族地区的典型民间故事。作者通过对祖祖辈辈人们的口述记录整理，遴选民间故事 61 篇，按传说、幻想故事、动物故事、生活故事、笑话、寓言六大类编辑成书。

收藏单位：国家图书馆、中山大学图书馆、佳木斯大学图书馆等

030《撒玛尔罕长诗选》

韩文德著，作家出版社 2018 年出版

关键词：诗歌 撒拉族

中图法分类号：I227

本书收录了《孤独与花园》《祈祷词》《时光折叠的词》《东方高地的幻影盛典》四部作品。

收藏单位：国家图书馆、中央民族大学图书馆、青海省图书馆等

031《撒玛尔罕的鹰》

韩文德著，青海人民出版社 1999 年出版

关键词：诗歌 撒拉族

中图法分类号：I227

本书通过对撒拉族生存场景的描述和歌颂，怀念祖先足迹，追问历史和民族精神历史的苦难，探寻人类重大命运的思考和回答。

收藏单位：青海省图书馆、青海民族大学图书馆等

032《生命的颂词与挽歌》

马丁著，青海人民出版社 1997 年

出版

关键词：诗歌 撒拉族

中图法分类号：I227

本诗集作者从心理和信仰的角度发现并触摸生命的真谛。

收藏单位：青海省图书馆等

033《生命之恋》

韩原林著，作家出版社 2017 年出版

关键词：诗歌 撒拉族

本诗集收录诗歌 145 首，以撒拉族生活的家园、黄河等为背景，从故乡、流水、草木烟火等意象入手，以清丽、感性的笔调书写，倾注了对生命、对生活、对故土的热爱，是一部以黄河、故土、家园作为生命滋养的优美的诗歌文本。

收藏单位：国家图书馆、吉林省图书馆等

034《时间两侧的颂辞》

韩文德著，青海人民出版社 2007 年出版

关键词：诗歌 撒拉族

作者在史诗性叙事的高远框架中，淡化了撒拉族民族历史事件的复述，在广阔中展开当代场景，以多侧面的视角切换，破译民族基因密码，探寻其丰富的心灵本质。

收藏单位：国家图书馆、青海省图书馆、青海民族大学图书馆等

035《向东的长歌》

韩秋夫著，作家出版社 2013 年出版

关键词：诗歌 撒拉族

中图法分类号：I227

本书收集的诗歌在时间上、创作题材上跨度很大，风格迥然不同。作者在歌颂民族历史、探寻光明和真理的同时，把目光定格在炼狱般大跌宕、大起伏的广漠、荒凉、陌生的板块，从大苦大悲和大思中彻悟人生、人性和真理，尤其长诗《永红姬素影》具备了民族史诗的元素。

收藏单位：青海省图书馆等

036《新时期中国少数民族文学作品选集：撒拉族卷》

中国作家协会编，作家出版社 2015 年出版

关键词：少数民族文学 作品集 撒拉族

中图法分类号：I293.2

本书是“中国少数民族文学发展工程”研究成果之一，入选的作品是 1977 年至 2011 年在国内公开出版发表的中短篇小说、散文、报告文学和短诗等门类的佳作，包括《摔跤手的故事》《命运的呼唤》《撒拉爸》《重别故里》《耀光》等，较完整地呈现了新时期撒拉族文学面貌。

收藏单位：国家图书馆、北京大学图书馆、佳木斯大学图书馆等

J 艺术

037《撒拉族传统音乐形态研究》

王海龙著，陕西师范大学出版总社有限公司 2014 年出版

关键词：撒拉族 民族音乐研究

中图法分类号：J607.232

全书共七章，以撒拉族历史为背景，从民间民俗、音乐的成因、文化形态、周边民族文化的影响及撒拉族传统音乐的传承等方面进行了专业论述。本书奠定了撒

拉族音乐文化的理论基础，证实了撒拉族不仅有音乐文化，而且在民族文化发展中有着不可或缺的地位，为探索中国少数民族音乐传承的延续、发展之路提供科学依据。

收藏单位：国家图书馆、北京大学图书馆、佳木斯大学图书馆等

038《撒拉族民间歌曲集》

马光辉主编，青海民族出版社 2017 年出版

关键词：撒拉族 民歌 作品集

中图法分类号：J642.213.2

本书收集了撒拉族在八百年间所产生的民歌。以《巴西古溜溜》为代表的撒拉族民歌，在漫长的历史长河中，吸收其他民族音乐形式，不断地加工、完善、创新，形成了具有自己民族特点的民歌。其内容有诉说生活、反映撒拉族人民价值观念的习俗歌、具有超前性的欢快歌，还有形式多样、教育后生及早懂得做人之理的儿歌。本书不仅是一个民族的音乐史册，更为重要的是为撒拉族民歌的传承做了基础性工作，对继承优秀的文化遗产具有一定意义。

收藏单位：国家图书馆等

039《撒拉族音乐文化概论》

苍海平编著，上海音乐学院出版社 2010 年出版

关键词：撒拉族 民族音乐

中图法分类号：J607.232

本书对撒拉族音乐的形态进行了全面而系统的梳理，详细介绍了撒拉族民歌、民间歌舞和民族器乐的相关知识，从中寻找撒拉族音乐的文化内涵。全书分为四章，内容包括撒拉族文化背景简述、民歌、撒拉族民间歌舞音乐、撒拉族民族器乐。

收藏单位：国家图书馆、北京大学图书馆、青海师范大学图书馆等

K　历史、地理

040《百年撒拉族研究文集》

马成俊、马伟主编，青海人民出版社 2004 年出版

关键词：撒拉族 作品集

中图法分类号：K283.2-53

本书为了庆祝循化撒拉族自治县成立 50 周年，收集了 20 世纪数百篇发表在各类刊物的有关撒拉族研究的学术论文，共 200 余万字，横跨撒拉族历史、政治、经济、语言、宗教、文化艺术等多学科领域。它为社会各界了解撒拉族、认识撒拉族，特别是为研究撒拉族的学者提供了一部比较完整的学术资料。

收藏单位：国家图书馆、北京大学图书馆、中央民族大学图书馆等

041《尕勒莽的子孙们：撒拉族》

高永久、马志良等著，云南人民出版社，云南大学出版社 2003 年出版

关键词：撒拉族 家庭生活 循化撒拉族自治县

中图法分类号：K283.2

本书是“20 世纪中国民族家庭实录丛书”之一，作者以家庭为对象，从平凡的生活中采集到第一手资料，用生动、传神的文字及图片记录下发生在撒拉族家庭中真实的人和事，让读者在欣赏故事中了解

撒拉族丰厚的文化、珍贵的史实以及社会的发展变迁。

收藏单位：国家图书馆、北京大学图书馆、青海民族大学图书馆等

042《简明撒拉族文化》

马建新编著，循化县社会发展局2009年印制

关键词：撒拉族 民族文化

中图法分类号：K283.2

本书共分地理、历史、政治、经济、宗教、习俗、文学、艺术、体育、人物、旅游等15个部分，经编著者多方搜集整理，使撒拉族的文化重现给读者，全书图文并茂，雅俗共赏，史料翔实，散发着浓郁的地方特色和鲜明的乡土气息，是一本值得广大读者阅读的书籍。

收藏单位：暂时无法提供馆藏信息

043《民族小岛：新世纪撒拉族研究：2001—2009》

马成俊、马伟主编，民族出版社2010年出版

关键词：撒拉族 论文集

中图法分类号：K283.2-53

本书是一部专门研究撒拉族的论文集，收录了自2001年至2009年公开发表的撒拉族研究论文100余篇。所收论文极具代表性，有较高的学术价值。

收藏单位：国家图书馆、北京大学图书馆、佳木斯大学图书馆等

044《明实录 清实录 撒拉族史料摘抄》

青海民族学院政治教育系民族史编写组编，青海人民出版社1963年出版

关键词：民族历史 撒拉族 史料

中图法分类号：K283.2

本书是“撒拉族历史资料汇集”之一。明实录、清实录中有关撒拉族的史料，反映了撒拉族当时的历史情况，作为研究资料具有一定的价值，可供历史研究工作者、民族工作者及想了解历史情况的读者参考之用，对促进少数民族历史的研究、发展社会科学也起到重要作用。

收藏单位：国家图书馆、中央戏剧学院图书馆、北京大学图书馆等

045《青海回族、撒拉族金石录》

马忠辑注，青海人民出版社2008年出版

关键词：撒拉族 金石

中图法分类号：K877.04

本书是“青海少数民族古籍丛书”之一，辑录整理了青海回族、撒拉族的一些碑铭史料，内容包括百字赞、积石关护林碑、慈善碑等60篇。作为研究青海回族史、撒拉族史的第一手资料，具有文献古籍和口传古籍无法比拟的权威性。

收藏单位：国家图书馆、甘肃民族师范学院图书馆、佳木斯大学图书馆等

046《青海撒拉族史料集》

韩建业编，青海人民出版社2005年出版

关键词：撒拉族 民族历史 史料

中图法分类号：K283.2

本书是“青海少数民族古籍丛书”之一，从历代官修史志、官员的奏折、皇帝圣旨及地方志和报刊中搜集并辑录而成。本书在体例上采取了资料类编形式，分为

族源、社会政治、经济、教育、风俗，清乾隆四十六年反清起义，清咸丰、同治年间反清斗争，清光绪二十一年反清斗争，论文摘录及附录类。为便于查阅，对史料进行了必要的分段、标点和注释。本书对专门研究、考证撒拉族的政治、经济、文化、历史以及民族宗教等方面的专家有较高的史料价值。

收藏单位：国家图书馆、北京师范大学图书馆、佳木斯大学图书馆等

047《青海省回族撒拉族哈萨克族社会历史调查》（修订本）

青海省编辑组，《中国少数民族社会历史调查资料丛刊》修订编辑委员会编，民族出版社 2009 年出版

关键词：民族历史 社会调查 撒拉族

中图法分类号：K283.2

本书是“中国少数民族社会历史调查资料丛刊”之一，被列为国家民委重点科研项目，选编了一篇专题性调查报告《循化撒拉族社会经济调查》，重点讲述了循化撒拉族自治县的概况、经济状况、生产关系、宗教、风俗习惯等内容，以翔实的数据和丰富的史料向读者介绍了循化撒拉族的情况。

收藏单位：国家图书馆、北京大学图书馆、青海大学图书馆等

048《撒拉族》

陈云芳、樊祥森著，民族出版社 1988 年出版

关键词：撒拉族 民族文化 民族历史

中图法分类号：K283.2

本书是“民族知识丛书”之一，介绍了撒拉族发展的历史、撒拉族在中华人民共和国成立初期的经济社会形态、撒拉族的文化特点和风俗习惯及目前的发展状况等。本书是了解和研究撒拉族历史的必备图书之一。

收藏单位：国家图书馆、北京大学图书馆、佳木斯大学图书馆等

049《撒拉族》

禹规娥主编，新疆美术摄影出版社；新疆电子音像出版社 2010 年出版

关键词：撒拉族 民族文化 民族历史

中图法分类号：K283.2

本书是“中华民族大家庭知识读本系列丛书”之一，主要介绍了我国撒拉族的起源、发展历史、宗教信仰与民俗文化、节日礼仪及相关的神话传说和历史故事等。作者翻阅大量的历史文献资料，又深入农村展开田野调查，取得了十分丰富的一手资料。通过本书，读者对撒拉族的历史和文化有更确切、真实、深刻、全面的了解和认识。

收藏单位：国家图书馆、北京林业大学图书馆、佳木斯大学图书馆等

050《撒拉族》

马伟、马成俊著，中国人口出版社 2014 年出版

关键词：撒拉族 民族文化 民族历史

中图法分类号：K283.2

本书是“中国少数民族人口丛书”之一，全面介绍了撒拉族的起源、文化、宗教信仰、民俗、经济发展、人口情况等方面的内容，向读者展示了撒拉族独有的民族特色和民族风情。语言可读性较强，具有科学性和文学性，对于了解撒拉族社会

文化生活具有重要的参考价值。

收藏单位：国家图书馆、北京大学图书馆、佳木斯大学图书馆等

051《撒拉族》

刘仁莉编著，吉林出版集团有限责任公司，吉林文史出版社 2010 年出版

关键词：撒拉族 民族文化

中图法分类号：K283.2

本书是“中国文化知识读本”之一，介绍了撒拉族的神话传说、宗教信仰、婚丧习俗、衣食住行、体育运动、艺术宝藏、民族瑰宝等内容。

收藏单位：国家图书馆、复旦大学图书馆、佳木斯大学图书馆等

052《撒拉族》

马成俊、马建新著，辽宁民族出版社 2015 年出版

关键词：撒拉族 民族历史 民族文化

中图法分类号：K283.2

本书是“走进中国少数民族丛书”之一，以图文并茂的形式，全面介绍了撒拉族的历史、宗教、礼俗、民族风情、民间艺术、民族文学、民族区域自治等内容。

收藏单位：国家图书馆、中央民族大学图书馆、佳木斯大学图书馆等

053《撒拉族：青海循化县石头坡村调查》

朱和双、谢佐主编，云南大学出版社 2004 年出版

关键词：撒拉族 民族调查

中图法分类号：K283.2

本书是“中国民族村寨调查丛书”之一，介绍了撒拉族的概况与历史、生态环境、人口、经济、政治法律、婚姻、家庭、风俗习惯、教育、宗教等内容，使读者可以详细了解中华人民共和国成立以来撒拉族社会的发展变化情况。

收藏单位：国家图书馆、北京大学图书馆、青海民族大学图书馆等

054《撒拉族百年实录》

全国政协文史和学习委员会、青海省政协学习和文史委员会编，中国文史出版社 2015 年出版

关键词：撒拉族 民族历史 史料

中图法分类号：K283.2

本书是“中国少数民族文史资料书系”之一，上、下两册，主要包括撒拉族的前身、撒拉族先民的迁徙、明清时期的撒拉族、民国时期的撒拉族、中华人民共和国成立后的撒拉族等内容。本书以不同的视角，不同的观点，不同的层面，真实记录和反映了百年来撒拉族政治经济、社会文化、教育科技、宗教信仰、生活生产、风俗习惯等的重大变迁，对进一步传承和弘扬撒拉族人民的文化遗产具有重大的现实意义和深远的历史意义。

收藏单位：国家图书馆、北京大学图书馆、佳木斯大学图书馆等

055《撒拉族传统婚礼》

韩文良编著，青海民族出版社 2018 年出版

关键词：撒拉族 婚姻 少数民族风俗习惯

中图法分类号：K892.22

本书是“青海省循化县国家级非物质文化遗产代表作名录丛书”之一，主要描述撒拉族婚礼的基本情况、文化价值、目

前的保存状态及保护意见等内容，探讨了婚礼的文化特征、文化功能、文化价值和保护，以期通过本书既可了解到撒拉族的婚俗形式，又可深入体会到婚礼的特征、作用、地位、价值等深刻文化内涵，为青海省非物质文化遗产的保护工作做出贡献。

收藏单位：国家图书馆等

056《撒拉族档案史料》

青海民族学院民族研究所 1981 年编印

关键词：撒拉族 民族历史

中图法分类号：K283.2

本书收入了从中央档案馆明清部搜集的档案史料 370 件，其中清朝经济档案 2 件，皇帝上谕 48 件，官员奏折、题本咨文 320 件，共 27 万字。本书所辑史料是清朝宫廷文献，内容包括清初的茶马贸易、撒拉族土司承袭制度，还有撒拉族人民几次反清武装斗争事件。

收藏单位：深圳职业技术学院图书馆、暨南大学图书馆、云南农业大学图书馆等

057《撒拉族风情》

谢佐主编、马伟编写，青海人民出版社 2004 年出版

关键词：撒拉族 少数民族风俗习惯

中图法分类号：K892.332

本书用通俗易懂的语言向读者介绍了撒拉族的历史源流、宗教、节日、村落、民居、服饰、饮食、婚俗、葬礼、礼仪、禁忌等内容，对研究我国少数民族文化乃至人类文化意义非凡。

收藏单位：国家图书馆、云南民族大学图书馆、长江师范学院图书馆等

058《撒拉族风俗志》

马学义、马成俊编著，中央民族学院出版社 1989 年出版

关键词：撒拉族 少数民族风俗习惯

中图法分类号：K892.332

本书是“民俗文库丛书”之一，全面、系统地介绍了撒拉族人民的居住、饮食、服饰、生产、婚姻、家庭、节日、宗教、礼仪等民俗文化。

收藏单位：国家图书馆、北京大学图书馆、新疆大学图书馆等

059《撒拉族简史》

《撒拉族简史》修订本编写组编，民族出版社 2008 年出版

关键词：撒拉族 民族历史

中图法分类号：K283.2

本书是“中国少数民族简史丛书（修订本）”之一。在 1982 年原版《撒拉族简史》的基础上增加了改革开放以来的撒拉族的政治、经济建设的成就和不足，附录的大事记也将内容补充到 2005 年。本书在继续挖掘撒拉族史料的基础上增加了自 20 世纪 80 年代以来的很多研究成果，使《撒拉族简史》内容更加全面，观点更加准确，是关于撒拉族社会历史最新的巨作。

收藏单位：国家图书馆、北京大学图书馆、佳木斯大学图书馆等

060《撒拉族简史》

芈一之、张科著，青海人民出版社 2014 年出版

关键词：撒拉族 历史

中图法分类号：K283.2

本书是“青海世居少数民族简史丛书”之一。作者从撒拉族的族源写到撒拉族的形成及早期的社会经济概况，介绍了元明时期、清朝前期中期、近代时期的撒拉族简史，是读者了解撒拉族历史的读本。

收藏单位：国家图书馆、北京大学图书馆、佳木斯大学图书馆等

061《撒拉族简史简志合编》（初稿）

中国科学院民族研究所、青海少数民族社会历史调查组编，中国科学院民族研究所1963年印制

关键词：撒拉族 民族历史

中图法分类号：K283.2

本书是“少数民族史志丛书”之一。1956年国家有关部门组织开展少数民族社会历史调查研究工作，撒拉族社会历史调查组在青海省循化撒拉族自治县等地进行深入调查，于1963年中国科学院内部刊印了这本《撒拉族简史简志合编》初稿，拉开了撒拉族研究的序幕。

收藏单位：国家图书馆、北京大学图书馆、中山大学图书馆等

062《撒拉族史》

芈一之著，四川民族出版社2004年出版

关键词：撒拉族 民族历史

中图法分类号：K283.2

本书是“中国少数民族专史丛书”之一，是历史上完整、系统的第一部撒拉族专史。本书以丰富、真实的资料全面、系统地记述了撒拉族700多年的历史，阐明了撒拉族历史发展的源流及规律，科学地论述了清朝乾隆四十六年反清起义等几次重大历史事件的起因、经过、性质和历史作用，揭示了近代以来撒拉族社会演变的基本特点和基本规律，描绘了撒拉族人民在中国共产党的领导下翻身解放，迈进民族平等、团结进步的新时代社会生活的面貌。它客观、真实地反映了撒拉族历史的发展过程。

收藏单位：国家图书馆、北京大学图书馆、青海民族大学图书馆等

063《撒拉族史料汇编》

马成俊编，民族出版社2018年出版

关键词：撒拉族 民族历史

中图法分类号：K283.2

本书在体例上采取类编形式，对撒拉族历史发展脉络做了较为详细的研究，分族源、政治军事、经济、教育、社会、清朝乾隆四十六年反清事件、《明史》《清史稿》中有关史料补录、民国时期有关论文摘录等相关内容。为便于查阅，对史料进行了必要的分段、标点和注释，为读者了解撒拉族的宗教、社会问题等方面提供了很有价值的参考资料。

收藏单位：青海民族大学图书馆、兰州大学图书馆、佳木斯大学图书馆等

064《撒拉族史料辑录》

青海民族学院民族研究所1981年编印

关键词：撒拉族 民族历史

中图法分类号：K283.2

本书收入了从正史方志、专著和外文文献等20种史籍中辑录的有关撒拉族族源、社会经济、反清斗争等方面的记述，

共14万字。所辑史料，具有极高的史料价值，但观点应批判地予以利用。

收藏单位：暨南大学图书馆、云南农业大学图书馆等

065《撒拉族与丝绸之路民族社会文化研究》

马成俊、马伟主编，民族出版社2015年出版

关键词：撒拉族 民族文化

中图法分类号：K283.2-53

本书为一部论文集，主要收集了近年来研究中国撒拉族及丝绸之路有关民族的社会、历史、语言、文化的论文30余篇，论文均在相关学术刊物上发表过。论文集涵盖了一批国内外专家学者的研究成果，是对有关中亚和撒拉族研究内容的一个基本梳理。

收藏单位：国家图书馆、北京大学图书馆、佳木斯大学图书馆等

066《撒拉族政治社会史》

芈一之著，黄河文化出版社1990年出版

关键词：撒拉族 民族历史

中图法分类号：K283.2

本书介绍了撒拉族族源迁徙、政治制度、社会经济、重大事件、社会演变和社会基层组织等内容，探讨了一个民族的社会发展必须从分析社会经济开始，由经济基础上升到上层建筑，体现两者之间的互动关系。这是关于撒拉族700多年历史发展最为详细的专著，是马克思史学的代表作。

收藏单位：中央民族大学图书馆、西北民族大学图书馆、青海民族大学图书馆等

067《现代撒拉族社会研究》

赵春晖著，民族出版社2006年出版

关键词：撒拉族 民族社会学

中图法分类号：K283.2

本书是“西北少数民族学术研究文库”之一，通过对撒拉族在新时期的经济结构、组织结构、文化教育、宗教结构、婚姻家庭等方面的剖析，揭示撒拉族社会的内在本质、运行规律及发展趋势，从而对正确认识和处理西北少数民族地区的民族关系问题提供一些理论依据。

收藏单位：国家图书馆、北京大学图书馆、佳木斯大学图书馆等

068《循化撒拉族自治县概况》（修订本）

《循化撒拉族自治县概况》编写组，《循化撒拉族自治县概况》修订本编写组编，民族出版社2009年出版

关键词：循化撒拉族自治县

中图法分类号：K924.44

本书是“中国少数民族自治地方概况丛书”之一，论述了青海撒拉族地区社会经济发展的概貌，包括地理环境、历史沿革与社会变革、民族区域自治及农业、工业、社会事业等各方面建设情况。本书对于促进各民族之间相互学习和交流，推动民族自治地方经济社会发展，增强民族团结、维护祖国统一，发挥了重要的作用。

收藏单位：国家图书馆、北京大学图书馆、佳木斯大学图书馆等

069《循化撒拉族自治县志》

韦琮主编；循化撒拉族自治县志编纂委员会编，中华书局2001年出版

关键词：地方志 循化撒拉族自治县

中图法分类号：K294.44

本书是“青海省地方志丛书”之一，也是中华人民共和国建立后循化撒拉族自治县的第一部志书，以翔实的资料，全面、系统而又客观地记述纵横数千载的循化社会大观，具有鲜明的地方特色和民族特色，是研究循化历史与现状的百科全书，对推动经济发展、加强民族团结和社会主义精神文明建设都起到重要作用。

收藏单位：国家图书馆、北京大学图书馆、佳木斯大学图书馆等

070《循化撒拉族自治县志：1991—2010》

循化撒拉族自治地方志编纂委员会编，陕西新华出版传媒集团；三秦出版社2017年出版

关键词：循化撒拉族自治县 地方志

中图法分类号：K294.44

本书是“青海省地方志丛书”之一，是2001年版《循化撒拉族自治县志》的续志，全面记述了循化撒拉族自治县20年的自然、政治、经济、文化、社会诸方面的发展变化。全书观点正确、体例完备，地方特色鲜明，内容真实丰富，是一部有益当代、惠及后世的珍贵地方文献。

收藏单位：华东师范大学图书馆等

071《影像记忆：20世纪30年代的撒拉族社会》

王建平、马成俊、马伟编著，民族出版社2014年出版

关键词：撒拉族 民族历史 民族文化 摄影集

中图法分类号：K283.2-64

本书选取收藏在美国哈佛大学燕京图书馆的一百余幅20世纪30年代反映循化撒拉族社会生活的老照片，以图文并茂的形式真实地呈现在读者面前，进一步拓展了撒拉族研究领域，对撒拉族历史文化的研究工作起到积极的推动作用。

收藏单位：国家图书馆、北京大学图书馆、佳木斯大学图书馆等

072《中国撒拉族》

马明良编著，宁夏人民出版社2012年出版

关键词：撒拉族 民族文化

中图法分类号：K283.2

本书是“中华民族全书”之一，系统地梳理了撒拉族物质文化和精神文化的内容，分析了撒拉族文化的特点，提出了发展繁荣撒拉族文化的构想和对策，是一部有重要学术价值和应用价值的专著。

收藏单位：国家图书馆、清华大学图书馆、佳木斯大学图书馆等

073《中国少数民族设计全集：撒拉族卷》

中国少数民族设计全集编纂委员会编，山西人民出版社；人民美术出版社2019年出版

关键词：撒拉族 民族文化

中图法分类号：K28

本书甄选撒拉族传统建筑、传统服饰、传统餐饮、传统生活用具、传统生产

工具、传统手工艺、传统民俗和宗教等方面的传统造物设计案例，含有大量珍贵的历史图片和专业设计图片，是对撒拉族生产生活、审美等民族文化的深刻解读。

收藏单位：四川师范大学图书馆、温州大学图书馆、重庆工商大学图书馆等

074《中国少数民族图志　西北卷　撒拉族》

杨建新主编，民族出版社 2018 年出版

关键词：撒拉族 民族志 图集

中图法分类号：K283.2-64

本书是普及我国民族知识的科普读物，采用英汉对照的方式，向读者展示了撒拉族的自然景观、语言文字、宗教信仰、民族服饰、民间文化等相关信息。

收藏单位：国家图书馆、四川师范大学图书馆、佳木斯大学图书馆等

T　工业技术

075《撒拉族服饰》

马建新编著，青海民族出版社 2013 年出版

关键词：撒拉族 服饰

中图法分类号：TS941.742.832

本书是“青海省循化县国家级非物质文化遗产代表作名录丛书”之一。撒拉族在长期的历史发展过程中，传承伊斯兰服饰文化的同时，吸收了突厥族、蒙古族、藏族等民族的服饰文化，从而形成了自己独特的服饰艺术。2008 年 6 月 14 日，撒拉族服饰经国务院批准列入第二批国家级非物质文化遗产名录。

收藏单位：国家图书馆、西宁市图书馆等

076《撒拉族古建筑》

马进明、马晓红编，青海民族出版社 2014 年出版

关键词：撒拉族 古建筑

中图法分类号：TU-092.832

本书充分挖掘撒拉族古建筑文化精华，共收录撒拉族代表性建筑 36 处，各类图片资料 272 幅，全面地阐述了撒拉族古建筑文化的创建历程和保护状况，揭示了清真寺和拱北人文建筑文化内涵，赞颂了撒拉族人民爱国建家的伟大精神。

收藏单位：国家图书馆、西宁市图书馆等

077《撒拉族篱笆楼》

马进明、马晓红编著，青海民族出版社 2013 年出版

关键词：撒拉族 篱笆楼

中图法分类号：TU241.5

本书是“青海省循化县国家级非物质文化遗产代表作名录丛书”之一，讲述了撒拉族民居篱笆楼的创建历史、兴盛、低落的时代背景、建筑形制风貌、营造技艺及其重要历史与文化价值，展示了撒拉族百年民居建筑文化的魅力，体现了党和国家对保护撒拉族文化遗产的高度重视。

收藏单位：国家图书馆、西宁市图书馆等

Z　综合性图书

078《循化撒拉族自治县年鉴：2016》

循化撒拉族自治县地方志编纂委员会编，青海民族出版社 2017 年出版

关键词：循化撒拉族自治县 年鉴

中图法分类号：Z524.44

本书从历史、政治、文化、教育、工农牧业生产等几方面，记录了青海省循化撒拉族自治县2015年的工作与成绩，记录了循化县各行业的发展历程。

收藏单位：国家图书馆等

079《循化撒拉族自治县年鉴：2017》

循化撒拉族自治县地方志编纂委员会编，青海人民出版社2018年出版

关键词：循化撒拉族自治县 年鉴

中图法分类号：Z524.44

本书记述了2016年循化撒拉族自治县自然、社会、经济、政治、文化等各方面情况，为县委县政府科学决策提供翔实可靠的依据、借鉴与启发。

收藏单位：国家图书馆等

080《循化撒拉族自治县年鉴：2018》

循化撒拉族自治县地方志编纂委员会编，陕西新华出版传媒集团，三秦出版社2019年出版

关键词：循化撒拉族自治县 年鉴

中图法分类号：Z524.44

本书以翔实的资料、严谨的结构客观地叙述了2017年青海循化县经济、政治、文化和社会各个方面所取得的新进展、新成就，为社会各界了解循化撒拉族自治县提供翔实的资料。

收藏单位：国家图书馆等

081《循化撒拉族自治县年鉴：2019》

循化撒拉族自治县地方志编纂委员会编，青海人民出版社2019年出版

关键词：循化撒拉族自治县 年鉴

中图法分类号：Z524.44

本书汇集了2018年循化县自然资源、政治建设、经济建设、社会发展、重要文件等各方面的重要史料，客观真实地记述2018年循化撒拉族自治县经济社会发展的基本情况。

收藏单位：国家图书馆等

082《循化年鉴：2020》

东海市循化撒拉族自治县地方志编纂委员会编，中州古籍出版社2020年出版

关键词：循化撒拉族自治县 年鉴

中图法分类号：Z524.44

本书汇集了2019年循化县自然资源、政治建设、经济建设、社会发展、重要文件等各方面的重要史料，客观真实地记述2019年循化县经济社会发展的基本情况。

收藏单位：国家图书馆等

第八章

塔吉克族研究图书索引

塔吉克族简介

塔吉克族总人口 50 896 人（2020 年第七次全国人口普查数据），主要聚居在新疆维吾尔自治区塔什库尔干塔吉克自治县，其余分布在泽普、莎车等地。

塔吉克语属印欧语系伊朗语族帕米尔语支，包括两大方言。因民间交往频繁，塔吉克族兼通维吾尔语和柯尔克孜语，多使用维吾尔语言文字。

塔吉克族信仰伊斯兰教。

塔吉克族有许多传统节日，如祖吾尔节（引水节）、铁合木祖瓦斯提节（播种节）等。2006 年，塔吉克族引水节和播种节列入第一批国家级非物质文化遗产代表性项目名录。

塔吉克族婚礼别具一格，2008 年，“塔吉克族婚俗”列入第二批国家级非物质文化遗产代表性项目名录。

塔吉克族妇女刺绣技术精湛，制作的服饰讲究，颜色艳丽。2011 年，“塔吉克族服饰”列入第三批国家级非物质文化遗产代表性项目名录。

马球是塔吉克族传统的马背竞技运动。2008 年，“塔吉克族马球”列入第二批国家级非物质文化遗产代表性项目名录。

塔吉克族民歌内容十分广泛，保持着古朴、独特的风格，具有鲜明的民族特色。2011 年，“塔吉克族民歌”列入第三批国家级非物质文化遗产代表性项目名录。

塔吉克族舞蹈形式多样，以鹰舞最为著名。2006 年，“塔吉克族鹰舞”列入第一批国家级非物质文化遗产代表性项目名录。

D 政治、法律

001《情暖人间：记全国“孺子牛奖”得主、塔吉克族福利干部茹先·艾力的感人事迹》

谢家贵编著，新疆人民出版社 2008 年出版

关键词：民政工作 先进工作者 生平事迹

中图法分类号：D632.1

本书是“新疆民族团结的故事系列丛书”之一，介绍了喀什地区社会福利院院长茹先·艾力的感人事迹，弘扬了其艰苦奋斗、无私无畏的革命精神，爱岗敬业、为民谋利的奉献精神和锐意改革、开拓进取的时代精神。

收藏单位：国家图书馆、华东师范大学图书馆、新疆图书馆等

F 经济

002《塔什库尔干塔吉克自治县农村信用合作社志》

本书编纂委员会编，中国文史出版社 2017 年出版

关键词：农村信用社 塔什库尔干塔吉克自治县

中图法分类号：F832.745.4

本书主要介绍塔什库尔干塔吉克自治县农村信用合作社的机构概况、经营成果、主营业务、企业管理、运行保障、企业文化等方面的内容，全面展现了塔什库尔干塔吉克自治县信用合作社人团结奋斗、开拓进取、励精图治的精神面貌和全力服务地区经济和社会发展的宗旨。全书以客观翔实的资料，彰显地域特色、时代特色和专业特色。

收藏单位：国家图书馆、华东师范大学图书馆等

003《托格伦夏村调查：塔吉克族》

王天津主编，中国经济出版社 2014 年出版

关键词：塔吉克族 民族经济 调查报告

中图法分类号：F327.455

本书是“中国民族经济村庄调查丛书”之一，对新疆维吾尔自治区喀什地区塔什库尔干塔吉克自治县塔什库尔干乡托格伦夏村的历史变迁及政治、经济、社会、文化等方面进行全景式调查研究，以展示该村的发展历程和现状。

收藏单位：国家图书馆、北京大学图书馆、石河子大学图书馆等

004《中国民族地区经济社会调查报告：塔什库尔干塔吉克自治县卷》

赵明鸣、龙远蔚编，中国社会科学出版社 2019 年出版

关键词：民族地区 经济发展 调查报告

中图法分类号：F127.8

本卷对 21 世纪以来新疆塔什库尔干塔吉克自治县的政治、文化、经济、教育、宗教等问题进行了深入调查，并对其经济发展做出了评价。

收藏单位：国家图书馆、上海财经大学图书馆、浙江图书馆等

G 文化、科学、教育、体育

005《黎族藏族塔吉克族学生体质研究》

郝文亭著，吉林大学出版社 2014 年出版

关键词：大学生 体质 塔吉克族

中图法分类号：G807.4

本书为 2013 年度教育部哲学社会科学研究后期资助项目。本研究自 2010 年开始对海南黎族、西藏藏族、新疆塔吉克族学生进行实地调研，对各项指标进行 T 检验，即共时性研究；找出 10 年间的发展规律，即历时性研究。本书揭示了不同民族文化之间的共性和特性，在为学生体质研究的不断深入奠定文化基础的同时，丰富学生体质研究的文化内涵。

收藏单位：暂时无法提供馆藏信息

H 语言、文字

007《塔吉克汉词典》

高尔锵编著，四川民族出版社 1996 年出版

关键词：塔吉克语 汉语 词典

中图法分类号：H241.6

本书是“中国少数民族语言系列词典丛书”之一，记录了现代中国塔吉克语常用词汇，收入词目一万多条，包括塔吉克语拼音方案、凡例、正文、结束语、塔吉克语书写规则、乡村名称等几个部分，系统介绍塔吉克语的特色与应用，是研究少数民族语言必不可少的一本工具书。

收藏单位：国家图书馆、北京大学图书馆、佳木斯大学图书馆等

008《塔吉克语简志》

高尔锵编著，民族出版社 1985 年出版

关键词：塔吉克语 简志

中图法分类号：H211

本书是“中国少数民族语言简志丛书”之一，从语音、词汇、词法、句法、方言等方面对塔吉克语做了详细的讲解。

收藏单位：国家图书馆、北京大学图书馆、乌鲁木齐市图书馆等

009《塔吉克语 366 句会话句》

西仁•库尔班、阿力木江•西仁著，社会科学文献出版社 2015 年出版

关键词：塔吉克语 口语

中图法分类号：H241.94

本书是“中国少数民族会话读本”之一，选取与人们现代生活较为密切的 366 句口语用特定符号系统转写下来，同时用汉语、英语、俄语、日语进行意译，可以让更多的人参与到对我国民族语言文化的学习、抢救、保护的伟大事业中来。

收藏单位：新疆大学图书馆、新疆师范大学图书馆、佳木斯大学图书馆等

I 文学

011《慕士塔格阿塔不会忘记：新疆塔吉克族作家作品选》

苏德新译，新疆人民出版社 2013 年出版

关键词：中篇小说 短篇小说 塔吉克族

中图法分类号：I247.7

本书选取了 10 篇塔吉克族作家的作品，其中中篇小说 4 篇，短篇小说 6 篇，呈现了关于塔吉克人民热爱家乡、热爱祖

国、积极向上的优秀作品。

收藏单位：国家图书馆、新疆师范大学图书馆、新疆医科大学图书馆等

012《塔吉克民间传奇故事精选》

布·格·加富罗夫、阿·姆·米尔佐耶夫主编；吴秀琴译，中国社会出版社2008年出版

关键词：塔吉克族 民间故事 作品集

中图法分类号：I277.3

这是一本引人入胜、启人心智、助人向上的故事集，全书异彩纷呈，美不胜收，雅俗共赏，能激发人们对真、善、美的追求。其中的许多作品真实地反映了中亚西亚信奉伊斯兰教的古老民族的道德观、价值观与美学观，具有鲜明的民族特色和浓郁的地域特色，在民俗学和文化史上也有很重要的价值。

收藏单位：佳木斯大学图书馆、北方民族大学图书馆、宁夏图书馆等

013《塔吉克族民间故事》

苏天虎等译，新疆人民出版社1988年出版

关键词：塔吉克族 民间故事

中图法分类号：I277.3

本书收入了《鹰笛》《梧桐树》等37个流传至今的塔吉克族民间故事，不仅具有文学价值，而且对于历史学、社会学、民族学、民俗学等科学的研究和发展也有一定的价值和意义。

收藏单位：国家图书馆、新疆大学图书馆、新疆图书馆等

014《塔吉克族民间神话传说》

古丽加汗著，新疆人民出版社2012年出版

关键词：塔吉克族 神话 民间故事

中图法分类号：I277.5

本书收入了在塔吉克族民间流传的神话传说，主要反映塔吉克族对自然、宇宙、生存环境紧密相关的人和事物、历史事件、万物的产生及风俗习惯等内容的想象，不仅具有文学价值，而且对于历史学、社会学、民族学、民俗学等科学的研究和发展有一定价值和意义。

收藏单位：国家图书馆、中央民族大学图书馆、西北民族大学图书馆等

015《塔吉克族民间文学集》

西仁·库尔班编，新疆大学出版社2005年出版

关键词：塔吉克族 民间文学

中图法分类号：I277

本书全面介绍中国塔吉克族民间文学艺术，包括神话、传说、故事、寓言、诗歌、谚语等体裁，带有浓郁的民族特色和源远流长的历史传承，是对塔吉克族人民生活的文化积淀和艺术记载。

收藏单位：北京外国语大学图书馆、塔里木大学图书馆、乌鲁木齐职业大学图书馆等

017《新疆塔吉克族文学作品精选》

马雄福、狄力木拉提·泰来提选编，新疆人民出版社2013年出版

关键词：塔吉克族 小说集 新疆维吾尔自治区

中图法分类号：I294.147

本书为“中国新疆少数民族原创文学精品译丛”之一，收录有塔吉克族的母语翻译作品，包括4篇中篇小说，6篇短篇小说。

收藏单位：国家图书馆、北京大学图书馆、石河子大学图书馆等

018《鹰与孔雀：塔吉克族》

张新泰、马雄福主编，新疆人民出版社2011年出版

关键词：塔吉克族 民间故事 作品集

中图法分类号：I277.3

本书是“民间新疆故事系列”之一，作者从塔吉克族民间收集整理的民间故事、传说、神话中选取具有地域性和民族性的内容。这些质朴而生动的民间故事，让读者全面了解塔吉克族口传心授的文化和历史。

收藏单位：国家图书馆、清华大学图书馆、佳木斯大学图书馆等

019《中国塔吉克族文学史》

西仁•库尔班编，新疆人民出版社2005年出版

关键词：文学史 少数民族文学 塔吉克族

中图法分类号：I207.941

塔吉克民族具有悠久的历史和独立的民族语言，在其发展过程中，创作了内容丰富、形式多样、具有浓郁民族特色的文学艺术，描绘了各个不同时代的风貌。本书是“中国少数民族文学史丛书”之一，全面阐述了塔吉克族文学发展的历史。

收藏单位：国家图书馆、伊犁师范学院图书馆等

J 艺术

021《帕米尔高原·塔吉克人》

陈亚强著，文化艺术出版社2013年出版

关键词：塔吉克族 摄影集

中图法分类号：J421.8

本书收录了作者在帕米尔高原拍摄塔吉克人的一些摄影作品，这些作品真实地反映了塔吉克人的生活及生存环境。通过这些照片，读者不仅可以了解塔吉克族民风淳朴道德高尚，塔吉克人热情好客、讲究礼仪的性格特质，还能感受到源远流长的民族艺术。

收藏单位：国家图书馆、佳木斯大学图书馆等

022《塔吉克族舞蹈文化研究：“动态切入法”运用与操作》

罗雄岩著，中央民族大学出版社2018年出版

关键词：塔吉克族 民族舞蹈 文化研究

中图法分类号：J722.224.1

作者从1964年5月至2013年8月，共13次深入塔吉克族农村采风学舞，以在此过程中搜集的文字资料和拍摄的影像资料为依据，运用本学科“动态切入法”“时、空、人”的理论，从民族历史、风俗习惯入手，研究舞者动态形象的文化内涵及其传承规律，展示塔吉克人的时代风貌。

收藏单位：国家图书馆、云南艺术学院图书馆、佳木斯大学图书馆等

023《新疆塔吉克族工艺美术》

徐红著，新疆电子音像出版社，新疆

美术摄影出版社 2015 年出版

关键词：塔吉克族 民间工艺 工艺美术

中图法分类号：J528

本书是“新疆少数民族工艺美术研究”之一，详细介绍了塔吉克族的历史与文化、服饰工艺、民居文化与装饰、其他工艺美术、刺绣与钩花、装饰纹样等内容，并配有精美的图片，较全面地展示了塔吉克族民间工艺美术的风采。

收藏单位：国家图书馆、佳木斯大学图书馆、石河子大学图书馆等

024《中国新疆少数民族民俗风情绘画全集　第 6 卷　塔吉克族民俗风情》

张新泰主编，新疆美术摄影出版社，新疆电子音像出版社 2008 年出版

关键词：中国画 风俗画

中图法分类号：J222.7

这是一本关于新疆少数民族民俗风情的绘画全集，书中图像与文字相结合，向读者展现了自古以来繁衍生息在帕米尔高原上塔吉克人的风土人情，本书为第 6 集，展示了塔吉克族民俗风情。

收藏单位：国家图书馆、兰州大学图书馆、西安图书馆等

025《中亚区域塔吉克族装饰纹样艺术研究》

王光新著，新疆人民出版社 2013 年出版

关键词：塔吉克族 纹样 研究 中亚

中图法分类号：J532

本书是“教育部人文社会科学研究基金项目”的研究成果专著，针对中亚区域塔吉克族，以同民族跨域的不同文化为背景，重点研究装饰纹样艺术领域的融合与差异，探索其形成的发展关系、社会背景、文化渊源，求同存异，兼容并蓄，具有重要的学术价值和现实意义。

收藏单位：暂时无法提供馆藏信息

K　历史、地理

026《冰山主人：塔吉克族》

西仁•库尔班、李永胜著，云南人民出版社；云南大学出版社 2003 年出版

关键词：塔吉克族 家庭生活

中图法分类号：K284.1

本书是“20 世纪中国民族家庭实录”丛书之一，选取塔什库尔干塔吉克自治县塔吉克族的一个家庭为代表，通过对该家庭的跟踪调查和采访，从其形成、历史变迁、人口结构、饮食服饰等方面，较为真实地记录了塔吉克族家庭经济、文化、生活方式、民风民俗，为深入研究塔吉克族的学者提供第一手材料。

收藏单位：国家图书馆、北京大学图书馆、新疆大学图书馆等

028《迁徙与适应：帕米尔高原塔吉克族民族志》

刘明著，社会科学文献出版社 2014 年出版

关键词：塔吉克族 民族志

中图法分类号：K284.1

本书基于人类学和民族学理论，立足于生态建设和移民搬迁背景，研究帕米尔高原塔吉克族因环境变化引起的迁徙与文化适应问题。作者运用文化人类学田野调查方法，深入实地获得翔实的第一手材

料，在此基础上重点比较塔吉克族搬迁前后在生态环境、生产环境、生活环境和社区环境方面的异同，并分析搬迁后所形成的文化适应力，以期引发更多对移民搬迁与文化适应等学理问题的研究与探讨。

收藏单位：国家图书馆、北京大学图书馆、佳木斯大学图书馆等

029《塔吉克族》

肖之兴著，民族出版社 1989 年出版

关键词：塔吉克族

中图法分类号：K284.1

本书是“民族知识丛书”之一，主要包括塔吉克族发展的简要历史、在中华人民共和国成立初期的经济社会形态、文化特点和风俗习惯及目前的发展状况等。作者是长期从事民族问题研究的专家，在写作中不仅引用了丰富的历史文献资料，同时运用了大量实地调查的第一手珍贵资料。

收藏单位：石河子大学图书馆、塔里木大学图书馆、佳木斯大学图书馆等

030《塔吉克族》

李晓霞著，新疆美术摄影出版社 1996 年出版

关键词：塔吉克族 少数民族风俗习惯 新疆

中图法分类号：K284.1

本书是“中国新疆民族民俗知识丛书”之一，以言简意赅、通俗易懂的文字全面、系统地叙述和介绍了塔吉克族的历史源流、社会变迁、文化生活和风俗民情。

收藏单位：新疆师范大学图书馆、新疆图书馆、佳木斯大学图书馆等

031《塔吉克族》

周晓辉编著，吉林出版集团有限责任公司 2010 年出版

关键词：塔吉克族 民族文化

中图法分类号：K284.1

本书是“中国文化知识读本”之一，以图文并茂的形式介绍了塔吉克族的衣食住行、生产生活形态、宗教传统与民族节日、风俗信仰、文化艺术、自然物产与旅游风光等内容，让读者深入了解居住在“世界屋脊”帕米尔高原的东部最高处、自强不息的塔吉克人民。

收藏单位：国家图书馆、哈尔滨师范大学图书馆、佳木斯大学图书馆等

032《塔吉克族》

王钟健主编，新疆美术摄影出版社；新疆电子音像出版社 2010 年出版

关键词：塔吉克族 民族文化 民族历史

中图法分类号：K284.1

本书是“中华民族大家庭知识读本”系列丛书之一，主要介绍了塔吉克族人口发展及分布、生产生活形态、历史沿革、宗教信仰与民俗文化等内容。

收藏单位：国家图书馆、乌鲁木齐市图书馆、新疆师范大学图书馆等

033《塔吉克族》

西仁·库尔班、阿力木江·西仁著，辽宁民族出版社 2014 年出版

关键词：塔吉克族 民族历史

中图法分类号：K284.1

本书是“走近中国少数民族丛书”之一，包括距太阳最近民族的地理环境、王

冠民族的辉煌历史、庄严的信仰文化、独特而有趣礼法与教义、多彩的民族风情、灿烂的民族文化等内容。本书学术性、资料性、应用性兼顾，具有很高的参考价值。

收藏单位：新疆警察学院图书馆、新疆师范大学图书馆、佳木斯大学图书馆等

048《塔吉克族》

西仁·库尔班著，中国人口出版社2013年出版

关键词：塔吉克族 民族文化

中图法分类号：K284.1

本书是“中国少数民族人口”系列丛书之一，介绍了塔吉克民族的由来、文化、历史、风土人情、民族经济等内容，全景展示了塔吉克族独有的民族特色和民族风情。

收藏单位：北京大学图书馆、厦门市图书馆、武汉大学图书馆等

047《塔吉克族：新疆塔什库尔干县提孜那甫村调查》

罗家云，赵建国主编，云南大学出版社2004年出版

关键词：塔吉克族 调查报告 塔什库尔干县

中图法分类号：K284.1

本书是“中国民族村寨调查”之一，以分布于新疆塔什库尔干塔吉克自治县提孜那甫村的塔吉克族为对象，开展全面调查，汇编整理，以专题研究报告的形式出版，主要介绍其人口、经济、社会、文化、风俗习惯、婚姻家庭、教育等情况，让读者对塔吉克族有全方位的了解。

收藏单位：国家图书馆、北京大学图书馆、佳木斯大学图书馆等

034《塔吉克族风情录》

吕静涛著，四川民族出版社1998年出版

关键词：少数民族风俗习惯 塔吉克族

中图法分类号：K892.341

本书从饮食、服饰、节日、音乐、舞蹈、宗教等方面介绍了生活在新疆维吾尔自治区塔吉克族人民的风俗逸闻。内容丰富，情节可信，既有故事性，又有资料性，真实地反映了塔吉克人的礼俗和情趣，对于民俗学、民族学、人类学及民间文学的研究具有一定的学术价值。

收藏单位：国家图书馆、北京师范大学图书馆、佳木斯大学图书馆等

035《塔吉克族简史》

《塔吉克族简史》编写组、《塔吉克族简史》修订本编写组编，民族出版社2008年出版

关键词：塔吉克族 民族历史

中图法分类号：K284.1

本书是“中国少数民族简史丛书（修订本）”之一，全面而客观地介绍了塔吉克族历史文化各方面的情况，其中包括生态环境、历史、经济、旅游、语言文字、文学艺术、宗教信仰和民俗文化等内容。

收藏单位：国家图书馆、北京大学图书馆、佳木斯大学图书馆等

036《塔吉克族简史简志合编》

新疆少数民族社会历史调查组编，中国科学院民族研究所1963年编印

关键词：塔吉克族 民族历史

中图法分类号：K284.1

本书是“少数民族史志丛书”之一，从民族概况、历史、社会主义革命的伟大胜利、经济建设的辉煌成就、文教卫生事业的蓬勃发展等方面向读者介绍了塔吉克族。

收藏单位：国家图书馆、北京大学图书馆、北京师范大学图书馆等

037《塔吉克族历史与文化》

西仁·库尔班著，新疆大学出版社2014年出版

关键词：塔吉克族 民族历史 民族文化

中图法分类号：K284.1

本书以民族学、文化生态学、历史学等诸学科的基本理论为依据，以实地调查法、文献研究法、跨文化的比较法、统计分析法、共时和历时研究法、宏观把握与微观研究法相结合的研究方法，以现有的考古资料、文献史料、前人的研究成果和民间文化材料为基础，对塔吉克族历史与文化进行全面的论述。

收藏单位：国家图书馆、中央民族大学图书馆、石河子大学图书馆等

038《塔吉克族民俗文化》

西仁·库尔班、伊明江·木拉提著，新疆大学出版社2001年出版

关键词：塔吉克族 风俗习惯

中图法分类号：K892.341

本书是“新疆少数民族语言文学民俗研究丛书”之一，涉及地理环境、人文环境、节日民俗、生活民俗、日常礼仪与婚丧民俗、宗教信仰、民间体育与艺术等内容，全面、系统地讲述了塔吉克族的文化生活和民俗风情。

收藏单位：国家图书馆、北京大学图书馆、佳木斯大学图书馆等

039《塔吉克族民俗文化》

新疆维吾尔自治区对外文化交流协会编，新疆美术摄影出版社；新疆电子音像出版社2006年出版

关键词：塔吉克族 民族风俗文化 新疆维吾尔自治区

中图法分类号：K892.3

本书是“中国新疆民族民俗文化系列丛书”之一，介绍塔吉克族的日常生活、宗教信仰、传统文化艺术、民间文学艺术、民间体育与娱乐活动等诸多方面的内容。

收藏单位：国家图书馆、清华大学图书馆、乌鲁木齐市图书馆等

040《塔吉克族社会历史调查》

新疆维吾尔自治区丛刊编辑组、《中国少数民族社会历史调查资料丛刊》修订编辑委员会编，民族出版社2009年出版

关键词：塔吉克族 民族历史 社会调查

中图法分类号：K284.1

本书是“中国少数民族社会历史调查资料丛刊（修订本）”之一。编者把塔吉克族历次调查的社会历史资料整理、编辑，形成8篇调查报告，详细记载了各塔吉克民族乡的人口、自然环境、历史概况等方面内容，对我国少数民族社会历史的科学研究工作具有重要的参考价值。

收藏单位：国家图书馆、北京大学图

书馆、新疆大学图书馆等

041《塔吉克族引水节和播种节》

楼望皓主编，新疆美术摄影出版社；新疆电子音像出版社 2015 年出版

关键词：塔吉克族 民族节日

中图法分类号：K892.1

本书是“中华文脉——新疆非物质文化遗产保护系列丛书”之一，介绍了塔吉克族的族名、历史来源、语言、服饰、美食、婚俗，以及塔吉克族引水节和播种节的节日形成、历史渊源、节日主要内容、节日特征、节日重要价值、节日存续状况等。

收藏单位：国家图书馆、浙江大学图书馆、新疆图书馆等

042《塔什库尔干：高天下的太阳部落》

韩连赟摄影，黄石著，陕西师范大学出版社 2004 年出版

关键词：塔吉克族 民族文化

中图法分类号：K284.1-64

本书是“中国原生部族丛书”之一，以图文并茂的形式介绍新疆塔什库尔干塔吉克自治县语言文字、劳作、饮食习惯、服饰、信仰、婚俗等状况。

收藏单位：国家图书馆、北京大学图书馆、乌鲁木齐市图书馆等

043《塔什库尔干塔吉克自治县概况》

《塔什库尔干塔吉自治县概况》编写组编，民族出版社 2009 年出版

关键词：塔什库尔干塔吉克自治县

中图法分类号：K924.54

本书是“中国少数民族自治地方概况丛书（修订本）”之一，以其真实性和科学性反映了塔什库尔干塔吉克自治县的历史沿革、社会变革及经济社会发展，尤其是中华人民共和国成立后的发展变化，展示了自治县的山川风貌、物产资源、建设成就和发展前景。

收藏单位：国家图书馆、北京大学图书馆、佳木斯大学图书馆等

044《塔什库尔干塔吉克自治县志》

塔什库尔干塔吉克自治县地方志编纂委员会编；姚开明主编，新疆人民出版社 2009 年出版

关键词：塔什库尔干塔吉克自治县 地方志

中图法分类号：K294.54

本书是“新疆维吾尔自治区地方志丛书”之一，以塔什库尔干塔吉克自治县档案、史籍及有文字记载的资料和经过核实的口碑资料为主，记述了该县有史以来至 2005 年的所有事项，采用述、记、志、传、图、表、录等多种体裁，以丰富翔实的资料，如实反映了该县的历史和现状，向世人展示了该县政治、经济、社会、文化及自然环境等方面的发展变化，特别是改革开放以来发生的翻天覆地的巨变，是一部具有独特的历史文化价值和使用价值的百科全书和乡土教材。

收藏单位：国家图书馆、北京大学图书馆、新疆大学图书馆等

045《塔什库尔干塔吉克族现状与发展研究》

黄华均、白振声著，中国社会科学出

版社2008年出版

关键词：塔吉克族 社会发展 研究

中图法分类号：K284.1

本书是“民族现状与发展研究丛书”研究成果之一，介绍了塔什库尔干塔吉克族现状与发展情况，包括有关塔吉克族的发展主题、塔什库尔干自治县的生态移民和异地发展等内容。作者以民族学家特有的视角，关注塔吉克族传统文化的发掘、保留、利用与经济发展相结合的问题，提出了许多与时俱进、具有可行性的措施和战略规划。

收藏单位：国家图书馆、中央民族大学图书馆、河北民族师范学院图书馆等

046《云彩上的人家：塔吉克风情》

樊福江摄影，新疆人民出版社2006年出版

关键词：塔吉克族 少数民族风俗习惯

中图法分类号：K892.341-64

本书以图文并茂的形式详细介绍了帕米尔高原的自然风光和塔吉克人的日常生活，包括服饰、饮食、房屋、农耕、工艺、礼仪、婚礼、丧礼、节庆、歌舞等内容，用近千张照片勾画出一幅幅高原民情习俗画卷，从衣食住行到农耕节庆，用极为广泛的视角真实地向人们传递出高原塔吉克社会生活的信息，精彩的诗歌又为其增添许多优美的意境。

收藏单位：国家图书馆、首都师范大学图书馆、乌鲁木齐市图书馆等

047《中国少数民族设计全集：塔吉克族》

中国少数民族设计全集编纂委员会编，山西人民出版社，人民美术出版社2019年出版

关键词：塔吉克族 民族文化

中图法分类号：K28

本书收录与解析了71个设计案例，这些案例覆盖了塔吉克族传统生活的衣、食、住、行、用五大方面，包括塔吉克族传统民居建筑、塔吉克族传统服饰、塔吉克族传统餐饮、塔吉克族传统生活用具、塔吉克族传统生产工具、塔吉克族传统手工艺和塔吉克族传统民俗与宗教等内容，其中包含大量珍贵的历史图片和专业设计图片，对了解塔吉克族的设计文化有一定帮助。

收藏单位：四川师范大学图书馆、四川音乐学院图书馆、石河子大学图书馆等

048《中国少数民族图志：西北卷：塔吉克族》

杨建新主编，民族出版社2018年出版

关键词：塔吉克族 民族志

中图法分类号：K284.1-64

本书包括塔吉克族概览、塔吉克族历史、塔吉克族的经济生活、塔吉克族的衣食住行、塔吉克族的语言文字、塔吉克族的宗教信仰、塔吉克族的传统节日等内容，以英汉对照的形式展现塔吉克族人民对中华文明做出的贡献。

收藏单位：国家图书馆、西北师范大学图书馆、佳木斯大学图书馆等

049《中国塔吉克》

西仁•库尔班、马达力汗、段石羽著，新疆大学出版社1994年出版

关键词：中华民族 民族志 塔吉克族

中图法分类号：K284.1

本书全面论述并介绍了塔吉克族的历史、生活环境、语言文学、宗教信仰、风俗习惯、文学艺术和其他一些文化现象，具有较高的学术水平。

收藏单位：国家图书馆、中央民族大学图书馆、乌鲁木齐市图书馆等

050《中国塔吉克史料汇编》

西仁•库尔班，马达力汗•包仑，米尔扎依•杜斯买买提编著，新疆大学出版社2003年出版

关键词：塔吉克族 民族历史

中图法分类号：K284.1

本书是教育部人文社会科学百所重点研究基地“新疆大学西北少数民族研究中心学术著作”丛书之一，编者广泛搜集中国正史、中国古籍、外文书籍中的塔吉克史料，为研究中国塔吉克民族的历史地理、民族语言、民族文化提供价值参考。

收藏单位：国家图书馆、北京大学图书馆、新疆大学图书馆等

051《中国塔吉克族》

西仁•库尔班、阿布都许库尔•肉孜、高雪编著，宁夏人民出版社2012年出版

关键词：塔吉克族 民族文化

中图法分类号：K284.1

本书是“中华民族全书”之一，介绍了我国塔吉克族的历史、生活环境、民俗、信仰、语言、文学艺术和其他一些文化事象，具有较高的学术水平。通过本书，读者可以看到塔吉克族古老灿烂的文化脉络。

收藏单位：国家图书馆、清华大学图书馆、佳木斯大学图书馆等

Z 综合性图书

052《中国少数民族古籍总目提要：塔吉克族卷》

国家民委全国少数民族古籍整理研究室组织编写，中国大百科全书出版社2011年出版

关键词：塔吉克族 古籍

中图法分类号：Z838

本书共收录新疆维吾尔自治区塔吉克族古籍条目1625条，其中书籍类条目52条，讲唱类条目1573条，第一次比较完整地展现了塔吉克族古籍的全貌和现状。这本书不仅仅是塔吉克族古籍的简单目录，而且是研究塔吉克族政治、经济、历史、宗教、文化等方面的重要工具书，展现了塔吉克族丰富多彩的民族历史文化遗产及塔吉克族人民对中华文化所做的贡献，具有较高的实用价值和收藏价值。

收藏单位：国家图书馆、北京大学图书馆、新疆图书馆等

第九章

塔塔尔族研究图书索引

塔塔尔族简介

塔塔尔族总人口 3 544 人（2020 年第七次全国人口普查数据），主要分布在新疆维吾尔自治区的伊宁、塔城、乌鲁木齐、阿勒泰等地。

塔塔尔族使用文字的历史悠久，曾使用过突厥文、回鹘文和以阿拉伯字母为基础的塔塔尔文，现多使用哈萨克、维吾尔语言文字。

塔塔尔族主要信仰伊斯兰教。

塔塔尔族的传统节日主要有肉孜节、古尔邦节和撒班节。

撒班节，亦称“犁头节”，是塔塔尔族特有的传统农事节日。“撒班”是塔塔尔族犁地的一种农具，它的产生促进了塔塔尔族农业生产力的发展。为纪念这种新式犁的发明，每年 6 月 20 日至 25 日农忙期间举办各种娱乐活动，后演变为塔塔尔族传统节日。2008 年，“塔塔尔族撒班节”列入第二批国家级非物质文化遗产代表性项目名录。

塔塔尔族的民间文学作品丰富，有神话传说、故事、谚语、歌谣、谜语等，尤其诗歌、民歌在新疆各族人民中享有盛名，如《巴拉米斯肯》《天鹅进行曲》等。

塔塔尔族书面文学源远流长，有叙事长诗、爱情诗、小说、话剧、歌剧等。更为重要的是，塔塔尔族还有许多历史、文学、医学、宗教等方面的典籍，是塔塔尔族传统文化宝库中的重要组成部分。

G 文化、科学、教育、体育

001《新疆塔塔尔族健身舞》

任奇红，刘跃峰著，北京体育大学出版社 2017 年出版

关键词：塔塔尔族 健身运动 新疆维吾尔自治区

中图法分类号：G831.3

本书是新疆普通高校人文社会科学重点研究基地课题的研究成果，作者从塔塔尔族舞蹈的特点、保护、传承、创新等多方面向读者做以介绍，重点讲解了其健身舞的创编原则、创编过程及音乐选配等专业知识，是民族舞蹈研究者的参考书目。

收藏单位：国家图书馆、中山大学图书馆、佳木斯大学图书馆等

002《中国塔塔尔族教育史》

马力克·恰尼西夫著，穆合塔尔·艾山译，民族出版社 2005 年出版

关键词：塔塔尔族 少数民族教育 教育史

中图法分类号：G759.2

本书向读者介绍了塔塔尔族先民的教育、伏尔加河畔的塔塔尔人及其教育、辛亥革命时期的新疆塔塔尔族教育及中华人民共和国成立后的塔塔尔族教育等内容，还收入了一些塔塔尔族学校的珍贵照片及师生合影。

收藏单位：国家图书馆、北京大学图书馆、佳木斯大学图书馆等

H 语言、文字

003《塔塔尔语简志》

陈宗振，伊里千编著，民族出版社 1986 年出版

关键词：民族语 突厥语族 塔塔尔语

中图法分类号：H242

本书是“中国少数民族语言简志丛书”之一，依据乌鲁木齐市塔塔尔族居民的口语材料，从语音、词汇和语法三个方面介绍了塔塔尔语。

收藏单位：国家图书馆、北京大学图书馆、乌鲁木齐市图书馆等

004《塔塔尔语 366 句会话句：少数民族语汉英日俄对照》

卡米力·库尔马尤夫著，社会科学文献出版社 2014 年出版

关键词：塔塔尔语 口语

中图法分类号：H242.94

本书是“中国少数民族会话读本”之一，主要包括塔塔尔语语音系统、塔塔尔语 366 句会话句、塔塔尔语基础词汇 300 例、塔塔尔族节日等内容。

收藏单位：国家图书馆、北京邮电大学图书馆、佳木斯大学图书馆等

I 文学

005《塔塔尔民间爱情诗歌（塔塔尔文）》

海非孜·萨塔尔汇编，伊犁人民出版社 2016 年出版

关键词：塔塔尔族 爱情诗 诗集

中图法分类号：I222.7

本书是伊犁哈萨克自治州少数民族古籍搜集整理出版规划办公室搜集整理的塔塔尔族 1000 多首民间诗歌，运用生动的语言表达了真挚的感情，赞美了纯洁的爱情，内容丰富，语言通俗易懂，深受广大读者喜爱。

收藏单位：国家图书馆等

006《塔塔尔民间歌曲选》

帕力志、拉孜亚收集整理；王达、热孜也编著，新疆人民出版社 1983 年出版

关键词：歌曲选 塔塔尔族

中图法分类号：I277.294.2

塔塔尔族是一个能歌善舞的民族，流传下来的著名歌曲有《麦收能手》《白天鹅的翅膀》《婚礼歌》等。塔塔尔族歌曲不仅深受塔塔尔族人民喜欢，而且也受到维吾尔族、哈萨克族、汉族、乌孜别克族、柯尔克孜族、回族、蒙古族人民喜欢，他们在举办婚礼时也爱唱塔塔尔族歌曲，并在民间广为传唱。

收藏单位：国家图书馆、中央民族大学图书馆、伊犁师范学院图书馆等

J　艺术

007《塔塔尔族舞曲：笛子独奏曲　》

李崇望曲，音乐出版社 1965 年出版

关键词：笛子 独奏曲 现代

中图法分类号：J648.11

《塔塔尔族舞曲》是李崇望代表作之一，由人民音乐出版社出版，上海唱片厂录制成唱片，并收入中国音乐家协会编著的《建国 30 年优秀笛子曲选》，该乐曲也成为中央音乐学院、中国音乐学院等高等音乐院校的笛子教学曲目。它以鲜明的塔塔尔族音乐特色，生动地展现了塔塔尔族人民在节日欢庆时载歌载舞的愉快心情，以及歌唱幸福生活的情景。

收藏单位：国家图书馆、河北师范大学图书馆、山东艺术学院图书馆等

K　历史、地理

008《来自伏尔加河畔：塔塔尔族》

伊里旦·伊斯哈科夫著，云南人民出版社，云南大学出版社 2003 年出版

关键词：塔塔尔族 家庭生活

中图法分类号：K284.2

本书是“20 世纪中国民族家庭实录”之一，介绍了新疆塔塔尔族伊斯哈科夫家族的历史及现状。

收藏单位：国家图书馆、北京大学图书馆、新疆大学图书馆等

009《塔塔尔族》

周建华，郭永瑛著，民族出版社 1996 年出版

关键词：塔塔尔族 民族文化 民族历史

中图法分类号：K284.2

本书是“民族知识丛书”之一，主要介绍了塔塔尔族的历史渊源、教育、经济、文化艺术、宗教信仰、风俗习惯等内容。

收藏单位：国家图书馆、北京理工大学图书馆、佳木斯大学图书馆等

010《塔塔尔族》

袁琳瑛主编，新疆美术摄影出版社；新疆电子音像出版社 2010 年出版

关键词：塔塔尔族 民族文化 民族历史

中图法分类号：K284.2

本书是“中华民族大家庭知识读本”系列丛书之一，简要介绍了有关塔塔尔族的文化历史知识，包括塔塔尔族的起源、发展历史、宗教信仰与民俗文化、节

日礼仪以及相关的神话传说和历史故事等内容。

收藏单位：国家图书馆、北京林业大学图书馆、佳木斯大学图书馆等

011《塔塔尔族》

金开诚主编，戚娜编著，吉林出版集团有限责任公司，吉林文史出版社 2010 年出版

关键词：塔塔尔族 民族文化 民族历史

中图法分类号：K284.2

本书是“中国文化知识读本”之一，主要介绍了塔塔尔族的民族历史、饮食、服饰、居住习俗、婚丧节庆、宗教信仰、文化生活、经济与科学等内容。

收藏单位：首都图书馆、石河子大学图书馆、佳木斯大学图书馆等

012《塔塔尔族》

马尔甫娃·阿巴斯，苗东霞著，中国人口出版社 2014 年出版

关键词：塔塔尔族 民族文化 民族历史

中图法分类号：K284.2

本书全面介绍了塔塔尔族的起源、文化、宗教信仰、民俗、经济发展、人口情况等内容，向读者展示了塔塔尔族独有的民族特色和民族风情，语言可读性较强，具有科学性和文学性，对于了解塔塔尔族具有参考作用。

收藏单位：国家图书馆、内蒙古自治区图书馆、华东师范大学图书馆等

013《塔塔尔族》

卡米力·库尔马尤夫著，辽宁民族出版社 2014 年出版

关键词：塔塔尔族 民族历史 民族文化

中图法分类号：K284.2

本书为“走近中国少数民族丛书”之一，以图文并茂的方式，全面介绍了塔塔尔族的宗教信仰、礼俗与禁忌、魅力文化、民族教育、民间艺术、民族经济等内容。

收藏单位：国家图书馆、北京师范大学图书馆、佳木斯大学图书馆等

014《塔塔尔族：新疆奇台县黑沟村调查》

张巨成，杨志刚主编，云南大学出版社 2004 年出版

关键词：塔塔尔族 调查报告

中图法分类号：K284.2

本书是“中国民族村寨调查丛书”之一，以新疆维吾尔自治区奇台县黑沟村的塔塔尔族为对象，开展田野调查。通过了解社会底层的某些情况，发现一些很重要的社会问题，并将观察、了解到的现象和资料整理出来，形成该民族村寨的民族志文本，为民族问题研究和民族政策制定提供参考。

收藏单位：国家图书馆、北京大学图书馆、佳木斯大学图书馆等

015《塔塔尔族风情录》

李强著，四川民族出版社 1998 年出版

关键词：塔塔尔族 风俗习惯

中图法分类号：K892.342

本书从宗教礼仪、饮食特产、工艺服

饰、婚丧习俗、节庆娱乐、文学艺术等方面向读者介绍了神奇的塔塔尔人在长期与自然和社会环境的斗争中，培养出的坚韧不拔、百折不挠的性格和豪放开朗的乐观气质。通过本书可以了解塔塔尔族悠久的文化历史、热情豪爽的民族性格及多姿多彩的文艺内涵。

收藏单位：国家图书馆、中央民族大学图书馆、佳木斯大学图书馆等

016《塔塔尔族简史》

《塔塔尔族简史》修订本编写组编，民族出版社 2008 年出版

关键词：塔塔尔族 民族历史

中图法分类号：K284.2

本书是“中国少数民族简史丛书（修订本）”之一，主要包括概况、塔塔尔族迁入新疆的历史、近代新疆的塔塔尔族、现代新疆的塔塔尔族、塔塔尔族的文学与艺术、塔塔尔族的风俗习惯和宗教信仰等内容。

收藏单位：国家图书馆、北京大学图书馆、佳木斯大学图书馆等

017《塔塔尔族简史简志合编（初稿）》

中国科学院民族研究所，新疆少数民族社会历史调查组 1963 年编印

关键词：塔塔尔族 民族历史

中图法分类号：K284.2

本书首先介绍了塔塔尔族的来源，其次讲了中华人民共和国成立前后塔塔尔族的政治、经济情况，最后又详细介绍了塔塔尔族的文化教育、生活习俗和宗教信仰等内容，让读者对塔塔尔族有个全面的了解。

收藏单位：新疆师范大学图书馆、伊犁师范大学图书馆、北京大学图书馆等

018《塔塔尔族民俗》

新疆维吾尔自治区党委宣传部外宣办编，新疆美术摄影出版社 2005 年出版

关键词：塔塔尔族 少数民族风俗习惯 新疆

中图法分类号：K892.342

本书是“中国新疆民族民俗系列丛书”之一，作者从民族历史文化、民族民俗、民族人口、地理及分布等方面向读者介绍了塔塔尔族的民俗文化。

收藏单位：西南民族大学图书馆、新疆大学图书馆、新疆师范大学图书馆等

019《塔塔尔族民俗文化》

新疆维吾尔自治区对外文化交流协会编，新疆美术摄影出版社，新疆电子音像出版社 2008 年出版

关键词：塔塔尔族 少数民族风俗习惯

中图法分类号：K892.342

本书是“中国新疆民族民俗文化系列丛书”之一，读者通过本书可以全面认识生活在新疆维吾尔自治区的塔塔尔族民俗风情及塔塔尔人为创造中华民族灿烂文化所做的贡献。

收藏单位：新疆大学图书馆、乌鲁木齐市图书馆、新疆农业大学图书馆等

020《塔塔尔族撒班节》

再屯娜·卡里穆瓦、茹菲娅·卡里穆瓦编著，辽宁民族出版社 2014 年出版

关键词：塔塔尔族 撒班节

中图法分类号：K892.1

撒班节是塔塔尔族特有的传统节日，

已列入国家级非物质文化遗产名录。撒班节以呈现塔塔尔族的语言、文字、舞蹈、服饰、饮食、体育技艺、风俗习惯、生产生活方式等为载体，使塔塔尔族民族文化得到传承与保护。

收藏单位：国家图书馆、中央民族大学图书馆、塔城地区图书馆等

021《中国少数民族设计全集：塔塔尔族卷》

中国少数民族设计全集编纂委员会编，山西人民出版社，人民美术出版社2019年出版

关键词：塔塔尔族 民族文化

中图法分类号：K28

本书收录了塔塔尔族传统造物的50个案例，这些案例涉及塔塔尔族传统生活、生产的方方面面，共分为塔塔尔族传统服饰、传统建筑、传统餐饮、传统生活用具、传统生产用具、传统手工艺、传统民俗及宗教造像七大部分。图文并茂，突出造物设计，包括案例主图、尺寸图、结构名称图、分析、解析图、操作图等。

收藏单位：国家图书馆、佳木斯大学图书馆、武汉理工大学图书馆等

022《中国塔塔尔族》

热合甫·阿巴斯、周建华编著，宁夏人民出版社2011年出版

关键词：塔塔尔族 民族文化

中图法分类号：K284.2

本书是“中华民族全书”之一，分别从民族概况、物质文化、民间文化、社会文化、信仰文化、对伟大祖国的贡献、精神气质、文化传承、族际交往、文化发展愿景、有影响的文化人物、重要贡献等方面对塔塔尔族进行了详细的介绍。

收藏单位：西北师范大学图书馆、北京师范大学图书馆、佳木斯大学图书馆等

R 医药、卫生

023《中国塔塔尔医药》

卡米力·库尔马尤夫编，新疆人民卫生出版社2014年出版

关键词：塔塔尔族 民族医学 维吾尔语

中图法分类号：R294.2

本书详细地介绍了塔塔尔民族的一些医药学理论知识和塔塔尔族在漫长的历史过程中形成和发展起来的独具特色的诊疗经验、治疗疑难杂症的独特方法及日常养生食疗、康复保健等内容。

收藏单位：国家图书馆、中央民族大学图书馆等

第十章

土族研究图书索引

土族简介

土族总人口281 928人（2020年第七次全国人口普查数据）。主要分布在青藏高原东北部、层峦叠嶂的祁连山东南麓、河湟两岸的广阔地域。主要聚居在青海省互助土族自治县、大通回族土族自治县、民和回族土族自治县及同仁、乐都、门源等县，甘肃省的天祝、永登、积石山、肃南、卓尼等县也有分布。

土族有自己的语言。土族语属阿尔泰语系蒙古语族，分互助、民和、同仁三大方言区。各方言区语音、词汇有一定差别。土族没有文字，使用汉文、藏文。1979年创制了以拉丁字母为基础、以汉语拼音字母为字母形式的土语文字，结束了没有文字的历史。

土族主要信仰藏传佛教。土族人民在漫长的历史长河中，创造了灿烂的非物质文化遗产。

2006年，民族节日“土族纳顿节”“土族婚礼”、民间长诗“拉仁布与吉门索”、民间美术“土族盘绣”、民间舞蹈“土族於菟”被列入第一批国家级非物质文化遗产代表性项目名录。

2008年，“土族服饰”、传统体育“土族轮子秋”被列入第二批国家级非物质文化遗产代表性项目名录。

2014年，长篇叙事诗“祁家延西”列入第四批国家级非物质文化遗产代表性项目名录。

B 哲学、宗教

001《神圣的文化建构：土族民间信仰源流》

文忠祥著，人民出版社2012年出版

关键词：土族 民间信仰

中图法分类号：B933

本书是“青藏高原民族宗教与社会历史丛书”之一。作者通过对土族民间信仰典型仪式的内容和各种象征的深入分析，探讨土族民间信仰背后更为深刻的观念和意识，寻找隐藏在具体表现形式背后的内在逻辑，说明民间信仰在土族社会中的影响和发展趋势。

收藏单位：国家图书馆、西北民族大学图书馆、贵州民族大学图书馆等

002《神圣建构与世俗秩序：土族民间信仰与社会生活互动研究》

文忠祥著，中国社会科学出版社2012年出版

关键词：土族 民间信仰

中图法分类号：B93

作者在田野调查资料与文献资料有机结合基础上，对土族民间信仰的文化语境深入剖析，对土族民众民间信仰的对象、表现形式、媒介及展演空间进行介绍。从民间信仰与土族社会生活互动关系的视角切入，从道德、政治、经济、文化、日常生活、民众信仰经验及认同等方面廓清民间信仰对于土族民众生活的影响范围和程度。

收藏单位：国家图书馆、佳木斯大学图书馆、兰州大学图书馆等

003《土族民间信仰解读：地方性信仰与仪式的宗教人类学研究》

鄂崇荣著，甘肃民族出版社2009年出版

关键词：土族 宗教信仰

中图法分类号：B933

作者以民和三川土族地区的民间信仰为主要调查研究对象，关注的范围包括土族供奉的神灵和一年中当地所举行的各种固定或非固定的主要民间信仰活动，力图从信仰与仪式、文化内涵、社会功能、祭祀圈与信仰圈、神祇与历史记忆、信仰与土族社区变迁等不同角度对民间信仰问题进行审视，使土族民间信仰成为考察土族传统社会多元文化的一个突破口。

收藏单位：国家图书馆、甘肃民族师范学院图书馆、中南民族大学图书馆等

D 政治、法律

004《中国共产党青海省大通回族土族自治县组织史资料：1949.9—1987.12》

中共大通回族土族自治县委组织部1994年编印

关键词：中国共产党 大通回族土族组织史

中图法分类号：D235.44

本书提供了从1949年9月至1987年12月，中国共产党青海省大通回族土族自治县组织史资料。

收藏单位：青岛市图书馆等

005《中国少数民族现状与发展调查研究丛书：互助县土族卷》

郝时远、任一飞主编，秦永章等著，民族出版社2006年出版

关键词：少数民族 社会调查 土族

中图法分类号：D633.331

本书较为全面、客观地反映了互助土族自治县自然、人文概况和政治、经济、社会、文教等方面的发展历程和现状，通过对具有典型性和代表性的一个镇、一个乡、一所学校、一个企业和一个寺院的个案调查，集中反映了改革开放以来互助土族自治县在农牧业、工业、教育及宗教等方面的发展成就和存在的现实问题。本丛书作为国情研究的一种类型，不仅可以为有关部门的决策提供科学依据，而且具有重要的学术价值。

收藏单位：国家图书馆、佳木斯大学图书馆、青海民族大学图书馆等

F 经济

006《东家村调查：土族》

青觉主编，中国经济出版社 2012 年出版

关键词：土族 民族经济 调查报告 互助土族自治县

中图法分类号：F327.445

本书是“中国民族经济村庄调查丛书”之一，以青海省互助土族自治县丹麻镇东家村作为调查对象，通过村庄、农户、村民三个层次，采取问卷调查、深度访谈、查阅文献档案、座谈会等方法，对东家村的经济、社会、政治、文化等进行全方位的实地调查，以纪实的方式展示东家村在现代化进程中经济发展与社会变迁的历史与现实。

收藏单位：国家图书馆、大连民族大学图书馆、西北民族大学图书馆等

007《互助土族自治县北山林场场志》

互助土族自治县北山林场场志编委会编、青海民族出版社 2019 年出版

关键词：国营林场 互助土族自治县

中图法分类号：F326.274.44

本书记载了互助县北山林场自 1956 年成立北山森林经营所以来，林场在保护和培育森林资源及林场建设等各方面的发展历史。全书分概况、组织机构、森林资源介绍、森林资源管理、森林经营管理等共计 11 篇，记述了林场的历史和现状。

收藏单位：国家图书馆、华东师范大学图书馆、青海民族大学图书馆等

008《青海历史文化与旅游开发》

王昱主编，青海人民出版社 2008 年出版

关键词：文化史 旅游资源 资源开发

中图法分类号：F592.744

本书全面梳理和研究了青海历史文化中物质文化遗产和非物质文化遗产的重点项目及其历史文化内涵，包括青海历史文化的分类、基本内涵、特点、价值及青海地域文化、青海物质文化遗产重点项目等内容。

收藏单位：国家图书馆、青海民族大学图书馆、青海师范大学图书馆等

009《青海民俗文化与旅游资源开发》

华智海，边世平主编，旅游教育出版社 2012 年出版

关键词：风俗习惯 旅游资源开发

中图法分类号：F592.744

本书从青海民俗文化的分类及其特点、青海民俗文化事项及内涵、青海民俗

文化旅游资源开发三个部分阐述青海民俗文化的各民族类别及其特点和价值，详细描述青海各民族民俗文化事项，如饮食、服饰、民居、婚俗、丧葬、生育、节日、游艺等内涵及如何开发青海民俗文化旅游资源。

收藏单位：国家图书馆、兰州大学图书馆、中南民族大学图书馆等

010《中国民族地区经济社会调查报告：互助土族自治县卷》

王伟光总主编，秦永章卷主编，中国社会科学出版社 2015 年出版

关键词：互助土族自治县 民族地区经济 调查报告

中图法分类号：F127.444

本书通过对青海土族自治县的田野调查，结合社会学问卷调查方式和国情调研、社会调查方式，全面系统反映民族区域自治地方的历史与发展现状，客观系统地反映少数民族在政治、经济、文化、教育、科技等方面的发展，以及少数民族地区经济社会发展中存在的问题，为促进少数民族地区经济发展、社会稳定进行前瞻性理论探讨。

收藏单位：国家图书馆、佳木斯大学图书馆、广西民族大学图书馆等

G 文化、科学、教育、体育

011《互助县非物质文化遗产名录图典》

互助县文化馆编著，青海民族出版社 2019 年出版

关键词：非物质文化遗产 互助土族自治县

中图法分类号：G127.444-64

本书以图片为主，比较全面地展现了互助土族自治县非物质文化遗产的概貌，从中可以领略到互助地区非物质文化遗产的历史渊源、发展情况、传承模式及土族人民的民族情感和审美情趣。本书主要收录了互助地区国家级、省级以上 30 个非物质文化遗产项目。全书分为民间文学、传统音乐、传统舞蹈、传统戏剧、传统美术、传统体育游艺与杂技、传统技艺、民俗共八个部分。

收藏单位：国家图书馆、西宁市图书馆等

012《土族轮子秋》

刘应军、唐占宇编著，青海民族出版社 2015 年出版

关键词：土族 民族形式体育

中图法分类号：G852.9

本书是“互助土族自治县国家级非物质文化遗产项目丛书”之一，用通俗的语言，描述了“轮子秋”的产生背景、演变历程、传承方式等，使读者对这项运动有一个基本的认识。

收藏单位：国家图书馆等

013《文化生产的表与里：国家、市场、社会视角下的青海土族盘绣》

金昱彤著，民族出版社 2018 年出版

关键词：土族 民间工艺 非物质文化遗产

中国图书分类号：G127. 44

本书是“民族文化与社区发展丛书”之一。作者以土族“盘绣”这一国家非物质文化遗产为个案，以时间为基本线索，

调查研究了农家乐、旅游风情园和土族园等旅游产业，以及土族“盘绣”逐渐成为土族文化符号的过程。

收藏单位：国家图书馆、佳木斯大学图书馆、中国人民大学图书馆等

H 语言、文字

014《青海土族的语言情况和文字问题》

土族语调查组 1958 年编写油印

关键词：土族语 土族 语言文字

中图法分类号：H213

本书是中国科学院少数民族语言研究所土族语调查组写的初步材料。土族语言在形成发展过程中，形成了有别于蒙古语、东乡语、保安语等同语族语言的特点。

收藏单位：暨南大学图书馆等

015《土汉词典：土文》

李克都主编，青海人民出版社有限责任公司 2020 年出版

关键词：词典 土语 汉语

中图法分类号：H231.6

本词典在土族文字的学习使用过程中，对书写上的统一、读音上的准确、使用上的一致起到了规范作用。修订版《土汉词典》增补了附录：（一）土族语、古蒙古语词汇对照；（二）土族语言文字；（三）土文正字规则；（四）土族语简单语法；（五）元、明时期土族土司。

收藏单位：国家图书馆、青海民族大学图书馆、青海师范大学图书馆等

016《土汉英词典》

张汉彬编著，民族出版社 2019 年出版

关键词：土族 词典

中图法分类号：H061

本词典是西北民族大学中国民族信息技术研究院、中国民族语言文字信息技术国家民委-教育部重点实验室积极响应国家的语言资源保护工程，对甘肃省的少数民族语言展开全面调研的成果之一。土语词汇按照《土文方案》以土文字母来拼写，词汇以甘肃天祝方言为依据，共收集土族语常用词汇 5000 余条，词组近 1000 条。

收藏单位：国家图书馆、华东师范大学图书馆、深圳大学城图书馆等

017《土族语词汇》

哈斯巴特尔等，内蒙古人民出版社 1986 年版

关键词：土族语 词汇

中图法分类号：H231

本书是“蒙古语族语言方言研究丛书”之一，由土族语调查组和青海民族学院民族研究所、青海省互助土族自治县民族语文办公室在互助土族自治县搜集、记录到的词汇材料基础上共同整理编写而成，共有 6000 余条语词，为语言学界研究提供了参考。

收藏单位：青海民族大学图书馆、西北民族大学图书馆等

018《土族语会话 600 句》

李增垠主编，青海人民出版社有限责任公司 2019 年出版。

关键词：土族语 口语

中图法分类号：H231.94

本书由会话、补充词汇和附录组成，并附有光盘。正文会话共600个句子，分40个单元，每个单元15个句子，内容以日常生活为主要依据，语言遵守规范化原则，既注重通俗易懂，又兼顾土族语的词汇特色。每个句子都用三种语言表述，即土语、汉语和英语。补充词汇中部分内容只用土语和汉语两种语言表述。

收藏单位：国家图书馆等

019《土族语和蒙古语》

清格尔泰编著，人民出版社1991出版

关键词：土族语 蒙古语

中图法分类号：H231

本书被收入“蒙古语族语言方言研究丛书”，分四部分：语音、词法、句法、词汇。语音部分讲述了元音、辅音、音节、元音等的变化、重音问题；词法部分介绍了静词类、动词类、不变化词类；句法介绍了词组、句子及其成分、句子的种类、句子的分析；词汇部分介绍了词汇的组成和构词法。本书是学习和研究土族语的重要参考资料。

收藏单位：国家图书馆、西北民族大学图书馆等

020《土族语和蒙古语语音比较研究》

姜根兄著，内蒙古大学出版社2020年出版

关键词：中国少数民族语言 土族语

中图法分类号：H231

本书主要运用实验语音学理论和方法，对土族语语音进行声学分析，描写出土族语音系和元音、辅音方面的特征。在此基础上，运用历史比较法对土族语和蒙古语的语音进行比较，找出语音对应，分析出两种语言中语音演变的共同点和不同点，探索了土族语语音演变规律。

收藏单位：华东师范大学图书馆、浙江财经大学图书馆、广东海洋大学图书馆等

021《土族语话语材料》

清格尔泰等，内蒙古人民出版社1988年出版

关键词：土族语

中图法分类号：H231

本书被收入“蒙古语族语言方言研究丛书”，包括日常用语翻译、土族节日、故事类、诗歌类、格言，谚语和谜语。收入本书的所有材料由音标、蒙文、旁注和汉语译义组成，话语材料都是根据发音合作人员的叙述而记录，没有对内容和形式进行加工和修改，目的是保持语言材料的准确性与可靠性。

收藏单位：国家图书馆、西北民族大学图书馆、中央民族大学图书馆等

022《土族语简志》

照那斯图编著，民族出版社1981出版

关键词：土族语 语言史

中图法分类号：H231

本书被收入“中国少数民族语言简志丛书”。作者以互助方言的口语材料为依据，介绍了土族语的基本面貌，最后将两个方言的差别进行了专门介绍。

收藏单位：国家图书馆、黑龙江省图书馆、青海大学图书馆等

023《土族语 366 句会话句：少数民族语汉英日俄对照》

K.D. 布日古德著，社会科学文献出版社 2014 年出版

关键词：土族语 口语

中图法分类号：H231.94

本书主要包括土族语语音系统、土族语 366 句会话句、土族语基础词汇 300 例、土族节日等内容。

收藏单位：国家图书馆、青海民族大学图书馆、甘肃民族师范学院图书馆等

024《土族"格萨尔"语言研究》

王国明著，甘肃民族出版社 2004 年出版

关键词："格萨尔" 土族语

中图法分类号：H231

本书从语言学的角度研究"格萨尔"的专著，是研究土族语言、藏语方言和双语相互影响的宝贵材料。作者对长篇史诗土族"格萨尔"的记音对译，不仅为研究"格萨尔"提供了大量的可靠资料，更为重要的是保留了土族的语言，随着历史的发展，其学术价值和认识价值更大。

收藏单位：国家图书馆、佳木斯大学图书馆、西北民族大学图书馆等

025《土族、羌族语言及新创文字使用发展研究》

宝乐日著，民族出版社 2011 年出版

关键词：土族语

中图法分类号：H274

作者通过实地调查、访谈、问卷等形式获得大量的第一手材料，并运用教育人类学、教育社会学、民族语言学的理论和方法探讨影响和制约土族和羌族语言及新创文字使用与发展的各种因素，有助于读者了解土族新创文字使用的现状和存在的问题，并为国家有关部门制定民族语文政策、民族教育政策提供对策性意见和建议。

收藏单位：国家图书馆、西北民族大学图书馆、青海民族大学图书馆等

I　文学

026《安邦兴国部》

王国明整理翻译，民族出版社 2014 年出版

关键词："格萨尔" 土族

中图法分类号：I222.74

本书被收入土族"格萨尔"说唱系列丛书，讲述了格萨尔接任阿朗部的首领后，励精图治带领阿朗部人民翻身致富，一步步走向繁荣的奋斗历程。

收藏单位：佳木斯大学图书馆、西北民族大学图书馆、兰州大学图书馆等

027《彩虹印象系列丛书：诗歌卷》

中共互助土族自治县委宣传部 互助土族自治县文联主编，青海人民出版社 2012 年出版

关键词：诗歌 互助土族自治县

中图法分类号：I218.444

本丛书收录了互助土族自治县本土及县外作家讴歌家乡的精品之作。诗歌卷收录了众多优秀作品，以优美的语句赞美了互助土族自治县的自然人文及历史文化等，全面展示了中华人民共和国成立后特别是改革开放以来互助土族自治县诗歌的创作成果。

收藏单位：国家图书馆、西宁市图书馆等

028《彩虹印象系列丛书：散文卷》

中共互助土族自治县委宣传部 互助土族自治县文联主编，青海人民出版社2012年出版

关键词：散文 互助土族自治县

中图法分类号：I218.444

本丛书收录了互助土族自治县本土以及县外作家讴歌家乡的精品之作。散文卷从历史、人文、地理等角度赞美、歌颂互助土族自治县的山、水、人、情，文字精美，表达真切。

收藏单位：国家图书馆等

029《彩虹印象系列丛书：小说卷》

中共互助土族自治县委宣传部 互助土族自治县文联主编，青海人民出版社2012年出版

关键词：小说 互助土族自治县

中图法分类号：I218.444

本丛书主要收录了互助土族自治县本土作家及县外作家讴歌家乡的精品之作。小说卷收录了互助土族自治县农民作家武泰元、王连学等十多位作家的代表作。

收藏单位：国家图书馆等

030《穿彩虹花袖衫的人》

李友楼编，青海人民出版社1983年出版

关键词：《格萨尔》土族文学

中图法分类号：I287.53

本书介绍了土族的历史发展、风土人情，包括土族人的家乡、秀丽的土乡山川、土族风情等文学作品，是研究土族文学的参考资料。

收藏单位：国家图书馆、青海省图书馆、中南民族大学图书馆等

031《创世部》

王国明整理翻译，民族出版社2013年出版

关键词：土族 英雄史诗

中图法分类号：I222.74

本书是土族《格萨尔》说唱系列丛书之一，详细描写了上部天王神、中部财宝神和下部龙王神不厌其烦地创造万事万物的过程，从本源上解决了宇宙万物和人类的由来，进一步延伸出“英雄史诗”部分。仅就土族《格萨尔》创世史诗的这一思想体系而言，它在《格萨尔》史诗中迄今是独一无二的，更深沉、更具韵味和心灵的震撼力。

收藏单位：国家图书馆、中央民族大学图书馆、内蒙古大学图书馆等

032《〈格萨尔〉学史稿》

扎西东珠、王兴先编著，甘肃民族出版社2002年出版

关键词：“格萨尔”文学研究

中图法分类号：I207.914

本书被收入《格萨尔》研究丛书，是国内外第一部《格萨尔》学史。作者采取详今略古、详国内略国外的原则，运用编年史与专题史相结合的方法，对《格萨尔》的史实做了全面、科学的总结与归纳，是研究格萨尔文学的参考资料。

收藏单位：国家图书馆、甘肃民族师范学院图书馆、西北民族大学图书馆等

033《互助民间歌谣》

互助土族自治县民间文学集成办公室 1991 年编印

关键词：民间歌谣 互助土族自治县

中图法分类号：I277.2

互助土族自治县民间歌谣形式多样，本书编者把民间歌谣划分为劳动歌、时政歌、仪式歌、情歌、生活歌、历史传说歌、儿歌、社火词八部分，共计 204 首土族民间歌谣。这些歌谣是反映互助土族自治县劳动人民口头文学的重要资料。

收藏单位：华东师范大学图书馆等。

034《互助民间故事》

互助土族自治县民间文学集成办公室 1990 年编印

关键词：民间故事 互助土族自治县

中图法分类号：I277.3

本书将民间故事划分为神话传说、幻想故事、生活故事、机智人物故事、动物故事、寓言、笑话，涉及土族的共计 56 篇，是阅读者和爱好者了解和研究土族民间故事的参考资料。

收藏单位：国家图书馆、华东师范大学图书馆等

035《互助县诗文集》

尹世祖编著，青海人民出版社 2018 年出版

关键词：古典诗歌

中图法分类号：I222

本书用古典诗词全景式反映互助土族自治县的历史风物、时代变迁，特别是中华人民共和国成立后取得的巨大成就。作者主要选取历代特别是明清以来描写互助土族自治县自然风光、人文景色、风土人情，反映历史事件、历史人物及个别互助本土人士优秀的古典诗词文赋，分为五峰诗会、南门峡风光、龙王山、北山风光、宗教寺院、土族风情、土乡杂咏、历史人物、酬和唱答、土乡赋记 10 个篇目。

收藏单位：国家图书馆等

036《花儿集：西宁演唱特刊》

青海省西宁市文化馆 1979 年编印

关键词：花儿（文学）青海

中图法分类号：I277.244

本集编入的“花儿”以忠实记录为原则，尽量做到不加删改。措词相同，但表达的含义不同者，一并收入。收入集内的作品，以“花儿会”上现场做了口头记录的作品为主，也有搜集者个人保存的传统作品，可供爱好者和研究者演唱、阅读、参考之用。

收藏单位：国家图书馆、贵州师范大学图书馆、中央民族大学图书馆等

037《昆仑芳草：文学卷》

鲍义志著，青海民族出版社 2012 年出版

关键词：土族 少数民族文学 作品集

中图法分类号：I293.1

本书是“中国土族丛书”之一，荟萃了《中国土族》创刊 20 年间发表在其上的优秀文学作品，有作家们对青海的讴歌，有对人间美好的吟唱，还有对历史和未来的独特思考，是一本可读性强的文学作品。

收藏单位：国家图书馆、西宁市图书馆等

038《拉仁布与吉门索》

麻守文、闫国良主编，青海民族出版社 2014 年出版

关键词：土族 叙事诗 互助土族自治县

中图法分类号：I207.22

本书是“互助土族自治县国家级非物质文化遗产项目丛书”系列之一。“拉仁布与吉门索”是河湟地区土族民间文学中最具代表性的叙事长诗，长达 300 多行，在互助土族中广泛流传，影响深远，堪称土族的《梁山伯与祝英台》。2006 年，经国务院批准被列入第一批国家级非物质文化遗产名录。本书详细叙述了它的表现形式、内容、保护现状及当地文化部门采取的保护方法和手段。

收藏单位：国家图书馆、中央民族大学图书馆、西北师范大学图书馆等

039《拉仁布与吉门索》

李卓玛著，青海人民出版社 2017 年出版

关键词：长篇小说

中图法分类号：I247.57

“拉仁布与吉门索”是土族民间长诗，用土族口语创作并演唱，至今仍为活态的口头文学形式。全诗以讲唱为主，共分 8 个章节，是土族劳动人民集体智慧的结晶，具有广泛的群众性，是土族群众最喜欢演唱的一首叙事情歌，在不同的流传地区有不同的风格。在演唱方式上，拉仁布与吉门索以男女对唱为主，但不同于一般问答式对唱。演唱的曲调独特，结构清晰，层次分明。

收藏单位：国家图书馆、西北师范大学图书馆、中央民族大学图书馆等

040《魅力民和》

马晓晨著，青海民族出版社 2014 年出版

关键词：散文集

中图法分类号：I267

本书是“土族文化丛书”之一，全书分四辑：千年沧桑对天吟诵；吟唱故土古风古韵；名山古刹显灵光；赏不尽的风情画。内容包括民和回族土族自治县历史文化、宗教文化、民俗文化、旅游文化及个别历史人物。

收藏单位：国家图书馆、西宁市图书馆等

041《民间诗神：格萨尔艺人研究》

杨恩洪著，中国藏学出版社 1995 年出版，中国社会科学出版社 2017 年出版增订本

关键词：土族文学“格萨尔”民间艺人

中图法分类号：I207.9

作者在探讨说唱艺人和史诗的内涵中，力图以历史唯物主义的世界观和方法论为指针，观察和阐述史诗“格萨尔”的历史演变，同时多方面地描述说唱艺人的生活环境以及学艺的经历。1995 年出版的图书叙述了“格萨尔”在土族地区的流传概况及土族地区的遗迹、遗物、与风物传说概况。2017 年的增订本对民间说唱艺人进行了系统的概括、梳理与分类，对艺人的社会地位与贡献、说唱内容与形式、说唱艺人产生的社会文化背景、文盲艺人记忆保存史诗的奥秘及口头说唱与书面文本之间的关系等进行了细致的论述。

收藏单位：青海民族大学图书馆、兰州大学图书馆、西北民族大学图书馆等

042《祁家延西》

刘应军著，青海民族出版社2016年出版

关键词：互助土族自治县 叙事诗

中图法分类号：I222

本书是“互助土族自治县国家级非物质文化遗产项目丛书”系列之一，作者介绍了互助土族自治县的概况及其非物质文化遗产的概况，论述了“祁家延西”这首土族英雄史诗的传唱区域、文化渊源、相关作品、传承谱系、主要特征、主要价值、遗存情况、传承方法及手段等方面的内容。

收藏单位：国家图书馆、西宁市图书馆等

043《青海民族民间文学资料：土族文学专集》

中国民间文艺研究会青海分会1979年编印

关键词：民间文学 土族

中图法分类号：I277.3

土族民间文学内容丰富，其形式包括花儿、宴席曲、安召、叙事诗、民间故事、神话故事、寓言童话、谜语、谚语等，反映不同历史时期土族人民的顽强拼搏精神及对美好生活的憧憬与向往，是研究土族文学的参考资料。

收藏单位：国家图书馆、甘肃民族师范学院图书馆、西南民族大学图书馆等

044《青海土族民间文化集》

乔志良等主编，青海人民出版社2009年出版

关键词：土族 少数民族文学 作品集

中图法分类号：I293.1

本书以土族婚丧习俗和歌谣为主，包括民间赞歌、民间叙事长诗、民歌、情歌、婚俗、丧俗、民间故事、谚语及谜语等内容。

收藏单位：国家图书馆、青海民族大学图书馆、广州市图书馆等

045《神子下凡部》

王国明整理翻译，民族出版社2014年出版

关键词：土族 英雄史诗

中图法分类号：I222.74

本书是土族“格萨尔”说唱系列丛书之一，讲述了格萨尔降生人间，智斗阿古加党，力挫老魔王，比武夺魁称王的故事。

收藏单位：国家图书馆、内蒙古大学图书馆、中南民族大学图书馆等

046《吐谷浑大传》

古越著，江苏人民出版社2013年出版

关键词：长篇小说

中图法分类号：I247.5

本书记载了吐谷浑王国自创建乃至发展、兴盛的整个发展过程。作者以吐谷浑、吐延、叶延三位首领的西迁、建国作为小说的叙述引子，展现吐谷浑王国发展、壮大的历史过程及那个风云变幻、英雄辈出的时代。

收藏单位：国家图书馆、海西蒙古族藏族自治州图书馆、西北师范大学图书馆等

047《土乡传说》

马光星编，青海民族出版社2014年出版

关键词：土族 民间故事

中图法分类号：I277.3

本书被收入“土族文化丛书”。作者收集了互助土族自治县、民和回族土族自治县、大通回族土族自治县等地土族民间故事、各类神话传说故事共170多篇，包括创世神话、风物传说、幻想故事、生活故事、动物故事、人物传说、寓言、笑话等，同时介绍了中华人民共和国成立以来土族地区土族文化遗产的抢救保护等情况。

收藏单位：国家图书馆、西宁市图书馆等

048《土族风情画》

歌行著，青海人民出版社1983年出版

关键词：散文 土族

中图法分类号：I267

本书是作者的散文集。作者满怀着对土族兄弟的由衷热爱，写出了反映土族人民的系列散文，将当时鲜为人知的土族人文景观介绍给广大读者。全书分三辑共21篇散文。

收藏单位：青海大学图书馆、青海民族大学图书馆、青海师范大学图书馆等

049《土族格赛尔》

（德）施劳德记录，李克郁译，青海人民出版社1994出版

关键词：格赛尔 土族

中图法分类号：I293.122

本书被收入“青海少数民族古籍丛书”。20世纪40年代，德国人施劳德在互助土族自治县威远镇东木拉霍尼其情画匠官布希加演唱了“格赛尔”，经瓦尔特.海西希整理，以德文出版，在翻译整理过程中，译者首先将其译成土文，补充了不完整的句子。使其上下衔接紧密、自然，有些需要调整的诗句做了适当的调整，并作了必要的注释，然后由土文再译成汉文。本书的整理出版具有显著的社会效益，推动了土族历史、文学、哲学、宗教、民俗的研究和文化发展交流。

收藏单位：佳木斯大学图书馆、兰州大学图书馆、内蒙古师范大学图书馆等

050《土族民间传说与女性文化研究》

白晓霞著，敦煌文艺出版社2018年出版

关键词：土族 民间故事 文学研究

中图法分类号：I207.73

本书分别对土族文化研究现状、民间传说、花儿会、服饰和饮食文化对女性的幸福观及科学智慧进行了阐释，对婚恋文化传说与女性的心理抗争等进行了论述。

收藏单位：国家图书馆、兰州大学图书馆、西北师范大学图书馆等

051《土族民间故事精选》

生华编，青海人民出版社2015年出版

关键词：土族 民间故事

中图法分类号：I277.3

本书被收入“青海世居少数民族民间

故事丛书”。作者将民间故事分成神话故事、传说故事、人物故事、动物故事四部分，收录40篇文章。

收藏单位：国家图书馆、青海民族大学图书馆、青海师范大学图书馆等

052《土族民间故事选》

王殿搜集整理，甘肃人民出版社1982年出版

关键词：民间故事 土族

中图法分类号：I277.3

土族人民在长期的生活和斗争中创造了丰富多彩、具有民族特色的文学艺术珍品。土族由于没有文字。其民间文学艺术靠口头流传，有些作品在流传过程中已经失传，为了保护和传承土族文学艺术遗产，作者搜集整理了大量的土族民间故事，对土族民间文学艺术宝库的挖掘、整理与研究具有重要作用。

收藏单位：国家图书馆、南宁市图书馆、广西壮族自治区图书馆等

053《土族文学评论集》

钟进文，胡艳红编，青海民族出版社2014年出版

关键词：土族 少数民族文学 文学评论

中图法分类号：I207.931-53

本书收集了从20世纪80年代至今的大部分土族作家文学评论文章，全书分五部分，包括作品解读、作家文学综合研究、作家创作谈、第四届青海省土族文学研讨会资料、附录。收录的作品有：《李宜晴词作抒情模式探析》《简析土族诗人师延智的诗歌创作》《那边青青草地上的红舞鞋》等文章。

收藏单位：国家图书馆、西宁市图书馆等

054《土族文学史》

马光星著，青海民族出版社1999年出版

关键词：文学史 土族

中图法分类号：I209

本书被收入了“中国少数民族文学史丛书”。作者从远古文学、近古文学、近现代文学和当代文学四个方面对土族文学史进行了研究，分别按照社会概况和文学概况、歌谣、神话传说、传说故事、民间幻想、故事说唱进行了阐述。

收藏单位：国家图书馆、青海师范大学图书馆、青海民族大学图书馆等

055《土族文学作品选》

阿朝阳编，青海民族出版社2014年出版

关键词：土族 少数民族文学 作品综合集

中图法分类号：I29

本书是“土族文化丛书”之一，分小说、散文、诗歌三部分，收录20世纪80年代至2013年年底公开发表的土族作家创作的文学作品。这些文学创作成果反映了河湟大地改革开放后不同历史时期土乡的发展变化。

收藏单位：国家图书馆、西宁市图书馆等

056《土族音乐文化实录》

马占山著，中国文联出版社2006年出版

关键词：土族 音乐文化

中图法分类号：I261

作者以研究民歌音乐为主线，阐述了土族音乐文化的历史和现状、体裁与形式、表现方法、音乐特征和旋律的节奏、旋法调式、调性、曲式结构、发展手法、风格、色彩及词曲关系。本书对于民族音乐文化的进一步研究起到积极的促进作用。

收藏单位：国家图书馆、中国音乐学院图书馆、宜宾学院图书馆等

057《虚空部》

王国明整理翻译，民族出版社2013年出版

关键词：土族 英雄史诗

中图法分类号：I222.74

本书是土族“格萨尔说唱系列丛书”之一。土族“格萨尔”中的“虚空部”和“创世部”是最具有本民族文化特质的部分，充分反映出土族人民在吸取其他民族优秀文化时的创造精神，具有历史价值。“虚空部”描写了混沌世界的种种景象和天神们寻找治水、造地方法的过程，从本源上首先解决了宇宙万物和人类的由来，然后进一步延伸出“英雄史诗”部分。

收藏单位：国家图书馆、中央民族大学图书馆、内蒙古大学图书馆等

058《中国花儿通论》

武宇林著，宁夏人民出版社2008年出版

关键词：花儿（音乐）

中图法分类号：I207.7

本书对土族与“花儿”进行了阐述。作者从唐、宋、元、明、清、民国及中华人民共和国成立以来的纵向视角和古丝绸之路上多民族聚居地的横向视角，从社会学、历史学、民族学、语言学等角度展开全方位的研究论证与探索。本书是一部反映中国“花儿”民歌全貌的学术专著，全书共有六章，其中援引的700多首传统“花儿”民歌，内容上还保留着唐、宋时期民间口头文学的痕迹，语言具有元明清的时代特质，堪称研究“花儿”及相关人文学科的活化石。

收藏单位：黑龙江省图书馆、西北民族大学图书馆、甘肃民族师范学院图书馆等

J　艺术

059《安昭》

刘应军等著，青海民族出版2015年出版

关键词：土族 民族舞蹈 安昭

中图法分类号：J722.223.1

本书是“互助土族自治县国家级非物质文化遗产项目丛书”之一。安昭是土族人为迎接远方宾客而表达内心喜悦的舞蹈，作者主要从安昭的分布区域、文化渊源、相关作品、传承谱系、主要特征、主要价值、遗存状况、传承方法及手段、传承人及民间艺人等方面对其进行介绍，是了解和研究土族舞蹈的参考资料。

收藏单位：国家图书馆等

060《大通回族宴席曲》

马世君整理，民族出版社2019年出版

关键词：民族音乐 大通回族土族自治县

中图法分类号：J607.213

本书稿收集青海省大通回族土族自治县境内回族聚居区传唱的婚庆宴席曲105首，其中反映礼仪方面的24首，以叙事为主的57首，以歌舞表达的18首，以戏剧表现的6首，是青海省古籍整理工作的一部分，对推动青海古籍整理工作具有重要意义。

收藏单位：国家图书馆、西南民族大学图书馆、四川音乐学院图书馆等

061《丹麻土族花儿会》

麻守文、闫国良主编，青海民族出版社2014年出版

关键词：土族 花儿（音乐）互助土族自治县

中图法分类号：J642.213.1

本书是“互助土族自治县国家级非物质文化遗产项目丛书”系列之一，作者从丹麻土族“花儿”会的表现形式、内容、保护现状及当地文化部门针对项目保护的一些方法手段，详细介绍了该项目的具体情况。

收藏单位：国家图书馆、佳木斯大学图书馆等

062《民和县官亭地区土族婚礼歌》

青海民院编，中国民间文艺研究会青海分会1982年印制

关键词：民族音乐 土族

中图法分类号：J607

本书从五个部分对民和回族土族自治县官亭地区土族婚礼歌进行介绍，是了解民和回族土族自治县官亭地区土族婚礼歌的珍贵材料。

收藏单位：南宁师范大学图书馆等

063《土族民歌主题随想曲（管弦乐总谱）》

杨庶正作曲，上海文艺出版社1963年出版

关键词：管弦乐 合奏曲 随想曲 土族

中图法分类号：J647.61

杨庶正是国家一级作曲家，享受国务院政府特殊津贴专家。1962年在第三届“上海之春”首演了交响音乐作品——《土族民歌主题随想曲》，1963年由上海文艺出版社印刷发行了1100册，本书是《土族民歌主题随想曲》管弦乐总谱，是土族的文化遗产。

收藏单位：甘肃民族师范学院图书馆、兰州市图书馆、西北师范大学图书馆等

064《土族盘绣》

麻守文、闫国良主编，青海民族出版社2013年出版

关键词：土族 刺绣 民间工艺 互助土族自治县

中图法分类号：J523.6

本书是“互助土族自治县国家级非物质文化遗产项目丛书”系列之一。土族盘绣始终贯穿于土族男女的服饰中，其独具特色的艺术技法，汇集着古老土族文化的深刻内涵。本书从盘绣的表现形式、内容、工艺流程及保护现状几个方面做了详细的介绍。

收藏单位：国家图书馆、鄂托克前旗图书馆、内蒙古自治区图书馆等

065《西陲艺韵：西部民族艺术研究》

吕霞著，青海民族出版社2004年出版

关键词：少数民族 民族艺术

中图法分类号：J12

本书充分展示了土族优秀的民族艺术及其文化内涵，同时也不同程度地论述了土族艺术与周边藏族、汉族及回族等民族艺术的文化交融关系。搜集、整理研究这些民族艺术，在保护民族民间文化，打造民族艺术品牌，挖掘古老的传统文化，拓宽民族文化艺术研究视野等方面具有重大意义。

收藏单位：国家图书馆、青海省图书馆等

K 历史、地理

066《杓哇土族生计方式研究》

田俊迁著，科学出版社 2019 年出版

关键词：土族 生活方式 社会变迁

中图法分类号：K283.1

本书主要围绕甘肃省甘南藏族自治州卓尼县杓哇乡土族的生计方式而进行的研究，包括物质资料的获取和使用手段，研究方法上包括文献调查法和田野调查法两种。

收藏单位：内蒙古科技大学图书馆、湖北民族大学图书馆、西南民族大学图书馆等

067《草原王国吐谷浑》

胡芳，崔永红著，青海人民出版社 2004 年出版

关键词：吐谷浑 民族历史

中图法分类号：K289

此书被收入“青海史话丛书”。羌、党项、吐谷浑、吐蕃这些古老民族在神奇而瑰丽的青藏高原上纵横驰骋，演绎了一幕幕金戈铁马、生动鲜活的往事。作者对活跃于我国西北地区的古代民族的吐谷浑的研究，探讨了其从东北西迁、建国、鼎盛至灭亡的历史轮廓，努力再现那些鲜活的生命，以及那段远去的风起云涌的历史。

收藏单位：青海师范大学图书馆、青海大学图书馆、青海民族大学图书馆等

068《大通文史资料　第 5 辑　土族风情录》

政协大通文史资料编写组 1997 年编印

关键词：土族 文史资料 大通自治县

中图法分类号：K250.644

本书反映土族人民沧海桑田的变化过程，记述土族人民奋发图强、开拓拼搏的光辉业绩；从每一个不同的侧面，解读这个民族的社会政治、经济、生活、思想道德、宗教信仰、文化传统、艺术审美等多方面的丰富内涵。本书可以为更好地认识一个民族的历史传统和个性特征，更深入地了解建立在共同文化爱好和理想追求之上的民族心理，更准确地把握民族精神风貌等提供一些启迪。

收藏单位：国家图书馆、暨南大学图书馆等

069《大通县志》

王昱主编、刘运新编纂、米海萍校注，青海人民出版社 2020 年出版

关键词：大通回族土族自治县 地方志

中图法分类号：K294.44

本书是“青海地方史志文献丛书”系列丛书之一，是大通历史上由官方主持编

纂的、现存唯一、较为全面记载大通地区的志书。全书简明扼要和较为真实地反映了大通的自然山川地理形势，历代尤其是清朝与民国时期的行政沿革和职官建置，动植物和矿产资源；列举了人物活动如文吏的政治建树、武官的尽职尽责和立功受奖，本地举人、各类生员与文教事业的发展，孝子、孝妇尽孝的典型事例；简要记述了汉族、藏族、土族和回族的来源、衣食住行与宗教信仰；而“艺文志”中李淳《咏古镜》五言绝句据赵宗福先生考证是青海历史上由本土人文创作的第一首诗歌，具有很高的文献价值。

收藏单位：浙江纺织服装职业技术学院图书馆、华东师范大学图书馆、大连外国语大学图书馆等

070《大文化与小传统：民俗文化学论萃》

赵宗福、米海萍主编，科学出版社 2016 年出版

关键词：民俗学 文化学

中图法分类号：K892

本书以“民俗文化”为主题，从中国大文化的宏观视角，运用民俗学和文化学的理论与方法进行创新性研究，集中于昆仑文化及昆仑神话、多民族民歌“花儿”及“花儿”会、土族民俗文化、多民族民间文学，多民族信仰及英雄史诗等几个方面，对中国尤其是西北区域内诸多具有代表性的民俗文化事象进行了严谨的学理性思考。

收藏单位：国家图书馆、黑龙江省图书馆、青海师范大学图书馆等

071《甘肃土族文化形态与古籍文存》

李占忠等编著，甘肃民族出版社 2004 年出版

关键词：土族 民族文化 民族历史

中图法分类号：K283.1

本书被收入“甘肃少数民族古籍丛书”，是国家民委全国少数民族古籍整理研究室“十五”重点资助项目。作者通过甘肃土族文化形态和甘肃土族古籍文存两个篇章介绍了甘肃土族历史源流、生存环境、历史文献、口碑古籍等内容，是了解甘肃土族文化形态与古籍文存的参考资料。

收藏单位：国家图书馆、佳木斯大学图书馆、甘肃民族师范学院图书馆等

072《河湟风流》

鲍义志主编，青海民族出版社 2012 年出版

关键词：土族 名人 生平事迹

中图法分类号：K828.731

本书是“中国土族丛书”之一，收录了历代土族名人，并详细介绍每个土族名人的人生经历。

收藏单位：国家图书馆等

073《河湟蒙古尔人》

李克郁、李美玲著，青海人民出版社 2005 年出版

关键词：土族 民族历史

中图法分类号：K283.1

本书被收入“青海民族学院学术系列丛书”，叙述了土族史研究概况、土族史研究中涉及的问题、土族的源流与形成、土族的语言与文字等内容，是研究土族历

史文化的参考资料。

收藏单位：格尔木市图书馆、海西蒙古族藏族自治州图书馆、青海民族大学图书馆等

074《互助土族百年实录》

政协青海省互助土族自治县委员会编，青海人民出版社2014年出版

关键词：土族 民族历史 互助土族自治县

中图法分类号：K283.1

本书以20世纪中国社会变迁为背景，以中华人民共和国成立以后特别是改革开放以来土族及土乡发展的重大事件、重大变迁为主要内容，记述土族人民的文化、习俗及优良传统，反映土族人民百年来在中国革命和社会主义建设中所发生的重大变化和取得的进步。

收藏单位：国家图书馆、西宁市图书馆等

075《互助土族民俗文化》

乔志良著，青海民族出版社2015年出版

关键词：土族 少数民族风俗习惯 互助土族自治县

中图法分类号：K892.331

本书从文化的角度，以图文结合的形式，比较详尽地描述了中国唯一的土族自治县地区的民俗风情文化。作者为了使条理清晰、结构合理，将民俗分为生活民俗、生产民俗、节庆民俗、礼仪民俗、交际民俗、娱乐民俗几个部分，并将相关内容进行分类和统一，原生态记录居住互助土族自治县土族人的传统民风习俗，并阐释其文化内涵。

收藏单位：国家图书馆等

076《互助土族自治县概况》

《互助土族自治县概况》修订本编写组编，民族出版社2009年出版

关键词：互助土族自治县 地方史

中国图书分类号：K924.44

本书是“中国少数民族自治地方概况丛书（修订本）”之一，是在1983年原版《互助土族自治县概况》的基础上充实修订的，根据互助土族自治县的实际，将民族民俗、工业、农业生产、文化、教育、卫生、旅游等反映互助土族自治县经济社会发展特色的内容作为重点进行编写。

收藏单位：国家图书馆、佳木斯大学图书馆、青海民族大学图书馆等

077《互助土族自治县志：1986—2005》

互助土族自治县地方志编纂委员编，三秦出版社2014年出版

关键词：互助土族自治县 地方志

中图法分类号：K294.44

本书被收入“青海省地方志丛书”。全书分为政区地理资源、人口土地环境、农林牧水利、工业城乡建设、商业金融旅游、交通通信电力等16编，全面地记述了互助土族自治县区域内自然、政治、经济、文化和社会的历史与现状。

收藏单位：国家图书馆、湖北省图书馆、西安图书馆等

078《互助土族自治县志》

互助土族自治县志编纂委员会编，青海人民出版社1993年出版

关键词：地方志 互助土族自治县

中图法分类号：K294.44

本书是“青海省地方志丛书”之一。编史修志，在于资治。本志上限起于春秋战国、下限至1985年，编者以翔实的资料、科学的态度，系统地记述了互助土族自治县在社会主义革命和社会主义建设中的成绩和失误，从中吸取经验教训，促进互助繁荣。

收藏单位：国家图书馆、西北民族大学图书馆、青海师范大学图书馆等

079《花儿之乡·大通》

冶生福编著，青海人民出版社2016年出版

关键词：大通回族土族自治县“花儿”音乐

中图法分类号：K924.44

本书从风景、民俗、历史、文化、宗教和地方文化遗产等方面讲述大通。文章内容既富有真情实感，又不失客观公正。文字洒脱，言简意赅。所配图片有收藏价值。

收藏单位：国家图书馆、黑龙江省图书馆、青海民族大学图书馆等

080《李克郁土族历史与语言文字研究文集》

李克郁著，民族出版社2008年出版

关键词：土族 民族历史

中图法分类号：K283.1-53

本书收录了《白鞑靼是土族的重要组成部分》《土族李土司系沙陀晋王李克用后裔》《土族姓氏初探》《土族的姓与名》《清格尔泰与土族语言文字》等30余篇文章。

收藏单位：青海民族大学图书馆、青海师范大学图书馆、西北民族大学图书馆等

081《李土司家谱三种》

（清）李天俞、李承志、李芳时等纂修，李健胜校注，青海人民出版社2020年出版

关键词：家谱

中图法分类号：K820.9

本书是“青海地方史志文献丛书”系列之一，收录了分别编修于顺治、光绪、民国的青海土族李氏土司家谱，相互接续，相对完整地记录了李氏土司在明清两代的家族谱序，是大众了解明清中央朝廷治理边疆地方的一扇窗口。

收藏单位：国家图书馆、西宁市图书馆、陕西师范大学图书馆等

082《历史记忆与认同重构：土族民族识别的历史人类学研究》

祁进玉著，学苑出版社2015年出版

关键词：土族 民族历史

中图法分类号：K283.1

本书综合古籍文献、历史档案、实地调查和访谈等多方面资料，运用口述史研究及深度访谈、历史文献分析、文本分析、共时性和历史性比较研究等多种方法考察了从元末至明朝的“西宁州土人”到明清时期土司属民的土民，以及经过20世纪50年代的民族识别工作，“土人”从部族共同体演变为民族共同体的过程。本书特别从土族民族识别的口述史视角，对20世纪50年代的民族识别的理论与实践重新加以考察和反思，为解决现实的民族问题提供一种思路，具有一定的学术参考价值。

收藏单位：国家图书馆、甘肃政法大学图书馆、兰州大学图书馆等

083《灵秀大通》

张英俊、冶生福著，青海民族出版社 2014 年出版

关键词：土族 民族文化

中图法分类号：K283.1

本书是“土族文化丛书”之一，分为历史的踪迹、衣食的色香、奇特的婚俗、狂欢的北川和诱人的风景五辑，包括定格在彩陶盆上的舞蹈形象、上孙家寨覆盖的历史踪迹、服饰亮色来天地、扭达的传奇故事等内容。

收藏单位：国家图书馆、西宁市图书馆等

084《民和回族土族自治县志：1986—2005》

民和回族土族自治县地方志编纂委员会编，青海民族出版社 2014 年出版

关键词：民和回族土族自治县 地方志

中图法分类号：K294.44

本书是“青海省地方志丛书”之一，是民和回族土族自治县的第二轮续志。编者以志书的编写方式，准确地记载了民和回族土族自治县自 1986 年至 2005 年 20 年间政治、经济、文化、社会、农业生产、工业及旅游、个体经济等方面取得的成果，以及民和回族土族自治县社会发展的总体规划和发展蓝图，是研究民和回族土族自治县的参考资料。

收藏单位：国家图书馆、北京大学图书馆、中国社会科学院图书馆等

085《民和土族史话》

马光星著，青海人民出版社 2016 年出版

关键词：土族 民族历史 民和回族土族自治县

中图法分类号：K283.1

本书是“民和民族文化丛书”之一，分为走进三川领略乡风、追根溯源历史悠久、文化久远民俗多彩三章，包括回顾民和土族的生产业态、领略民和土族的民居民风、吐谷浑立国的始末等内容，是了解和研究民和土族历史文化的参考资料。

收藏单位：国家图书馆等

086《纳顿》

马光星著，青海人民出版社有限责任公司 2019 年出版

关键词：土族 民族节日 纳顿节

中图法分类号：K892.1

本书是“大美青海非遗记录丛书”之一，作者用文字、图片、影像等各种媒介讲述纳顿节的举行过程、组织形式、宗教仪式、艺术表演等内容。

收藏单位：西北师范大学图书馆、中央民族大学图书馆、广西壮族自治区图书馆等

087《七彩互助生态旅游》

辛海忠等主编，青海人民出版社 2009 年出版

关键词：风光摄影 互助土族自治县

中图法分类号：K928.944.4-64

彩虹之乡的互助土族自治县是全国唯一的以土族为主体民族的自治县，被称为“土族之乡”。本书是关于青海省互助土族

自治县的一本图册，有助于了解土族旅游风情。

收藏单位：国家图书馆、华东师范大学图书馆等

088《青海民间文化新探》

马成俊等著，民族出版社2008年出版

关键词：民间文化 青海省

中图法分类号：K280.44

本书探讨了青海民间文化，撷取青海最具魅力的民族民间文化事项，在田野调查的基础上，深入剖析和解释。

收藏单位：青海民族大学图书馆、西北民族大学图书馆、甘肃民族师范学院图书馆等

089《青海土族社会历史调查》

《中国少数民族社会历史调查资料丛刊》修订编辑委员会编，2009年民族出版社出版

关键词：土族 民族历史 社会调查

中图法分类号：K283.1

本书是“中国少数民族社会历史调查资料丛刊（修订本）”之一。以1985年原版《青海土族社会历史调查》为蓝本，在尊重史实、基本保持原貌、统一体例版式的总原则下，订正错误，并以修订注释的形式，增补新的人口数据和地方行政隶属的变化情况。对无资料可查的部分只能保持原貌，仅供参考。盛世修史修志，对我国少数民族社会历史的科学研究工作，具有重要的参考价值。

收藏单位：国家图书馆、西北民族大学图书馆、青海民族大学图书馆等

090《青海土族史料集》

米海萍、乔生华辑，青海人民出版社2006年出版

关键词：土族 民族历史 史料

中图法分类号：K283.1

本书被收入“青海少数民族古籍丛书”。本史料汇集了以记载土族的汉文文献和本民族口碑史料内容为主的史料，按照历史文献史料、地方志史料、金石碑刻史料、家乘宗谱史料、社会生活史料、口碑史料六个部分进行叙述，同时，在附录部分记录了从1892年至2005年有关土族研究论述索引500余条，方便读者了解土族研究动态。

收藏单位：国家图书馆、首都图书馆、甘肃民族师范学院图书馆等

091《群体身份与多元认同：基于三个土族社区的人类学对比研究》

祁进玉著，社会科学文献出版社2008年出版

关键词：土族 群体社会学

中图法分类号：K283.1

本书所使用的材料，基本上是作者调查的第一手资料，翔实而可靠，既有大量实地的观察、访谈，也有对问卷的统计与量化分析。在此基础上，作者从人类学角度的讨论比较深入且有新意。

收藏单位：国家图书馆、大连民族大学图书馆、佳木斯大学图书馆等

092《三川土族民俗文化大观》

徐秀福编，青海民族出版社2014年出版

关键词：土族 少数民族风俗习惯

中图法分类号：K892.331

作者作为一名民俗文化工作者，以高度的责任心，长年奔走在乡间，搜集大量第一手资料，并将其加以整理和润色，汇集成册。本书介绍了三川土族民俗文化、三川土族民间故事、三川土族婚礼歌、土族纳顿、三川文化名人等内容，是了解民和县三川土族民俗文化的参考资料。

收藏单位：国家图书馆、西宁市图书馆等

093《三川土族纳顿节》

胡芳、马光星著，青海人民出版社2010年出版

关键词：土族 民族节日

中图法分类号：K892.1

本书是“河湟民族文化丛书”之一。作者探讨了民和县三川土族纳顿节的文化历史，从纳顿节孕育的文化空间、纳顿节传说、起源与举行时间、祭祀神祇与神巫、纳顿节的仪式等方面介绍了土族纳顿的形成及各地的活动形式。

收藏单位：国家图书馆等

094《山神“复活”》

裴黎光著，青海人民出版社2018年出版

关键词：祭祀 少数民族风俗习惯

中图法分类号：K892.22

作者连续多年关注“六月会”的仪式过程，用影视人类学的方法将活动记录得十分详细。全书选择了特殊的视角，即对活动过程的主导者法师这一群体进行集中展示，并配有大量生动活泼的文字阐释，令读者仿佛身临其境。

收藏单位：国家图书馆、兰州大学图书馆、中央民族大学图书馆等

095《社火·社戏：从娱神到娱人的智慧》

蔡秀清，钱永平等著，中央民族大学出版社2008年出版

关键词：民间文化 土族

中图法分类号：K892.1

本书是“人类学·民俗学：来自生活一线的考察报告”系列丛书之一，介绍了中国民间文化风俗习惯。内容包括：民间舞龙习俗中的民俗主体与乡土文化、民间小戏与乡土社会民众的互动状况研究、青海土族节庆习俗中的生存理念研究等章节。

收藏单位：黑龙江省图书馆、青海师范大学图书馆、西北民族大学图书馆等

096《他者之眼：民国时期土族生活图志》

邢海燕、王建平编著，青海民族出版社2018年出版

关键词：土族 民族文化 社会生活 互助土族自治县

中图法分类号：K283.1-64

本书收录了20世纪40年代美国宣道会传教士海映光夫妇在青海河湟地带进行传教期间，拍摄的有关河湟地区各族人民社会文化生活的照片。有部分照片是关于青海省互助土族自治县和民和土族自治县的土族文化，这些照片记录了民国时期土族群众的服饰、生活习俗、宗教仪式、社会经济、文化教育等，还原了民国时期土族的社会生活和图像记忆。

收藏单位：国家图书馆、浙江师范大学图书馆、华东师范大学图书馆等

097《天祝非物质文化遗产》

李占忠主编，甘肃人民美术出版社 2014 年出版

关键词：非物质文化遗产 天祝藏族自治县

中图法分类号：K294.24

本书以图文的形式，介绍了已列入各级保护名录的和争取以后陆续列入保护名录的天祝县的非物质文化遗产，内容包括华锐藏医藏药、天祝土族婚俗、华锐藏族婚俗、天堂花儿会、土族酩馏子酒酿制、天祝土族民歌、华锐藏族锅庄等。

收藏单位：国家图书馆、西北民族大学图书馆、内蒙古自治区图书馆等

098《天祝土族》

哈守德、李占忠著，天祝藏族自治县民族印刷厂 1999 年印制

关键词：土族 天祝藏族自治县

中图法分类号：K29

本书对土族的族源、天祝藏族自治县土族的分布及主要的居住区进行简介，着重从政治、经济、民俗、民间文学、艺术、传统体育、宗教人物各方面介绍天祝藏族自治县土族的概况，是了解和学习土族历史文化的参考资料。

收藏单位：西藏民族大学图书馆、华东师范大学图书馆等

099《土族》

东永学著，中国人口出版社 2013 年出版

关键词：土族 民族文化 民族历史

中国图书分类号：K283.1

本书是“中国少数民族人口丛书”之一，从土族的起源和变迁、社会组织与风俗习惯、民族英雄、人口发展、婚姻与家庭、生产方式与经济结构、文化等多个方面向读者介绍了该民族的历史文化、风俗习惯、文化故事等内容。

收藏单位：国家图书馆、佳木斯大学图书馆、内蒙古自治区图书馆等

100《土族》

郭璟著，民族出版社 1990 年出版

关键词：土族 民族文化

中图法分类号：K283.1

本书是“民族知识丛书”之一，主要包括土族的族源及民族的形成、历史上土族政治经济状况、生活习俗、婚嫁丧葬、民间文学艺术、宗教信仰与多神信仰等内容，是了解土族历史文化的普及读物。

收藏单位：国家图书馆、佳木斯大学图书馆、青海民族大学图书馆等

101《土族》

蒋肖云著，吉林文史出版社 2010 年出版

关键词：土族 民族文化 民族历史

中图分类法：K283.1

本书是“中国文化知识读本”之一，介绍了土族的历史文化知识。内容包括：祁连山下的彩虹故乡、众说纷纭的土族族源、风情浓厚的日常生活、独特周全的人生礼仪、全民尊奉的信仰禁忌、丰富多彩的传统节日、别具风情的民族歌舞、富有特色的体育活动等，把土族文化中的物态文化、制度文化，行为文化，精神文化等

知识要点全面展示给读者。

收藏单位：国家图书馆、佳木斯大学图书馆、格尔木市图书馆等

102《土族》

祁进玉、东永学著，辽宁民族出版社2014年出版

关键词：土族 民族史 民族文化

中图分类法：K283.1

本书是“走近中国少数民族丛书”之一，以图文并茂的形式，叙述了土族的历史渊源、经济生活、文化习俗、历史人物、名胜古迹和区域自治与现今情况等内容。

收藏单位：兰州大学图书馆、西北师范大学图书馆、大连民族大学图书馆等

103《土族》

王骞著，新疆美术摄影出版社、新疆电子音像出版社2010年出版

关键词：土族 民族文化

中图法分类号：K283.1

本书分为土族概述、土族的历史沿革、土族的宗教信仰与民俗文化三部分，内容包括土族的基本概况、土族的生产生活形态、土族的形成和古代社会等。

收藏单位：西南林业大学图书馆、乌鲁木齐市图书馆、新疆农业大学图书馆等

104《土族（蒙古尔）源流考》

李克郁著，青海人民出版社1993出版

关键词：土族 民族历史

中图法分类号：K283.1

“蒙古尔”是土族的自称。本书从蒙古尔社会历史若干问题的研究和蒙古尔民族的形成两部分阐述土族源流，对蒙古尔社会历史、语言等多方面进行了全方位的研究，提出现今蒙古尔人是不同时期来到河湟及浩门河流域定居的蒙古尔人的观点。

收藏单位：佳木斯大学图书馆、青海民族大学图书馆、青海师范大学图书馆等

105《土族：青海互助县大庄村调查》

李志农，丁柏峰主编，云南大学出版社2004年出版

关键词：土族 民族调查 互助土族自治县

中图法分类号：K283.1

青海省互助土族自治县东沟乡大庄村是一个典型的土族村寨，数百年来，这里生息繁衍的基本都是土族，主体民族一直没有发生大的变化，可以说大庄村发展的历史就是土族历史发展的缩影，比较完整的土族民俗文化也得以在这里代代相传。本书介绍了土族人口、经济、社会、文化、风俗习惯、婚姻家庭、教育等情况。

收藏单位：青海民族大学图书馆、甘肃民族师范学院图书馆、西北民族大学图书馆等

106《土族百年实录》

全国政协文史和学习委员会、青海省政协学习和文史委员编，中国文史出版社2015年出版

关键词：土族 民族历史 史料

中图法分类号：K283.1

本书被收入“中国少数民族文史资料书系”，选编史料150余篇近百万字，从

普通百姓到专家学者，以不同的视角，不同的观点，不同的层面，真实记录和反映了百年来土族政治经济、社会文化、教育科技、宗教信仰、生活生产、风俗习惯等方面的重大变迁。

收藏单位：国家图书馆、青海民族大学图书馆、兰州大学图书馆等

107《土族传统民间组织青苗会研究》

钟静静著，民族出版社 2018 年出版

关键词：土族 庙会 少数民族风俗习惯

中图分类号：K892.331

本书是“民族文化与社区发展丛书”之一，以国家和社会关系的视角为切入点，通过实证研究的方式呈现土族青苗会的成长空间、生命历程、组织结构与行动，分析青苗会与土族乡村社会中其他社会组织的关系，并对转型期组织面临的困境、变迁实践及发展趋势进行探讨，以期展现富有整体观的传统民间组织的全貌，进而对该组织独特运行机制与民族地区农村社区建设本土性、内源性机制进行探讨。

收藏单位：国家图书馆、佳木斯大学图书馆、贵州大学图书馆等

108《土族的融合与形成》

D. 桑吉仁谦著，甘肃民族出版社 2010 年出版

关键词：土族 民族历史

中图法分类号：K283.1

本书被收入“国家非物质文化遗产土族〈格萨尔〉说唱研究系列丛书”，是作者继《鲜卑的起源与发展》之后的第二部研究性著作。作者利用五个章节和一个附录部分，对土著的历史进行了考究，是研究土族历史重要的参考资料。

收藏单位：国家图书馆、佳木斯大学图书馆、西北民族大学图书馆等

109《土族风情》

星全成编著，青海人民出版社 2001 年出版

关键词：土族 少数民族风俗习惯

中图法分类号：K892.331

本书被收入“青海旅游系列丛书”。作者使用通俗易懂的语言向读者介绍了土族的民族文化，包括蒙古尔的子孙们、土乡山水美如画、七彩衣衫也风流、五彩斑斓话刺绣等内容，是一本了解土族民族文化的普及读物。

收藏单位：国家图书馆、西北民族大学图书馆、中央民族大学图书馆等

110《土族婚礼》

刘应军编，青海民族出版社 2014 年出版

关键词：土族 婚姻 少数民族风俗习惯

中图法分类号：K892.22

本书是“互助土族自治县国家级非物质文化遗产项目丛书”之一。本书以互助土族自治县土族婚礼习俗为例，从土族婚礼的文化渊源、地域特征、婚礼程序、主要价值等方面的相关要素进行了较为全面系统的介绍，是研究土族婚礼的参考资料。

收藏单位：国家图书馆等

111《土族婚丧文化》

李克郁等主编，青海人民出版社2003年出版

关键词：土族 婚姻 少数民族风俗习惯 葬俗

中图法分类号：K892.22

本书包括概述，婚俗，丧俗三个部分。概述部分主要介绍了土族的人口分布、经济状况、宗教信仰、语言文字、民族名称和民族来源；婚俗部分介绍了土族人的婚礼观念、非自主性婚姻、婚姻程序的简化、具有一定自主权的婚姻、婚俗的地域特点等；丧俗部分介绍了土族人的生死观念、丧葬仪程、丧俗的地域特点等。

收藏单位：国家图书馆、青海民族大学图书馆、贵州师范大学图书馆等

112《土族简史》

《土族简史》编写组、《土族简史》修订本编写组编，青海人民民族出版社2009年出版

关键词：民族历史 土族

中图法分类号：K283.1

本书是“中国少数民族简史丛书（修订本）”之一，在1982年原版《土族简史》的基础上，从土族的族源、土族的形成和古代社会、近代的土族、宗教、习俗和民间文艺等方面进行了阐述。本着“适当修订、适量续修”的原则，对有明显错误的内容、观点表述进行更正；对中华人民共和国成立以来特别是改革开放以来土族的发展史实予以补充。

收藏单位：佳木斯大学图书馆、青海大学图书馆、青海民族大学图书馆等

113《土族简史简志合编》

中国科学院民族研究所青海少数民族社会历史调查组编，青海人民出版社1963年出版

关键词：民族历史 土族

中图法分类号：K283.1

本书被收入“少数民族史志丛书”，主要包括土族来源和古代历史简述、近代历史简述和新民主主义革命时期的土族社会面貌、土族人民的解放和民主革命、社会主义革命、废除宗教寺院封建特权和压迫剥削制度、全面贯彻宗教信仰自由政策、文化教育卫生事业的大跃进和移风易俗等内容，是了解土族的第一手材料。

收藏单位：国家图书馆、兰州大学图书馆、内蒙古民族大学图书馆等

114《土族口头传统与民俗文化》

邢海燕著，甘肃人民出版社2008年出版

关键词：土族 少数民族风俗习惯

中图法分类号：K892.33

本书通过文献综述，结合田野作业，运用影视调查的手段，系统、全面地梳理了土族口头文学作品的内容与形式，并将土族口头文学形式放回到相应的生活场域中，把它视作一种活的传统，考察其与民俗生活的关系及变化过程。本书包括多元空间下的土族、多元叙事模式下的散文类口头传统、土族口头传统中的人生智慧、土族口头传统与多元文化空间、土族口头传统中的歌手等内容。

收藏单位：国家图书馆、佳木斯大学图书馆、西北民族大学图书馆等

115《土族女诗人李宜晴诗词注释》

李逢春编注，兰州大学出版社2005年出版

关键词：诗词注释 土族

中图法分类号：K294.21

本书收录了李宜晴的诗40首，词79阕，另有残片6首(阕)。纵观李宜晴的诗，大多清新婉丽，音调和谐，对仗工稳；词或豪放激越，或凄清哀婉，而以婉约为主。其作品感情真挚，情韵缠绵，生动感人，有很高的艺术魅力和美学价值。

收藏单位：青海师范大学图书馆、北京师范大学图书馆、暨南大学图书馆等

116《土族社会发展现状调查研究》

胡芳著，中国社会科学出版社2017年出版

关键词：土族 民族历史

中图法分类号：K283.1

本书是在前人调查与研究的基础上，通过系统而扎实的田野调查，对正处于现代化转型时期的土族社会发展现状进行纵向与横向的调查与研究，尤其是对土族的人口结构、社会政治、经济生活、婚姻家庭、民族文化、民族教育等进行全面而系统的调查与研究，并在此基础上分析转型时期土族社会发展的基本结构与特征，以及其民族文化变迁的规律与趋势。

收藏单位：国家图书馆、佳木斯大学图书馆、西北师范大学图书馆等

117《土族史》

吕建福著，中国社会科学出版社2002年出版

关键词：土族 民族历史

中图法分类号：K283.1

本书被收入“西北民族研究丛书”，是一部系统论述和全面反映土族历史演变过程的通史性著作。作者以大量可靠的历史文献和口碑史料以及民族学资料为依据，揭示了鲜为人知的古代鲜卑人后裔的曲折历史，并通过具体史实的考证分析，阐释了土族怎样从一个草原游牧民族转变为定居农业民族的演进规律。

收藏单位：国家图书馆、佳木斯大学图书馆、青海民族大学图书馆等

118《土族溯源和〈西游记〉考》

白玉基著，华中师范大学出版社2018年出版

关键词：土族 民族历史

中图法分类号：K283.1

作者研究了土族的民俗文化与历史文献记载、出土文物、民间传说之间的关系，发现土族民俗文化与一千多年前的吐谷浑文化相对应。本书上编《土族溯源》从土族婚丧习俗、信仰、饮食等谈起；下编《〈西游记〉考》列举了《西游记》神魔故事和吐谷浑王国历史的沿革，揭秘了二者之间的关联，为西游传奇人物找到现实原型，同时也为吐谷浑其人其事增添了一抹魔幻色彩。

收藏单位：国家图书馆、大连民族大学图书馆、贵州财经大学图书馆等

119《土族文化传承与变迁：以辛家庄和贺尔郡为例的研究》

裴丽丽著，民族出版社2010年出版

关键词：土族 民族文化

中图法分类号：K283.1

作者以辛家庄为考察对象，以青海省互助土族自治县五十乡五十村的贺尔郡自然村及其他邻近村庄为参照，运用民族学、社会学、历史学、民俗学等相关学科的方法，论述了土族在与外部世界的接触和碰撞中，在文化层面发生的传承和变迁的过程，探讨了土族文化发展变化的特点、影响因素及其未来走向。

收藏单位：佳木斯大学图书馆、青海民族大学图书馆、青海师范大学图书馆等

120《土族文化概览》

马光星、闫国良著，青海人民出版社2010年出版

关键词：土族 民族文化

中图法分类号：K283.1

本书是“河湟民族文化丛书”之一。作者从土族的历史、经济、宗教、伦理道德、艺术、哲学、名胜古迹等几个方面介绍了土族的历史文化，是一本普及读物。

收藏单位：国家图书馆等

121《土族文化艺术》

曹娅丽主编，中国戏剧出版社2004年出版

关键词：土族文化 民族文化

中图法分类号：K287.3

本书被收入“中国傩俗礼仪文化丛书”。作者在对土族传统文化艺术门类加以描述的基础上，对各文化艺术门类的产生、发展表现、形式特征及其保护开发展开了论述。本书不仅是对土族文化艺术源流的一次全面而系统地总结，更重要的是对土族文化艺术传统的继承与创新，具有较好的参考价值。

收藏单位：国家图书馆、北京舞蹈学院图书馆、青海民族大学图书馆等

122《青海民族史料汇编之五：土族族源讨论集》

青海民族学院民族研究所编，青海民族学院民族研究所1982编印

关键词：土族 族源

中图法分类号：K283.1

本论文集搜集了从1928年到1982年有关的论文36篇。其中中华人民共和国成立前20篇，中华人民共和国成立后16篇。

收藏单位：青海民族大学图书馆、西北民族大学图书馆、内蒙古大学图书馆等

123《吐谷浑史》

周伟洲著，广西师范大学出版社2006年出版

关键词：吐谷浑 民族历史

中图法分类号：K289

本书被收入“中国古代北方民族史丛书”。作者用较大的篇幅论述了吐谷浑与邻近各民族及其所建政权的关系，主要包括吐谷浑的来源、迁徙及其政权的建立，吐谷浑王国的兴盛及其与南北朝各政权的关系，吐谷浑的衰弱和灭亡，吐谷浑的政治、经济和文化，吐谷浑族的形成及其原氏族部落的形成，吐谷浑国灭亡后唐朝吐蕃对其族的统治，五代、北宋初的吐谷浑族，吐谷浑与今天土族的关系等内容。

收藏单位：国家图书馆、西北民族大学图书馆、青海师范大学图书馆等

124《吐谷浑史入门》

周伟洲编著，青海人民出版社1988年出版

关键词：吐谷浑 民族历史

中图法分类号：K289

本书被收入“中国民族史入门丛书”，概述了吐谷浑的历史，介绍了吐谷浑研究的史料及国内外对吐谷浑研究的综述，附录部分提供了吐谷浑史研究主要论述目录和吐谷浑世系表。

收藏单位：国家图书馆、青海民族大学图书馆、青海师范大学图书馆等

125《吐谷浑与丝绸南路文化研讨会文集：吐谷浑与都兰》

程起骏、李朝主编；中共都兰县委宣传部编，中国建筑标准设计研究所2010年印制

关键词：吐谷浑 丝绸南路文化 论文集

中图法分类号：K294

首届吐谷浑与丝绸南路文化研讨会在海西蒙古族藏族自治州都兰县举行。40多位来自甘青两省的专家学者、地方官员参加研讨会。与会者首先考察参观了都兰大墓、烽火台等古遗址，并就吐谷浑与丝绸南路文化、都兰的历史文化等内容展开了学术讨论。研究吐谷浑文化，对了解丝绸南路，青海历史，多民族形成及文化旅游开发有重要价值。本论文集共收集相关论文12篇。

收藏单位：海西蒙古族藏族自治州图书馆等

126《吐谷浑资料辑录》

周伟洲编著，青海人民出版社1992年出版，商务印书馆2017年增订出版

关键词：吐谷浑 民族历史 史料

中图法分类号：K289

本书辑录的资料，基本上起于西晋，迄于北宋，以二十四史中有关资料为主，兼收史学论著、文集、文物考古资料及敦煌、新疆发现的汉藏文书、简牍等。增订版补充了一些新资料，改正原版一些错讹之处；附录中又收录了作者《吐谷浑在西域的活动与定居》一文。

收藏单位：国家图书馆、兰州大学图书馆、宁夏大学图书馆等

127《五彩互助》

东永学著，青海民族出版社2014年出版

关键词：土族 民族文化

中图法分类号：K283.1

本书是“土族文化丛书”之一，本书分为倾听祖先的脚步声、美酒歌舞迎客来、土族人生三部曲、多种信仰祈吉祝福、叙事长诗卷波澜、龙王山下接锦绣六辑，包括铸就伟业的吐谷浑、人情礼节三杯酒、彩虹飞绕轮子秋等内容。

收藏单位：国家图书馆、宁夏大学图书馆、西宁市图书馆等

128《下浪加村志》

李明福主编，青海民族出版社2020年出版

关键词：村史 大通回族土族自治县

中图法分类号：K294.45

作者通过查阅史料档案、实地走访调查，搜集文献、口述、实物等资料整理编纂而成。村志横列门类、纵述史实，采用章节体结构，前置图照、序、凡例、概述、大事记，正文设10章36节，后设附

录、跋、后记。体裁有述、记、志、传、图、录、表等，以志为主，辅以图、表、录，总计40余万字。内容详今略古，图文并茂，包括自然地理、村置沿革、人口、组织机构、农林牧业、教育、文化体育、医疗卫生、土族民俗、农耕文化变迁、方言、人物等，全面、翔实地记述了下浪加村自然、政治、经济、文化、社会的发展演变，体现了鲜明的时代特征和浓厚的地域民族特色，具有一定的历史价值、文化价值。

收藏单位：国家图书馆等

129《仪式·音乐与婚姻：青海互助土族传统婚礼及其音乐的调查与研究》

祁慧民著，中国社会科学出版社2011年出版

关键词：土族 婚姻 民族音乐 青海省

中图法分类号：K892.2

本书是对青海互助土族地区传统婚姻仪式及其音乐调查研究的一部专著。在长期扎实的田野调查和广泛而丰富地占有第一手资料的基础上，作者以土族传统婚仪过程为基石，对婚仪中表现出的人文及音乐文化现象加以诠释。

收藏单位：国家图书馆、中央民族大学图书馆、西南大学图书馆等

130《印象大通》

张永海主编，陕西人民教育出版社2010年出版

关键词：大通回族土族自治县

中图法分类号：K924.44

本书从精彩大通、形胜大通、古韵大通、诗意大通这四个方面介绍了大通的自然山水、历史人文、民俗风物等内容，是了解大通回族土族自治县历史文化的普及读物。

收藏单位：国家图书馆、青海民族大学图书馆、西宁市图书馆等

131《於菟》

张扬著，青海人民出版社2018年出版

关键词：土族 少数民族风俗习惯

中图法分类号：K892.331

本书详细记录了包括念平安经、人神共娱、祛疫逐邪的“跳於菟”活动，其间穿插於菟的历史渊源、舞蹈形式、民间传说等相关内容，并配以精美的图片，给读者呈现出完整而生动的“於菟”盛宴。

收藏单位：国家图书馆等

132《源上寻踪：理论卷》

鲍义志著，青海民族出版社2012年出版

关键词：土族 民族历史 民族文化

中图法分类号：K283.1

本书是“中国土族丛书”之一，作者在“四兼顾、四为主”的原则指导下，紧紧围绕西部大开发，青海大发展中具有全局性、战略性、前瞻性的重点、难点、热点问题进行研讨和交流，在理论研究领域有许多新的成果和收获。

收藏单位：国家图书馆等

133《中国节日志：纳顿节》

刘目斌主编，光明日报出版社2015年出版

关键词：土族 民族节目 纳顿节

中图法分类号：K892.1

“纳顿节”是青海省民和回族土族自治县三川地区土族的民族传统节日。本书主要包括三川地区的历史地理环境、纳顿节的起源与名称由来、纳顿节的区域分布及其差异、纳顿节的仪式过程、纳顿节的组织形式、纳顿节的传承、变迁与发展现状等内容。

收藏单位：国家图书馆、佳木斯大学图书馆、中南民族大学图书馆等

134《中国节日志：土族青苗会》

雒树刚主编，光明日报出版社2016年出版

关键词：土族 民俗节日 风俗习惯

中图法分类号：K892.1

本书作者在对青海省相关地区进行实地调研的基础上，对土族青苗会的形成、传承、节日内容与形式、社会功能进行了实地调研与介绍，并分析了青海省民和、互助、大通、黄南及甘肃省甘南等地青苗会的异同，是研究土族青苗会参考资料。

收藏单位：国家图书馆、佳木斯大学图书馆、甘肃政法大学图书馆等

135《中国少数民族设计全集：土族卷》

中国少数民族设计全集编纂委员会编，山西人民出版社2019年出版

关键词：民族设计 土族

中图法分类号：K892.3

本书是“中国少数民族设计全集”之土族卷，甄选土族传统建筑、传统服饰、传统餐饮、传统生活用具、传统生产工具、传统民俗和宗教造像等方面的传统造物设计案例，对其设计形式、设计特点及文化价值进行专业阐释和评述并附有大量珍贵历史图片和专业设计图片。本书全面展示了土族传统造物设计成就，从而体现了土族的民族文化特点。

收藏单位：国家图书馆、北京服装学院图书馆、苏州工艺美术职业技术学院图书馆等

136《中国少数民族图志（西北卷）土族》

赵利生、鲁顺元编著，民族出版社2016年出版

关键词：民族志 土族

中图法分类号：K283.1

本书以英汉对照的形式，通过语言和图片反映我国土族的人口、生存环境、历史、生计方式、居住形式、语言文字、宗教信仰、风俗与禁忌、文学艺术、当前发展状况等，着力突出土族人民对中华文明的贡献，是一部形式新颖的民族志。

收藏单位：国家图书馆、中央民族大学图书馆、兰州大学图书馆等

137《中国土族》

张生寅、胡芳、杨军编著，宁夏人民出版社2012年出版发行。

关键词：土族 民族文化

中图法分类号：K283.1

本书是“中华民族全书”之一，从民族概况、物质文化、民间文化、社会文化、信仰文化、对伟大祖国的贡献、精神气质、文化传承、族际传承、族际交往、文化发展愿景、有影响的文化人物、重要贡献等方面对土族进行了详细的介绍，每章内容配以精美的图片，图文并茂，是一

本了解土族的通俗读物。

收藏单位：国家图书馆、青海师范大学图书馆、西北民族大学图书馆等

T　工业技术

138《民族服饰文化传承中的图像记录研究》

徐红梅著，科学出版社 2014 年出版

关键词：土族 民族服饰 服饰图案 互助土族自治县

中图法分类号：TS941.742.831

本书是“问学西南丛书”之一。作者以青海省互助土族自治县土族服饰为个案，借助田野考察及传播学分析框架，对青海省互助土族自治县土族服饰文化传承体系进行分析。在此基础上，阐释以少数民族服饰文化传承为主旨的图像记录的实践原则，并分析了当时少数民族文化网络传播的现状。最后，就获取的土族服饰图像在数字化情境下的编码策略做一定的实验研究。

收藏单位：国家图书馆、西北民族大学图书馆、甘肃民族师范学院图书馆等

139《土族服饰》

刘应军、哈承清编，青海民族出版社 2014 年出版

关键词：土族 民族服饰

中图法分类号：TS941.742.831

土族服饰是土族文化符号的主要表现之一，款式多样、色彩艳丽的土族服饰中蕴含着土族的人生信仰、礼仪及生产生活中所形成的重要信息。土族服饰 2008 年被列入第二批国家级非物质文化遗产项目保护名录。本书从土族服饰的文化渊源、地域特征、重要特点、主要价值等方面进行了深入细致的描述。

收藏单位：国家图书馆等

140《土族服饰精品图册》

互助县文化馆编，青海民族出版社 2019 年出版

关键词：土族 民族服饰

中图法分类号：TS941.742.831

这是一部全面展示土族服饰风格的画册。土族服饰有着悠久的文化历史，其特征随着时代变迁而不断变化，但其精髓和固有特质是不变的法则，也是其民族文化传承延续的组成部分。作者从民间搜集、整理了不同时期、不同地区、不同特色的土族服饰，并对其进行了分类和梳理，主要包括传统服饰、现代服饰、大通服饰、民和服饰、天祝服饰、同仁服饰等内容。

收藏单位：国家图书馆、西宁市图书馆等

Z　综合性图书

141《大通年鉴》

大通回族土族自治县地方志编纂委员会 2006 年编印

关键词：大通回族土族自治县 年鉴

中图法分类号：Z524.44

大通回族土族自治县每年例行出版年鉴，对该县各方面的情况做以全面的总结，书中的数据具有参考和留存价值。本书设有特载、大事记、县情概述、中国共产党大通回族土族自治县委员会、群众团体、政法、军事、经济、民族宗教、综合经济管理、财税金融、基本设施建设、社会事业等类目。书中的数据很具有参考和

留存价值。对于今后乃至更长一段时间民和县的经济与社会发展具有一定的借鉴价值。

收藏单位：国家图书馆等

142《互助土族自治县年鉴》

陕西人民美术出版社 2019 年出版

关键词：互助土族自治县 年鉴

中图法分类号：Z524.44

互助土族自治县每年例行出版年鉴，对互助土族自治县各方面的情况做以全面的总结，书中的数据具有参考和留存价值。本书以翔实的资料，严谨的结构，客观地叙述了互助土族自治县在经济、政治、文化和社会各个方面所取得的新进展、新成就，真实记录互助县经济社会发展的基本情况，是一部综合性资料性文献，具有较高的实用性、权威性。本书设特载、概况、大事记、政治、经济、社会事业、乡(镇)概况、人物、附录9个类目，反映了互助土族自治县经济社会发展的基本情况。

收藏单位：国家图书馆等

143《民和回族土族自治县年鉴》

民和县地方志编纂委员会编，青海民族出版社出版 2019 年出版

关键词：民和回族土族自治县 年鉴

中图法分类号：Z524.44

民和回族土族自治县每年例行出版年鉴，书中的数据具有参考和留存价值。年鉴设有特载、大事记、中国共产党民和县委员会、民和县人民政府、社会团体、公检法司、地方军事、农林牧水、经济管理与监督、乡镇概览、附录等 23 个类目，记述了民和回族土族自治县自然、经济、政治、文化、社会、生态和党的建设等方面的情况。

收藏单位：国家图书馆等

第十一章

乌孜别克族研究图书索引

乌孜别克族简介

乌孜别克族总人口 12 742 人（2020 年第七次全国人口普查数据）。主要分布在新疆维吾尔自治区塔城、喀什、乌鲁木齐、伊宁等城镇，少数分布在农村和牧区。

乌孜别克语属阿尔泰语系突厥语族葛逻禄语支。乌孜别克族很早就使用阿拉伯字母为基础的拼音文字，后创制了以西里尔字母为基础的乌孜别克文。该民族因与多民族杂居，语言文字的使用逐渐发生变化，多用维吾尔语言文字和哈萨克语言文字。

乌孜别克族信仰伊斯兰教。

乌孜别克族保存大量乌孜别克文字的文学作品，如叙事长诗、寓言、谚语、格言、传说、故事、民歌等。代表作有英雄史诗《阿勒帕米什》、叙事长诗《坟墓中出生的孩子》、寓言诗《母驼和羔羊》《猴子和木匠》等。

乌孜别克族能歌善舞。民间音乐曲调婉转悠扬，一般速度比较急促。民歌歌词内容极其广泛，具有浓郁的生活气息。《埃希来和叶来》是乌孜别克族民间歌曲的重要代表。2008 年，《乌孜别克族埃希来、叶来》列入第二批国家级非物质文化遗产代表性项目名录。

乌孜别克族器乐种类很多，大都为弹拨乐器和打击乐器，三角形“斜格乃”琴音色优美，最为动人。

乌孜别克族舞蹈优美、轻快、多变，传统的手鼓舞具有十分别致的风格，引人入胜。

F 经济

001《乌孜别克族：阿克喀巴克村调查》

王纪芒主编，中国经济出版社2015年出版

关键词：乌孜别克族 阿克喀巴克村 社会调查

中图法分类号：F327.455

本书被收入“中国民族经济村庄调查丛书”。作者通过村庄经济的调查，系统梳理了中华人民共和国成立以来，特别是改革开放以来阿克喀巴克村的经济社会发展变迁，并说明民族文化在村庄经济社会发展中的重要地位及作用。本书还有很多不尽如人意的地方，但是为进一步研究该民族村庄经济社会发展提供了比较翔实的实证资料。

收藏单位：国家图书馆、新疆财经大学图书馆、新疆医科大学图书馆等

H 语言、文字

002《乌孜别克语简志》

程适良、阿不都热合曼编著，民族出版社1987年出版

关键词：乌孜别克语

中图法分类号：H238

本书被收入“国家民委民族问题五种丛书”，介绍了乌孜别克语语音、词汇、语法。语音包括元音、辅音、音节结构、重音、语音变化；词汇部分介绍词类及其构成；语法介绍词法和句法，是学习和研究乌孜别克语的重要参考资料。

收藏单位：黑龙江省图书馆、新疆大学图书馆、新疆师范大学图书馆等

003《乌孜别克语366句会话句：少数民族语汉英日俄对照》

阿达来提著，社会科学文献出版社2014年出版

关键词：乌孜别克语 口语

中图法分类号：H238.94

本书用少数民族语言、汉语、英语、日语、俄语分别介绍乌孜别克的366句日常会话，并对该民族的重要节日、风俗习惯进行简要说明，有利于加强对少数民族文化遗产的挖掘和保护，尊重、继承和弘扬少数民族优秀传统文化，积极促进少数民族文化产业发展，努力推进少数民族文化对外交流等工作任务和政策措施的完成和实施。

收藏单位：佳木斯大学图书馆、吐鲁番市高昌区图书馆、新疆医科大学图书馆等

004《中国乌孜别克族语言文化研究》

阿达来提著，中国社会科学出版社2020年出版

关键词：乌孜别克语 语言文化

中图法分类号：H238

本书在田野调查的基础上，从语言描写和民族学的视角，系统地研究了我国乌孜别克族的语言及文化，包括语言篇和文化篇两部分内容。

收藏单位：国家图书馆等

I 文学

005《福尔凯提在莎车》

新疆乌孜别克文化协会编，新疆大学出版社2011年出版

关键词：诗集 维吾尔语

中图法分类号：I227

本书是我国著名的乌孜别克族诗人福尔凯提在莎车所创作的诗歌集，包括各种题材的诗作78篇、为纪念福尔凯提由其他作者所创作的小说和回忆录3篇和译成汉文的福尔凯提诗作8篇，另加手抄本。书中主要讲述男女之间的纯洁爱情、揭露和批判封建社会的种种丑恶面貌。

收藏单位：国家图书馆等

006《金翅膀的夜莺：乌孜别克族、满族》

张新泰、马雄福编著，新疆人民出版社2012年出版

关键词：乌孜别克族 民间故事

中图法分类号：I277.3

本书是“民间新疆故事系列”之一。其中质朴而生动的民间故事，让读者能感受到作者内心深处关于生命源头的一次次触动，也能感受到人类的本色，甚至还能感受到强大的生活与创造的力量扑面而来。本书搜集整理了38篇乌孜别克族民间故事，3篇满族民间故事，以供读者全面了解这两个民族口传心授的文化和历史。

收藏单位：佳木斯大学图书馆、石河子大学图书馆、塔里木大学图书馆等

007《乌外斯诗选》

乌外斯著，新疆人民出版社2012年出版

关键词：诗集 维吾尔语

中图法分类号：I227

本诗歌集是乌孜别克族诗人乌外斯的经典文学代表作。诗歌中主要讴歌对情人、亲人、家乡的思念；歌颂真爱、真情、高尚的人格等。他的诗形式多样，韵律丰富，具有优美、细腻、轻快、明朗的风格。

收藏单位：中央民族大学图书馆、乌鲁木齐职业大学图书馆、伊犁师范大学图书馆等

008《乌孜别克族民间故事》

苏由译，新疆人民出版社1983年出版

关键词：乌孜别克族 民间故事

中图法分类号：I512.7

乌孜别克族民间故事凝练了乌孜别克人民最根本的价值观念和审美取向，反映了乌孜别克人民对于美好生活的向往和对社会平等、安定的期盼。本书收录了57篇寓言故事供读者学习参考。

收藏单位：国家图书馆、新疆大学图书馆、新疆师范大学图书馆等

009《乌孜别克族民间叙事长诗选》

库·巴拉提、阿·克日木搜集，井亚、朱洪译，新疆人民出版社1988年出版

关键词：乌孜别克族 叙事诗

中图法分类号：I222

随着历史变革，乌孜别克族孕育了独具风采、特色浓郁的文化，其中有史诗、叙事长诗、民歌等。这些作品多来自民间口头创作，经整理加工成为书面文学，又回到民间被群众广泛传诵。本书收入《阿尔孜古丽》《库图米希与阿丽薄罕》两首长诗，供读者学习和研究之用。

收藏单位：国家图书馆、云南民族大学图书馆、新疆图书馆等

010《乌孜别克族谚语选》

郝关中、张世荣翻译整理，新疆人民出版社 1980 年出版

关键词：谚语 乌孜别克族

中图法分类号：I277.7

谚语具有生动、形象、形式简练而意义完整、容易记诵的特点，一句简短的话，表现了丰富而深刻的内容。各民族的谚语，在内容和形式上，取材和表现手法上不完全相同，各具民族特色。恰当地应用谚语，能提高说话或文章的效果，启发听者或读者的理解和想象力。本书收录了作者翻译整理的乌孜别克族谚语 593 条，供读者学习和参考。

收藏单位：国家图书馆、武汉图书馆、新疆维吾尔自治区图书馆等

011《乌孜别克族寓言故事集》

魏泉鸣翻译整理，甘肃人民出版社 1979 年出版

关键词：乌孜别克族 寓言故事

中图法分类号：I287.7

本书选编 11 篇乌孜别克族寓言故事。这些故事表现并赞誉了乌孜别克族人民的智慧、勤劳和正直的品德，是学习乌孜别克族寓言故事的普及读物。

收藏单位：国家图书馆、青海民族大学图书馆、青海师范大学图书馆等

012《中国乌孜别克族文学史》

吾尔买提江·阿布都热合曼等著，新疆人民出版社 2005 年出版

关键词：乌孜别克族 文学史

中图法分类号：I207.938

本书是“中国少数民族文学史丛书”之一。乌孜别克族的书面文学有悠久的历史传统。由于历史、地理、经济、文化生活、社会习尚、哲学宗教、语言文字等诸方面的原因，乌孜别克与同属突厥语族的维吾尔等少数民族，在作家文学，特别是古典文学方面，存在着互相交织、互相渗透、互相影响、密切难分的情况。

收藏单位：国家图书馆、伊犁师范学院图书馆等

J 艺术

013《乌孜别克族埃希来、叶来》

新疆维吾尔自治区文化厅编，新疆美术摄影出版社 2015 年出版

关键词：乌孜别克族 民歌 新疆维吾尔自治区

中图法分类号：J642.213.8

本书属长篇叙事民歌，结构比较严谨，曲式比较恢弘，在古时是宫廷音乐。“埃希来”和“叶来”是乌孜别克族民歌中非常重要的两种表现形式和组成部分，是 2008 年经国务院批准被列入第二批国家级非物质文化遗产名录的一种传统音乐。本书介绍了“埃希来”和“叶来”的传人、“埃希来”的渊源、沿革与现状、全面地认识“埃希来”和“叶来”及其承继者们、“埃希来”和“叶来”的保护现状与展望。

收藏单位：国家图书馆、石河子大学图书馆、塔里木大学图书馆等

K 历史、地理

014《古丝路的创业者：乌孜别克族》

阿丽亚·吉力力、拜合提亚尔·吐尔逊著，云南人民出版社 2003 年出版

关键词：乌孜别克族 家庭生活

中图法分类号：K283.8

本书被收入“20世纪中国民族家庭实录”，它不是家庭史、家庭回忆录，而是以作家的手笔记录20世纪新疆维吾尔自治区伊宁市乌孜别克族阿木列艾克木家庭的变迁，让读者在欣赏故事中了解人类学的知识、生活的内涵及社会的发展变迁。

收藏单位：国家图书馆、塔里木大学图书馆、新疆大学图书馆等

015《吉祥的祝福》

塔来提·纳斯尔编著，新疆人民卫生出版社2014年出版

关键词：乌孜别克族 民族工作 维吾尔文

中图法分类号：K283.8-53

本书用维吾尔文介绍了新疆维吾尔自治区乌孜别克文化研究会自1988年成立以来，在党和政府的支持和关怀下，所做的大量的有益于社会、有益于人民的工作，以及在开展各类学术活动和搜集、整理、出版新疆维吾尔自治区乃至全国乌孜别克民族文化、历史、风俗习惯等方面取得的工作成果。

收藏单位：国家图书馆

016《乌孜别克族》

罗建生著，民族出版社1990年出版

关键词：乌孜别克族

中图法分类号：K283.8

本书被收入“民族知识丛书”。作者采用图文并茂的形式介绍了乌孜别克族的概况、族源和族称、经商及生活习俗、家庭与婚姻、宗教信仰、文学、艺术、教育及体育活动等内容，帮助广大读者更全面、系统地了解乌孜别克族的情况有重要意义。

收藏单位：黑龙江省图书馆、石河子大学图书馆、新疆大学图书馆等

017《乌孜别克族》

袁琳瑛主编，新疆美术摄影出版社、新疆电子音像出版社2010年出版

关键词：乌孜别克族

中图法分类号：K283.8

本书是“中华民族大家庭知识读本”系列丛书之一。全书共分三章，内容包括乌孜别克族概述，乌孜别克族的历史沿革，乌孜别克族的宗教信仰与民俗文化。本书内容丰富，语言通俗易懂，知识性、可读性很强，适合广大读者阅读。

收藏单位：国家图书馆、新疆农业大学图书馆、乌鲁木齐市图书馆等

018《乌孜别克族》

金开诚主编，吉林文史出版社2010年出版

关键词：乌孜别克族 民族文化

中图法分类号：K283.8

本书以图文并茂的形式，把乌孜别克族文化中的物态文化、制度文化、行为文化、精神文化等知识要点全面展示给读者，主要包括乌孜别克族历史和现状、乌孜别克族的宗教信仰、乌孜别克族的语言文学、乌孜别克族的衣食住行、乌孜别克族的民风礼俗等内容，是了解乌孜别克族历史文化的普及读物。

收藏单位：佳木斯大学图书馆、石河子大学图书馆、塔里木大学图书馆等

019《乌孜别克族》

吾尔买提江·阿布都热合曼著，辽宁

民族出版社 2014 年出版

关键词：乌孜别克族 民族文化 民族历史

中图法分类号：K283.8

本书是“走近中国少数民族丛书”之一，以图文并茂的方式，从乌孜别克族的宗教信仰、礼俗与禁忌、魅力文化、民族教育、民间艺术、民族经济等方面向读者展示了乌孜别克族的历史文化和民族风情，增强读者对乌孜别克族的认识。

收藏单位：佳木斯大学图书馆、新疆农业大学图书馆、新疆师范大学图书馆等

020《乌孜别克族：新疆木垒县阿克喀巴克村调查》

王晓珠、阿丽亚·吉力力主编，云南大学出版社 2004 年出版

关键词：乌孜别克族 民族调查 木垒县阿克喀巴克村

中图法分类号：K283.8

本书是“中国民族村寨调查丛书”之一，以聚居在新疆维吾尔自治区木垒哈萨克自治县阿克喀巴克村的乌孜别克族为对象，根据调查获得的第一手材料，通过 12 个章节向大家介绍乌孜别克族的概况、地理历史、生态环境和资源管理、人口、经济、社会政治、婚姻家庭、法律、文化、民族风俗、教育、科技卫生、宗教等情况。

收藏单位：国家图书馆、佳木斯大学图书馆、塔里木大学图书馆、新疆大学图书馆等

021《乌孜别克族简史》

《乌孜别克族简史》修订本编写组编，民族出版社 2008 年出版

关键词：乌孜别克族 民族历史

中图法分类号：K283.8

本书是“中国少数民族简史丛书（修订本）”，记述了乌孜别克族从起源至 21 世纪初的历史发展进程，特别是改革开放以后，乌孜别克族经济文化等发生的翻天覆地变化，涵盖政治、经济、文化、社会等内容。本书是研究乌孜别克族历史有价值的参考资料。

收藏单位：佳木斯大学图书馆、石河子大学图书馆、塔里木大学图书馆等

022《乌孜别克族简史简志合编（初稿）》

中国科学院民族研究所，新疆少数民族社会历史调查组 1963 年编印

关键词：乌孜别克族 民族历史

中图法分类号：K283.8

本书被选入“少数民族史志丛书”。为了反映建国十年来党在民族工作方面所取得的伟大成绩，本书包括乌孜别克族民族来源和中华人民共和国成立前后的历史、政治经济、文教卫生、生活习俗与宗教信仰等方面内容，为研究乌孜别克族历史的学者提供参考资料。

收藏单位：中央民族大学图书馆等

023《乌孜别克族民俗文化》

新疆维吾尔自治区对外文化交流协会编，新疆电子音像出版社 2008 年出版

关键词：乌孜别克族 少数民族风俗习惯 新疆维吾尔自治区

中图法分类号：K892.342

本书是“中国新疆民俗文化系列丛书”之一，分别从生产民俗、衣食住行、生活习俗、婚姻家庭、信仰民俗、人生礼仪、

文学艺术、教育科技、体育娱乐等方面介绍了乌孜别克族的民俗文化，是研究乌孜别克族民俗文化的重要参考资料。

收藏单位：石河子大学图书馆、新疆师范大学图书馆、新疆大学图书馆等

024《乌孜别克族社会经济文化研究》

赵小刚著，民族出版社 2004 年出版

关键词：乌孜别克族 民族经济 民族文化

中图法分类号：K283.8

本书被收入“中国西北跨国民族研究丛书”，共 10 章，阐述了乌孜别克族生息环境、民族过程与跨国历史、社会演进、经济发展、文化变迁、区域协作与族际关系、地缘关系与跨居模式、与境外各国同源民族的文化异同等内容，并介绍了该民族历史人物，是研究乌孜别克族社会经济文化的参考资料。

收藏单位：佳木斯大学图书馆、石河子大学图书馆、塔里木大学图书馆等

025《游牧：流动与变迁—新疆木垒县乌孜别克族游牧社会的人类学考察》

解志伟编，知识产权出版社 2012 年出版

关键词：乌孜别克族 民族文化 木垒县

中图法分类号：K283.8

本书对新疆维吾尔自治区木垒县乌孜别克族的游牧生活从历史到当下进行了全景式的描述，并对乌孜别克族的社会文化生活及其变迁特点进行了比较深入、细致的解读。作者对现代化进程中如何保护和发展乌孜别克族传统游牧文化进行了认真的思考，并探索了保护和发展游牧文化遗产的学术价值和现实意义，为文化遗产保护和研究提供了一个可资借鉴的样本。本书有关木垒县乌孜别克族游牧社会文化生活和转场过程的详细描述及意义分析具有创新意义。

收藏单位：佳木斯大学图书馆、新疆财经大学图书馆、新疆警察学院图书馆等

026《中国少数民族设计全集：乌孜别克族卷》

中国少数民族设计全集编纂委员会编，山西人民出版社 2019 年出版

关键词：少数民族设计 乌孜别克族

中图法分类号：K892.3

本书甄选乌孜别克族传统建筑、传统服饰、传统餐饮、传统生活用具、传统生产工具、传统民俗和宗教等方面约 100 个传统造物设计案例，对其设计形式、设计特点及文化价值进行专业阐释和评述，比较全面地展示了乌孜别克族传统造物设计成就，从而体现乌孜别克族的民族文化特点。

收藏单位：北京服装学院图书馆、中南民族大学图书馆、四川音乐学院图书馆等

027《中国乌孜别克族》

米娜瓦尔编著；杨宏峰主编，宁夏人民出版社 2012 年出版

关键词：乌孜别克族 民族文化

中图法分类号：K283.8

本书是“中华民族全书”之一，主要介绍了乌孜别克族的概况、物质文化、民间文化、社会文化、信仰文化及乌孜别克族有影响力的文化人物等内容。

收藏单位：佳木斯大学图书馆、石河子大学图书馆、塔里木大学图书馆等

第十二章

锡伯族研究图书索引

锡伯族简介

锡伯族总人口 191 911 人（2020 年第七次全国人口普查数据）。主要居住在辽宁省、新疆维吾尔自治区察布查尔锡伯自治县等地。新疆察布查尔锡伯自治县是全国唯一锡伯族自治县。

锡伯语属阿尔泰语系满一通古斯语族满语支。锡伯族被誉为“翻译民族”，新疆的锡伯族一般都会说汉语、维吾尔语、哈萨克语、锡伯语、俄罗斯语等几种语言。锡伯文字已失传，1947 年，新疆锡伯族创制了经由满文发展而来的锡伯文字并一直沿用，《察布查尔报》是全世界唯一的锡伯文报纸。

锡伯族在原始崇拜同时兼信萨满教，曾信奉过藏传佛教。

锡伯族十分重视教育，每万人口中受高等教育人数比例位于全国五十六个民族前列。

锡伯族有许多重要的民族节日。2006 年，“锡伯族西迁节”被列入第一批国家级非物质文化遗产代表性项目名录。

2008 年，“锡伯族弓箭制作技艺”和“锡伯族贝伦舞”被列入第二批国家级非物质文化遗产代表性项目名录。

2011 年，“锡伯族刺绣”“锡伯族民间故事”“锡伯族传统婚俗”被列入第三批国家级非物质文化遗产代表性项目名录。

2014 年，“锡伯族民歌”和“满文、锡伯文书法”被列入第四批国家级非物质文化遗产代表性项目名录。

B 哲学、宗教

001《衰落的通天树：新疆锡伯族萨满文化遗存调查》

奇车山编，民族出版社 2011 年出版

关键词：锡伯族 萨满教

中图法分类号：B933

萨满文化是一种世界范围的宗教文化。本书主要收录了中国新疆境内锡伯族民间萨满文化的活动，全方位调查并摸清中国现有的萨满文化遗存情况，为后人留下珍贵的萨满文化资料，为保留少数民族传统文化做出一点贡献，对非物质文化遗产的抢救与保护，对萨满文化的深入研究具有重要的意义与价值。本书主要包括锡伯族民族源流与生态环境、锡伯族萨满文化遗存、锡伯族萨满文化实录三方面内容。

收藏单位：佳木斯大学图书馆、齐齐哈尔大学图书馆、石河子大学图书馆等

002《锡伯族民间信仰与社会田野调查：一》

奇车山著，民族出版社 2008 年出版

关键词：锡伯族 民间信仰

中图法分类号：B933

本书是“新疆少数民族民间信仰与民族社会研究丛书”之一，主要阐述了锡伯族萨满文化遗存，包括察布查尔锡伯自治县概述、锡伯族文化概述、萨满名录、萨满神话故事、萨满的神灵世界、萨满仪式、萨满的治病方式、萨满神歌、萨满艺术等内容。

收藏单位：国家图书馆、西南民族大学图书馆、集美大学图书馆等

003《锡伯族民间信仰与社会田野调查：二》

奇车山著，民族出版社 2008 年出版

关键词：锡伯族 民间信仰

中图法分类号：B933

本书是“新疆少数民族民间信仰与民族社会研究丛书”之一，主要介绍了锡伯文萨满神本、萨满访谈和萨满见闻，包括锡伯文萨满神本概述、《萨满坛场之书》《萨满神歌》之《邀神求神告神之神歌》《给萨满送巫尔虎之神歌》《邀神请神求神神歌》等，是研究锡伯族民族信仰重要的参考资料。

收藏单位：国家图书馆、西南民族大学图书馆、集美大学图书馆等

D 政治、法律

004《辽河岸畔锡伯村》

曹晓峰等著，社会科学文献出版社 2012 年出版

关键词：乡村　社会调查　调查报告

中图法分类号：D 668

本书被收入“中国百村调查丛书”。作者选择的锡伯族村落是拉塔湖村，从经济学、社会学、文化学、管理学等多学科视角，运用多种研究方法，全景式地描述了该村发展变迁的轨迹，对其经济发展、村民生活与观念变迁、婚姻、家庭和生育、社会分层与社会流动、文化建设、社会事业、村落组织结构与治理模式等方面进行系统的探讨。本书对于同类村庄的发展具有一定的借鉴意义，对新农村问题的研究也具有一定的参考价值。

收藏单位：佳木斯大学图书馆、东北农业大学图书馆、东北大学图书馆等

005《吉林少数民族风情》

吉林省民族宗教研究中心编，辽宁民族出版社 2016 年出版

关键词：民族工作

中图法分类号：D633-64

本书通过摄影照片这个世间最美的光与影的艺术，真实而深刻地反映了吉林省少数民族的社会生活，帮助人们了解和认识少数民族，走进少数民族的精神世界。全书包含朝鲜族风情、满族风情、蒙古族风情、回族风情和锡伯族风情五大部分。

收藏单位：中央民族大学图书馆、西南民族大学图书馆、中南民族大学图书馆等

006《伊车嘎善五十年》

韩高清、托富善编著 新疆人民出版社 1999 年出版

关键词：新疆维吾尔自治区 富城县 社会主义建设

中图法分类号：D.619.454

本书介绍了中华人民共和国成立五十年新疆维吾尔自治区伊犁市霍城县伊车嘎善锡伯族乡发展变迁的文史资料。本书较客观、准确地记述了伊车嘎善锡伯族乡政治、经济、文化、教育、民族、宗教等方面的情况，包括伊车嘎善锡伯族乡文化、教育、卫生史资料，伊车嘎善锡伯族乡名人录，伊车嘎善锡伯族乡大事记等内容，是一部比较全面系统的史料性的史志类书。

收藏单位：暂时无法提供馆藏信息

F　经济

007《察布查尔锡伯自治县农村信用合作社志》

本书编纂委员会编，中国金融出版社 2015 年出版

关键词：农村信用社 察布查尔锡伯自治县

中图法分类号：F832.745.4

本书客观、真实地反映了察布查尔锡伯自治县农村信用社在各个时期的历史进程，对今后信用合作事业的改革发展起着存史资政、传承文明、借史鉴今的重要作用。

收藏单位：石河子大学图书馆、新疆财经大学图书馆、新疆农业大学图书馆等

008《清代西北屯田研究》

王希隆著，兰州大学出版社 1990 年出版

关键词：屯田 清代

中图法分类号：F329.49

本书对清代康熙五十四年开始的西北兵屯、旗屯、犯屯、民屯、回屯等做了深入的研究，阐述了伊犁锡伯、索伦、察哈尔、额鲁特四营屯田，对锡伯等四营旗制的建立、锡伯等四营的屯田制度的梳理，是研究清代锡伯族经济的参考资料。

收藏单位：国家图书馆、吉林大学图书馆、新疆维吾尔自治区社会科学院图书馆等

009《乌珠牛录村调查：锡伯族》

张丽君主编，中国经济出版社 2012 年出版

关键词：锡伯族 民族经济 调查报告

中图法分类号：F327.455

本书从村庄、农户和农民三个部分对乌珠牛录村做了详细的介绍，阐述了乌珠牛录村的经济文化变迁和社会发展现状。

收藏单位：佳木斯大学图书馆、大连民族大学图书馆、新疆图书馆等

H 语言、文字

010《察布查尔锡伯自治县锡伯族语言文字使用现状调研》

朝克主编，方志出版社 2011 年出版

关键词：锡伯语 调查研究 察布查尔锡伯自治县

中图法分类号：H243

本书被收入“中国社会科学院国情调研丛书”，主要包括察布查尔锡伯自治县锡伯族语言文字使用调查、锡伯语口语调查分析、锡伯族语言文字研究情况分析等内容，是研究锡伯语重要的参考资料。

收藏单位：国家图书馆、石河子大学图书馆、伊犁师范大学图书馆等

011《汉锡名词术语规范词典》

新疆维吾尔自治区民族语言名词术语规范审定委员会锡伯语专业组、伊犁师范学院中国锡伯语言文化研究中心编，新疆人民出版社 2014 年出版

关键词：锡伯语 名词术语 词典

中图法分类号：H243.6

本书搜集并整理改革开放以来由新疆维吾尔自治区民族语言规范审定委员锡伯语专家组审定、规范和公布的一万多条名词术语，以汉语和锡伯语对照的方式，将其续集出版，向学习和使用锡伯语文的人群提供一部新词术语方面的工具书，以解决当前锡伯语新词术语应用方面的迫切需求。

收藏单位：国家图书馆、伊犁师范大学图书馆等

012《锡伯语 满语口语基础》

安成山、郭元尔著，新疆人民出版社 2007 年出版

关键词：锡伯语 口语

中图法分类号：H243.94

满语、锡伯语同属一个语族。现代锡伯语与清朝时期的满语有很多的相同点，作为自学教材，本书是以初中文化程度以上，又对汉语拼音字母较熟悉的自学者为对象，从零开始，学习字母的书写和发音，简单的语音常识和拼写规则，然后以简单易学的对话和短文为材料，学习基本词汇和语法常识，最终使自学者获得初步的听、说、读、写、译的能力，为深入学习打下基础。

收藏单位：暂时无法提供馆藏信息

013《锡伯语简志》

李树兰、仲谦著，民族出版社 1986 年出版

关键词：锡伯语

中图法分类号：H243

本书是“国家民委五种问题丛书”之一。锡伯语属阿尔泰语系满—通古斯语族满语支。满—通古斯语言除了锡伯语外，还有满语、赫哲语、鄂温克语、鄂伦春语和只有文献语言的女真语。本书根据察布查尔锡伯话编写，编写的目的是丰富人们有关锡伯语言的知识，扩大语言视野，推动民族语文研究的进一步发展。

收藏单位：黑龙江省图书馆、沈阳市图书馆、辽宁大学图书馆等

014《锡伯语口语研究》

李树兰等编，民族出版社1984年出版

关键词：锡伯语 口语

中图法分类号：H243

本书包括锡伯语口语语法概要和锡伯语口语词汇两部分。第一部分是作者根据锡伯语口语的调查材料编写的锡伯语口语语法，第二部分是锡伯语口语词汇，其中以锡汉对照的形式，不但收入了锡伯语口语语词，还括注了其书面语形式。本书中的锡伯语例句和语句都以拉丁字母转写，有利于锡汉两族人民相互学习语言，有利于满—通古斯语族语言的研究。

收藏单位：大连民族大学图书馆、内蒙古大学图书馆、新疆大学图书馆等

015《锡伯语通论》

萨蒙等著，新疆人民出版社2010年出版

关键词：锡伯语

中图法分类号：H544

本书对锡伯语的元音、辅音、音节结构、词汇、词法、句法及锡伯文识读、锡伯文与锡伯语的关系等方面进行全方位论述和分析，是研究锡伯语重要的参考资料。

收藏单位：暨南大学图书馆、华东师范大学图书馆、中国社会科学院图书馆等

016《锡伯语语法通论》

佘吐肯编著，新疆人民出版社2009年出版

关键词：锡伯语 语法

中图法分类号：H544.4

本书系统阐述满文创立的历史演变过程与锡伯文和满文的源流关系及异同，论述了学习锡伯语的现实意义，阐述和论证了锡伯语的元音和谐律问题、重音问题、口语和书面语的关系问题，用新的方法和新的观点研究了锡伯语语汇的特点、词的构成及构词法，着重介绍实词及副词、语气词、连词、虚词、词组、句子和句子成分、句子的类型、单句和复句等。本书是学习锡伯语重要的参考资料。

收藏单位：大连民族大学图书馆、新疆图书馆、伊犁师范大学图书馆等

017《锡伯语语法研究》

[韩]张泰镐著，云南民族出版社2008年出版

关键词：锡伯语 语法

中图法分类号：H544.4

本书主要描写关于现代锡伯语的语音、词法、句法、话语结构的分析结果，并根据一般语言学理论说明在分析过程中发现的新事项，是研究锡伯语语法的参考资料。

收藏单位：国家图书馆、云南省图书馆等

018《锡伯语366句会话句：少数民族语汉英日俄对照》

朝克著，社会科学文献出版社2014年出版

关键词：锡伯语 口语

中图法分类号：H243.94

本书是“中国少数民族会话读本”丛书之一，作者用锡伯语、汉语、英语、日

语、俄语分别介绍锡伯族的366句日常会话，并对该民族的重要节日、风俗习惯进行简要说明，有利于加强对少数民族文化遗产的挖掘和保护，尊重、继承和弘扬少数民族优秀传统文化，积极促进少数民族文化产业发展，努力推进少数民族文化对外交流等工作任务和政策措施的完成和实施。

收藏单位：国家图书馆、大连民族大学图书馆、辽宁大学图书馆等

019《锡伯族史诗〈西迁之歌〉英译研究》

苏畅著，辽宁人民出版社2014年出版

关键词：锡伯族 史诗 文学翻译

中图法分类号：H315.9

本书历史与现实并重，是一部全面、系统地研究锡伯族历史和文化的学术专著。作者以锡伯族及锡伯族西迁为主要研究对象，利用民族学、历史学、语言学等多学科的理论和方法，从多视角观察和探究当今多元文化并存、共建和谐社会时代背景下的锡伯族历史和文化。

收藏单位：国家图书馆、北京师范大学图书馆等图书馆有此书收藏。

020《锡伯族西迁的故事：汉维对照》

佟克力著，新疆人民出版社2010年出版

关键词：锡伯族西迁 维吾尔语

中图法分类号：H215

本书是“双语新疆历史画丛”脚本之一，作者用维吾尔语讲述了锡伯族西迁的故事，是了解和研究锡伯族西迁史的参考资料。

收藏单位：西南民族大学图书馆、西北民族大学图书馆、中央民族大学图书馆等

021《现代锡伯文学语言正字法：汉锡文对照》

新疆维吾尔自治区民族语言文字工作委员会编，新疆人民出版社1992年出版

关键词：锡伯语

中图法分类号：H243.2

本书从立法的角度，把锡伯语言内部发展规律加以科学总结。这是锡伯族有史以来首次制定的正字法，它具有深远的历史意义。

收藏单位：国家图书馆等

022《现代锡伯语口语研究》

D. O. 朝克著，民族出版社2006年出版

关键词：锡伯语 口语

中图法分类号：H243.94

本书是“中国少数民族语言研究系列丛书”之一，包括语音结构分析、词汇特征分析、语法形态分析及句子结构、现代锡伯语口语会话资料集、现代锡伯语口语相关词汇等内容，是学习和研究锡伯语口语的参考资料。

收藏单位：大连民族大学图书馆、沈阳市图书馆、石河子大学图书馆等

023《中国锡伯族双语研究》

本书编委会编著，新疆科学技术出版社2004年出版

关键词：锡伯语 双语学

中图法分类号：H544.9

本书主要介绍锡伯族双语的历史、现状，锡伯语文与双语研究，锡伯族双语教育、翻译事业，双语对锡伯语文的影响，锡伯语文正音、正字与名词规范及锡伯族双语改革探索与发展趋势等内容。

收藏单位：佳木斯大学图书馆、新疆大学图书馆、新疆师范大学图书馆等

I　文学

024《大清锡伯营：第一部》

拙木豪格著，陕西师范大学出版总社有限公司 2015 年出版

关键词：长篇历史小说

中图法分类号：I247.5

本书通过清朝乾隆、嘉庆年间西迁锡伯营四个家族两代人近半个世纪的屯垦戍边往事，再现了锡伯族的爱国主义和英雄主义精神。本书分上、下两卷，上卷全景式再现了锡伯营军民艰苦卓绝的大西迁征程这一历史事件；下卷深入展开锡伯营总管图伯特与副总管舒尔泰之间惊心动魄的矛盾冲突，以及锡伯营第二代人悲欢交集的成长故事。

收藏单位：国家图书馆、哈尔滨工业大学图书馆、大连民族大学图书馆等

025《何钧佑锡伯族长篇故事》

何钧佑口述，沈阳市于洪区文化馆采录整理，辽宁人民出版社 2009 年出版

关键词：锡伯族 民间故事

中图法分类号：I277.3

《何钧佑锡伯族民间故事（长篇）》于 2008 年 5 月和 2009 年 4 月被列入沈阳市非物质文化遗产保护名录和辽宁省非物质文化遗产保护名录。宏观地看，《何钧佑锡伯族长篇故事》生动反映了锡伯族先民从历史深处一路走来的足印，是民族情感的艺术表达、信仰的坚守、正义和道德的宣示、民众审美意识和美学理念的集中传递。

收藏单位：国家图书馆、佳木斯大学图书馆、大连民族大学图书馆等

026《灵芝姑娘：锡伯族》

张新泰著，新疆人民出版社 2011 年出版

关键词：锡伯族 民间故事

中图法分类号：I277.3

本书是“民间新疆故事系列”之一。作者从锡伯族民间搜集整理的民间故事、传说、神话中选取具有地域性和民族性的内容，以供读者全面了解该民族口传心授的文化和历史。内容包括《抹黑节》《伊犁马的传说》《灵芝姑娘》《瘸腿驸马》等。

收藏单位：沈阳师范大学图书馆、塔里木大学图书馆、新疆师范大学图书馆等

027《流芳》

郭基南著，新疆人民出版社 1996 年出版

关键词：长篇小说 锡伯族

中图法分类号：I294.347.5

本书分两个部分，第一部《情漫关山—锡伯族西迁故事记》写的是 1764—1765 年辽宁锡伯族官兵和眷属四千多人新疆伊犁戍边的故事。第二部《虹展乌孙—锡伯族屯戍故事记》写的是西迁的锡伯族军民到达伊犁 37 年后，锡伯营的官兵和百姓在总管图伯特的带领下凿石开渠，建

成察布查尔大渠，引伊犁河水开垦荒原的故事，是一部爱国主义的颂歌。文字流畅优美，朴实无华。

收藏单位：国家图书馆等。

028《满语、锡伯语对偶词（双部词）汇集》

郭秀昌主编，新疆美术摄影出版社2014年出版

关键词：锡伯族 谚语

中图法分类号：I277.7

本书是一本工具书，收集满语、锡伯语对偶词（双部词）3500余条，是满语、锡伯语言文字的一部分，也是满族、锡伯族文化框架的重要组成部分。本书的出版是繁荣锡伯族文化、培养民族人才的一个小阶梯，也是对锡伯族语言文字的一种抢救式措施。

收藏单位：国家图书馆有收藏。

029《锡伯族濒危朱伦文化遗产（第1册）》

贺灵主编，新疆人民出版社2011年出版

关键词：锡伯族 少数民族文学

中图法分类号：I294.3

到中华人民共和国成立初期，在锡伯族民间已经积累了自清代以来形成的数百种锡伯族民间文人翻译和传抄的汉文文学名著，锡伯族称为“朱伦”。本书收录了其中能够搜集到的部分，如《包公义乌拉布》《岳飞义朱伦》等十多部朱伦。

收藏单位：国家图书馆、华东师范大学图书馆、中央民族大学图书馆等

030《锡伯族濒危朱伦文化遗产（第2册）》

贺灵主编，新疆人民出版社2011年出版

关键词：锡伯族 少数民族文学

中图法分类号：I294.3

到中华人民共和国成立初期，在锡伯族民间已经积累了自清朝以来形成的数百种锡伯族民间文人翻译和传抄的汉文文学名著，锡伯族称为朱伦。本书收录了其中能够搜集到的部分，如《唐固伦义朱伦》《德尔吉固伦朱伦》等9部朱伦。

收藏单位：国家图书馆、华东师范大学图书馆、中央民族大学图书馆等

031《锡伯族濒危朱伦文化遗产（第3册）》

贺灵主编，新疆人民出版社2011年出版

关键词：锡伯族 少数民族文学

中图法分类号：I294.3

截至中华人民共和国成立初期，在锡伯族民间已经积累了自清朝以来形成的数百种锡伯族民间文人翻译和传抄的汉文文学名著，锡伯族称为朱伦。本书收录了其中能够搜集到的部分，如《桂英义乌拉部》《主儿干萨尔干》等10部朱伦。

收藏单位：国家图书馆、华东师范大学图书馆、中央民族大学图书馆等

032《锡伯族濒危朱伦文化遗产（第4册）》

贺灵主编，新疆人民出版社2011年出版

关键词：锡伯族 少数民族文学

中图法分类号：I294.3

截至中华人民共和国成立初期，在锡伯族民间已经积累了自清朝以来形成的数百种锡伯族民间文人翻译和传抄的汉文文学名著，锡伯族称为朱伦。本书收录了其中能够搜集到的部分，《元固伦义朱伦》《明固伦义巴图鲁朱伦》等 10 多部朱伦。

收藏单位：国家图书馆、华东师范大学图书馆、中央民族大学图书馆等

033《锡伯族当代母语诗歌研究》

孙诗尧著，暨南大学出版社 2017 年出版

关键词：锡伯族 诗歌 锡伯文

中图法分类号：I207.22

作者结合锡伯族社会史实、文化语境，完成对锡伯族当代母语诗歌语言形式、主题、意向三个维度的本体研究，梳理锡伯族历史、文化发展脉络，概括锡伯族当代母语诗歌创作的整体样貌，分析锡伯族当代母语诗歌的语言形式特点，阐释锡伯族当代母语诗歌的“爱国”“怀西迁”“颂人伦”三个主题，通过对意象及意象组合的分析，讨论锡伯族当代母语诗歌的抒情特点，客观评价锡伯族当代母语诗歌的历史地位。

收藏单位：国家图书馆、佳木斯大学图书馆、石河子大学图书馆等

034《锡伯族民歌集》

关宝学主编，辽宁民族出版社 2000 年出版

关键词：锡伯族 民歌

中图法分类号：I277.294.3

本书是由广大锡伯族专家、学者和民歌爱好者历经十个春秋，专访民间艺人和锡伯老人挖掘、搜集、采录和整理的民歌集，体现了其强烈的民族感情和抢救民族文化遗产的高度责任感。

收藏单位：佳木斯大学图书馆、石河子大学图书馆、大连民族大学图书馆等

035《锡伯族民间传录清代满文古典译著辑存》

贺灵编，新疆人民出版社 2010 年出版

关键词：古典文学 锡伯语

中图法分类号：I242.4

本书收录《西游记》《杨家将》《岳飞传》《七侠五义》《西汉演义》《狄青传》《三国志》等 98 部清朝至民国初年锡伯族民间翻译的汉文古典名著。对上述古籍文献进行全面系统的整理和影印出版，对弘扬少数民族传统文化、研究锡伯族语言文字产生积极的影响。

收藏单位：中央民族大学图书馆、内蒙古自治区图书馆、鄂托克前旗图书馆等

036《锡伯族民间故事》

金炳喆、何玉秀译，新疆人民出版社 1988 年出版

关键词：锡伯族 民间故事

中图法分类号：I277.3

本书收录了锡伯族民间故事 36 篇，反映了锡伯族的繁衍和迁徙，以及这个民族能骑善射的特点、金戈铁马的生活，文化传统、民族性格等。这部故事集，为读者了解和研究锡伯族的过去、现在和将来提供了有价值的资料。

收藏单位：国家图书馆、中央民族大学图书馆、新疆图书馆等

037《锡伯族民间故事集》

关宝学主编，辽宁民族出版社 2002 年出版

关键词：锡伯族 民间故事

中图法分类号：I277.3

本书收录了锡伯族的民间故事 100 余篇，包括风俗传说、神话故事、生活故事、机智幽默故事和动物故事等，是了解锡伯族民间文化的参考资料。

收藏单位：大连民族大学图书馆、沈阳师范大学图书馆、石河子大学图书馆等

038《锡伯族民间故事选》

忠录编，上海文艺出版社 1991 年出版

关键词：锡伯族 民间故事

中图法分类号：I294.37

本书是“中国少数民族民间文学丛书”之一。中国少数民族民间故事，富有民族特色，不仅具有文学价值，而且对于历史学、社会学、民族学、民俗学等学科的研究和发展也有一定的价值和意义。本书收录了锡伯族民间故事 108 篇。

收藏单位：国家图书馆、沈阳市图书馆、乌鲁木齐市图书馆等

039《锡伯族骑兵连纪实》

吴连胜著，新疆人民出版社 1988 年出版

关键词 锡伯族 纪实文学

中图法分类号：I294.36

本书以作者亲见、亲闻、亲历，记载了锡伯族骑兵连官兵为解放新疆维吾尔自治区、统一祖国，与新疆各民族紧密团结，同国民党反动派进行不屈不挠地斗争，血洒疆场的英雄业绩。

收藏单位：国家图书馆等

040《锡伯族情歌：锡汉对照》

吴文龄搜集、整理、翻译，新疆人民出版社 1985 年出版

关键词：情歌 锡伯族

中图法分类号：I277.2943

本书是 20 世纪 80 年代中期由新疆人民出版社组织专人对传统锡伯族民歌进行搜集、整理、翻译的出版物，主要由山水田地、日月星云、树木花草、走兽飞禽等几个主题板块构成，以非常精美的手写体满、汉文写成，让读者在学习语言的过程中，领略民族传统诗歌的魅力。

收藏单位：国家图书馆、新疆大学图书馆、伊犁师范大学图书馆等

041《锡伯族人的风采》

丁昌明著，线装书局 2014 年出版

关键词：散文集 少数民族文学

中图法分类号：I267

这是一本叙事散文集。作者从锡伯族文化习俗、民族源起、服饰、人文、风土人情等各方面较为详尽介绍了锡伯族人的风采。独特的风俗习惯造就了锡伯族一脉相承的民族文化，祖先开拓疆土的艰辛历程激励一代又一代锡伯族人自力更生发展壮大。作者通过自己的笔，让这个屹立于大西北边塞的民族褪去了神秘的面纱。

收藏单位：兴化市图书馆等

042《锡伯族诗歌集》

关宝学主编，辽宁民族出版社 2014 年出版

关键词：锡伯族 诗歌

中图法分类号：I207.22

本书为沈阳市民委项目，共收集近现代锡伯族诗人的诗歌320篇，描写了锡伯族民风、民俗、历史，歌颂了祖国的大好河山。

收藏单位：国家图书馆等

043《锡伯族文学典例梳理与研究》

仇兴辉编著，沈阳出版社2019年出版

关键词：锡伯族 文学赏析

中图法分类号：I294.3

本书为沈阳市哲学社会科学专项资金资助课题研究成果。作者对众多锡伯族文学作品认真梳理，反复筛选，优中选优，选取了1949年前20余篇锡伯族文学精品。在此基础上，邀请锡伯族文化精英及相关学者，对选出的锡伯族文学的经典例证、杰出代表进行分析，并用多种方法，从多重视角进行研究、总结。本书既可以作为锡伯族语言文学专业学生的读物，也是广大锡伯族文学爱好者学习、欣赏本民族文学的作品，帮助读者欣赏、领略锡伯族文学之美，领悟锡伯族文学的特色、深度、地位等。

收藏单位：暂时无法提供馆藏信息。

044《锡伯族文学简史》

贺元秀主编，中央民族大学出版社2010年出版

关键词：锡伯族 文学史

中图法分类号：I207.943

本书以锡伯族文学历史进程为顺序，将锡伯族文学史内容分为上、中、下三个部分编写。上编为锡伯族民间文学，中编为锡伯族古代书面文学，下编为20世纪锡伯文学。这是一部具有开拓性意义的学术专著，除了起到普及锡伯语言文学知识的作用，还会引起许多同行专家的关注，引出更多锡伯族文学的研究成果，不断丰富中华民族的文学宝库。

收藏单位：佳木斯大学图书馆、大连民族大学图书馆、石河子大学图书馆等

045《锡伯族文学作品选》

贺元秀编，新疆人民出版社2014年出版

关键词：锡伯族 诗歌

中图法分类号：I294.3

本书是中国少数民族艺术文化宝库中的珍品，主要展现锡伯族西迁爱国主义英雄壮举，生动刻画锡伯族历史人物的高大形象，集中展示锡伯族军民抗击外敌入侵及平复叛乱中的英雄气概等内容。编者从众多的锡伯族文学作品中精心选出具有地方特色和民族特色的作品，结集成册，供广大爱好锡伯族文学的读者与专家参阅，具有一定的社会意义与出版价值。

收藏单位：国家图书馆、新疆图书馆、伊犁师范大学图书馆等

046《锡伯族谚语集》

关宝学主编，辽宁民族出版社2004年出版

关键词：锡伯族 谚语

中图法分类号：I277.7

本书收录了东北三省及新疆察布查尔自治县锡伯族民间流传谚语几百条。这些谚语产生于民间，通俗易懂，寓意深刻，乐观向上，体现了锡伯族人民的智慧。

收藏单位：国家图书馆、齐齐哈尔大学图书馆、大连民族大学图书馆等

047《新编锡伯族民间故事集》

王刚，金永辉编，新疆科学技术出版社 2008 年出版

关键词：锡伯族 民间故事

中图法分类号：I277.3

本书收录锡伯族民间故事，采用了隐喻、象征、拟人、反讽等多种表现手法，塑造了众多各具特色的人物形象和典型性格，旨在说明一些朴素的道理，对读者思考和解决生活中的现实问题具有一定的参考价值。本书包括的民间故事有《寻神水》《帮婚》《奇缘》《嘱托》《友谊》《龙马》《虎皮》《陶吉春》等。

收藏单位：新疆师范大学图书馆、新疆图书馆、伊犁师范大学图书馆等

048《新疆锡伯族文学作品精选》

马雄福等选编，新疆人民出版社 2013 年出版

关键词：锡伯族 少数民族文学

中图法分类号：I294.3

本书被收入“中国新疆少数民族原创文学精品译丛”。作者选编了几位有影响力的能够代表改革开放以来的当代锡伯族青年作家的优秀小说、诗歌和散文随笔等若干篇。这些作品反映了当代锡伯族作家对社会的认识及从多元视角对文化的理解和研究当代锡伯族青年作家的创作水平，对于民族间文化交流具有一定的桥梁作用。

收藏单位：佳木斯大学图书馆、石河子大学图书馆、塔里木大学图书馆等

049《新时期中国少数民族文学作品选集：锡伯族卷》

中国作家协会编，作家出版社 2014 年出版

关键词：少数民族文学 锡伯族

中图法分类号：I294.3

历史上锡伯族文学主要以口口相传的民间文学见长，渔猎歌、习俗歌、萨满歌、迁徙歌、田野歌、叙事长诗及品类众多的神话传说、民间故事，伴随着锡伯族先民度过了漫长的岁月。迁至新疆的锡伯族，自戍边屯垦初期就由乡村佚名文人开启了文学翻译实践。本书选择了 42 篇文学作品供读者品读。

收藏单位：国家图书馆、塔里木大学图书馆、新疆图书馆等

050《“锡伯家庙”主题歌歌词征集选》

中共沈阳市和平区委员会编，辽宁人民出版社 2018 年出版

关键词：歌词集

中图法分类号：I227

为纪念锡伯族西迁壮举，弘扬民族大义，进一步唱响爱国主义主旋律，沈阳市和平区于 2017 年组织开展“锡伯家庙”主题歌歌词创作征集活动，本书收集了共征集到来自海内外的百余位创作者的 154 篇作品。

收藏单位：国家图书馆、佳木斯大学图书馆、西南民族大学图书馆等

051《中国锡伯民间故事集》

金永辉，王刚编著，天津人民出版社 2016 年出版

关键词：锡伯族 民间故事

中图法分类号：I294.3

本书收录了流传至今的锡伯族民间故事，讲述了人与动物、自然和人之间和谐、友爱的故事，故事中的人物性格朴素。本书对于宣传锡伯族的传统文化具有积极的意义。

收藏单位：国家图书馆等

J 艺术

052《格吐肯书法集（锡文、汉文对照）》

格吐肯编著，新疆人民出版社 1998 年出版

关键词：书法

中图法分类号：J292.14

本书收录了作者用锡文、汉文书写的书法作品。

收藏单位：暂时无法提供馆藏信息

053《锡伯文书法字帖：锡伯文》

格吐肯书，新疆美术摄影出版社 2014 年出版

关键词：锡伯族 文字 书法

中图法分类号：J292.14

格吐肯的楷书，行笔俊逸洒脱，刚柔结合；笔法严谨果断，结构严谨沉稳而不呆，点画灵动而精美，深得汉文楷书之点画真谛。其隶书，落笔劲利雄健，笔画舒展飘逸，线条刚劲而有弹性，运笔率意而见自然，无所作之痕，揽收汉文隶书所有特点，是学习锡伯文书法之典范字帖。

收藏单位：国家图书馆等

054《锡伯族汗都春艺术》

肖学俊、韩芸霞、文小龙著，新疆人民出版社 2011 年出版

关键词：锡伯族 地文戏

中图法分类号：J825

本书是新疆维吾尔自治区高校科研计划重点项目研究成果。课题组先后 6 次赴伊犁哈萨克自治州的察布查尔锡伯自治县及霍城、巩留等县的锡伯族居住地区，深入民间进行田野调查，采访了 60 余名代表性民间艺人，获得了大量珍贵资料。作者力图全面、系统、客观地反映锡伯族“汗都春”的产生、发展历程及其现况，同时还选登了“汗都春”本土化剧目九部剧本。

收藏单位：国家图书馆、新疆图书馆、伊犁师范学院图书馆等

055《锡伯族民间美术概论》

韩恒威著，辽宁民族出版社 1997 年出版

关键词：锡伯族 民间工艺

中图法分类号：J528

本书以考察当前尚存的锡伯族民间美术作品及其作者为主，结合搜集查阅的古今相关资料，更借助与锡伯族关联紧密或对锡伯族有深远影响的周边民族的民间艺术，进行比较研究探讨，揭示锡伯族民间美术的文化内涵、造型观念，破译神奇的原始艺术符号，探究平凡的锡伯族民间艺术家们的创造动机、心态及规律，充分展示具有强烈的民族艺术特色的锡伯族民间美术质朴的艺术形态与丰富的艺术形式。

收藏单位：国家图书馆、佳木斯大学图书馆、辽宁省图书馆等

056《锡伯族民间图案集》

察布查尔锡伯自治县《锡伯族民间图案集》编纂委员会编，新疆美术摄影出版社 1994 年出版

关键词：锡伯族 图案

中图法分类号：J522.8

民间图案是民间文化艺术的一个重要组成部分，也是了解民族的特殊窗口。锡伯族民间图案显示出其悠久的历史和丰富的内涵。本书是汉、英、锡伯文本，是在伊犁、塔城、阿勒泰、乌鲁木齐、北京和东北三省等锡伯族聚居地进行大量的挖掘、搜集、整理、摹绘各种锡伯族民间图案的基础上选编收集的，是研究锡伯族民间图案有价值的参考资料。

收藏单位：大连民族大学图书馆、塔里木大学图书馆、新疆大学图书馆等

057《锡伯族民间图案集成》

关留珍、英璐编著，新疆人民出版社2008年出版

关键词：锡伯族 图案

中图法分类号：J522.8

本书是在伊犁、塔城、阿勒泰、乌鲁木齐、北京和东北三省等锡伯族聚居地进行大量的挖掘、搜集、整理、摹绘各种锡伯族民间图案的基础上选编收集的。锡伯族民间图案显示出其悠久的历史和丰富的内涵。

收藏单位：国家图书馆、西北民族大学图书馆、新疆图书馆等

058《锡伯族民间乐器：东布尔琴》

何伊尔·何晓编著，新疆美术摄影出版社2012年出版

关键词：锡伯族 民族乐器“东布尔”

中图法分类号：J632

“东布尔”琴是锡伯族特有的民间乐器，有着悠久的历史和美丽的传说。本书通过作者搜集、整理关于“东布尔”琴的历史、传说和不同的制作方法，并通过研究、整理、亲手制作出了30多种不同形状的“东布尔”琴。

收藏单位：国家图书馆、新疆图书馆等

059《新疆锡伯族工艺美术》

贺灵著，新疆美术摄影出版社2015年出版

关键词：锡伯族 民间工艺 工艺美术

中图法分类号：J528

本书是“新疆少数民族工艺美术研究”丛书之一。锡伯族民间工艺美术及图案，以其悠久的历史和丰富的内涵，朴质的纹样和生动的形象，成为锡伯族民间文化艺术开发的一个富饶而有潜力的世界。本书从锡伯族常用工具、服饰文化、民间乐器、手工艺品、民间刺绣、手绘纹样、建筑装饰等方面介绍锡伯族民间工艺美术及图案艺术并诠释了其文化内涵。

收藏单位：佳木斯大学图书馆、新疆师范大学图书馆、新疆图书馆等

K 历史、地理

060《察布查尔锡伯自治县》

焦宝华主编，新疆人民出版社1999年出版

关键词：察布查尔锡伯自治县

中图法分类号：K924

本书从历史沿革、地理环境、资源特产、名胜古迹、民俗风习、古今人物、民族团结、建设成就八个方面介绍察布查尔锡伯自治县，是了解和研究察布查尔锡伯自治县历史的参考资料。

收藏单位：新疆图书馆、乌鲁木齐市图书馆、新疆师范大学图书馆等

061《察布查尔锡伯自治县概况》

《察布查尔锡伯自治县概况》修订本编写组编写，民族出版社 2009 年出版

关键词：察布查尔锡伯自治县

中图法分类号：K284.3

本书是“中国少数民族自治地方概况丛书（修订本）”之一，介绍了察布查尔锡伯自治县的基本概况，内容涵盖地理环境、农业、工业、交通通信、财税金融、贸易、旅游、社会事业等方面。

收藏单位：佳木斯大学图书馆、石河子大学图书馆、塔里木大学图书馆等

062《察布查尔锡伯自治县志》

察布查尔锡伯自治县地方志编纂委员会编，新疆人民出版社 2007 年出版

关键词：察布查尔锡伯自治县　地方志

中图法分类号：K294.54

本书用 100 余万字共 26 编记录了察布查尔锡伯自治县自然和社会的历史与现状，是了解和研究察布查尔锡伯自治县历史的参考资料。

收藏单位：石河子大学图书馆、新疆师范大学图书馆、伊犁师范大学图书馆等

063《长春锡伯族》

关莉、吴克尧主编，吉林文史出版社 2015 年出版

关键词：锡伯族 民族历史

中图法分类号：K284.3

本书不仅阐述了锡伯族的历史变迁，同时还介绍了锡伯族宗教信仰、民风习俗、节日庆典、传统文化艺术与创作，突出反映了改革开放后长春锡伯族同胞在党的民族政策关怀下，政治、经济、文化生活和开展民族团结进步活动的全貌。

收藏单位：国家图书馆等

064《大连锡伯族》

大连市锡伯族学会 2004 年编印

关键词：锡伯族

中图法分类号：K284.3

本书对大连地区的锡伯族从族名、族源、人口来源及分布、编入八旗及南迁后的政治生活、语言文字、文教艺术、体育游艺、风俗习惯、家庭与婚姻、道德观念、人物传、宗谱、刻石与记事、姓氏演变及考证、宗教信仰等方面做了概述。人物传以出生地在大连地区为主，适当收入曾在大连工作并有一定影响力的人物。本书的时间段上限为（清）康熙 38 年锡伯族南迁盛京开始，下限至 2000 年年末。

收藏单位：暂时无法提供馆藏信息

065《丹东锡伯族志》

丹东市民族宗教事务委员会民族志编纂委员会编，辽宁民族出版社 1998 年出版

关键词：锡伯族 民族志 辽宁省丹东市

中图法分类号：K284.3

本书文字不多但内容很翔实。作者从锡伯族早期活动区域、编入八旗、南迁驻防、西迁戍边、出征云南、回迁垦荒六个方面介绍了锡伯族的历史沿革；介绍了锡伯族的家庙、太平寺碑志、那玉贤的委任状、宗族家谱；介绍了民间故事、诗文

赋及书法、风俗习惯等文学艺术。本书的出版不仅填补了丹东市锡伯族民族志的空白，也为我国锡伯族研究提供了重要资料，是一部有价值的参考书。

收藏单位：佳木斯大学图书馆、大连民族大学图书馆、沈阳市图书馆等

066《抚顺锡伯族志》

抚顺市民族事务委员会、抚顺市锡伯族联谊会2003年编印

关键词：锡伯族 民族志

中图法分类号：K284.3

本书客观反映了辽宁省抚顺市锡伯族的历史和现状，并突出时代风貌和地方特色。作者对具有历史意义的抚顺锡伯族"功铭汗马"碑碑文重新进行了拓印，不仅匡正了以往的错讹和遗漏，而且对碑文的揭示也取得可喜进展。本书具有较高的史料价值。

收藏单位：暂时无法提供馆藏信息

067《哈尔滨锡伯族》

哈尔滨锡伯族联谊会编，哈尔滨工业大学出版社1994年出版

关键词：锡伯族

中图法分类号：K283.4

本书记录了哈尔滨市锡伯族（1984—1994）10年间一些有意义的活动片段，汇集了记叙、史料、讲话、论文图片等，其指导思想以民族联谊活动为主线，突出反映了哈尔滨锡伯族过去10年联谊会活动的轨迹。

收藏单位：黑龙江省图书馆

068《黑龙江省锡伯族志》

本书编写组1987年编印

关键词：锡伯族 黑龙江省

本书通过对黑龙江省锡伯族分布较多的市、县特别是双城县进行大规模的民族调查。从锡伯族的民族历史、经济发展、语言、风俗、宗教、文教、体育、卫生及人物等方面进行介绍，是了解和研究黑龙江省锡伯族历史的参考资料。

收藏单位：黑龙江省图书馆

069《黑龙江锡伯族》

吴克尧编著，哈尔滨出版社2004年出版

关键词：锡伯族 民族历史 黑龙江省

中图分类号：K284.3

本书通过族源与沿革、人口与环境、民族关系、民族经济、文化教育、风俗礼仪、宗教信仰、锡伯族经济社会发展综述等对黑龙江省锡伯族做了详细介绍，并将锡伯族研究综述放在附录部分，为读者了解和研究黑龙江省锡伯族历史文化提供了有价值的资料参考。

收藏单位：长春师范大学图书馆、大连民族大学图书馆、呼伦贝尔学院图书馆等

070《黑水世居民族文化：黑龙江锡伯族文化》

吴克尧著，黑龙江教育出版社2010年出版

关键词：锡伯族 民族历史 黑龙江省

中图法分类号：K284.3

锡伯族是居住在我国北方的古代鲜卑的遗民，其"祖宗之庙"即是大兴安岭地区的嘎仙洞。对于其起源和先世，自受到史学界的重视以来就产生了分歧，到目前

为止有一个比较一致的结论，即认为锡伯族是由东胡—鲜卑—室韦—锡伯族发展演变的。本书为研究黑龙江省锡伯族文化提供了资料参考。

收藏单位：国家图书馆、呼伦贝尔学院图书馆、内蒙古大学图书馆等

071《吉林锡伯族》

孙运来、吴克尧著，辽宁民族出版社2016年出版

关键词：锡伯族 民族文化 吉林省

中图法分类号：K284.3

本书以图文并茂的形式、用通俗的语言向读者介绍了吉林省锡伯族的历史渊源、人口状况、经济发展、参政议政、民俗风情及民族人物等内容，是了解和研究吉林省锡伯族的参考资料。

收藏单位：黑龙江省图书馆、大连民族大学图书馆、伊犁师范大学图书馆等

072《开原锡伯族风情》

高振民著，辽宁人民出版社2014年出版

关键词：锡伯族 少数民族风俗习惯 开原市

中图法分类号：K892.343

全书用十几个篇章介绍了开原锡伯族的经济民俗、社会民俗、信仰民俗及游艺民俗等方面内容，是了解和研究开原市锡伯族风情的参考资料。

收藏单位：国家图书馆、天津大学图书馆等

073《辽宁锡伯族史话》

安振泰著，辽宁民族出版社2000年出版

关键词：锡伯族 民族历史

中图法分类号：K284.3

本书被收入“辽宁少数民族史话丛书”，其内容包括来自大兴安岭的古老民族、八旗劲旅报国忠、古往今来话姓氏、历史文化的传承、绚丽多彩的民间文学、多元崇拜的民族宗教、锡伯族英杰录等。本书是一部较好的民族通俗普及读物，为少数民族知识普及提供了一个好的模式。

收藏单位：佳木斯大学图书馆、内蒙古大学图书馆、大连民族大学图书馆等

074《漫话锡伯族》

关方编写，辽宁民族出版社1988年出版

关键词：锡伯族

中图法分类号：K284.3

本书编写的目的是让更多的读者了解锡伯族的历史和现状，宣传党的民族政策，增强民族间的团结。作者以历史事实为依据，用通俗易懂的语言对锡伯族的族源、历史沿革、经济生活、人口与姓氏、文学艺术、风俗习惯和宗教信仰等做了介绍，是一本了锡伯族的通俗读物。

收藏单位：国家图书馆、暨南大学图书馆、呼伦贝尔学院图书馆等

075《情系锡伯》

吉庆著，辽宁民族出版社2004年出版

关键词：锡伯族 民族历史

中图法分类号：K284.3

本书既有《新疆锡伯族的屯垦戍边》《民族英雄喀尔莽阿》等对祖先的追忆的文章；又有名家专访《难忘的岁月》《心相连、根连根》等采访录；既有作者精彩

的讲话，又有普通作者采写的文章，是了解锡伯族历史的参考资料。

收藏单位：国家图书馆、黑龙江省图书馆、东北师范大学图书馆等

076《沈北锡伯族非物质文化遗产图典》

仇兴辉编，辽宁民族出版社 2013 年出版

关键词：锡伯族 民族文化 非物质文化遗产

中图法分类号：K284.3-64

本书以图文并茂的形式描写沈北地区锡伯族非物质文化遗产概貌，文字部分介绍了锡伯族非物质文化项目的基本情况、历史渊源、传承脉络、主要特点、代表性传承人、现状等内容；图片部分反映每个项目的主要特点及传承情况，是了解沈北锡伯族非物质文化遗产项目的普及读物。

收藏单位：国家图书馆等

077《沈阳锡伯族家谱》

王俊、李军著，辽宁民族出版社 2015 年出版

关键词：锡伯族 家谱 沈阳市

中图法分类号：K820

本族谱收录了沈阳地区锡伯族保存的本宗族家谱，有《乌扎拉氏家谱》等谱单 5 份，《关氏家谱》等家谱拾遗 6 份等，共计 19 份。另附《沈阳锡伯族简志》内容，包括概述、族名、源流、西迁、人口、习俗等 16 大部分。读者通过家谱分析可以了解锡伯族族源方面的知识。

收藏单位：国家图书馆、佳木斯大学图书馆、吉林师范大学图书馆等

078《沈阳锡伯族老人口述史：老人·老事·老家》

孙祥维，仇兴辉主编，辽宁民族出版社 2014 年出版

关键词：锡伯族 民族文化

中图法分类号：K284.3

本书为沈阳地区锡伯族老人口述历史，全书收录沈阳地区锡伯族老人十余人讲述锡伯族传统的民俗、历史、文化、节日等。稿件内容十分丰富，是作者经过较长时间整理得以出版，具有较高的少数民族地域科研价值。本书所收集的内容是研究辽宁地区锡伯族历史文化的第一手资料，其中的锡伯族节日是一大特色，具有较高的研究价值。

收藏单位：国家图书馆、西南民族大学图书馆、中南民族大学图书馆等

079《沈阳锡伯族志》

沈阳市民委民话志编纂办公室著，辽宁民族出版社 1988 年出版

关键词：锡伯族 民族历史

中图法分类号：K284.3

本书引经据典，对锡伯族的族名、族源、发源地、早期活动区域、历史沿革、人口分布、氏族姓氏、宗族家谱、宗教信仰、风俗习惯、语言文字、经济生活、政治生活、文化教育、文学艺术、体育卫生、民族乡镇、古迹文物、交流往来、人物、大事记等内容进行论述，具有历史价值和学术价值。

收藏单位：辽宁大学图书馆、沈阳师范大学图书馆、沈阳市图书馆等

080《盛京移驻伊犁锡伯营镶红旗官兵三代　丁册》

永志坚，张炳宇主编；新疆少数民族古籍办，北京市民委古籍办编译，新疆人民出版社 2003 年出版

关键词：八旗制度 档案资料

中图法分类号：K249.063

本书系统介绍了清朝光绪年间伊犁驻锡伯营镶红旗旗丁的档案资料，包括官兵职衔、户口等，以满语、汉语、拉丁语三种文字反映了镶红旗旗丁及其父、祖的编制情况，是研究清朝驻防编制及户口、人数等的重要资料。

收藏单位：国家图书馆、石河子大学图书馆、新疆大学图书馆等

081《双城满族、锡伯族志》

双城满族锡伯族志编写组 1992 年编印。

关键词：锡伯族

中图法分类号：K284.3

本书介绍了锡伯族的源流、历史作用、语言文字、文化教育、风俗习惯、文物古迹、历史和现代人物等内容，是了解和研究双城满族、锡伯族历史文化的参考资料。

收藏单位：黑龙江省图书馆等

082《双阳锡伯部（国）历史文化》

赵国强、吴克尧著，黑龙江教育出版社 2019 年出版

关键词：锡伯族 历史文化

中图法分类号：K284.3

本书在阐述锡伯族族源研究基础上，对室韦人历史、辽代雅达澜水、金代锡伯部（国）、元代锡伯部（国）、明代锡伯部（国）、锡伯部（国）后裔迁徙等方面的历史文化做了认真研究。

收藏单位：国家图书馆等

083《屯垦戍边的壮举》

石敏，吴歌主编，沈阳出版社 2014 年出版

关键词：锡伯族 民族历史 民族文化

中图法分类号：K284.3

本书分为锡伯族的西迁、锡伯族的文化、割不断的情感三篇。主要内容包括：锡伯族与盛京、西迁的背景、艰难的跋涉、屯边的辉煌、永远的记忆、语言文字与文学艺术等，是了解锡伯族西迁史的普及读物。

收藏单位：吉林省图书馆、内蒙古自治区图书馆

084《锡伯北营子史考》

吴克尧著，哈尔滨工业大学出版社 1993 年出版

关键词：锡伯族

中图法分类号：K293.15

本书比较全面系统地反映了北营子的历史与现实。作者没有把视野和触角仅仅局限于北营子，而是透过北营子的锡伯族来看全国各地的锡伯族，又从全国的锡伯族整体情况来衬托北营子，使得对北营子的调查研究与记述不显得单薄、孤立，而紧密地与全国各省区的锡伯族有机联系。

收藏单位：暂时无法提供馆藏信息

085《锡伯文化》

新疆人民出版社编，新疆人民出版社 2002 年出版

关键词：锡伯族 民族文化

中图法分类号：K284.3

本书是用锡伯文和汉文两种文字出版的综合性丛书，不定期出版。内容包括市政、历史、语言文字、文学艺术、民俗、科技、生活知识、教育、人物介绍等。

收藏单位：国家图书馆、佳木斯大学图书馆有收藏。

086《锡伯族》

关伟、关捷著，辽宁民族出版社2008年出版

关键词：锡伯族 民族文化 民族历史

中图法分类号：K 284.3

本书是“图说辽宁少数民族丛书”之一，作者从弘扬锡伯族优秀传统文化角度出发，对锡伯族政治、经济、社会、文化状况进行横向的展示比较和纵向的梳理整合，从而展现该民族的发展轨迹。本书内容丰富、体例新、可读性强。

收藏单位：佳木斯大学图书馆、大连民族大学图书馆、辽宁大学图书馆等

087《锡伯族》

阚跃平、王泉根主编，外语教学与研究出版社2011年出版

关键词：锡伯族 民族文化 民族历史

中图法分类号：K284.3

本书是“民族文化经典故事丛书”之一，主要介绍了锡伯族概况、锡伯族的生活习俗、锡伯族的民族信仰、锡伯族的风俗习惯、锡伯族的节日、锡伯族的文化艺术等方面的内容，是了解锡伯族民族文化的普及读物。

收藏单位：国家图书馆、乌鲁木齐市图书馆、广东外语外贸大学图书馆等

088《锡伯族》

稽南、吴克尧著，民族出版社1990年出版

关键词：锡伯族 民族文化 民族历史

中图分类号：K284.3

本书是“民族知识丛书”之一，全面、系统地介绍了锡伯族的情况，以及中华人民共和国成立后锡伯族发生的变化，以图文并茂的形式帮助读者进一步了解锡伯族的历史文化。

收藏单位：黑龙江省图书馆、新疆大学图书馆、哈尔滨师范大学图书馆等

089《锡伯族》

佟加・庆夫，郭庆，葛丰交著，中国水利水电出版社2005年出版

关键词：少数民族风俗习惯 锡伯族

中图法分类号：K892.3

本书是“中国少数民族风情游丛书”之一，作者从锡伯族的生活习俗、生活禁忌、婚俗、丧葬习俗、服饰、民间节日、宗教信仰、各种崇拜、语言文字、歌舞音乐、工艺美术与书法、文学、文体娱乐、风味饮食等方面介绍了锡伯族的民族文化，并介绍了新疆伊犁锡伯族居住区旅游交通和沈阳市锡伯族居住区旅游交通情况。本书内容新颖独特，信息丰富完整，文笔生动流畅，图文并茂，方便实用，是一本了解锡伯族文化和特色旅游的必备图书。

收藏单位：国家图书馆、大连民族大学图书馆、新疆大学图书馆等

090《锡伯族》

胡巍著，吉林出版集团有限责任公司2010年出版

关键词：锡伯族 民族文化

中图法分类号：K28

本书是“中国文化知识读本”之一，作者用优美生动的文字，简明通俗的语言，图文并茂的形式把锡伯族文化中的物质形态文化、制度文化、行为文化、精神文化等知识要点全面展示给读者，是一本全面了解锡伯族历史文化的通俗读物。

收藏单位：国家图书馆、哈尔滨师范大学图书馆、东北石油大学图书馆等

091《锡伯族》

葛丰交、葛维娜著，中国人口出版社2014年出版

关键词：锡伯族 民族文化

中图法分类号：K284.3

本书是“中国少数民族人口丛书”之一，详尽地介绍了锡伯族的历史、形成、迁徙；介绍了锡伯族的宗教、民居民俗、婚丧嫁娶、服饰、饮食、节日、艺术及文化。全书语言通俗流畅，史料翔实可靠，是一部通俗的锡伯族形成与发展的普及读物，有一定的参考价值。

收藏单位：国家图书馆、北京大学图书馆、南开大学图书馆等

092《锡伯族》

阿苏等著，辽宁民族出版社2014年出版

关键词：锡伯族 民族文化 民族历史

中图法分类号：K284.3

本书是“走近中国少数民族丛书”之一，详细介绍锡伯族的历史、民俗风情、宗教信仰、民族文化、民族人物等内容，是了解和研究锡伯族历史文化的参考资料。

收藏单位：黑龙江省图书馆、佳木斯大学图书馆、齐齐哈尔大学图书馆等

093《锡伯族》

佟克力著，新疆美术摄影出版社2009年出版

关键词：锡伯族 少数民族风俗习惯

中图法分类号：K284.3

本书是“中国新疆民族民俗知识丛书”之一，从历史源流、社会经济、物质文化、婚姻与家庭、宗教信仰、文化艺术、风俗习惯、娱乐活动等方面对锡伯族进行了介绍，是了解锡伯族历史文化的普及读物。

收藏单位：佳木斯大学图书馆、石河子大学图书馆、塔里木大学图书馆等

094《锡伯族》

王骞主编，新疆美术摄影出版社2009年出版

关键词：锡伯族 民族历史

中图法分类号：K284.3

本书是“中华民族大家庭知识读本”系列丛书之一，介绍了锡伯族及其由来、锡伯族的人口与分布、锡伯族的生产与生活、锡伯族的历史沿革、锡伯族的宗教信仰与文化艺术等内容，其内容丰富，语言通俗易懂，知识性、可读性很强，是了解锡伯族历史文化的通俗读物，适合广大读者阅读。

收藏单位：东北大学图书馆、乌鲁木

齐市图书馆、内蒙古大学图书馆等

095《锡伯族：辽宁沈阳市新民村调查》

王皎、江帆主编，云南大学出版社2004年出版

关键词：锡伯族 民族调查

中图法分类号：K284.3

本书是“中国民族村寨调查丛书”之一。辽宁省沈阳市新民村有着深厚的民族文化底蕴和丰富完整的文化变迁经历。本书以中国北方古老的游牧民族锡伯族为对象，介绍其民族生态、人口、经济、社会、政治、婚姻家庭、文化风俗等方面情况。

收藏单位：佳木斯大学图书馆、齐齐哈尔大学图书馆、大连民族大学图书馆等

096《锡伯族：吴扎拉氏锡伯家》

吴克尧著，云南人民出版社2003年出版

关键词：锡伯族 家庭生活

中图法分类号：K284.3

本书是“20世纪中国民族家庭实录”之一，以一个锡伯族家庭百年的变迁为线索，详细描述了锡伯族人民的生产和生活状况，让读者在欣赏故事中了解锡伯族的知识、生活及发展变迁。这些作品中，作者的叙述是真实而客观的，文字是朴实而有感觉的，材料是原汁原味的。

收藏单位：国家图书馆、河南大学图书馆、东北农业大学图书馆等

097《锡伯族百科全书》

贺灵主编，新疆人民出版社1995年出版

关键词：锡伯族

中图法分类号：K284.3-61

本书收词目2300条，包括历史、文化、社会体制、民间团体、伦理道德、法律、文学艺术、音乐舞蹈、语言文字、体育养生、传统医学、地名地貌、古代建筑、考古文物、名胜古迹、社会习俗、婚丧嫁娶、饮食茶酒、衣着装饰、宗教信仰、交通运输、人物、教育、图书典籍、文字资料等。本书在编撰过程中注重资料性、知识性、实用性、理论性与科学性，是一部全面反映锡伯族历史与文化面貌的中型工具书。

收藏单位：佳木斯大图书馆、辽宁大学图书馆、石河子大学图书馆等

098《锡伯族濒危传统文化图典》

贺灵主编，新疆人民出版社2011年出版

关键词：锡伯族 民族文化

中图法分类号：K 284.3 — 64

本书收录的近800余幅图片资料，涵盖锡伯族历史、生产方式、物质生活、宗族文化、婚丧嫁娶、礼仪礼节、节日庆典、民间体育、儿童游戏、工艺美术、医药卫生、民间刺绣、宗教信仰、民间图案、古籍遗存等内容，每一幅图片均作了简洁的文字解释。这部图典不仅保存了锡伯族民间已经消失和即将消失的重要文化事象，并且对于弘扬民族文化，促进各民族间交流起到重要作用。

收藏单位：国家图书馆、佳木斯大学图书馆、甘肃省图书馆等

099《锡伯族非物质文化遗产代表作》

佟加•庆夫、文健编著，新疆人民出版社2010年出版

关键词：锡伯族 民族遗产 文化遗产

中图法分类号：K284.3

本书收录了涉及民间文学、传统音乐、传统舞蹈、传统戏剧、曲艺、传统体育、游艺与竞技、传统美术、传统技艺、传统医药、民俗11大类别的41个非遗项目，较系统地介绍了锡伯族历史变革、现存情况、表现形式和保护措施。

收藏单位：国家图书馆、石河子大学图书馆、新疆财经大学图书馆等

100《锡伯族风情录》

佟加•庆夫著，新疆人民出版社2004年出版

关键词：锡伯族 少数民族风俗习惯

中图法分类号：K892.343

在长期历史发展中形成的锡伯族习俗文化，反映着锡伯族古往今来的社会生活和文化创造的精神面貌。本书内容丰富，涉及面广，涵盖了锡伯族的语言、文化、地域、社会组织形态、经济形态、风俗习惯、心理素质等多方面的内容，是全面反映过去和现在的锡伯族民俗风情的通读性读物。

收藏单位：佳木斯大学图书馆、新疆图书馆、伊犁师范大学图书馆等

101《锡伯族风俗》

关伟著，辽宁民族出版社2011年出版

关键词：锡伯族 少数民族风俗习惯

中图法分类号：K892.343

本书是“沈阳锡伯族社会历史文化丛书”之一，从生活习俗、社会生活习俗、民间信仰习俗、人生礼仪、生育习俗、婚姻习俗、丧葬习俗、民间文艺、教育与技艺等方面阐述锡伯族风俗习惯，是了解和研究锡伯族风俗习惯的参考资料。

收藏单位：大连民族大学图书馆、东北大学图书馆等高校图书馆及公共图书馆有收藏。

102《锡伯族风俗志》

贺灵、佟克力编著，中央民族大学出版社1994年出版

关键词：锡伯族 少数民族风俗习惯

中图法分类号：K892.3

本书是民俗文库之一，从生产方式、交通运输、物质生活、家族与家庭、婚姻习俗、丧葬习俗、社会礼仪、节日习俗、社会文化、民间文学、宗教信仰等方面介绍了锡伯族风俗习惯，是全面了解锡伯族风俗习惯的著作。

收藏单位：佳木斯大学图书馆、大连民族大学图书馆、伊犁师范大学图书馆等

103《锡伯族古籍资料辑注》

贺灵、佟克力辑注，新疆人民出版社2004年出版

关键词：锡伯族 民族历史 古籍资料

中图法分类号：K284.3

本书是一部内容丰富的资料集，收录了具有参考价值的资料，涉猎古籍文献众多，如《实录》《八旗通志》《钦定盛京通志》《清朝文献通考》《皇朝通志》《清朝通典》《大清统志》《钦定大清会典事例》《清朝续文献通考》《朔方备乘》《元秘史注》《圣

武记》《清史稿》《黑龙江外记》《柳边纪略》《吉林通志》《吉林外记》《岫岩县志》(凤城县志(开原县志》《呼兰府志》《黑龙江志稿》《黑龙江乡土录》《东三省舆地图说》《全辽备考(奉天通志》《辽宁县志》《黑龙江舆图说》《西城图志》《新疆舆图风土考)《西陲总统事略(西陲要略)》《新疆识略》《新疆图志》《筹办夷务始末》《伊犁府志》《绥定县志》及部分满文档案译件、家谱、萨满神谕等，是研究锡伯族历史珍贵的古文献资料。

收藏单位：佳木斯大学图书馆、石河子大学图书馆、塔里木大学图书馆等

104《锡伯族家谱史料选编》

贺忠德、许淑杰主编，新疆人民出版社2019年出版

关键词：锡伯族 家谱 史料

中图法分类号：K820.9

本书收录锡伯族50多个哈拉（姓）的世系家谱。这些家谱记载了先祖的初居地、迁徙、驻防及文化习俗等原始资料，具有重要的历史文化价值，为研究锡伯族历史、文化、姓氏提供了重要资料。该书的出版，对传承锡伯族文化事业具有一定的社会意义。

收藏单位：国家图书馆

105《锡伯族简史》

《锡伯族简史》编写组、《锡伯族简史》修订本编写组编，民族出版社2008年出版

关键词：锡伯族 民族历史

中图法分类号：K284.3

本书是“中国少数民族简史丛书（修订本)”之一，是在1986年原版《锡伯族简史》基础上，增加许多新资料编写而成，主要包括族名和族源、清代锡伯族、民主革命时期的锡伯族、锡伯族社会组织和经济生活、锡伯族的文化和生活习俗等内容，具有重要的参考价值。

收藏单位：国家图书馆、黑龙江省图书馆、新疆大学图书馆等

106《锡伯族简史简志合编(初稿)》

中国科学院民族研究所新疆少数民族社会历史调查组1963年编印

关键词：锡伯族 民族历史

中图法分类号：K284.3

本书是“少数民族史志丛书”之一，从政治、经济、历史、文化全面地对锡伯族进行简介，是了解锡伯族的第一手材料，虽然有许多提法和观点不够准确，内容不够全面，史料不够丰富，但对以后锡伯族介绍和初期的研究工作起了较大的作用。

收藏单位：国家图书馆等

107《锡伯族历史探究》

吴元丰，赵志强著，辽宁民族出版社2008年出版

关键词：锡伯族 民族历史

中图法分类号：K284.3

作者依据清朝黑龙江将军衙门满文档案，对清初锡伯族居住区域及与相邻民族的关系作一探讨。本书搜集整理了作者25篇研究成果论文，为研究锡伯族历史提供有价值的资料参考。

收藏单位：佳木斯大学图书馆、大连民族大学图书馆、沈阳市图书馆等

108《锡伯族历史新解探》（锡伯文）

吴克尧编，永志坚译，新疆人民出版社 1993 年出版

关键词：锡伯族 历史文化

中图法分类号：K284.3

本书根据锡伯族族源的珍贵文物—沈阳锡伯家庙太平寺碑文，首次对碑文所记的海拉尔东南扎兰陀罗河流域进行了调查研究，认为扎兰陀罗河不是一条河的名称，而是两条河的名称，扎兰河为嫩江上游甘河的一条支流，陀罗河为嫩江上游诺敏河的一个支流，从而把锡伯族的祖源地定位于大兴安岭嘎仙洞一带，而不是嫩江中下游的扎兰陀罗河，即绰尔河。本书对深入探讨锡伯族族源有一定的参考价值。

收藏单位：国家图书馆等

109《锡伯族历史研究相关资料及评注》

郭建中、郭超著，新疆人民出版社 2014 年出版

关键词：锡伯族 民族历史 锡伯语

中图法分类号：K284.3

作者将近几年所收集到的与锡伯族相关的资料信息与看法整理成书，为更多研究锡伯族历史文化的专家学者及爱好锡伯族历史文化的读者们提供了清朝以前与锡伯族历史文化相关的史料并详细进行了评注。本书搜集了从北魏到清朝的古籍文献资料，锡伯营残存档案资料，锡伯族民间保存的资料和近现代专家学者的相关研究成果资料，是一本难得的研究锡伯族历史的史料参考图书。

收藏单位：国家图书馆、新疆图书馆、伊犁师范大学图书馆等

110《锡伯族历史与文化》

贺灵编，新疆人民出版社 2011 年出版

关键词：锡伯族 民族文化

中图法分类号：K284.3

本书是“锡伯文化丛书”之一，是反映锡伯族重要历史活动和各类文化现象及其文化遗产的著作，其中的传统文化遗产部分，许多都是从民间调查搜集所得，具有抢救本民族非物质文化的重要意义。

收藏单位：国家图书馆、内蒙古财经大学图书馆、中央民族大学图书馆

111《锡伯族历史与文化》

佟克力编，新疆人民出版社 1989 年出版

关键词：锡伯族 民族历史

中图法分类号：K284.3

本书探讨了锡伯族的族源、族名、锡伯族与周邻民族的关系、伊犁锡伯营、风俗习惯、古今人口、原始信仰等问题。书后附锡伯族《萨满歌》之一，《萨满歌》之二，是锡伯族萨满教资料中最珍贵的一部，译文采取了直译形式，注释采取了直解加说明的形式，是研究锡伯族历史与文化的参考资料。

收藏单位：国家图书馆、石河子大学图书馆、沈阳市图书馆等

112《锡伯族民间散存清代满文古典文献》

佟玉泉、佟克力编，新疆人民出版社 2008 年出版

关键词：锡伯族 古籍

中图法分类号：K284.3

自清朝乾隆中期至民国年间，新疆维

吾尔自治区的锡伯族始终以满文为媒介。本书收录了44件作品，其中绝大多数为原件，少数为佚失原件的复印件或传抄件，包括《太平寺碑记》《锡伯营总管档房事宜遗稿》《图伯特神位献词》《同治年间记事》《清朝同治初年至金顺将军进驻伊犁前后情况》等文献，是研究锡伯族历史重要的古典文献。

收藏单位：石河子大学图书馆、塔里木大学图书馆、乌鲁木齐市图书馆等

113《锡伯族民俗文化》

新疆维吾尔自治区对外文化交流协会编，新疆美术摄影出版社、新疆电子音像出版社2008年出版

关键词：锡伯族 少数民族风俗文化新疆

中图法分类号：K892.343

本书是“中国新疆民俗文化系列丛书”之一，分别从生产民俗、衣食住行、生活习俗、婚姻家庭、信仰民俗、人生礼仪、文学艺术、教育科技、体育娱乐等方面介绍了锡伯族的民俗文化，是了解和研究锡伯族民俗文化的参考资料。

收藏单位：石河子大学图书馆、新疆大学图书馆、乌鲁木齐市图书馆等

114《锡伯族史》

贺灵、佟克力著，疆人民出版社1993年出版

关键词：锡伯族 民族历史

中图法分类号：K284.3

本书是锡伯族通史类专著。作者从1983年开始收集资料，1988年开始撰写，为了达到一个新的水平，书稿中融进了中国第一历史档案馆公布的清朝锡伯族满文档案资料。作者通过8个章节论述了锡伯族的族源及锡伯族从上古至元明清的历史进程、锡伯族的文学艺术、风俗习惯与宗教信仰。学术价值性高。

收藏单位：佳木斯大学图书馆、石河子大学图书馆、新疆大学图书馆等

115《锡伯族史汇编与多彩的锡伯族民间故事》

于海琛编著，沈阳出版社2020年出版

关键词：锡伯族 民间故事 历史资料

中图法分类号：K28

本书是锡伯族的民间故事及锡伯族历史的资料汇编，涉及锡伯族史、卫国西迁颂和多彩的锡伯族民间故事。作者阐述了上古至隋唐、辽金、元明时期的锡伯族先世；锡伯族自治县与民族乡镇发展情况；锡伯族的风俗习惯、宗教信仰等。

收藏单位：暂时无法提供馆藏信息

116《锡伯族史论考》

辽宁省民族研究所编，辽宁民族出版社1986年出版

关键词：锡伯族 民族历史

中图法分类号：K284.3

这是一本了解锡伯族历史和现状的书籍。1984年3月，在沈阳由辽宁省民族事务委员会主持召开了首次锡伯族文史资料、文化古籍编辑整理工作讨论会。本书收录了18篇本次学术讨论会会议论文，在编辑过程中，对说法各异，甚至论点完全相反的文章做到了兼收并蓄，目的是有助于百家争鸣，去伪存真，推动锡伯族史的研究和文化古籍的整理工作。

收藏单位：黑龙江省图书馆、齐齐哈尔大学图书馆、辽宁大学图书馆等

117《锡伯族图录》

大连市锡伯族学会、大连市政协文史委员会编著，民族出版社 1994 年出版

关键词：锡伯族

中图法分类号：K284.3-64

本图录以图片的形式介绍锡伯族的起源、迁徙、原始崇拜、宗教信仰、谱牒碑志、文化习俗、改革开放等情况，通过本书可以了解锡伯族概况。

收藏单位：辽宁师范大学图书馆、沈阳市图书馆、伊犁师范大学图书馆等

118《锡伯族文化》

李阳、王焯、董丽娟著，辽宁民族出版社 2011 年出版

关键词：锡伯族 民族文化

中图法分类号：K284.3

本书是“沈阳锡伯族社会历史文化丛书”之一。作者以图为主，用大量图片及文字说明锡伯族历史文化源流和传承，以此廓清并记述锡伯族文化发展的基本脉络，特别是辽宁省沈阳市作为清朝以来锡伯族文化源头的史实，是了解锡伯族历史文化的普及读物。

收藏单位：国家图书馆、大连民族大学图书馆、东北大学图书馆等

119《锡伯族文化精粹》

贺灵编，新疆人民出版社 2009 年出版

关键词：锡伯族 民族文化

中图法分类号：K284.3

本书将锡伯族萨满文化作为重点予以展示，在收录萨满神歌及其汉译文的同时，收录了 7 篇有关锡伯族萨满文化方面的调查资料。此外，又重点收录了具有本民族文化特色的宗谱文化、“念说”文化及民间文化团体、民间教育、民歌等方面的著述和资料。

收藏单位：佳木斯大学图书馆、新疆图书馆、伊犁师范大学图书馆等

120《锡伯族文化研究》

翟新菊主编，新疆人民出版社 2009 年出版

关键词：锡伯族 历史文化

中图法分类号：K284.3

本书从《伊犁师范学院学报》遴选了 23 篇学术论文。在编选过程中，对论文刊发时由于作者、编者的疏忽而存在的文字、标点错误等进行了纠正，对个别文句、段落进行了删节和润色。书后附有锡伯族文献索引。

收藏单位：暂时无法提供馆藏信息

121《锡伯族文学历史论文集》

新疆维吾尔自治区社会科学院、民族研究所民族史研究室 1981 年编印

关键词：锡伯族

中图法分类号：K284.3

为了方便研究工作的进行，本书将已经搜集到的有关锡伯族文史论文及资料 30 余篇文章汇集在一起，包括有关历史档案译文、历史、文学专题论文、调查报告及新闻报道等内容，是研究锡伯族文学历史的参考资料。

收藏单位：国家图书馆、黑龙江省图书馆等

122《锡伯族西迁》

吴世旭著，辽宁民族出版社 2011 年出版

关键词：锡伯族 民族历史

中图法分类号：J228.4

本书是“沈阳锡伯族社会历史文化丛书”之一，通过盛世西迁、西迁背景、西迁史事、西迁再现、西迁意义等介绍了锡伯族的西迁史，为研究者提供了珍贵的西迁史资料。

收藏单位：国家图书馆、大连民族大学图书馆、东北大学图书馆等

123《锡伯族西迁节》

新疆维吾尔自治区文化厅编，新疆青少年出版社 2013 年出版

关键词：锡伯族 民族节日 新疆维吾尔自治区

中图法分类号：K892.1

本书是“中华文脉—新疆国家级非物质文化遗产名录项目丛书”之一。锡伯族的西迁节集中展示了锡伯族灿烂悠久的文化传统、民族心理、民族情感、民间信仰、民风民俗及各种工艺和歌舞艺术，有丰富的文化内涵和宝贵价值。本书对西迁节进行了全方位的、权威性的介绍与研究，具有珍贵的史料价值和较高的爱国主义教育价值。

收藏单位：国家图书馆、佳木斯大学图书馆等

124《锡伯族习俗志：锡伯文》

贺灵、佟克力编，新疆人民出版社 1989 年出版

关键词：锡伯族 风俗习惯

中图法分类号：K892.343

本书是编者在经过多年的调查、访问后编写的材料，包括社会和家庭、村寨和居住、婚姻、丧葬、服饰与饮食、信仰习俗、社会文化、礼节、节庆、农副业方面的习俗、取名习俗等内容，书后还附有锡伯族习俗特征、锡伯族习惯法和人口分布情况表，是了解和研究锡伯族习俗的参考资料。

收藏单位：国家图书馆、暨南大学图书馆、复旦大学图书馆等

125《锡伯族姓氏考》

龚义昌编著，新疆人民出版社 2002 年出版

关键词：锡伯族 姓氏

中图法分类号：K810.2

本书通过探讨作为历史文化现象的锡伯族百家姓的起源、发展、演变、分化的过程及多音节姓氏与单音节姓氏的关系和变化规律、起名带姓的特点，进一步研究与其有联系的社会组织、家谱和宗教信仰等问题，及其在民族融合与民族团结方面的积极作用，为今后进一步探索研究这一课题打下坚实的基础。

收藏单位：国家图书馆、新疆图书馆等

126《锡伯族研究》

张静、田磊编，吉林人民出版社 2016 年出版

关键词：锡伯族

中图分类号：K284.3

本书系“北方民族论丛”系列图书，论述了关于锡伯族的研究，收录了《吉林

锡伯族述略》《吉林省的锡伯族》《长春市的锡伯族》《元明锡伯族先世》《满语满文与锡伯族》等文章。

收藏单位：国家图书馆、黑龙江省图书馆、湖北省图书馆等

127《锡伯族研究》

克力等编，新疆人民出版社 1990 年出版

关键词：锡伯族

中图法分类号：K284.3

本书是中外学者对锡伯族的历史、语言文字、文学艺术等方面的研究论述集，主要收录了贺灵、赵志强、吴元丰、克力、佟玉泉翻译的波兰、日本、俄罗斯等国家作者关于锡伯族的著作，为研究锡伯族的专家学者提供了学术资源。

收藏单位：佳木斯大学图书馆、沈阳市图书馆、新疆图书馆等

128《锡伯族轶事史话》

何叶尔·李力、哈什胡里·启昆、何叶尔·久成编著，黑龙江省锡伯族研究会 2002 年印制

关键词：锡伯族 民族历史

中图法分类号：K284.3

本书介绍了锡伯族的来源，清朝康熙年间和乾隆年间两次民族迁徙的历史过程，中华民族历史上两位鲜卑族杰出人物——北魏孝文帝拓跋元宏和唐太祖李世民（鲜、汉混血），锡伯族的姓氏来源等内容。通过阅读这本书，让读者了解锡伯族的来龙去脉。

收藏单位：北京大学图书馆、CADAL 图书馆有收藏

129《锡伯族源流史纲》

白友寒编著，辽宁省民族出版社 1986 年出版

关键词：锡伯族 民族历史

中图法分类号：K284.3

本书参考有关正史和专著，依次叙述了东胡、乌桓、鲜卑、奚、契丹、室韦和锡伯的源流和活动情况。作者根据历代民族史学家研究的成果，经过进一步的探讨，认为东胡、乌桓、鲜卑、契丹、室韦和锡伯是属于一个族系，是同源异流的。本书试图根据史书的记载、考古的发现和民间的传说，溯流探源和按源索流，以揭示锡伯族历史发展的来龙去脉。

收藏单位：国家图书馆、齐齐哈尔大学图书馆、辽宁大学图书馆等

130《西域锡伯人》

佟加·庆夫著，新疆大学出版社 1999 年出版

关键词：锡伯族 新疆维吾尔自治区

中图法分类号：K284.3

本书从不同侧面反映了新疆维吾尔自治区锡伯族现况。上卷收入 21 篇论文，研究锡伯族语言文字与文化现象；下卷收入 20 篇小说，2 部影视作品和 1 篇人物采访，以文学形式描写锡伯族的过去、现在和未来，展示锡伯族的整体形象。

收藏单位：国家图书馆、新疆师范大学图书馆、新疆大学图书馆等

131《新疆锡伯族刺绣·杨秀玉》

李楠著，海天出版社 2017 年出版

关键词：杨秀玉 生平事迹

中图法分类号：K825.72

本书是“中国手艺传承人丛书”之一，主要介绍非物质文化遗产项目（锡伯族刺绣）代表性传承人杨秀玉从艺路程，从拜师到出徒，再到收徒传艺，为读者勾勒出一条由近代到当代的新疆锡伯族刺绣艺术的发展脉络。

收藏单位：大连民族大学图书馆、石河子大学图书馆、鲁迅美术学院图书馆等

132《新疆锡伯族人物录》

新疆维吾尔自治区政协等 2001 年编印

关键词：锡伯族 民族人物 新疆维吾尔自治区

中图法分类号：K820.8

本书是对 230 多年来新疆维吾尔自治区锡伯族优秀人物所做贡献的总结和弘扬。通过他们的生平事迹，可以了解这一时期的政治、军事等方面的历史事实，有利于各族群众了解新疆维吾尔自治区锡伯族的历史与锡伯族人民为了维护祖国统一与边疆安宁所做的牺牲与贡献。

收藏单位：国家图书馆、石河子大学图书馆、新疆师范大学图书馆等

133《伊车嘎善锡伯乡志 1953—2013 年》

本书编辑委员会 2013 年编印

关键词：新疆维吾尔自治区 地方志

中图法分类号：K294.54

本书共 21 章，内容涵盖人口、农业、畜牧业、林业等各个领域，全面介绍了 1953 年—2013 年新疆维吾尔自治区伊犁哈萨克自治州霍尔果斯市伊车嘎善锡伯乡各项事业的发展状况，为伊车嘎善锡伯乡建乡 60 周年献礼，同时也为后人留一份史实资料。

收藏单位：暂时无法提供馆藏信息

134《伊犁文史资料：锡伯族专辑·第六辑》

中国人民政治协商会议伊犁哈萨克自治州委员会文史资料委员会、察布查尔锡伯自治县委员会 1990 年编印

关键词：文史资料 锡伯族

本书收入了英林、谢善智、舒慕同、肖夫、佟加·庆夫、何玉英、郭增林、孔·伊克坦等撰写的 21 篇有关新疆维吾尔自治区锡伯族历史、经济、文化、宗教人物等文章。其中包括《察布查尔历史沿革与概况》《锡伯族的西迁简介》《清代锡伯八旗》《图伯特倡导修建察布查尔大渠始末》《锡伯族杰出的教育家—色布西贤》等。有一定的史料和收藏价值。

收藏单位：国家图书馆等

135《寨牛录志》

王西林著，新疆人民出版社 2016 年出版

关键词：察布查尔锡伯自治县 地方史

中图法分类号：K294.55

本书记载了新疆维吾尔自治区察布查尔锡伯自治县寨牛录村的兴建、发展和变迁的历史，全面介绍了寨牛录村的政治、经济、文化、生产、生活、水文地理、古今人物、重大事件、历史古迹和传说，具有较高的史料价值。

收藏单位：国家图书馆等

136《中国少数民族图志：西北卷：锡伯族》

李静、锋晖编著，民族出版社2016年出版

关键词：锡伯族 民族志

中图法分类号：K 284.3-64

本书从锡伯族历史及迁徙、语言文字、传统节日、服饰、饮食、民居、交通工具、社会组织、婚姻习俗、信仰与禁忌、民间文化等方面做了介绍，是学习和了解锡伯族知识的科普读物。

收藏单位：佳木斯大学图书馆有收藏。

137《中国少数民族设计全集：锡伯族卷》

中国少数民族设计全集编纂委员会编，山西人民出版社、人民美术出版社2019年出版

关键词：锡伯族 民族设计

中图法分类号：K892.3

本书从设计学角度，详细展示了锡伯族传统建筑、服饰、餐饮、生产生活工具等，是对锡伯族造物设计的集中梳理和展示，也是对锡伯族生产生活、审美等民族文化的深刻解读。

收藏单位：北京服装学院图书馆、湖北科技学院图书馆、中南民族大学图书馆等

138《中国锡伯人》（上、下集）

那启明、韩启昆总主编，辽宁民族出版社2010年出版

关键词：锡伯族 民族历史

中图法分类号：K284.3

本书分上、下两卷。上卷主要记述锡伯族走出鲜卑山 、迁徙与驻防、创建北魏王朝、西迁伊犁驻防、墓志碑碣、风俗习惯、崇拜信仰等内容；下卷是各类人物的传略。全书收录文物资料700余件（处），比较系统地展示了自秦汉以来锡伯族在保卫边疆、建设国家、传承民族文化等方面的历史路程和历史文化风貌。本书内容全面，材料翔实，图文并茂，可读性强。

收藏单位：国家图书馆等

139《中国锡伯族》

贺灵编著，宁夏人民出版社2011年出版

关键词：锡伯族 民族文化

中图法分类号：K284.3

本书是“中华民族全书”之一，作者从民族概况、物质文化、民间文化、社会文化、信仰文化、文化历史轨迹、有影响的文化人物、古籍文献等方面对锡伯族进行了详细的介绍，每章内容配以精美的图片，图文并茂，是一本人们了解锡伯族的通俗读物。

收藏单位：国家图书馆、甘肃省图书馆、佳木斯大学图书馆等

140《中国锡伯族》

李云霞著，人民出版社2014年出版

关键词：锡伯族 民族文化

中图法分类号：K284.3

本书以全国的锡伯族作为研究对象，历史与现实并重，在长期田野调查的基础上，通过对锡伯族文化进行共时性与历时性的分析和比较，探讨和研究多元文化并存、共建和谐社会时代背景下的锡伯族文

化。作者从民族学、人类学的视角，透过锡伯族的社会、历史与文化记忆来阐释锡伯族文化，从而进一步探讨锡伯族成员个体的文化选择与个人及整体锡伯族文化命运的关系，最终揭示出锡伯族文化所具有的丰富内涵，为民族文化的可持续发展及人类文化多样性提供文化建设上的启迪。

收藏单位：佳木斯大学图书馆、东北大学图书馆、新疆师范大学图书馆等

141《中国新疆察布查尔锡伯自治县文史资料·第二辑》

察布查尔锡伯自治县政协文史资料委员会 2005 年编印

关键词：文史资料 锡伯族

本书收录了《清同治至光绪初年伊犁内忧外患及喀尔莽阿》《清代锡伯营战迹片段摘记》《新疆锡伯族对北疆地区水利建设和发展农业生产的重大贡献》《清末锡伯族军民的巩留大开发》《锡伯营创建棉纺织厂始末》《关于锡伯族“翁巴西”种田制的调查》《简叙察布查尔最早的汉人》等文章。

收藏单位：国家图书馆等

142《中国新疆察布查尔锡伯自治县文史资料·第一辑》

中国人民政治协商会议察布查尔锡伯自治县委员会文史资料委员会编 2002 年编印

关键词：文史资料 锡伯族

本书广征博采多种题材文章，筛选具有地方特色、史料价值的文章 32 篇汇编成书。内容包括新疆维吾尔自治区察布查尔锡伯自治县建制沿革、自然地理、地方史料、文化教育、民俗风情、名胜古迹、历史人物等内容。

收藏单位：暂时无法提供馆藏信息

143《中国新疆历史文化古籍文献资料译编：锡伯族·37》

贺灵主编，克孜勒苏柯尔克孜文出版社 2016 年出版

关键词：锡伯族 新疆维吾尔自治区地方史 史料

中图法分类号：K294.5

本书是一部有关锡伯族古籍文献资料，主要包括阿克苏驰报剿堵贼匪连获胜仗情形、阿裕西等人履历清单、阿裕西拟补佐领、阿裕西私带闲散往塔换防罚俸一年案、爱西木布护理锡伯营领队大臣、爱西拟绞案、爱新泰补放副总管等内容，对研究锡伯族历史具有参考价值。

收藏单位：大连民族大学图书馆、石河子大学图书馆、新疆师范大学图书馆等

144《走进锡伯》

安也勒·兆一编著，黑龙江人民出版社 2016 年出版

关键词：锡伯族 民族文化

中图法分类号：K284.3

本书详细地阐述了锡伯族的历史发展足迹，从隋唐盛世沿革至今，从鲜卑到锡伯，从嘎仙洞到察布查尔锡伯自治县，厘清了锡伯族源远流长、深不可测的历史全貌，并将收集的锡伯土著文化博物馆的陈列品展示给读者。

收藏单位：国家图书馆等

R 医药、卫生

145《察布查尔中草药（锡伯文）》

王登正、塔齐苏著，新疆人民出版社1992年出版

关键词 察布查尔锡伯族自治县 中草药

本书对新疆察布查尔锡伯族自治县境内的中草药种类、功效等做了比较详尽、科学的介绍。

收藏单位：国家图书馆等

Z 综合性图书

146《察布查尔锡伯自治县年鉴》

朱玺主编，河南大学出版社2020年出版

关键词：锡伯族

中图法分类号：Z524.54

本书用分类编辑法，设编目、分目、条目三个结构层次，系统地记述、反映了察布查尔锡伯自治县政治、经济、社会、文化等方面在2018年的发展状况，突出了时代特征和地方特色，继承了中华民族编纂修志的优良传统，是宣传、推介察布查尔锡伯自治县的新窗口，对于实现察布查尔锡伯自治县文化大繁荣和精神文明建设具有积极意义。

收藏单位：国家图书馆等

147《中国少数民族古籍总目提要：锡伯族卷》

国家民族事务委员会全国少数民族古籍整理研究室编，中国大百科全书出版社2007年出版

关键词：锡伯族 古籍

中图法分类号：Z838

本书的编写工作从启动至完成历时近7年，全面、真实地反映了锡伯族现存古籍的全貌，共收到全国有关省、区、市填报的锡伯族古籍卡片3200余张，经过几次认真筛选，现共收录2338条，其中，书籍类661条，内容包括历史、宗教、宗谱、民间文学等；铭刻类12条，主要反映了寺庙碑刻、墓志等古籍资料；文书类875条，内容涉及历史、地理、军事、民族、宗教、风俗习惯、经济、政治、法律、语言文字、文学艺术、教育、文化等；讲唱790条，收录了长期以来在民间流传的神话。

收藏单位：国家图书馆、佳木斯大学图书馆、山东省图书馆等

第十三章

裕固族研究图书索引

裕固族简介

裕固族总人口 14 703 人（2020 年第七次全国人口普查数据）。主要聚居在甘肃省肃南裕固族自治县和酒泉黄泥堡民族乡。

裕固族人数虽少，却使用三种语言：属阿尔泰语系突厥语族的西部裕固语、属阿尔泰语系蒙古语族的东部裕固语和汉语，现大多会用汉语。裕固族东迁以前信仰萨满教和摩尼教，东迁后改信仰藏传佛教。

春节是裕固族一年中最大的传统节日，节前要包饺子、炸油馃子、祭祖，节日期间放鞭炮、点酥油灯，互送哈达礼品以示祝福。

裕固族民间口头文学非常发达，包括历史传说、民间故事、叙事长诗和民歌等，最为珍贵的是创世纪史诗《沙特》。民歌是裕固族人民最喜爱的一种口头文学形式，题材非常广泛。2006 年，“裕固族民歌”被列入第一批国家级非物质文化遗产代表性项目名录。

裕固族服饰集中体现了裕固族传统手工艺和审美情趣等文化内涵。2008 年，“裕固族服饰”列入第二批国家级非物质文化遗产代表性项目名录。

裕固族婚礼是裕固族民俗文化的重要组成部分和缩影，几乎涵盖了裕固族的大部分习俗，蕴藏着承袭数千年的传统文化内容。2011 年，“裕固族传统婚俗”列入第三批国家级非物质文化遗产代表性项目名录。

D 政治

001《祁连山北麓调查报告》

蒙藏委员会调查室 1942 年编印

关键词：裕固族 调查报告

中图法分类号：D693

本书所涉及的民族主要是今肃南县裕固族、藏族（祁丰区、马蹄区和水关乡）和蒙古族。此调查报告对了解 20 世纪 30 年代肃南县各方面情况有较高的参考价值。

收藏单位：国家图书馆、四川大学图书馆、复旦大学图书馆等

002《中国共产党甘肃省肃南裕固族自治县历史（1937—1978）》

中共肃南裕固族自治县委党史研究室编，中共党史出版社 2019 年出版

关键词：中国共产党 地方组织 肃南裕固族自治县

中图法分类号：D235.424

本书以 1937 年中国工农红军西路军转战肃南地区为上限，以 1978 年党的十一届三中全会召开为下限，秉承“尊重历史、存真求实”的原则，用大量翔实的史料，详尽记述了肃南人民在党的领导下进行革命斗争、开展大规模社会主义革命和建设的不平凡历程，记载了肃南地区经济、政治、文化、社会等方面的发展变化，总结了肃南裕固族自治县在社会主义革命和建设时期正反两方面的经验教训。本书具有鲜明的时代性和地方特色，是一部学习宣传党史的生动教材。

收藏单位：国家图书馆

003《族群互动与文化交融：当代裕固族聚居区族际通婚研究》

钟梅燕著，民族出版社 2018 年出版

关键词：裕固族 婚姻状况

中图法分类号：D669.1

作者在国内外族际通婚研究相关理论范式和观点的梳理和归纳基础上，通过对裕固族地区婚姻登记、户口档案等资料的数据分析及对通婚家庭的实地访谈调查基础上，并结合地方史志记载的文献资料，描述了裕固族族际通婚发展的现状、特点和趋势，归纳总结了裕固族族际通婚的缔结类型和基本规律，是研究裕固族聚居区族际通婚的参考资料。

收藏单位：西北政法大学图书馆、华东师范大学图书馆、华东政法大学等

F 经济

004《中国民族地区经济社会调查报告：甘肃裕固族聚居区卷》

王延中主编，中国社会科学出版社 2015 年出版

关键词：裕固族 民族地区经济 调查报告

中图法分类号：F127.8

本书通过对甘肃裕固族聚集地区的田野调查，结合社会学问卷调查方式和国情调研、社会调查方式，全面系统反映裕固族在政治、经济、文化、教育、科技、卫生等各方面取得的发展成就，展示少数民族地区人民生活的变化，总结民族区域自治制度和民族政策对当地经济社会发展的支撑作用，分析出现的新问题和面临的困境，并为解决这些问题提出对策性建议。

收藏单位：国家图书馆、兰州大学图书馆、西北民族大学图书馆等

G 文化、教育

005《教育人类学视野中的裕固族教育研究》

巴战龙著，甘肃文化出版社 2017 年出版

关键词：裕固族 少数民族教育

中图法分类号：G759.2

本书是“裕固族现代教育与文化传承研究丛书”之一，收录了裕固族学者巴战龙近年来发表的部分学术论文和研究文章，堪称 21 世纪以来作为一个专业学术领域的裕固族教育研究发展历程的缩影和研究深度的标尺。

收藏单位：国家图书馆、西藏民族大学图书馆、华东师范大学图书馆等

006《七世顾嘉堪布教育思想研讨会文集》

阿尔斯兰、杨杰主编，甘肃文化出版社 2016 年出版

关键词：七世顾嘉堪布（1897—1943）教育思想

中图法分类号：G40-092.6

七世顾嘉堪布开创了祁连山北麓裕固族、藏族地区现代学校教育的先河，为这一少数民族地区现代化发展培养和储备了第一批人才。2014 年 8 月，肃南裕固族自治县成立了裕固族教育研究所，并举行了裕固族教育家七世顾嘉堪布铜像落成暨“七世顾嘉堪布教育思想研讨会”。《七世顾嘉堪布教育思想研讨会文集》是“裕固族教育研究丛书·第一辑”的第一本书，全书分为四部分，分别是七世顾嘉堪布教育思想研究、教育理论研究、双语教学实践研究、历史与文化等，共收录论文 28 篇，是研究裕固族教育的参考资料。

收藏单位：国家图书馆、北京师范大学图书馆、玉林师范学院图书馆等

007《西北地区少数民族教育发展口述史研究》

沙景荣著，科学出版社 2014 年出版

关键词：少数民族教育 教育史 西北地区

中图法分类号：G759.2

本书是“教育研究新锐点丛书”之一，作者主要选取西北地区有代表性的民族教育工作者为访谈对象，如裕固族等，运用教育口述史的方法，通过几代人的教育经历来反映我国民族教育的发展变迁过程、教育对个人成长的影响及在受教育的过程所体现出的个体认知变化等问题。

收藏单位：国家图书馆、兰州大学图书馆、西北民族大学图书馆等

008《一项家乡人类学研究：学校教育·地方知识·现代性》

滕星主编，民族出版社 2010 年出版

关键词：裕固族 少数民族教育 肃南裕固族自治县

中图法分类号：G759.2

本书是“教育人类学研究丛书”之一。作者通过对西北一个乡村社区的现代性历程的研究，探索了裕固族乡村社区教育的发展、西部少数民族地区基础教育课程改革等问题，是研究裕固族教育的参考资料。

收藏单位：国家图书馆、河西学院图书馆、兰州大学图书馆等

009《裕固族聚居区学校教育特色研究》

安维武、蔡世宏著，民族出版社2014年出版

关键词：裕固族 肃南裕固族自治县

中图法分类号：G759.2

本书梳理了裕固族聚居区（以甘肃省肃南裕固族自治县为主）学校教育发展的历史与现状，对学校教育的整体发展模式、教师队伍建设、课程与教学建设、校园文化建设等方面的演变历程与主要特色进行了描述分析和提炼总结，在民族教育研究方面有一定的参考价值。

收藏单位：国家图书馆、佳木斯大学图书馆、中南民族大学图书馆等

010《裕固族语言初级系列教材·东部语言（全四册）》

文丽华主编，甘肃民族出版社2016年出版

关键词：东部裕固语 学前教育

中图法分类号：G613.2

本书是东部裕固语教材，选取了裕固族人日常生活中最基本的信息，图文并茂，浅显生动，通俗易懂，符合幼儿的认知特征，是幼儿了解裕固族历史、文化、语言最直观、最形象的教科书，适应肃南裕固族自治县各级各类幼儿园教学使用。

收藏单位：国家图书馆、华东师范大学图书馆、内蒙古自治区图书馆等

011《裕固族语言初级系列教材·西部语言（全四册）》

文丽华主编，甘肃民族出版社2016年出版

关键词：西部裕固语 学前教育

中图法分类号：G613.2

本书教材是西部裕固语教材，选取了裕固族人日常生活中最基本的信息，图文并茂，浅显生动，通俗易懂，符合幼儿的认知特征，是幼儿了解裕固族历史、文化、语言最直观、最形象的教科书，适应肃南裕固族自治县各级各类幼儿园教学使用。

收藏单位：国家图书馆、华东师范大学图书馆、内蒙古自治区图书馆等

H 语言、文字

012《东部裕固语词汇（蒙文）》

保朝鲁等著，内蒙古人民出版社1985年出版

关键词：东部裕固语 词汇

中图法分类号：H235.5

《东部裕固语词汇》是东部裕固语调查组的成果之一。该调查组以甘肃省肃南裕固族自治县康乐区红石窝公社为调查点，记录了3000多条语词。根据搜集到的词汇材料，整理编写了这本书的油印稿。本书收录词语4000余条。

收藏单位：国家图书馆、西北民族大学图书馆、中央民族大学图书馆等

013《东部裕固语汉语词典》

安玉冰等著，甘肃民族出版社2017年出版

关键词：东部裕固语 词典

中图法分类号：H235

本书收录了亲属称谓、饮食、动植物、自然现象、服饰、颜色及畜牧业生产知识等3530多条单词及词组，是学习东部裕固语的工具书。

收藏单位：国家图书馆

014《东部裕固语和蒙古语》

保朝鲁、贾拉森编著，内蒙古人民出版社1991年出版

关键词：东部裕固族 对比研究 蒙古族

中图法分类号：H235

本书利用较丰富的语言材料，系统地介绍了东部裕固语的语音、语法、词汇的现状，同时从东部裕固语的角度与蒙古族书面语进行了比较。

收藏单位：国家图书馆、西北民族大学图书馆、中央民族大学图书馆等

015《东部裕固语话语材料》

保朝鲁，贾拉森编，内蒙古人民出版社1988年出版

关键词：东部裕固语

中图法分类号：H235

本书是“蒙古语族语言方言研究丛书”之一，是东部裕固语调查组在以甘肃省肃南裕固族自治县康乐区红石窝公社为调查点记录整理的话语材料油印稿为基础编写而成的。调查组自1985年下半年开始，按照统一的体例修订书稿。东部裕固语音标下面所注蒙文不是译文，而是根据同源关系所作的词语的对照记载。

收藏单位：国家图书馆、西北民族大学图书馆、中央民族大学图书馆等

016《东部裕固语简志》

照那斯图编著，民族出版社1981年出版

关键词：东部裕固语 语言史

中图法分类号：H235

本书是“中国少数民族语言简志丛书”之一。裕固族使用三种语言，分别是东部裕固语、西部裕固语和汉语。使用东部裕固语的人口主要分布在甘肃省肃南裕固族自治县的康乐区康乐公社，红石窝公社、青龙公社和皇城区北滩公社、东滩公社。使用西部裕固语的居住在甘肃省肃南裕固族自治县明花乡和大河乡，居住在明花区前滩和酒泉县（1985年改为市）黄泥堡等地的，使用汉语。本书主要从语音、词汇、语法三方面介绍东部裕固族语。

收藏单位：国家图书馆、黑龙江省图书馆、西北民族大学图书馆等

017《甘肃肃南西部裕固语》

苗东霞著，商务印书馆2019年出版

关键词：西部裕固语 肃南裕固族自治县

中图法分类号：H235

本书基于丰富的第一手田野调查语料，从语音、词汇、语法角度详细描写了肃南，主要是大河乡西部裕固语的全貌，并对使用西部裕固语的裕固族历史与现状、社会变迁、语言系属、语言使用现状及濒危现状进行了详细的描述。本书通过田野调查收集了大量的畜牧词汇、服饰词汇及与文化仪式相关的词汇，提供了丰富的裕固语语料。

收藏单位：广西大学图书馆、华东师范大学图书馆、同济大学图书馆等

018《汉语西部裕固语对照词典》

安子俊等著，甘肃民族出版社 2014 年出版

关键词：西部裕固语 对照词典

中图法分类号：H235.6

本书采用语言学国际音标注音的方法，以肃南县明花地区的口语发音为依据，结合大河的语言习惯，对西部裕固语的语音、词汇、语法进行了注音、记录。该书稿所收词汇、造句以日常生活用语为主，目的在于把被学术界称为“活化石”的裕固语词汇、造句尽可能真实、完整地记录下来，通过抢救、保护的方式将裕固族语言、文化传承下去。

收藏单位：国家图书馆、甘肃政法大学图书馆、西北民族大学图书馆等

019《基于语音声学参数库的东部裕固语语音研究》

哈斯呼著，辽宁民族出版社 2020 年出版

关键词：东部裕固语 语音

中图法分类号：H235.94

本书主要介绍东部裕固语简况、东部裕固语语音研究概述和研制“东部裕固语语音声学参数数据库”的思路、方法和功能等概况。主要对东部裕固语的元音、辅音进行研究，包括短元音、长元音、复合元音并对该语言的每一个元音的共振峰、音长、音强、音高的参数进行系统统计分析；探讨了东部裕固语塞音、塞擦音、擦音、鼻音、边音、半元音、闪音及复合辅音等问题。根据声学参数对这些辅音的分布规律和声学特点进行了阐述。本书在以往研究的基础上，利用“东部裕固语语音声学参数数据库”，采用声学语言学的理论和方法，对东部裕固语的元音、辅音和词重音问题进行了较全面、较系统地定量和定性分析。

收藏单位：暂时无法提供馆藏信息。

020《蒙古语族东部裕固语静词的语法范畴研究》

阿拉腾苏布达著，内蒙古文化出版社 2019 年出版

关键词：东部裕固语 语法 静词

中图法分类号：H235

东部裕固语在语言类型上属于黏着语，其形态部分是东部裕固语形态变化的基础部分，静词具有数、格、领属、级等语法范畴的形态变化，表示事物、时间、地点、性质特征、数量等意义。根据附加成分、表达的意义、语法功能的特点将东部裕固语静词分为名词、形容词、数词、时位词、代词五个词类。该书以蒙古语族东部裕固语静词为研究对象，通过实地调查获取的第一手语言材料为基础，阐释了东部裕固语静词的语法范畴、形态结构、语法意义。

收藏单位：暂时无法提供馆藏信息。

021《西部裕固汉词典》

雷选春编著，四川民族出版社 1992 年出版

关键词：西部裕固族 词典

中图法分类号：H235.6

这部词典共收西部裕固语单词、词组 7000 余条，采用以国际音标为基础的西部裕固语音标，供研究者进行语言比较之用。采用国际音标，既能准确反映语言，

又便于读者学会使用；既包括词语的不同语音变体，又在一定程度上表明了不同地区间词义的差别；例句合乎口语习惯，正确，精炼，其中有些取自群众熟悉的民歌、故事、谜语、谚语，并在必要处做了关于民族风俗习惯的说明，内容丰富多彩，是学习西部裕固族语言的工具书。

收藏单位：国家图书馆、西北民族大学图书馆、西南民族大学图书馆等

022《西部裕固语简志》

陈宗振、雷选春编著，民族出版社1985年出版

关键词：西部裕固语

中图法分类号：H235

本书是“中国少数民族语言简志丛书”之一。裕固族使用三种语言，分别是东部裕固语、西部裕固语和汉语。本书从语音、词汇、语法三方面系统研究、介绍了西部裕固族语。

收藏单位：国家图书馆、黑龙江省图书馆、西北民族大学图书馆等

023《西部裕固语描写研究》

钟进文著，民族出版社2009年出版

关键词：西部裕固语 研究

中图法分类号：H235

本书是“中国少数民族语言文字保护丛书”之一。西部裕固语是一种近百年来引起国内外突厥学界极大兴趣的仅存于中国的古代突厥语。西部裕固语作为我国独有的突厥语言，与其他突厥语言相比，有它的独特之处。本书介绍了裕固族及其语言、语音结构、词汇、构词法、形态学、句法、话语材料、词汇表等内容，对研究裕固族语言的学者有重要意义。

收藏单位：佳木斯大学图书馆、西北民族大学图书馆、西北师范大学图书馆等

024《西部裕固语研究》

陈宗振著，中国民族摄影艺术出版社2004年出版

关键词：西部裕固语

中图法分类号：H235

本书讲述了西部裕固语言基本知识，语音词汇语法的结构、特点及其比较研究，并介绍与其传统文化有关的传说、歌曲、谚语等，对我国西部裕固族语言研究提供资料参考。

收藏单位：国家图书馆、西北民族大学图书馆、兰州市图书馆等

025《西部裕固语366句会话句：少数民族语汉英日俄对照》

钟进文著，社会科学文献出版社2017年出版

关键词：西部裕固语 口语

中图法分类号：H235.94

本书用少数民族语言、汉语、英语、日语、俄语分别介绍西部裕固族的366句日常会话，并对该民族的重要节日、风俗习惯进行简要说明，有利于加强对少数民族文化遗产的挖掘和保护，尊重、继承和弘扬少数民族优秀传统文化，积极促进少数民族文化产业发展，努力推进少数民族文化对外交流等工作任务和政策措施的完成和实施，是对我国濒危语言的保护和传承，同时也是对人类非物质文化遗产、国家非物质文化遗产及地方非物质文化遗产的抢救和保护。

收藏单位：国家图书馆、兰州大学图书馆、中央民族大学图书馆等

026《新编东部裕固语词汇》

保朝鲁著，内蒙古大学出版社 2015 年出版

关键词：东部裕固语 词汇

中图法分类号：H235.3

本书将东部裕固语词汇按语种分为三个部分，第一部分为完全体现裕固族民族语言特点的本有词汇，所包括词主要属于阿尔泰系统（多数为蒙古语词），词数占整个词汇的大多数；第二部分为汉语词；第三部分为藏语词，有 80 多个。

收藏单位：国家图书馆、华东师范大学图书馆、四川外国语大学图书馆等

I 文学

027《风中捡拾的草叶与月光》

妥清德编，民族出版社 2012 年出版

关键词：诗集 裕固族

中图法分类号：I227

本书是“中国人口较少民族文学作品系列”之一，由黄泥堡草原、岁月的马鞍、在故乡的雪与鹊巢边、静静地走过相思、青青的歌谣、大风吹拂六大部分组成，是作者对故乡民族的情感抒发，散发出浓浓的草原情怀和民族文化情感，意在感召世人回望传统、重塑历史、坚守民族文化。

收藏单位：国家图书馆、河西学院图书馆、兰州大学图书馆等

028《狂奔的彩虹马：肃南裕固族自治县文学作品选》

妥建国、杨占勤主编，中国工人出版社 1993 年出版

关键词：裕固族 少数民族文学

中图法分类号：I293.5

肃南裕固族自治县隶属于甘肃省张掖市，是中国唯一的裕固族自治县。裕固族文学是中国少数民族文学精神版图中不可或缺的一部分，具有独特的思想价值。裕固族文学既是对裕固族民族历史的再现，又是对本民族文化与民族精神的重铸。21 世纪裕固族文学具有追忆民族历史、守望游牧文化、弘扬民族精神、重建和谐家园的精神指向。

收藏单位：国家图书馆、河西学院图书馆、新疆图书馆等

029《私密的裕固：赵光龙诗歌集》

赵光龙著，敦煌文艺出版社 2013 年出版

关键词：诗集 裕固族

中图法分类号：I227

本书分为 15 辑，主要包括情感草原、夏日塔拉、故园景象、佛光普照、心灵私语、情爱天堂、牧神长歌、母语大地、佛说当下、灵魂告白、山水兄弟、白昼黑夜等内容，具有文学欣赏价值。

收藏单位：国家图书馆、兰州大学图书馆、中山大学图书馆等

030《裕固族民间文学作品选》

肃南县裕固族文化研究室编，甘肃民族出版社 2012 年出版

关键词：裕固族 少数民族文学 南裕固族自治县

中图法分类号：I293.5

裕固族民间文学是研究裕固族不同历史时期政治、经济、文化、宗教、习俗及

其民族观念等诸方面宝贵的原始素材，具有非常重要的历史文化与文学价值。本书稿对流传在甘肃省肃南裕固族自治县的民族民间文学作品进行了辑录，主要包括史诗、颂词、谚语、谜语、会话、口述、民间故事、东部地区民歌、西部地区民歌等内容。

收藏单位：国家图书馆、兰州市图书馆、西北民族大学图书馆等

031《我的家园：玛尔简散文集》

玛尔简著，民族出版社 2008 年出版

关键词：散文 裕固族

中图法分类号：I267

本书主要收录了裕固族作家玛尔简的散文作品，主要包括《怀念海子湖》《故乡的小邮局》《永远的海子湖》《献给阿娜的歌》《羊群欢跳的季节》《岁月中的牧羊生活》《我的尧熬尔亲人》等，具有文学欣赏价值。

收藏单位：国家图书馆、云南民族大学图书馆、云南师范大学图书馆等

032《新时期中国少数民族文学作品选集：裕固族卷》

中国作家协会编，作家出版社 2015 年出版

关键词：少数民族文学 裕固族

中图法分类号：I29

《新时期中国少数民族文学作品选集》编选了各个少数民族各类题材的代表性作品，集中展示了新时期我国少数民族文学繁荣发展的景象，也拓展和扮靓了中国当代文学的版图。本书收录了裕固族文学作品，包括小说、散文、诗歌等，具有文学欣赏价值。

收藏单位：国家图书馆、甘肃政法大学图书馆、西北师范大学图书馆等

033《星光下的乌拉金》

铁穆尔著，甘肃文化出版社 2006 年出版

关键词：随笔 裕固族

中图法分类号：I267.1

本书是“天·地·人生态丛书”之一，是裕固族作家铁穆尔经过采风所写关于裕固族的风土人情的随笔作品集。作者是一个地道的尧熬尔人，听过无数的尧熬尔故事和歌谣，学习和研究过母族的历史，并且还在不断地学习和研究中。本书大部分内容是在尧熬尔的冬季牧场，偏远安静的乌拉金陆续写成。书的篇章均按尧熬尔的传统称为“艾勒”，“艾勒”这个词在尧熬尔中是牧村、村落、部分、局部、片、篇等意思。

收藏单位：国家图书馆、兰州市图书馆、西北民族大学图书馆等

034《悠悠牧草地》

达隆东智著，甘肃文化出版社 2014 年出版

关键词：短篇小说 中篇小说

中图法分类号：I247.7

祁连山，从匈奴时代就被北方游牧民族称为“腾格里山（天山）”，时至今日，生活在这片群山草原间的尧熬尔人（裕固人的自称），依然把它尊称为“腾格里欧拉”或“腾格里塔戈”，从而真切地反映了它在游牧族群中的地位与作用。裕固族作家达隆东智的小说具有典型的草原文化

特质，既以炽烈深切的情怀生动展现了个性鲜明的民族风情，又以人与自然和谐共生的主题表达了对民族精神的诗性追寻。

收藏单位：国家图书馆、内蒙古大学图书馆、贵州省图书馆等

035《裕固拾遗》

贺继新著，中国戏剧出版社 2013 年出版

关键词：诗集 裕固族

中图法分类号：I227

本书是一部诗集，收录了作者创作的百余首诗歌。这些诗歌从不同侧面赞美家乡的自然风光，描绘当地风土人情，讴歌勤劳质朴的人民及美好生活。意象清新、情景交融，表达了作者对家乡的热爱，对这片土地的眷恋，以及对乡亲父老的深厚感情。

收藏单位：国家图书馆、河西学院图书馆等

036《裕固文艺作品选：散文卷》

肃南裕固族自治县，《裕固文艺作品选》编委会编，甘肃文化出版社 2007 年出版

关键词：裕固族自治县 文学作品

中图法分类号：I218.424

裕固族历史文化历经时代的变迁，其母语口传心授，没有文字记载，能存在和发展延续下来，可谓弥足珍贵。这种“精神家园”的守护是对一个民族灵魂的保护。本书是“甘肃省少数民族丛书”之一，辑录了肃南裕固族自治县文艺工作者创作的优秀散文作品，反映了西部少数民族文化事业的发展成果，具有文学欣赏价值。

收藏单位：国家图书馆、陇东学院图书馆、西北民族大学图书馆等

037《裕固文艺作品选：诗歌卷》

肃南裕固族自治县，《裕固文艺作品选》编委会编，甘肃文化出版社 2007 年出版

关键词：裕固族自治县 诗歌

中图法分类号：I218.424

裕固族历史文化历经时代的变迁，其母语口传心授，没有文字记载，能存在和发展延续下来，可谓弥足珍贵。这种“精神家园”的守护是对一个民族灵魂的保护。本书是“甘肃省少数民族丛书”之一，辑录了肃南裕固族自治县文艺工作者创作的优秀诗歌作品，格调明快，主题积极，反映了西部少数民族人民的精神风貌，具有文学欣赏价值。

收藏单位：国家图书馆、陇东学院图书馆、西北民族大学图书馆等

038《裕固文艺作品选：小说卷》

肃南裕固族自治县，《裕固文艺作品选》编委会编，甘肃文化出版社 2007 年出版

关键词：裕固族自治县 小说

中图法分类号：I218.424

裕固族历史文化历经时代的变迁，其母语口传心授，没有文字记载，能存在和发展延续下来，可谓弥足珍贵。这种“精神家园”的守护是对一个民族灵魂的保护。本书是“甘肃省少数民族丛书”之一，辑录了肃南裕固族自治县文艺工作者创作的优秀小说作品，展现了西部少数民族文化事业的丰硕成果，具有文学欣赏价值。

收藏单位：国家图书馆、陇东学院图书馆、西北民族大学图书馆等

039《裕固族当代文学创作论》

王锐著，甘肃人民出版社2012年出版

关键词：裕固族 少数民族文学 文学创作

中图法分类号：I207.935

本书是对裕固族书面文学创作历程进行了较好的梳理和总结。作者注重作品精读和多层面、多角度阐释，一方面把文学"史"的影响和作家横向比较结合起来论述，另一方面把作家作品解读与文化现象探析结合起来论述，从细微入手研究民族文学现象，同时也指出了裕固族当代文学发展的得失，并指出需要改进的地方和今后努力的方向。

收藏单位：国家图书馆、佳木斯大学图书馆、河西学院图书馆等

040《裕固族口头文学研究》

李建宗等著，民族出版社2018年出版

关键词：民族文学 裕固族

中图法分类号：I207.935

口头文学是一个民族文化传统的重要组成部分。裕固族口头文学在裕固族民俗文化生活中占据重要地位，发挥着重要作用。本书是对裕固族口头文学传统的一次系统梳理，包括口头文学圈、研究综述与搜集整理回顾；口头诗歌的内容和形式；口头颂词；民间传说；民间故事等内容，是研究裕固族口头文学有价值的参考资料。

收藏单位：国家图书馆、湖北省图书馆、浙江图书馆等

041《裕固族民间文学作品选》

安建均等选编，民族出版社1984年出版

关键词：裕固族 民间文学

中图法分类号：I277

富有智慧的裕固族人民有着自己灿烂的文化，民歌缓慢而悠扬的曲调，反映了裕固族地域辽阔、居住分散的地理特点。裕固族民间文学除其文学价值外，还有一定的民俗学、美学和历史学等多方面的价值，对裕固族民间散文形式的作品，裕固族人民称之为"古经"或"古今"，有神话、传说、故事、寓言、笑话等。本书收录、整理了23篇民间文学作品。

收藏单位：国家图书馆、甘肃政法大学图书馆、河西学院图书馆等

042《裕固族文学集》

本书编写组编著，甘肃人民出版社1999年出版

关键词：裕固族 少数民族文学

中图法分类号：I293.5

本书是"甘肃少数民族文学丛书"之一。裕固族文学，其内容非常丰富，体裁多样，主要有神话、传说、故事、民歌、叙事诗、谚语、谜语等。这些文学作品，反映了裕固族人民生产生活经验，是研究裕固族不同历史时期政治、经济、文化、宗教、习俗及其民族观念等诸方面宝贵的原始素材，具有非常重要的历史文化与文学价值。

收藏单位：甘肃政法大学图书馆、兰

州大学图书馆、天水师范学院图书馆等

043《裕固族文学研究》

武文著，甘肃人民出版社1998年出版

关键词：裕固族 文学研究

中图法分类号：I207.935

裕固族文学既是对裕固族民族历史的再现，又是对本民族文化与民族精神的重铸。裕固族文学具有追忆民族历史、守望游牧文化、弘扬民族精神、重建和谐家园的精神指向。本书从童年时期的文学、古代文学、近现代文学、中华人民共和国成立后的文学四个篇章介绍了裕固族文学，是了解和研究裕固族文学的参考资料。

收藏单位：河西学院图书馆、兰州城市学院图书馆、兰州大学图书馆等

044《中国裕固族民间文学资料汇编》

钟进文编，民族出版社2018年出版

关键词：裕固族 民间文学

中图法分类号：I277

本书是“中国人口较少民族非物质文化遗产研究系列”丛书之一，设置了民间传说、历史传说歌、情歌、生活歌、劳动歌、婚礼歌、仪式诵词、民间谚语8个栏目，收录了上百篇流传在我国裕固族地区的各类口头文学，如神话、传说、故事、叙事诗、史诗、民歌、歌谣、谚语等。编者的目的是秉承之前出版的《中国裕固族研究集成》和《国外裕固族研究文集》，为关心热爱裕固族文化事业的各方人士提供文献资料检索。

收藏单位：国家图书馆、西北师范大学图书馆、中央民族大学图书馆等

J 艺术

045《洮岷花儿与西北民族民俗文化研究》

柯扬编，人民出版社2012年出版

关键词：花儿（音乐）民族音乐研究

中图法分类号：J616.2

本书是“敦煌西域文明与中国传统文化丛书”之一，书稿分为上下两编，上编为柯杨先生的《洮岷花儿研究》，下编为武文先生的《西北民族民俗文化研究》。在西北民族民俗文化研究部分，作者阐述了裕固族宗教信仰、格萨尔原型断想、裕固族神话中的原始宗教“基因”、裕固族《格萨尔故事》内涵及其原型、裕固族创世神话、尧乎尔文学对裕固族历史的口承与补正、裕固族民间叙事诗中的民族自我意识，是西北民族民俗文化、民族音乐研究有价值的资料参考。

收藏单位：国家图书馆、兰州大学图书馆、西北民族大学图书馆等

046《裕固千秋》

裕固族历史文化长卷创作组编，中国民族摄影艺术出版社2009年出版

关键词：中国画 裕固族 民族历史

中图法分类号：J222.7

裕固族在经历了千年饥荒、战乱、迁徙等坎坷岁月后，以其无穷的智慧和艰辛的劳动，创造了悠久而独特的民族文化。张掖文化界的几位书画家，倾其匠心精心创作绘制了该艺术长卷，生动形象地反映了裕固族从古到今的发展进程、人文特征和地域风情，对于弘扬民族精神、展现民族特色、传承民族文化、促进民族和谐、推进民族地区经济社会发展有深远意义。

此书的出版也是对国庆60周年和肃南裕固族自治县成立55周年的献礼。

收藏单位：国家图书馆、佳木斯大学图书馆、兰州大学图书馆等

047《裕回文艺作品选：歌曲卷》

肃南裕固族自治县，《裕固文艺作品选》编委会编，甘肃文化出版社2007年出版

关键词：裕固族自治县 歌曲作品集

中图法分类号：J642

本作品选共收集了如《裕固人民欢迎您》《裕固新歌》《裕固族草原三枝花》《裕固小星星》《裕固族敬酒歌》等裕固族相关歌曲169首，具有音乐欣赏价值，为裕固族音乐爱好考提供参考。

收藏单位：国家图书馆、北京语言大学图书馆、西北民族大学图书馆等

048《裕固族民歌赏析与评述》

张爱民著，甘肃人民出版社2008年出版

关键词：裕固族 民歌

中图法分类号：J607.235

本书包括“裕固族民俗”“裕固族民歌赏析”两部分内容。其中，民俗部分记录了裕固族宗教信仰和原始崇拜、婚俗、葬俗及服饰；赏析部分搜集、整理了包括历史歌类、婚礼歌类、牧歌类、山歌类等共100多首裕固族原生态民歌谱例，并进行赏析，为裕固族民歌研究者提供资料参考。

收藏单位：国家图书馆、甘肃民族师范学院图书馆、甘肃政法大学图书馆等

049《裕固族舞蹈》

张宗林，刘金萍主编，甘肃民族出版社2012年出版

关键词：裕固族 民族舞蹈

中图法分类号：J722.223.5

裕固族舞蹈是裕固族在漫长的劳动和生活过程中，根据自娱、祈福、达情所需创作，并在河西走廊祁连山一带裕固族群众之间传承的一种艺术形式，是中华民族艺术宝库里一朵光彩夺目的奇葩。本书是裕固族文化研究领域的一项重要成果，从裕固族的起源、舞蹈形成和发展、裕固族舞蹈的分类、特点和基本动律、裕固族舞蹈对其他民族舞蹈动作的吸收和借鉴等方面对裕固族舞蹈进行研究，在展示中华文化魅力、弘扬民族精神、增强民族凝聚力，建设中国特色社会主义先进文化等方面做了一些有益的探索。

收藏单位：国家图书馆、甘肃政法学院图书馆、河西学院图书馆等

050《裕固族舞蹈研究》

安菊花钟智锋，敦煌文艺出版社2015年出版

关键词：裕固族 舞蹈

中图法分类号：J722.223.5

裕固族与蒙古族、藏族相邻，是逐水草而居的游牧民族，除了受蒙古族、藏族舞蹈影响外，和所有游牧民族一样，具有相似的精神风貌和舞蹈特点。本书包括：裕固族概述、裕固族民间舞蹈的起源与发展、裕固族舞蹈的种类与特点、裕固族舞蹈论述、裕固族原生态民间舞走进高校民间舞课堂的设想等内容，为研究裕固族舞蹈的专业人员提供了丰富资料参考。

收藏单位：国家图书馆

051《裕固族音乐文化研究》

王采编著，线装书局 2013 年出版

关键词：裕固族 民族文化 民族音乐

中国图书分类号：J607.2

本书是“当代中国学术文库”之一。作者对裕固族历史文化和音乐文化进行了系统考察、研究、归纳和梳理，内容翔实，涉猎广泛，全面确切，把历史和现实、继承和出新、学术和习俗结合起来，包括裕固族民族简介、裕固族服饰文化等，为裕固族音乐文化研究提供资料参考。

收藏单位：国家图书馆、佳木斯大学图书馆、西北民族大学图书馆等

052《裕固族与维吾尔族装饰艺术比较研究》

陈文福、王萍著，现代出版社 2017 年出版

关键词：装饰美术 对比研究 裕固族

中图法分类号：J525

本书通过对裕固族和维吾尔族在服饰的装饰艺术和居室的装饰艺术在造型、工艺、题材和风格等方面的外在表现和深层文化内涵的探究，力求能梳理出两个同源民族在不同的文化背景、不同的地域环境影响下的装饰艺术的外在表现与内在含义的相联与演变。通过调研和对所掌握资料的分析，对其他领域在两个同源民族的研究提供一些形象和思路上的参考。

收藏单位：国家图书馆等

K 历史、地理

053《从蒙古豳王到裕固族大头目》

杨富学、张海娟著，甘肃文化出版社 2017 年出版

关键词：裕固族 民族历史

中图法分类号：K283.5

本书是“丝绸之路历史文化研究书系”之一，作者通过长期研究，对裕固族形成史及其与蒙古豳王家族关系进行深入阐述，并且用十五个部分的内容对豳王家族的新刊布资料，特别是河西地区发现的元代碑刻、蒙古文写本、回鹘文石窟题记及黑水城出土文献进行研究，勾画出豳王家族及元代西北社会之历史图景。

收藏单位：国家图书馆、佳木斯大学图书馆、兰州大学图书馆等

054《敦煌与形成期的裕固族》

杨富学著，甘肃文化出版社 2020 年出版

关键词：裕固族

中图法分类号：K283.5

本书为国家出版基金项目“丝绸之路历史文化研究书系”(第 2 辑）之一，以“裕固与敦煌”为主题，以历史、文化、宗教、语言、民俗、人口为切入点，讲述裕固族形成历史及与敦煌的关系。全书共 14 个篇章，即裕固族在敦煌的形成及其东迁、裕固族古文献在敦煌的遗存、裕固族与晚期敦煌石窟、莫高窟第 61 窟甬道的修葺及其与蒙古豳王家族之关系、甘州回鹘天公主在敦煌的活动与影响、“裕固学”与敦煌学之关系等，内容丰富，具有较高的学术价值和出版价值。

收藏单位：国家图书馆等

055《多民族关系中的裕固族及其当代社会研究》

贺卫光等著，民族出版社 2011 年出版

关键词：裕固族 民族历史 民族文化

中图法分类号：K283.5

本书是一部研究裕固族历史和社会文化的著作。作者通过对历史文献研究和田野考察，对裕固族的族源、历史、语言文学、传统文化、传统社会组织结构等进行了深入研究，是读者研究裕固族历史社会文化的一部有价值的参考书。

收藏单位：国家图书馆、佳木斯大学图书馆、兰州大学图书馆等

056《多样性与裕固学：基于人类学的探索》

巴战龙著，知识产权出版社 2018 年出版

关键词：裕固族 民族文化

中图法分类号：K283.5

本书收录了作者自 2005 年攻读博士学位以来的 13 篇文章和一则政策建议，共分三编："裕固学学科构建""裕固族文学、语言与文化"和"社区发展、地方知识与家乡人类学"，展示了作者以人类学为基本视角，对裕固学学科构建的学术想象和具体论证，以及在与人类学相关的若干主题上的研究成果。

收藏单位：国家图书馆、兰州大学图书馆、西北师范大学图书馆等

057《甘肃少数民族风俗文化》

翟存明著，兰州大学出版社 2009 年出版

关键词：少数民族风俗习惯 裕固族 甘肃省

中图法分类号：K892.442

甘肃历史悠久，地形复杂，民族文化丰富，风俗独特。本书第 3 章介绍了裕固族的服饰风俗、裕固族的人生礼仪风俗、裕固族的婚姻风俗、裕固族的丧葬风俗、裕固族的居住风俗、裕固族的饮食风俗、裕固族的宗教信仰、裕固族的民间文化。

收藏单位：甘肃民族师范学院图书馆、河西学院图书馆、兰州大学图书馆等

058《甘肃省肃南裕固族自治县地名资料汇编》

肃南裕固族自治县人民政府 1987 年编印

关键词：裕固族自治县 地名

中图法分类号：K924.2

本书收集列入的标准地名共 3497 条。其中：行政区划单位和自然村名称 132 条；独立存在的、重要的各专业部门使用的站、场、矿等 47 条；古遗址和其他人工建筑物等名称 39 条；各类自然地理实体名称 3279 条（见肃南裕固族自治县地名分类统计表）。编入县、区、社、场文物古迹等各类文字概况材料 41 份；绘制县、公社地名图 24 张，附有彩色黑白照片。本书是了解甘肃省肃南裕固族自治县历史文化的参考资料。

收藏单位：国家图书馆、西北民族大学图书馆、西北师范大学图书馆等

059《甘肃文史资料选辑：第 46 辑：中国裕固族》

中国人民政治协商会议甘肃省委员会文史资料和学习委员会等编，甘肃人民出版社 1997 年出版

关键词：文史资料 裕固族

中图法分类号：K294.2

本书以其真实可靠的材料，反映了以裕固族为主体的肃南县各族人民在中国共产党和人民政府的领导支持下所取得的辉煌成绩。全书包括历史演变篇、政治经济篇、教育卫体篇、民族人物篇、民族风情篇、宗教信仰篇等内容。它既是向青少年进行爱国主义教育、民族团结教育的乡土教材，又是让外界了解裕固族的一个窗口。

收藏单位：国家图书馆、兰州大学图书馆、甘肃民族师范学院图书馆等

060《甘肃裕固族史话》

张志纯主编，甘肃文化出版社 2009 年出版

关键词：裕固族 民族历史

中图法分类号：K283.5

本书是“甘肃少数民族史话丛书”之一，主要涵盖裕固家园、沧桑变迁、灿烂文化、古今人物、风俗民情、传说故事等六方面内容，便于读者了解裕固族历史。

收藏单位：佳木斯大学图书馆、西北民族大学图书馆、西北师范大学图书馆等

061《戈壁人家：裕固族》

钟声著，云南大学出版社 2001 年出版

关键词：裕固族 家庭生活

中图法分类号：K283.5

本书是“20 世纪中国民族家庭实录”之一，从甘肃省肃南裕固族自治县明花区的钟自义老人家庭着笔，对裕固族的家庭生活、家庭关系、传统习惯、宗教观、教育观等进行了实录式的描写和剖析。

收藏单位：国家图书馆、兰州大学图书馆、西北民族大学图书馆等

062《国外裕固族研究文集》

钟进文主编，中央民族大学出版社 2008 年出版

关键词：裕固族

中图法分类号：K283.5-53

对裕固族的关注及其研究很早就在西方国家开始了。这本文集是作者利用在国外访学和做博士后研究的机会搜集、整理的有关裕固族研究的成果，回国后组织相关专家学者译为汉文，历经数载汇编成集。通过本书，读者既可以了解百余年前的裕固族生活状况，也可以了解目前国外裕固族研究的最新动态。此文集为裕固族研究提供了新的视角和大量的资料，对提高中国的裕固族研究水平、促进民族团结和民族关系的和谐发展，推动裕固族文化事业发展具有十分重要的意义。

收藏单位：国家图书馆、兰州大学图书馆、西北民族大学图书馆等

063《谱系：裕固族二十一代世袭大头目》

高自厚、贺红梅著，甘肃文化出版社 2013 年出版

关键词：裕固族 民族谱系

中图法分类号：K820.9

本书以历代世袭大头目为主线，介绍了裕固族发展的历史，重点研究了清末、民国以来裕固族社会的重大变化，特别是肃南裕固族自治县建立以来肃南草原发生的重大变化，是研究裕固族历史文化的参

考资料。

收藏单位：国家图书馆、兰州大学图书馆、西北民族大学图书馆等

064《肃南裕固族自治县标准地名录》

贺敬农主编，民族出版社2010年出版

关键词：肃南裕固族自治县 地名

中图法分类号：K924.24

本书以图片、图表、文字的形式，详细记载了肃南县地名的名称、语种、含义以及主要地名的产生、沿革和渊源，涉及地理、政治、经济、文化、社会、历史、旅游、考古以及民族风土人情等方方面面，是一部融资料性、适用性为一体的工具书。

收藏单位：国家图书馆、河西学院图书馆、兰州大学图书馆等

065《肃南裕固族自治县非物质文化遗产保护名录图典》

王秀芸主编，甘肃民族出版社2016年出版

关键词：非物质文化遗产 名录 肃南裕固族自治县

中图法分类号：K294.24-64

本书对肃南裕固族自治县县域内的国家级、省级、市级、县级非物质文化遗产进行了阐释，主要内容包括裕固族民歌、裕固族语言、裕固族史诗与长诗、裕固族叙事诗、裕固族民间故事、裕固族刺绣、裕固族皮雕、裕固族传统毛帐篷制作、裕固族传统棋类、肃南藏族锅庄舞等，是了解肃南裕固族自治县非物质文化遗产的普及读物。

收藏单位：国家图书馆

066《肃南裕固族自治县概况》

《肃南裕固族自治县概况》编写组、《肃南裕固族自治县概况》修订本编写组编，民族出版社2009年出版

关键词：肃南裕固族自治县

中图法分类号：K924.24

本书是“中国少数民族自治地方概况丛书（修订本）”之一，主要介绍了肃南裕固族自治县的地理环境、历史沿革与社会变革、民族区域自治情况、农业、工业、交通通信、财政金融等内容，全面系统地反映1987年以后肃南裕固族自治县的历史、地理、经济、文化、社会的基本情况和实行民族区域自治的历程、成就和经验，是研究肃南裕固族自治县历史的参考资料。

收藏单位：国家图书馆、兰州大学图书馆、西北民族大学图书馆等

067《肃南裕固族自治县明花区志》

本书编委会编著，甘肃人民出版社2006年出版

关键词：肃南裕固族自治县 明花区志

中图法分类号：K294.24

本书介绍和展示肃南裕固族自治县明花区自建区50年来在党的领导下在经济、文化、教育、卫生、体育和风俗习惯等各个方面所发生的巨大变化，讲述了肃南裕固族人民在新的历史时期所取得的辉煌成就，开拓出广阔的发展新局面，是了解和研究肃南裕固族自治县历史的参考资料。

收藏单位：国家图书馆、河西学院图书馆、中央民族大学图书馆等

068《肃南裕固族自治县志》

甘肃省肃南裕固族自治县地方志编纂委员会编，甘肃民族出版社2019年再版

关键词：地方志 肃南裕固族自治县

中图法分类号：K294.2

肃南裕固族自治县成立时间虽短，但居住在肃南县境内的各族人民却有着悠久的历史。本书贯通古今，略古详今。以肃南县成立后的历史为主，下限截至1990年重大事件延至1992年。2019年版在此基础上准确记述了1991—2012年肃南裕固族自治县经济社会发展的成就、经验和教训，客观真实地反映20多年来经济社会各项事业的发展历程，是了解和研究肃南裕固族自治县历史的参考资料。

收藏单位：国家图书馆、西北民族大学图书馆、兰州大学图书馆等

069《肃镇华夷志》

高启安，台惠莉校注，甘肃人民出版社2006年出版

关键词：甘肃省地方史志

中图法分类号：K294.2

《肃镇华夷志》又名《肃镇志》，是一本撰修于明万历年间的酒泉、高台一带（当时称“肃州”“镇夷”）的地方志书，原题为《肃镇华夷志》，清初改为《肃镇志》，是目前所存最早的元明以来河西地方志，它记载有裕固族族源、语言、风俗习惯、宗教信仰、居住地变迁等资料。本书收舆图29幅，包括沿革、疆域、山川、水利、风俗、物产、户口、城池军制、马政、屯田、戎器、兵饷、驿传、公署、学校等30余目。

收藏单位：国家图书馆、河西学院图书馆、天水师范学院图书馆等

070《文化传播与人口较少民族文化变迁：裕固族30年来文化变迁的民族志阐释》

王海飞著，民族出版社2010年出版

关键词：裕固族 民族文化 甘肃省

中图法分类号：K283.5

本书是“西北少数民族学术研究文库”之一，作者以裕固族作为人口较少民族的典型范本来探查文化变迁的表现内容和发展趋势，从文化传播这一新的视角阐释人口较少民族文化变迁的特点、意义和问题，并且用影视人类学的研究方法对裕固族社会文化生活做了记录、展现和对比，使研究的过程、目的及结论更加直观和更具有科学性，以增强其可信程度。

收藏单位：佳木斯大学图书馆、西北民族大学图书馆、西北师范大学图书馆等

071《姓与性：一部裕固族亲属制度的民族志》

林红著，中国社会科学出版社2018年出版

关键词：裕固族 亲属制度

中图法分类号：K283.5

本书分为个体身份认定制度、性生活实践模式、时空观三部分，涵盖文化血缘、社会血亲、称谓制度、性禁忌、明媒正娶、勒系腰、身体时间、生态时间、居住空间等内容。

收藏单位：国家图书馆、佳木斯大学图书馆、武汉图书馆等

072《裕固民族尧熬尔千年史》

铁穆尔著，民族出版社 1999 年出版

关键词：裕固族 民族历史

中图法分类号：K283.5

作者为了能说明历史、尊重历史，自始至终都用了本民族的自称“尧熬尔”，并且按照历史上本民族和其他北方民族的正确称呼，把回纥、回鹘、撒里畏兀尔、裕固等统一称为“尧熬尔”。作者用文学的手段以绝大多数尧熬尔人对本民族历史的看法、观点和立场为标准，尽可能真实、简要和通俗地用文学语言讲述尧熬尔人的历史，是一本通俗的历史普及读物。

收藏单位：国家图书馆、佳木斯大学图书馆、西北民族大学图书馆等

073《裕固族》

范玉梅著，民族出版社 1986 年出版

关键词：裕固族 民族文化 民族历史

中图法分类号：K283.5

本书是“民族知识丛书”之一。为了帮助广大读者全面、系统地了解裕固族的情况，作者从风光与资源，历史经济，部落与户族，姓氏、家庭与婚姻，生活习俗，文化艺术、宗教信仰等方面图文并茂地介绍了裕固族相关知识，是了解裕固族历史的普及读物。

收藏单位：佳木斯大学图书馆、西北民族大学图书馆、西北师范大学图书馆等

074《裕固族》

马宁著，中国人口出版社 2013 年出版

关键词：裕固族 民族文化 民族历史

中图法分类号：K283.5

裕固族长期居住在河西走廊。这一特殊的地理位置决定了这里必将成为中西文化交流的必经之地，使裕固族的所有生活，都打上了中西文化融合的烙印。本书是“中国少数民族人口丛书”之一，作者对裕固族的历史、经济、文化做了分析与阐释，是读者了解裕固族历史文化的普及读物。

收藏单位：国家图书馆、内蒙古自治区图书馆、华东师范大学图书馆等

075《裕固族》

王钟健主编，新疆电子音像出版社 2010 年出版

关键词：裕固族 民族文化 民族历史

中图法分类号：K283.5

本书是“中华民族大家庭知识读本系列丛书”之一，不仅介绍了裕固族及其由来、裕固族地区的自然环境、裕固族的人口分布和语言等，还介绍了裕固族的历史沿革、中华人民共和国成立前裕固族的社会经济与生产形态等内容，是了解裕固族的普及读物。

收藏单位：国家图书馆、佳木斯大学图书馆、陇东学院图书馆等

076《裕固族》

董潇红、王政德著，辽宁民族出版社 2014

关键词：裕固族 民族文化 民族历史

中图法分类号：K283.5

本书是“走近中国少数民族丛书”之一，文字优美，真实地展示了裕固族自远古至今的发展历程。作者对裕固族独特风俗习惯的描写，遵照该民族的习惯，予

以正确的理解并加以描述，本着尊重民族习俗和让读者了解的目的进行文字加工，使本书成为了解裕固族历史文化的普及读物。

收藏单位：佳木斯大学图书馆、兰州大学图书馆、西北师范大学图书馆等

077《裕固族》

戴艳华编著，吉林出版集团有限责任公司 2010 年出版

关键词：裕固族 民族文化 民族历史

中图法分类号：K28

本书是“中国文化知识读本”之一，介绍了裕固族的饮食习惯、民族服饰、婚礼习俗和民族文化等内容，是了解裕固族民族文化的普及读物。

收藏单位：兰州文理学院图书馆、佳木斯大学图书馆、北方民族大学图书馆等

078《裕固族：甘肃肃南县大草滩村调查》

郑筱筠、高子厚主编，云南大学出版社 2004 年出版

关键词：裕固族 民族调查

中图法分类号：K283.5

本书是“中国民族村寨调查丛书”之一。裕固族有东、西部地区之别，过去的调查多偏重西部地区。甘肃肃南县大草滩村在东部地区，地理位置居中，使用裕固族语的情况比较好，而且牧业比重较大。此次调查采用了直接观察法、个别访问法、小型座谈会、直接问答法、谱系调查法、自传调查法、语言分析法等方法。作者根据调查的第一手资料，采用 13 个章节，阐述了裕固族的概况与历史、生态环境、人口、经济、社会结构、生活方式、婚姻家庭、政治与法律、语言与文学、民族风俗、教育、科技卫生以及宗教等内容，是了解甘肃肃南县大草滩村历史文化的参考资料。

收藏单位：佳木斯大学图书馆、西北民族大学图书馆、西北师范大学图书馆等

079《裕固族百年实录》

甘肃省政协文史资料和学习委员会编，中国文史出版社 2017 年出版

关键词：裕固族 民族历史

中图法分类号：K283.5

本书以政协文史资料“亲历、亲见、亲闻”的“三亲”原则，记录了裕固族百年发展的历史片段、重大事件、重要人物及风土人情，展示了各民族共同团结奋斗、共同繁荣发展的光辉历程，发挥了人民政协文史资料“存史、资政、团结、育人”的作用，为民族研究工作提供了参考，为民族政策制定提供了借鉴，为民族发展繁荣和民族团结进步提供了咨询。

收藏单位：国家图书馆、西南民族大学图书馆、华东师范大学图书馆等

080《裕固族风情》

田自成，多红斌编著，甘肃文化出版社 1994 年出版

关键词：裕固族

中图法分类号：K283.5

本书为读者了解裕固族的民族特色提供了翔实丰富的史料，有助于国内外人士全面认识裕固族这一优秀的中华少数民族。本书从裕固族的起源、宗教、习俗、家居、医疗、体育、生产、民间文学等方

面做了简要介绍，使本书可读性强。

收藏单位：国家图书馆、佳木斯大学图书馆、西北师范大学图书馆等

081《裕固族风俗志》

才让丹珍著，天津古籍出版社1993年出版

关键词：裕固族 少数民族风俗习惯

中图法分类号：K892.335

本书被收入“甘肃省少数民族古籍丛书”。作者对东裕固族和西裕固族人的风俗有比较全面的描述，不仅对读者起到导读的作用，为研究裕固族民俗，历史现状及其变异、发展趋势的专家学者提供学术资料，有助于人类学、民族学、历史学、语言学、考古学、社会学等门类的研究。本书介绍的裕固族风俗，以近现代民俗为主，适当描述了某些民俗的历史渊源，其材料来源主要是古今典籍、史书、地方志、诗词、歌谣、中华人民共和国成立前后的社会调查材料、口头传承的民间文学艺术、作者调查的第一手资料。从内容上看，具有一定的代表性，研究价值较高，对于搜集、整理民族民俗的工作也是很好的借鉴。

收藏单位：佳木斯大学图书馆、甘肃民族师范学院图书馆、西北民族大学图书馆等

082《裕固族简史》

《裕固族简史》编写组、《裕固族简史》修订本编写组编，民族出版社2008年出版

关键词：裕固族 民族历史

中图法分类号：K283.5

本书是“中国少数民族简史丛书（修订本）”之一，编者从裕固族的概况、历史简述、中华人民共和国成立前裕固族的社会经济面貌和政治制度、裕固族的家庭婚姻和物质文化生活、裕固族的新生角度等对裕固族进行了全面介绍，是读者了解裕固族基本情况的一本有价值的通俗读物。

收藏单位：佳木斯大学图书馆、西北民族大学图书馆、西北师范大学图书馆等

083《裕固族简史、简志合编（初稿）》

中国科学院民族研究所甘肃少数民族社会历史调查组编，中国科学院民族研究所1963年编印

关键词：裕固族 民族史

中图法分类号：K283.5

为了反映中华人民共和国成立十年来党在民族工作方面所取得的伟大成就，本初稿依据社会历史调查第一手资料，从八个方面介绍了裕固族的历史，是研究裕固族历史有价值的参考资料。

收藏单位：国家图书馆、西北民族大学图书馆、云南民族大学图书馆等

084《裕固族聚居区学校传承民族文化实践研究》

安维武著，甘肃文化出版社2018年出版

关键词：裕固族 文化传承

中图法分类号：K283.5-53

本书收录了裕固族学者安维武近年来发表的部分学术论文和研究文章，包括《浅谈学生创造思维的培养》《肃南裕固族自治县皇城镇裕固族学生乡土知识现状调查研究》《裕固族乡土知识专题学习网站建设与应用研究报告》《肃南裕固族自治

县改革开放以来教育发展综述》等。

收藏单位：国家图书馆、佳木斯大学图书馆、西北师范大学图书馆等

085《裕固族民俗文化研究》

贺卫光，钟福祖著，民族出版社2000年出版

关键词：裕固族 少数民族风俗习惯

中图法分类号：K892.335

本书用通俗、生动的语言系统介绍了裕固族的民俗文化，包括信仰民俗、婚姻民俗、口承语言民俗几部分。在信仰民俗部分着重介绍了裕固族地区藏传佛教与萨满教并存的现象，分析了该现象存在的原因及影响；在婚姻民俗部分介绍了裕固族婚俗文化现状，与蒙古族婚俗的异同，婚礼过程中的“尧达”及《尧达曲格尔》，分析了裕固族婚俗中“道尔朗”的民族学，裕固族社会中母权制遗俗；在裕固族口承语言民俗文化部分作者介绍了裕固族民间文学的主题特征、社会功能特征以及游牧文化的氛围、民歌的分类等，为裕固族民俗文化研究提供资料参考。

收藏单位：佳木斯大学图书馆、兰州大学图书馆、西北民族大学图书馆等

086《裕固族民族过程研究》

李天雪著，民族出版社2009年出版

关键词：裕固族 民族历史

中图法分类号：K283.5

本书是“兰州大学民族学精选文库”之一。作者在广泛借鉴、汲取前人研究理论及成果的基础上，以民族学的视角，采用文献资料和田野考察相结合的研究方法，对裕固族的民族过程进行综合考察和梳理，并以此为基础对裕固族的经济文化类型和文化变迁展开探讨，分析其中表现出来的基本特征和经验特点，进而对我国民族研究中一些理论问题提出自己的意见和看法，是研究裕固族民族过程重要的参考资料。

收藏单位：佳木斯大学图书馆、兰州大学图书馆、西北民族大学图书馆等

087《裕固族通史》

高自厚、贺红梅著，甘肃人民出版社2003年出版

关键词：裕固族 民族历史

中图法分类号：K283.5

本书对世居于甘肃古丝绸之路咽喉要道的裕固族历史进行研究，自裕固族活跃于丝路古道的先世时期开始追溯，记述其社会、经济、文化等状况。本书分总论篇、历史篇、自治篇、社会篇、纪传篇五部分，内容选定历史与现实相结合，偏重现实研究，系统记述裕固族的族源及经济文化发展，是了解裕固族历史的普及读物。

收藏单位：国家图书馆、西北民族大学图书馆、兰州市图书馆等

088《裕固族文化形态与古籍文存》

贺卫光编著，甘肃人民出版社2002年出版

关键词：裕固族 民族文化

中图法分类号：K283.5

本书是“甘肃民族古籍丛书”之一，是国家民委全国少数民族古籍整理研究室“十五”重点资助项目成果。作者从总体上把握了裕固族传统文化的历史发展、文

化模式的形成与演变、文化特征形成过程中的时空关系及裕固族文化发展趋势的未来预测，反映了裕固族历史、社会、经济、文化等方面的发展状况。

收藏单位：国家图书馆、兰州大学图书馆、西北民族大学图书馆等

089《裕固族文化资源的整理与外宣翻译》

郭秀娟、秦银国编译，陕西师范大学出版社 2017 年出版

关键词：裕固族 民族文化

中图法分类号：K283.5

本书分为裕固族民俗文化和民间文学两大部分。第一部分包括 10 个章节，分别介绍了裕固族历史、裕固族人的衣食住行、生产生活习俗、人生礼仪及禁忌、婚俗、丧葬习俗、宗教信仰、民间音乐、舞蹈及体育、民间工艺与医疗等；第二部分由两个章节构成，分别涉及裕固族语言和裕固族民间故事选读。本书能够使国内外读者对裕固族文化有更为全面的了解和认识，对传承和弘扬裕固族文化有积极的意义和价值。

收藏单位：国家图书馆、兰州大学图书馆、广西民族大学图书馆等

090《裕固族研究论文集》

杨进智主编，兰州大学出版社 1996 年出版

关键词：裕固族

中图法分类号：K283.5

裕固族的民族结构、民族特征对民族学的研究是十分有意义的。裕固族有两种属于本民族的语言，这种状况不仅为民族学研究者提供了内容丰富、十分有价值的研究课题，而且提供了如何评价民族语言作为民族要素，在民族形成中的地位和作用的理论问题。这部论文集收录的论文都是对裕固族研究有深度的文章，以中华人民共和国成立后的研究成果为主。论文集的出版是对在此之前裕固族研究成果的一次大的展示和总结，必将推动对裕固族研究的进一步发展。

收藏单位：国家图书馆、佳木斯大学图书馆、西北民族大学图书馆等

091《裕固族仪式研究》

贺卫光主编，民族出版社 2015 年出版

关键词：裕固族 民族风俗习惯

中图法分类号：K892.335-53

本书是“世界银行贷款甘肃文化自然遗产保护与开发项目”的部分成果，从裕固族人生礼仪概说、婚礼仪式、儿童的剃头仪式、祭祀鄂博仪式、各种艺术中的祝词及丧葬仪式等方面进行综合研究。作者通过实地研究与统计调查，并结合已有的文献资料，阐释裕固族文化仪式的表现形式及其文化蕴涵。通过研究裕固族文化仪式的变化情况，寻找裕固族文化特质的变化规律，并通过对裕固族文化仪式变迁的表象，进一步探讨影响裕固族文化仪式变迁的因素，发掘文化仪式变迁的动力，以及这种文化仪式变迁对裕固族人民的影响。在对裕固族文化仪式变迁的深入分析与研究的基础上，试图能够找到影响民族文化变迁的主要因素及动力，对民族研究及民族文化的发展有所贡献。

收藏单位：国家图书馆、中南民族大学图书馆、中南民族大学图书馆等

092《裕固族专题调查报告汇集》

中国科学院民族研究所甘肃少数民族社会历史调查组1963年编辑出版

关键词：裕固族 民族历史 社会调查

中图法分类号：K283.5

调查组从1958年10月到1962年2月在裕固族地区进行实地调查，先后写成8个专题调查资料，资料主要来源于群众、干部以及中共肃南县委和酒泉市黄泥堡地区党委所提供的材料。报告中所用1958年以来裕固族地区建设成就的数据均由相关部门提供，是研究裕固族历史的参考资料。

收藏单位：国家图书馆、广东省立中山图书馆、甘肃省图书馆等

093《中国节日志：春节（甘肃卷）》

李静本卷主编，光明日报出版社2015年出版

关键词：春节 风俗习惯 甘肃

中图法分类号：K892.11

本书介绍了甘肃春节的开始及高潮，记录了其腊八、祭灶、准备年货、祭神、祭祖、除夕守岁等年节准备仪式与活动，分别考察了世居信仰藏传佛教的裕固族等少数民族的春节特色，突出了地域性、民族性、宗教性与文化性等特点，体现出甘肃春节浓浓的文化交融的节日特色。本书关于裕固族春节仪式做了两个调查报告，即肃南裕固族自治县裕固族春节调查报告和裕固族拜年礼仪变迁的调查报告，是了解裕固族节日的参考资料。

收藏单位：国家图书馆、宁夏师范学院图书馆、中南民族大学图书馆等

094《中国少数民族设计全集：裕固族卷》

中国少数民族设计全集编纂委员会编，山西人民出版社2019年出版

关键词：裕固族 民族设计 民族风俗习惯

中图法分类号：K283.5

本卷甄选裕固族各族群传统建筑、传统服饰、传统餐饮、传统生活用具、传统生产工具、传统民俗和宗教造像等方面55个传统造物设计案例，对其设计形式、设计特点及文化价值进行专业阐释和评述，并附有大量珍贵历史图片和专业设计图片。书稿比较全面地展示了裕固族传统造物设计成就，从而体现了裕固族的民族文化特点。

收藏单位：北京服装学院图书馆、湖北民族大学图书馆、华东师范大学图书馆等

095《中国少数民族图志（西北卷）·裕固族》

王海飞等编著，民族出版社2016年出版

关键词：裕固族 民族文化

中图法分类号：K283.5

本书用中、英两种文字向世界介绍裕固族文化，让世界更好地了解裕固族灿烂的文明。作者将图书的内容分为裕固族民俗文化和民间文学两大部分。第一部分包括10个章节，分别介绍了裕固族历史、裕固族人的衣食住行、生产生活习俗、人生礼仪及禁忌、婚俗、丧葬习俗、宗教信仰、民间音乐、舞蹈及体育、民间工艺与医疗等；第二部分由2个章节构成，分

别涉及了裕固族语言和裕固族民间故事选读。通过阅读此书，让国内外读者对裕固族文化有更为全面的了解和认识，并对传承和弘扬裕固族文化有积极的意义和价值。

收藏单位：国家图书馆、西北师范大学图书馆、西南民族大学图书馆等

096《中国裕固族》

钟进文、郭梅编著，宁夏人民出版社2012年出版

关键词：裕固族 民族文化 中国

中图法分类号：K283.5

本书是“中华民族全书”之一，在尊重历史的基础上，以新的视角挖掘民族文化的题材，提炼民族文化的丰厚资源，使之脉络清晰，连贯自然，富有时代感。本书对裕固族的概况、物质文化、民间文化、社会文化、信仰文化、文化传承、族际交往、文化发展愿景、有影响的文化人物等方面的内容进行了阐释与介绍。

收藏单位：佳木斯大学图书馆、西北民族大学图书馆、西北师范大学图书馆等

097《中国裕固族·传统文化图鉴》

高林俊主编，民族出版社2010年出版

关键词：裕固族 传统文化 民族志

中图法分类号：K283.5

传统文化是民族历史的精神写照，是民族生命中的智慧之花，是民族生存与发展的内力源泉，包括一个民族的价值观念、行为方式、礼仪习惯及各种物质载体和符号系统，是该民族以社会的方式实现历史形态中的生存和发展不可或缺的价值要素。作者从族源、物质文化、服饰文化、图饰文化、居住饮食文化、礼仪文化、宗教文化、生态环境文化等方面，以图文并茂的形式对裕固族悠久的历史、深厚的文化底蕴、独特的民俗风情进行概述，是了解裕固族传统文化的参考资料。

收藏单位：国家图书馆、佳木斯大学图书馆、兰州大学图书馆等

098《中国裕固族研究（第1辑）》

钟进文、巴战龙著，中央民族大学出版社2011年出版

关键词：裕固族 民族学

中图法分类号：K283.5-53

为加大民族文化建设力度，提高裕固族文化研究整体水平，“中国裕固族研究”系列丛书为专家学者提供一个平台，通过合作研究，共同挖掘整理民族文化遗产，促进民族文化发展。本辑分为深度研究、历史、语言文字、宗教与民俗、社会、文学与艺术、教育、深度访谈及附录，收录了《从裕固族的发展看我国民族政策的价值取向》《西方回鹘史研究的简短回顾》《各国收藏的回鹘文文书概况》《回鹘宗教的萨满巫术》等文章，展现了国内学者有关裕固族研究的最新成果。

收藏单位：国家图书馆、佳木斯大学图书馆、西北民族大学图书馆等

099《中国裕固族研究（第2辑）》

钟进文、巴战龙编，中央民族大学出版社2013年出版

关键词：裕固族 民族学 文集

中图法分类号：K283.5-53

本书是甘肃省肃南裕固族自治县人

民政府资助项目成果，是我国有关裕固族研究的论文集，内容包括历史、文学、经济、风俗习惯、工艺美术、语言文字等方面。每个部分收有一定数量的较有学术价值的论文，全书共精选收录裕固族研究方面论文80余篇，是研究裕固族历史文化的参考资料。

收藏单位：国家图书馆、甘肃政法大学图书馆、甘肃中医药大学图书馆等

100《中国裕固族研究集成》

钟进文主编，民族出版社2002年出版

关键词：裕固族 民族学

中图法分类号：K283.5-53

本书搜集整理了有关裕固族方面的研究资料，并分门别类地编撰成一部全面系统反映裕固族研究成果的学术集成。这部重要学术著作的出版发行，在裕固族历史上具有划时代的意义，是裕固人民的一件大事，对裕固族文化建设具有重要意义，同时对中国民族学界来说也具有十分重要的意义。

收藏单位：国家图书馆、兰州大学图书馆、西北民族大学图书馆等

Z 综合类图书

101《肃南年鉴》

肃南裕固族自治县地方志编纂委员会办公室编纂，甘肃文化出版社2020年出版

关键词：肃南裕固族自治县 年鉴

中图法分类号：Z524.24

本书是肃南裕固族自治县地方志编纂委员会办公室编纂的一部年度资料性文献，全书以文为主，图表为辅，图文并茂。书稿系统、全面、客观地记载了肃南2019年度在政治、经济、法治、社会管理与监督、环境保护、社会事业、生态建设、社会民生、科教文卫、交通运输、金融、税务等方面的基本情况，反映了肃南裕固族自治县改革发展基本面貌和发展的进程，为构建和谐肃南、促进肃南经济又好又快发展，以及利于外界了解肃南、研究肃南提供基本资料和历史借鉴。

收藏单位：国家图书馆

102《〈中国梦·裕固情〉文艺作品丛书》

安雪琴主编，中国戏剧出版社2014—2015年出版

关键词：裕固族 文学作品

中图法分类号：Z88

本丛书共10本，2014年出版6本文学作品：Y.C.铁穆尔的散文集《尧熬尔河》、贺继新的诗集《裕固拾遗》、白文信的文集《尧熬尔史文集》、田自成的散文集《草原情缘》、祁翠花的诗集《生命痕迹》、玛尔简的散文集《裕固家园》；2015年出版4本文学作品：热琼·奥则·罗当智的《情倾藏韵》、杨永贤的《红缨飘佛的塔拉》、铁彬的《雪水河畔的絮语》、达隆东智的《雪落腾格里》（藏汉对照）。丛书以小说、散文、人物散记的形式歌颂了裕固族人对生活的热爱。

收藏单位：国家图书馆、兰州大学图书馆等

第十四章

涉及多个人口较少民族研究图书索引

C　社会科学总论

001《北方通古斯的社会组织》

[俄]史禄国著，吴有刚，赵复兴，孟克译，内蒙古人民出版社 1984 年出版

关键词：鄂伦春族 鄂温克族 民族学 人类学

中图法分类号：C912.5

作者在书中对北方通古斯人在打破平衡后社会文化会出现失调的忧虑和预言，在近百余年的时间里正逐渐变为现实。从学科发展史的视角来看，作者采取了当时先进的亲身实地观察的实证主义的方法对北方通古斯人做了系统而全面的人类学调查，描述了当时北方通古斯人真实的生存图景，为后人留下了珍贵的民族志材料。

收藏单位：内蒙古大学图书馆、呼伦贝尔学院图书馆、黑龙江省图书馆等

002《土族 撒拉族人口发展与问题研究》

刘成明著，甘肃民族出版社 2011 年出版

关键词：土族 撒拉族 民族人口学

中图法分类号：C924.24

本书运用人口学和民族学的原理，从历史、现状和未来三个方面，对土族和撒拉族人口的发展进程与空间分布、年龄性别结构、生育和死亡状况、婚姻家庭结构、文化教育及就业状况、人口与可持续发展等诸方面进行分析。

收藏单位：国家图书馆、华东师范大学图书馆、甘肃省图书馆等

003《西北世居少数民族日常交往心态研究》

马进著，民族出版社 2011 年出版

关键词：民族心理学 西北地区

中图法分类号：C955.2

本书是“西北少数民族心理建设学术研究丛书”之一，是全面、深入、系统地研究西北世居少数民族日常交往心态的学术专著。书稿共 13 章，作者通过对西北世居的保安族、裕固族、土族、锡伯族等少数民族日常交往的群体心态、宗教心态、伦理心态的综合研究，展现西北世居少数民族日常交往心态的多样化特色，反映西北少数民族民族团结、爱国主义的主旋律。

收藏单位：国家图书馆、西北民族大学图书馆、西北师范大学图书馆等

004《中国京族毛南族人口研究》

央吉等著，中国人口出版社 2003 年出版

关键词：京族 毛南族 民族人口学

中图法分类号：C924.24

本书对 20 世纪我国京族、毛南族人口状况、特点和未来发展趋势做了历史性的回顾，并对两个民族生存和发展的自然环境和社会环境进行了考察和分析。作者从京族、毛南族的起源与变迁、人口规模与分布、人口身体素质与文化素质、人口自然与非自然结构、生育、死亡、婚姻、家庭、人口预测与人口发展等方面进行了详细的介绍，并对未来京族、毛南族的人口变动分别做了预测，描绘了 21 世纪两个少数民族变动和发展的趋势，提出了相应的决策选择。这在少数民族人口研究中是可贵的，更可贵的是这些分析研究都站在时代前沿，吸收了国内和国际社会已有研究成果，做到了理论与实践相结合，积

极提出改革建议，具有很强的实证研究价值。

收藏单位：国家图书馆、南宁市图书馆、广西壮族自治区图书馆等

005《中国少数民族农村30年变迁（上、下）》

张跃，何明主编，民族出版社2009年出版

关键词：民族地区 农村 社会变迁

中图法分类号：C912.82

本书是“西南边疆民族研究书系”之一。本书的主体采用以田野调查为基础的微型社区研究方法，在除高山族之外的54个少数民族聚居区各选择一个农村社区，进行以改革开放30年变迁为主题的调查研究，从经济、社会、文化等方面描述与分析了少数民族农村30年变迁历程和经验。试图通过以小见大的方式，从不同的视角展示中国少数民族的变迁图景。

收藏单位：西北民族大学图书馆、西北师范大学图书馆、甘肃民族师范学院图书馆等

006《中国少数民族社区人口研究》

张天路主编，中国人口出版社1993年出版

关键词：少数民族 社区人口

中图法分类号：C924.25

本书受北京经济学院科研处、中国人口情报研究中心资助出版，汇集了全国20多个少数民族近百个社区的婚姻、宗教、传统文化、经济特点及人口等方面的资料。涉及的人口较少民族有土族、撒拉族、锡伯族、柯尔克孜族、京族等。

收藏单位：黑龙江省图书馆、辽宁大学图书馆、新疆大学图书馆等

D 政治、法律

007《北方民族渔猎经济文化研究》

张璇如等著，吉林人民出版社1999年出版

关键词：北方少数民族 渔猎经济文化

中法图分类号：D633.3

本书为国家社会科学基金项目研究成果。作者分别从渔猎经济、渔猎文化、经济文化发展现状与现代化发展道路四个专题展开论述，主要从渔猎经济文化的基本特征、经济文化演变的历史轨迹、经济文化发展趋势方面深入探索了赫哲族、鄂伦春族、鄂温克族、达斡尔族的渔猎经济文化变迁的基本规律。同时从文化人类学角度，系统论述了北方民族渔猎经济文化的基本特征、演进轨迹与发展趋势。本书不仅填补了渔猎经济文化变迁研究的一项空白，而且在文化人类学、民族学研究中颇具开拓创新之功。

收藏单位：国家图书馆，呼伦贝尔学院图书馆等

008《村史：民族村寨三十年》

冯海青等著，广西师范大学出版社2008年出版

关键词：民族地区 村史

中图法分类号：D619

为了生动展现改革开放给56个民族带来的巨大变化，本书选择了56个具有代表性的民族村寨，通过作者的深入采访，描写了改革开放以来56个民族村寨的可喜变化，从而充分地说明改革开放是

决定当代中国命运的关键抉择，中国特色社会主义是实现中华民族伟大复兴的必由之路。

收藏单位：国家图书馆、西宁市图书馆、中南民族大学图书馆等

009《贵州“六山六水”民族调查资料选编：回族、白族、瑶族、壮族、畲族、毛南族、仫佬族、满族、羌族卷》

贵州省民族事务委员会、贵州省民族研究所编，贵州民族出版社 2008 年出版

关键词：毛南族 仫佬族 民族调查

中图法分类号：D633.3-53

“六山六水”是贵州省民族研究工作者对本省少数民族居住区域的一个带学术性的地理概念。本书对贵州省回族、白族、毛南族、仫佬族等民族的历史、宗教、社会、人口、建筑、服饰、习俗等状况进行了调查分析。为读者研究毛南族、仫佬族提供了第一手详细资料。

收藏单位：国家图书馆、四川省图书馆等

010《跨界民族与民族问题》

金炳镐主编，中央民族大学出版社 2010 年出版

关键词：民族问题 跨界民族

中图法分类号：D562

跨界民族和跨界民族问题，是马克思主义民族理论学科中的一个重要研究领域。本书首先介绍了跨界民族与民族问题的研究对象和研究内容；其次就亚洲、欧洲、非洲的跨界民族与民族问题进行了研究，并且介绍了外国解决民族问题的政策；最后就中国内蒙古地区、西北地区、西南地区、华南地区的跨界民族与民族问题进行研究，同时叙述了中国解决跨界民族问题的理论与实践。

收藏单位：国家图书馆、石河子大学图书馆、塔里木大学图书馆等

011《清代八旗索伦部研究（以东北地区为中心）》

韩狄著，中国社会科学出版社 2011 年出版

关键词：八旗制度

中图法分类号：D691.2

当前，在全球化、跨境民族研究等热门话题的讨论中，我国达斡尔族、鄂温克族、鄂伦春族三个少数民族的相关研究逐渐成为学者们研究的热点，与此相关的族别史、地区史乃至民族学、人类学的研究也取得了令人瞩目的成果。本书是研究“索伦部”的学术专著，共五章，内容涉及 17 世纪初索伦部与清朝的关系、索伦部众管理体制的演变、索伦部众八旗管理体制的确立、清代后期的索伦部众等内容。

收藏单位：国家图书馆、齐齐哈尔大学图书馆、内蒙古大学图书馆等

012《人口较少民族聚居地区城乡一体化社会救助体系建设研究》

刘苏荣著，中国社会科学出版社 2018 年出版

关键词：民族地区 城乡一体化 社会救济

中图法分类号：D632.1

本书分析了在人口较少民族聚居地区建设城乡一体化社会救助体系所需要解决的一系列问题及相关对策。研究范围包括

云南省的德宏州、贡山县和兰坪县，以及广西壮族自治区的环江县、罗城县，具体涉及景颇族、阿昌族、德昂族、独龙族、怒族、普米族、毛南族和仫佬族这 8 个人口较少民族。

收藏单位：国家图书馆、佳木斯大学图书馆等

013《人口较少民族实施分类发展指导政策研究：以云南布朗族为例》

张晓琼著，民族出版社 2011 年出版

关键词：布朗族 民族发展

中图法分类号：D633.361

本书通过对云南边疆地区的人口较少民族布朗族在中华人民共和国成立后实施分类发展指导政策的调查与研究，展示了中国特色社会主义在边疆民族地区的探索与实践的历史进程，同时也以布朗族这一典型发展个案显示了中国特色社会主义在初级阶段的低层次地区的具体发展路径，进一步彰显了中国共产党中国特色社会主义理论在边疆民族地区探索与实践的历史意义与现实价值。

收藏单位：国家图书馆、佳木斯大学图书馆等

014《社会文化变迁与当代民族关系：东北、内蒙古地区研究报告》

潘守永等著，中央民族大学出版社 2009 年出版

关键词：社会变迁 民族研究 东北地区 内蒙古地区

中图法分类号：D633.4

本书是“民族现状与发展研究丛书”之一，内容涉及东北、内蒙古地区民族关系与田野研究的基本认识；近年来有关东北、内蒙古地区少数民族研究的成果提要；东北、内蒙古地区当代民族关系的总体情况等。全书共 13 章，涉及东北、内蒙古地区的 8 个“世居民族”：满族、朝鲜族、锡伯族、蒙古族、达斡尔族、鄂伦春族、鄂温克族、赫哲族，为研究者提供有价值的参考资料。

收藏单位：国家图书馆、内蒙古大学图书馆、内蒙古师范大学图书馆等

015《晚清至民国时期甘青藏区社会群体纠纷解决机制研究》

高晓波著，人民出版社 2020 年出版

关键词：地方法制 甘青藏区 社会群体纠纷

中图法分类号：D927

晚清至民国时期甘青藏区已经形成了以藏族为主要居住民族，包括汉族、回族、蒙古族、土族、撒拉族、东乡族、保安族、裕固族、满族等各民族在内的大杂居、小聚居的民族格局，在这种格局下甘青藏区基本确立了以藏蒙、藏汉、藏回民族为主线的民族关系网络。本书全面剖析了晚清至民国时期甘青藏区社会群体纠纷解决机制。并将军阀、国外势力参与下甘青藏区社会群体纠纷解决的特殊性做了专题研究，并总结了甘青藏区社会群体纠纷解决机制的总体特征、历史经验，为当代优化各民族的关系，维护民族团结和宗教和谐，促进民族地区的社会稳定与经济发展提供历史启示。

收藏单位：广西大学图书馆、广西壮族自治区图书馆、同济大学图书馆等

016《伟大的起点：新中国民族大调查纪念文集》

揣振宇著，中国社会科学出版社2007年出版

关键词：民族调查 民族工作

中图法分类号：D633-53

本文集展现了学者们在20世纪中期深入民族地区开展田野调查的情景，内容包括：参加鄂伦春族社会历史调查的几点体会、达斡尔族调查记、青海调查组回忆、新疆调查纪行、民族语言大调查回顾、我国少数民族语言发展的伟大起点等。

收藏单位：国家图书馆、黑龙江省图书馆、青海师范大学图书馆等

017《西北地区人口较少民族科学发展问题研究》

陈化育主编，青海人民出版社2014年出版

关键词：人口较少民族 民族发展 西北地区

中图法分类号：D633.1

在我国的人口较少民族中，塔吉克族、塔塔尔族、乌孜别克族、保安族、撒拉族5个民族主要居住在我国西北地区，信仰伊斯兰教。本书主要以这五个人口较少民族为研究对象，对其经济社会发展状况进行了全面解读，并在此基础上，借鉴国内外相关经验，提出其实现科学发展的政策性建议，为制定人口较少民族科学发展政策提供理论与实践依据。

收藏单位：国家图书馆、西宁市图书馆等

018《彝族仫佬族毛南族习惯法研究》

陈金全主编，贵州民族出版社2008年出版

关键词：毛南族 仫佬族 习惯法

中图法分类号：D922.154

本书分为彝族习惯法、仫佬族习惯法、毛南族习惯法三篇，对三个民族的婚姻家庭习惯法、社会的财产习惯法等进行了研究。例如，在毛南族习惯法篇章中，对毛南族长久以来形成的法的演变进行了分析，对古代以来相关案例进行了分析。毛南族习惯法分别从毛南族的历史与文化、血缘群体、社会组织与法律机制、毛南族社会婚姻习惯法、毛南族社会的财产习惯法这五个章节进行了详细的介绍，为我们深入研究毛南族习惯法的演变进程提供了有价值的参考。

收藏单位：国家图书馆、贵州大学图书馆、中央民族大学图书馆等

019《云南跨境民族宗教社会问题研究（一）》

张桥贵主编，中国社会科学出版社2008年出版

关键词：跨境民族 宗教文化 云南省

中图法分类号：D669

云南是中国沿边跨境民族最多的省份，其跨境民族问题具有相当的典型性和代表性。云南的跨境民族不仅种类多，而且大多数是云南特有的少数民族，拥有丰富多样的社会文化和宗教信仰形态，多民族多宗教并存共处、求同存异的特点十分突出。本书希望透过一个个具体问题和具体方面的调查研究，由点到面，由浅入深，对跨境民族的社会、经济、文化进行

系统而深入地了解和把握，最终找到应对现实问题、促进经济文化发展及社会和谐的有效途径。

收藏单位：国家图书馆、云南民族大学图书馆、云南师范大学图书馆等

020《云南民族识别研究》

尤伟琼著，民族出版社 2013 年出版

关键词：民族识别 云南省

中图法分类号：D633

中华人民共和国成立后，为了贯彻党的民族政策，使各民族不分大小，真正实现一律平等，从而调动各民族人民建设社会主义的积极性，民族识别就成了中华人民共和国建成后的一项自觉工作。本书内容包括：中国历史上对云南民族的认识与分类、汉藏语系藏缅语族彝语支彝族的识别、云南汉藏语系藏缅语族彝语支彝族、汉藏语系藏缅语族其他语支民族的识别、汉藏语系壮侗语族民族的识别等。

收藏单位：国家图书馆、昆明理工大学图书馆、云南大学图书馆等

021《中国少数民族法史通览（第 6 卷）：傣族 佤族 德昂族 布朗族 景颇族 阿昌族 拉祜族 基诺族 哈尼族》

胡兴东主编，陕西人民出版社 2017 年出版

关键词：法制史 基诺族 德昂族 布朗族 景颇族 阿昌族

中国图书分类法：D929

《中国少数民族法史通览》系统地编纂了中国少数民族法制史，挖掘整理少数民族法律意识、法律思想、法律实践、法律表达在不同的少数民族间存在很大的差距。本书介绍了德昂族 布朗族 景颇族 阿昌族 拉祜族 基诺族等人口较少民族的法制史。

收藏单位：西南政法大学图书馆、湖南图书馆、南京大学图书馆等

022《中国少数民族法史通览（第 9 卷）：仫佬族・毛南族・羌族・彝族》

张晋藩等著，陕西人民出版社 2017 年出版

关键词：仫佬族 毛南族 法制史

中图法分类号：D929

《中国少数民族法史通览》系统地编纂了中国少数民族法制史，挖掘整理少数民族法律意识、法律思想、法律实践、法律表达在不同的少数民族间存在很大的差距。本书介绍了仫佬族、毛南族、羌族、彝族等中国少数民族的法制史。

收藏单位：国家图书馆、广西大学图书馆、吉林大学图书馆等

023《2015 中国人口较少民族发展报告》

国家民族事务委员会经济发展司编著，民族出版社 2018 年出版

关键词：人口较少民族 研究报告

中图法分类号：D633

我国人口较少民族人口少、特点各异，居住边远、跨境民族多，群众困难多容易被忽视、面临边缘化。部分人口较少民族地区虽然经济取得较快发展，群众收入水平有了一定提高，但与发达地区相比仍有较大差距，实现人口较少民族全面可持续发展是一项长期艰巨的任务。本书分五部分：总报告、人口较少民族专题研究

报告、人口较少民族地区调研报告、省区扶持人口较少民族发展总结报告、扶持人口较少民族发展典型事例。对“十二五”以来我国人口较少民族的发展情况进行了全方位的分析、研究和总结。

收藏单位：国家图书馆、西北师范大学图书馆、西南民族大学图书馆等

F 经济

024《甘青特有民族农村劳动力转移问题研究》

才让加，曹颖轶主编，民族出版社2009年出版

关键词：少数民族地区 农村 劳动力 转移

中图法分类号：F323.6

本书是一部研究少数民族地区农村劳动力转移问题的著作。作者选取甘肃青海两省的特有少数民族保安族、东乡族、撒拉族、裕固族、土族为研究对象，对上述民族的农村劳动力转移的现状和存在的问题进行了实证研究，对于解决上述民族农村劳动力转移，从就业途径、培训模式、社会保障、金融支持等方面提出了政策建议。

收藏单位：兰州大学图书馆、西北民族大学图书馆、青海民族大学图书馆等

025《积石山保安族东乡族撒拉族自治县耕地质量评价》

董国玺主编，甘肃科学技术出版社2015年出版

关键词：积石山县 耕地资源 资源评价

中图法分类号：F323.211

本书主要内容包括：自然与农业生产概况、野外调查与土样采集、耕地土壤属性、耕地地力评价、积石山县耕地地力评价结果及分析。耕地是农业生产最重要的资源，耕地地力评价是进行土壤质量管理与监测的基础和重要环节，开展积石山县耕地地力评价工作，旨在了解当地的耕地现状，指导并调整种植业结构，为耕地资源的高效可持续利用提供科学依据，也为农村土地征用、转让、承包和补偿等费用的确定提供科学依据。

收藏单位：国家图书馆、佳木斯大学图书馆、湖北省图书馆等

026《澜湄国家共同脱贫致富故事汇》

高志英著，云南教育出版社2020年出版

关键词：脱贫

中图法分类号：F323

书稿以跨境民族家庭、跨境民族村寨到整族的减贫、脱贫实践为主线，生动、详细地展示了澜湄流域16个跨境少数民族（独龙族、怒族、傈僳族、阿昌族、布依族、德昂族、景颇族、拉祜族、佤族、哈尼族、布朗族、傣族、瑶族、彝族、壮族、苗族）人民生活发生翻天覆地的变化，体现了中国全面建成小康社会的伟大成就。本书借助跨境少数民族在减贫合作领域的示范效应，探索澜湄国家之间实现普惠发展的途径，有助于推动澜湄命运共同体的建设。

收藏单位：国家图书馆等

027《土、哈萨克、东乡、撒拉、保安与裕固族经济史》

杨思远主编，中国社会科学出版社

2015 年出版

关键词：土族 撒拉族 保安族 裕固族 民族经济

中图法分类号：F127.8

本书作者论述了土族、哈萨克族、东乡族、撒拉族、保安族和裕固族 6 个民族的生产力、生产方式、经济制度、经济组织、民族间经济关系的历史演变，总结了历代中央政府对这些少数民族经济政策的得失。

收藏单位：国家图书馆、青海民族大学图书馆、西北民族大学图书馆等

028《西北少数民族地区经济开发史》

周伟洲主编，中国社会科学出版社 2008 年出版

关键词：民族经济 经济史 西北地区

中图法分类号：F129

本书是“西北民族研究丛书”之一。作者以西北少数民族地区为研究范围，从远古到近代 (止于 1949 年)，论述了西北少数民族地区经济开发的历史，其中包括新疆维吾尔自治区的柯尔克孜族、乌孜别克族、塔吉克族地区的经济开发；甘青地区土族、撒拉族、裕固族、保安族的经济开发，是研究西北少数民族地区经济开发的参考资料。

收藏单位：国家图书馆、西北民族大学图书馆、兰州大学图书馆等

029《西南边疆人口较少民族聚居地区贫困治理研究》

刘苏荣著，民族出版社 2019 年出版

关键词：人口较少民族 民族聚居区

中图法分类号：F127.7

本书是由自 2014 年以来，作者在国内学术刊物上公开发表的 21 篇学术论文汇编而成，在对地处祖国西南边疆的云南省和广西壮族自治区的人口较少民族聚居地区（涉及 1 个人口较少民族自治州和 4 个人口较少民族自治县）进行田野调查的基础上，这些论文从人口较少民族专项扶持、最低生活保障、医疗救助、教育救助、精准扶贫、新型城镇化等多个角度出发，探讨了在西南边疆人口较少民族聚居地区进行贫困治理的一些具体策略。

收藏单位：国家图书馆、黑龙江省图书馆、佳木斯大学图书馆等

030《雅鲁藏布大峡谷国土旅游资源》

耿全如等著 地质出版社 1999 年出版，2011 年再版

关键词：旅游资源 国土资源 雅鲁藏布江大峡谷

中图法分类号：F592.77

本书对雅鲁藏布大峡谷地区的自然环境和社会发展，地学旅游资源和特种旅游线路，气候特征和民族风情，人文景观和传统文化，旅游资源的开发利用和生态环境保护等进行了详细的评价。本书中在第四章介绍了门巴族的宗教信仰、生活方式、婚姻与家庭、民居建筑、丧葬、民间文学等。第五章介绍了珞巴族的生殖崇拜、婚姻、禁忌、服饰、原始农业、饮食文化、民间文化等。

收藏单位：国家图书馆、吉林省图书馆、广西壮族自治区图书馆等

031《云南少数民族农耕文化：德宏田野考察》

秦莹、张宏勇主编，云南人民出版社

2017 年出版

关键词：农业 传统文化 德宏傣族景颇族自治州

中图法分类号：F329.742

本书对德宏地区的傣族、景颇族、德昂族等少数民族的传统农业，尤其是传统农业中的手工业进行了发掘，展示这些传统农耕文化的内容、形式及总结在现代社会的启示与转化的可能性。本书中“德昂族酸茶制作技艺及文化”对酸茶工艺流程进行了全纪录；“景颇族传统酿酒工艺及文化”记录了景颇族用十几味草药与糯米搭配制作酒曲，进而酿制美酒的工艺流程。这本著作可以成为科技史硕士点、农业硕士点的研究生研读和学习，也可以作为一种科普知识进行优秀文化传统教育。

收藏单位：国家图书馆、西南民族大学图书馆、华东师范大学图书馆等

032《云南特有七个人口较少民族扶贫绩效调查研究》

罗明军著，中国社会科学出版社 2015 年出版

关键词：少数民族 扶贫 经济绩效 云南省

中图法分类号：F127.74

本书是“云南省社会科学院研究文库”系列图书之一。本调查研究以提高扶持云南特有 7 个人口较少民族扶贫绩效为目的，扶持人口较少民族发展的项目为基础，以人口较少民族对扶贫绩效的评价和期望为重点内容，全面调查研究人口较少民族发展面临的新情况和新问题。作者全面系统地评价了云南特有 7 个人口较少民族的扶贫绩效。一方面，以扶持人口较少民族发展规划为线索，以 2006—2010 年云南省扶持人口较少民族发展动态监测系统数据为资料，从上到下在经济绩效、社会绩效和综合绩效等方面做出了扶贫绩效的评价；另一方面，运用民族学的田野调查方法，以社区实施的扶贫项目为对象，从下到上对人口较少民族社区扶贫项目的效益做出实际评价。

收藏单位：国家图书馆、昆明学院图书馆、西南林业大学图书馆等

033《中国扶持人口较少民族发展的理论与政策实践研究》

朱玉福著，民族出版社 2015 年出版

关键词：人口较少民族 民族地区经济 经济发展

中图分类：F127.8

本书围绕“扶持人口较少民族政策的实践程度调查研究”进行分述，主要包括中国扶持人口较少民族发展的理论、实施扶持人口较少民族政策、人口较少民族经济社会发展基本情况、扶持人口较少民族政策的执行情况、扶持人口较少民族政策实施效果评估、扶持人口较少民族政策实施的措施、成就及经验、影响扶持人口较少民族政策实施效果的主要因素、深化实施扶持人口较少民族政策的重点任务、分析提升扶持人口较少民族政策实施效果的对策建议。

收藏单位：国家图书馆、佳木斯大学图书馆、浙江省图书馆等

034《中国人口较少民族经济和社会发展调查报告》

《中国人口较少民族发展研究丛书》

编委会编，民族出版社2007年出版

关键词：人口较少民族 民族经济 调查报告

中图法分类号：F127.8

解决了人口较少民族的发展问题，也就解决了中国近一半少数民族的发展问题，其政治意义非常深远。因此，研究和解决好人口较少民族在发展中存在的突出问题，使他们与其他民族共同走上繁荣富裕的道路，对于巩固和发展平等、团结、互助、和谐的民族关系具有重要的意义。本书调查报告内容包括新疆塔塔尔族经济和社会发展调查报告、青海撒拉族经济和社会发展调查报告、云南德昂族经济和社会发展调查报告等。

收藏单位：黑龙江省图书馆、东北林业大学图书馆、中央民族大学图书馆等

035《中国人口较少民族经济社会发展追踪调研报告》

杨筑慧主编，学苑出版社2016年出版

关键词：人口较少民族 区域经济发展 调查报告

中图法分类号：F127.8

本书对我国人口较少民族地区的经济社会文化发展情况进行了追踪调查，描述了这些民族地区的社会经济文化的发展现状、分析了存在的问题，并提出了一些合理化的建议，对于促进该地区的社会经济文化发展具有一定的现实意义。

收藏单位：国家图书馆、宁夏大学图书馆、兰州大学图书馆等

036《中国人口较少民族社会经济与文化发展调查：以门巴族、珞巴族等为例》

朱玉福等著，民族出版社2020年出版

关键词：门巴族 珞巴族 社会经济

中图法分类号：F127.8

本书主要收录了西藏民族大学在门巴族、珞巴族等人口较少民族社会经济与文化发展方面的田野调查成果，内容包括：中国扶持人口较少民族政策落实情况调研；关于人口较少民族找路子促发展的调查与思考等。

收藏单位：国家图书馆、佳木斯大学图书馆等

G 文化、科学、教育、体育

037《冰雪文化与黑龙江少数民族》

龚强著，黑龙江人民出版社2008年出版

关键词：冰雪文化 少数民族 黑龙江省

中图法分类号：G127.35

本书是系统展示冰雪文化和黑龙江世居少数民族风情及其内在联系的著作，全面记述了冰雪文化的形成与演进，阐释了冰雪文化在中华文明中的地位和作用。对10个世居于黑龙江流域的锡伯族、鄂伦春族、赫哲族、鄂温克族等少数民族做了全方位的展示与介绍，为研究者提供了基础性参考资料。

收藏单位：国家图书馆、东北林业大学图书馆、黑龙江省图书馆等

038《达斡尔、鄂温克、鄂伦春族传统体育文化研究》

丛密林著，吉林大学出版社 2018 年出版

关键词：达斡尔族 鄂温克族 鄂伦春族 民族形式体育

中图法分类号：G852.9

本书首先对体育相关概念的界定及相互关系做了阐释，在调研的基础上，对达斡尔族、鄂温克族、鄂伦春族传统体育项目进行了挖掘与整理，对其传统体育文化进行了历史溯源考证，在此基础上，对达斡尔族、鄂温克族、鄂伦春族非物质文化遗产属性、当代价值、存在的问题及保护措施进行了回顾，并提出了合理化的发展对策。

收藏单位：国家图书馆等

039《大山里的开拓与守护：少数民族乡村教师口述史》

郑新蓉、胡艳主编，广西教育出版社 2018 年出版

关键词：少数民族教育 乡村教育 教育史

中图法分类号：G725-092

本书包括达斡尔族、鄂伦春族、鄂温克族、锡伯族在内的中华人民共和国 14 位少数民族教师的口述史，年龄涵盖了 20 世纪 30 年代至 80 年代出生的教师。每一位教师的生活、学习、教育故事都是一部生动的少数民族教育史，他们的故事既反映了当代少数民族教育的发展，也折射出巨大而又剧烈的社会变迁，镌刻出中国少数民族教育发展的生活画卷和历史谱系。

收藏单位：国家图书馆、中央民族大学图书馆、中南民族大学图书馆等

040《德宏世居少数民族传统体育概览》

刘云主编，云南大学出版社 2012 年出版

关键词：少数民族 民族形式体育 德宏傣族景颇族自治州

中图法分类号：G852.9

本书是“德宏世居少数民族文化研究系列丛书”之一。作者针对世居少数民族传统体育项目的现状，将德宏世居少数民族传统体育项目的长期发展与文化传承结合在一起，强调和充分发挥德宏世居少数民族传统体育具有的优势和特点，积极推动边疆民族地区传统体育活动的发展，为德宏少数民族传统体育的功能开发、基础研究、完善少数民族传统体育文化的体系奠定一定的理论基础。本书介绍了景颇族、德昂族、阿昌族的传统体育项目。

收藏单位：国家图书馆、云南大学图书馆、昆明学院图书馆等

041《东北地区少数民族传统体育文化》

赵忠伟主编，中国科学文化出版社 2003 年出版

关键词：民族传统体育 传统体育文化 东北地区

中图法分类号：G85

民族传统体育作为一种文化遗产，它的文化价值越来越被注重。体育的民族性代表本民族、本地区、本国家的传统文化，是民族精神的载体和文化知识宝库，少数民族传统体育项目最能体现民族

文化和民族精神，研究开发少数民族传统体育项目，既是弘扬民族文化，发扬民族精神的需要，也是实现中国民族传统体育项目走向世界的需要。本书第六、七、八、九、十章分别介绍了鄂伦春族、鄂温克族、锡伯族、达斡尔族、赫哲族传统文化。

收藏单位：沈阳师范大学图书馆、华东师范大学图书馆等

042《东北民族教育史》

陶增骈主编，辽宁大学出版社 1994 年出版

关键词：民族教育 教育史 东北地区

中图法分类号：G759

本书是辽宁省“八五”重点课题“东北教育史研究丛书”中的一部，也是国家“八五”重点课题“中国少数民族教育史丛书”中的一部区域性民族教育史。本书第十一章、第十四章、第十五章、第十六章、第十七章分别介绍了锡伯族、赫哲族、达斡尔族、鄂温克族、鄂伦春族教育史，是研究上述民族教育的参考资料。

收藏单位：国家图书馆、大连民族大学图书馆、东北大学图书馆等

043《东北人口较少民族社区教育人类学研究》

范婷婷著，黑龙江教育出版社 2019 年出版

关键词：少数民族教育 人口较少民族 东北地区

中图法分类号：G759.2

本书简单介绍教育人类学的形成与流派、研究方法及中国教育人类学的发展与现状。梳理了近年来有关赫哲族、鄂伦春族、鄂温克族、俄罗斯族社区教育的研究成果。介绍了赫哲族、鄂伦春族、鄂温克族、俄罗斯族社区教育的历史与变迁、社区人口受教育情况以及社区教育发展的问题。分析赫哲族、鄂伦春族、鄂温克族、俄罗斯族社区教育发展的速度和程度，以及学校教育发展中的共同点。

收藏单位：国家图书馆等

044《多元文化与现代性教育之关系研究》

钱民辉著，民族出版社 2008 年出版

关键词：少数民族教育 保安族 撒拉族 裕固族

中图法分类号：G759.2

本书是“教育人类学研究丛书”之一。西北人口较少民族集中在甘肃、青海两省，他们是保安族、撒拉族和裕固族。作者对选定的西北人口较少民族社区的教育进行了三个层面的研究：宏观上从民族社区的社会经济、文化等因素对少数民族教育发展差异进行历史的和实证的研究；中观上从学校领域开展研究，探究教育发展差异的内部因素；微观上基本采用问卷和访谈的方法对教育者和受教育者进行研究。

收藏单位：国家图书馆、西北民族大学图书馆、西北师范大学图书馆等

045《非物质文化遗产：丝绸之路中国段概述》

朱晓晴主编，西北大学出版社 2018 年出版

关键词：非物质文化遗产

中图法分类号：G122

本书不仅展示了撒拉族、保安族、裕固族等 20 多个少数民族的传统个性文化，而且对各少数民族的口头传承、手工技艺、传统民俗等非物质文化遗产的传承、保护与拓展提供了素材与借鉴，为五省区非物质文化遗产失传、流失的发展困境提供方略与建议。同时，也进一步丰富了丝绸之路非物质文化遗产内容。

收藏单位：国家图书馆、西南民族大学图书馆、西藏民族大学图书馆等

046《凤鸣陇山：甘肃民族文化》

关连吉著，甘肃教育出版社 1999 年出版

关键词：民族文化 甘肃省

中图法分类号：G127.42

本书是“陇文化丛书”之一。甘肃省历史悠久，文化源远流长，它是中华文明的重要发祥地之一。作者介绍了甘肃省多民族省区的形成与发展，驰骋陇原的古代少数民族和古代民族文化，甘肃省特有的三个少数民族，即裕固族、保安族、东乡族，以及世居甘肃省的土族、撒拉族的文化。本书为专业研究者提供了丰富的参考资料。

收藏单位：国家图书馆、西北民族大学图书馆、西北师范大学图书馆等

047《甘肃少数民族传统体育概要》

谢智学编著，甘肃人民出版社 2010 年出版

关键词：少数民族 民族形式体育

中图法分类号：G852.9

作者的主要贡献在于他不但把甘肃省十几个少数民族的传统体育项目发掘整理，使其成为一个比较完整的体系和系统，同时还对这些项目的传承、教授及运用进行了深入的研究。全书内容涉猎广泛，图文并茂，可读性强。既有对土族、裕固族、保安族、撒拉族等 10 多个少数民族的诸多传统体育项目产生发展的自然环境、人文背景、文化内涵的分析，又有对各项目比赛规则、开展形式等的介绍，还有对各少数民族的族源、概况的描述。本书为社会体育开展提供了更多的内容选项，为学校体育课程资源的开发利用，特别是少数民族地区校本课程的开发，探索出了一条可资借鉴的路径。

收藏单位：国家图书馆、甘肃民族师范学院图书馆、兰州大学图书馆等

048《呼伦贝尔民族教育史略：上编》

苏日嘎拉图编著，民族出版社 2001 年出版

关键词：少数民族教育 教育史

中图法分类号：G750

本书重点记述了呼伦贝尔盟有学校以来的教育情况，并对此前的家庭教育、寺庙教育、私塾教育等做了描述，使读者对发生在这块土地上的教育活动有比较系统的认识。本书介绍了达斡尔族、鄂温克族、鄂伦春族的家庭教育，为研究三少民族的教育提供基础性参考资料。

收藏单位：国家图书馆、呼伦贝尔学院图书馆、内蒙古大学图书馆等

049《门巴族珞巴族非遗保护及旅游开发研究》

马宁著，中山大学出版社 2015 年出版

关键词：门巴族 珞巴族 非物质文化遗产 旅游开发

中图法分类号：G122

本书内容包括西藏非物质文化遗产保护的历程及多个个案：尼洋阁藏南文化遗产博物馆、勒布沟模式、窦玉—准巴模式、南伊沟旅游开发、墨脱县限制性旅游等，讨论门巴族珞巴族非物质文化遗产保护与旅游开发的有机结合，为研究者提供了大量田野调查资料。

收藏单位：国家图书馆、湖北省图书馆等

050《仫佬族、毛南族中小学生心理发展与教育研究》

刘雪珍著，华中师范大学出版社，2014年出版

关键词：仫佬族 毛南族 中小学生教育 学生心理

中图法分类号：G479

本书分仫佬族篇和毛南族篇。作者根据该少数民族地区的教育现状、习俗特点等，以调查问卷的形式对当地中小学生的心理发展状况进行了统计分析，资料较为丰富、翔实。作者分别对小学生学校归属、社会支持与学业成绩的关系、高中生网络成瘾与社会支持、高中生生命教育、小学生主观生活质量与心理健康、小学生学习习惯、小学生孤独感等方面进行了分析研究，并在此基础上提出了解决问题的方法。

收藏单位：国家图书馆等

051《徘徊与踌躇中的抉择——西北民族地区大众传播与社会变迁研究》

朱杰著，中国社会科学出版社2013年出版

关键词：大众传播 社会变迁 西北民族地区

中图法分类号：G206.2

社会变迁起始于观念的变迁，而观念的变迁既与政治、经济变迁有关，也与外界新观念的介入和影响有关。本书的研究和阐述主要有两个层面：一是在对西北民族地区所辖属的民族社区给予社会背景方面的认知，结合田野观察的成果，将研究对象回归于复杂的文化背景之中；二是对保安族、裕固族等7个少数民族社区展开个案研究，以调查报告的方式呈现研究对象与大众传播的关系，并对客观的社会发展状况进行定性研究。

收藏单位：国家图书馆、西北民族大学图书馆、西北师范大学图书馆等

052《人口较少民族大学生体质健康研究》

兰保森、李廷海、谷枫著，中央民族大学出版社2014年出版

关键词：大学生 身体素质 人口较少民族

中图法分类号：G806

本书共分11章，包括体质健康概述、人口较少民族大学生体质状况的聚类分析、人口较少民族大学生体质状况的比较分析、中央民族大学人口较少民族大学生体质状况的聚类分析、运动处方的制定与应用、人口较少民族大学生体质健康的保健知识等内容。

收藏单位：国家图书馆、甘肃民族师范学院图书馆、中南民族大学图书馆等

053《守望远逝的精神家园——黄河上游人口较少民族非物质文化抢救与保护研究》

马成俊、鄂崇荣、韩喜玉著，民族出版社2012年出版

关键词：人口较少民族 非物质文化遗产 黄河上游

中图法分类号：G122

本书利用6个章节，分别对东乡族、土族、撒拉族、裕固族及保安族的非物质文化遗产的抢救与保护做了陈述并进行了深入的思考，进而提出建设性意见。内容包括这些民族的历史来源、人口分布、社会结构、宗教信仰、风俗习惯、物质文化与非物质文化遗产现状及保护情况等。

收藏单位：佳木斯大学图书馆、兰州大学图书馆、西北民族大学图书馆等

054《西部少数民族传统体育的现状与走向》

霍红著，四川大学出版社2007年出版

关键词：民族形式体育 西北地区 西南地区

中图法分类号：G852.9

作者以西部少数民族传统体育的区域性特点为研究主线，以传统体育活动为研究中心，从社会学、文化学院、体育学等方面展开价值讨论。本书分主报告和专题报告两部分。在专题报告部分，介绍了土族、门巴族、珞巴族、撒拉族等青藏高原少数民族传统体育活动；达斡尔族、鄂温克族、鄂伦春族等内蒙古高原少数民族传统体育活动；保安族、裕固族等黄土高原少数民族传统体育活动；阿昌族、怒族、独龙族、基诺族、景颇族、德昂族、布朗族、普米族、京族、毛南族等云贵高原少数民族传统体育活动；塔吉克族、锡伯族、柯尔克孜族、乌孜别克族等新疆维吾尔自治区少数民族传统体育活动，为少数民族体育研究者提供参考资料。

收藏单位：国家图书馆、甘肃民族师范学院图书馆、兰州大学图书馆等

055《新疆不同民族摔跤运动的演变及其发展研究》

刘秀峰著，北京体育大学出版社2013年出版

关键词：民族形式体育 摔跤 新疆维吾尔自治区

中图法分类号：G886.2

本书以新疆维吾尔族、蒙古族、哈萨克族、柯尔克孜族、达斡尔族、乌孜别克族、锡伯族、回族8个世居民族的“摔跤”运动为研究对象，对不同民族摔跤运动演变与发展状况进行了深入调查，着重对新疆维吾尔自治区不同民族摔跤运动的发展状况、比赛特点及民族式摔跤与奥运会和中国式摔跤异同点进行比较分析，找出不同民族摔跤运动的特征和具备的社会价值，以及当前所面临的困境，提出对其进行传承及可持续发展的思路，以期促进新疆维吾尔自治区不同民族摔跤运动早日走上普及化、科学化和正规化的发展道路。

收藏单位：国家图书馆、北京师范大学图书馆、湖北省图书馆等

056《新疆多民族群众体育现状调查与研究》

武杰著，新疆人民出版社2009年出版

关键词：少数民族群众体育 新疆维吾尔自治区

中图法分类号：G812.9

本书针对新疆维吾尔自治区锡伯族、柯尔克孜族、塔吉克族等8个民族群众体育状况进行了全面而深入的调查与研究。目前大多数人参加以现代体育活动为主要手段的体育锻炼，少数人参加本民族传统体育活动，未来少数民族传统体育的发展令人担忧。在现实面前，作者提出大力发掘民族体育资源、走可持续发展道路的建议，以期能够为促进和加快少数民族传统体育的发展提供科学参考。

收藏单位：国家图书馆、石河子大学图书馆、新疆图书馆等

057《新疆少数民族教育的历史、现状与发展》

马文华等著，新疆教育出版社2007年出版

关键词：民族教育 新疆维吾尔自治区

中图法分类号：G759.2

本书通过调研，对乌孜别克族、塔塔尔族、锡伯族等6个民族的教育历史现状进行了比较与分析，并提出发展的思路和对策，对新疆维吾尔自治区教育研究有一定的社会效益和参考价值。

收藏单位：暂时无法提供馆藏信息。

058《云南八个人口较少民族义务教育均衡发展推进策略研究》

王春雷著，云南民族出版社2019年出版

关键词：人口较少民族　义务教育 云南省

中图法分类号：G759.2

本书深度调查了8个人口较少民族集中分布的7个县义务教育均衡发展现状，分析了推进过程中存在的主要问题，提出进一步推进的策略及建议。作者就云南8个人口较少民族，即德昂族、景颇族、阿昌族、基诺族、布朗族、普米族、怒族、独龙族相对集中分布的7个县从人口数、人均生产总值、人均地方财政收支、财政性教育经费占生产总值的比例、学校数、学生数、教师数等近20个指标进行了推进义务教育均衡发展情况的调查研究。

收藏单位：国家图书馆等

059《云南少数民族传统体育》

郭云聪著，人民出版社2010年出版

关键词：少数民族 民族形式体育

中图法分类号：G852.9

本书是“云南师范大学学术文库”之一。作者以云南省25个少数民族为研究对象，从其生活的自然环境、生产方式及与其他民族间的交流与影响等因素来整理各民族的传统体育项目，能使人们对云南省民族传统体育有一个系统的把握与了解，也可以使丰富多彩的民族民间体育得以表现出其本源性的特征。

收藏单位：国家图书馆、大理大学图书馆、云南大学图书馆等

060《云南特有少数民族体育文化的演进与进展》

顾世辉著，人民体育出版社2013年出版

关键词：人口较少民族 民族形式体育 云南省

中图法分类号：G852.9

本书从云南省特有少数民族的角度出发，着重讲述了云南省特有少数民族的传统体育文化。本书共分19章，第一章讲述了云南省的基本情况及其民族分布。第二章讲述了云南省少数民族传统体育文化的概况。第三章至第十七章是本书的重点部分，从云南省特有的15个少数民族出发，详述了其体育概况、演进发展及其困境。第18章和19章从实践角度，研究了云南省特有的15少数民族体育文化的发展策略和趋势。

收藏单位：国家图书馆、武汉体育学院图书馆、四川信息职业技术学院图书馆等

061《中国体育非物质文化遗产：黑龙江卷》

关吉臣，吴璇编，甘肃教育出版社2019年出版

关键词：体育文化 非物质文化遗产 黑龙江省

中图法分类号：G812

本书选取了有代表性的18个项目，从概述、历史沿革、道具器材、基本内容、传承与发展5个方面对黑龙江省体育非遗项目进行图文并茂的说明。力图以最原始、最直观的方式向读者展示黑龙江省丰富多彩、底蕴深厚的体育非物质文化遗产。作者对赫哲族叉草球、达斡尔族传统体育竞技等做了介绍。

收藏单位：湖北民族大学图书馆、华东师范大学图书馆、广西大学图书馆等

062《中国体育非物质文化遗产：新疆卷》

陈小蓉主编，甘肃教育出版社2018年出版

关键词：体育文化 非物质文化遗产 新疆维吾尔自治区

中图法分类号：G812

本书基于保护和弘扬我国优秀传统体育文化这一初衷，精选塔吉克族马球等3项国家级体育非物质文化遗产，以及柯尔克孜族奥尔朵、锡伯族射箭、柯尔克孜族托古孜库尔阔勒等新疆维吾尔自治区级非物质文化遗产，从项目起源、道具器材、比赛形式、发展现状、传承人信息等方面一一展开介绍，以期为读者呈现新疆维吾尔自治区珍贵的体育非物质文化遗产，为传承和传播新疆维吾尔自治区体育非物质文化遗产做出贡献。

收藏单位：国家图书馆、中央民族大学图书馆、湖北民族大学图书馆等

H 语言、文字

063《从个体、家庭到社区：不同场域下三个人口较少民族青少年母语保持现状研究》

曹波著，中国戏剧出版社2018年出版

关键词：撒拉语 鄂温克语 达斡尔语

中图法分类号：H232

本书是一部语言学研究专著。作者关注少数民族语言和文化，研究方法比较科学严谨，并采用了问卷调查等实地调查的方法，对三个民族（撒拉族、鄂温克族、达斡尔族）具体的语言环境和使用状况、语言兼用现状和语言转用情况做了具体研究。

收藏单位：国家图书馆、大连外国语大学图书馆、中南民族大学图书馆等

064《达斡尔族、鄂温克族、鄂伦春族谚语文化研究》

李树新著，商务印书馆2019年出版

关键词：达斡尔族 鄂温克族 鄂伦春语 谚语

中图法分类号：H224.3

达斡尔族、鄂温克族、鄂伦春族简称“三少民族”。本书共分8章，以“三少民族”谚语为载体，探寻这三个少数民族谚语与民族起源、社会发展、环境资源、宗教文化和生产生活的关系，揭示“三少民族”历史变迁状况和社会发展信息、宗教信仰印记和具有民族特色的生产生活方式、文化风俗体系。同时，通过对谚语的归纳分析，对深藏于文化血脉中的达斡尔族、鄂温克族、鄂伦春族谚语文化进行系统性总结探究，寻找和挖掘谚语中所蕴含的民族精神、民族文化价值观、伦理道德观；并从语言学角度，对“三少民族”谚语表义和修辞特征进行分析研究，较为详尽清晰地呈现了“三少民族”谚语的美学魅力。

收藏单位：国家图书馆，佳木斯大学图书馆、黑龙江省图书馆等

065《德宏世居少数民族语言使用现状调查》

张兰仙，彭新有主编，云南大学出版社2014年出版

关键词：少数民族语言 德宏傣族景颇族自治州

中图法分类号：H2

本书是“德宏世居少数民族文化研究系列丛书”之一，是一部关于德宏5个世居少数民族(景颇族、阿昌族、傈僳族、德昂族、傣族)语言使用情况调查的著作，书稿在收集了大量材料和学术成果的基础上，通过田野调查获得了大量的第一手资料，分析和研究了德宏5个世居少数民族语言的使用情况。本书是一本极具价值的有关民族文化的研究成果，书稿极大地丰富了民族民间文化宝库。

收藏单位：国家图书馆、昆明冶金高等专科学校图书馆、中国社会科学院图书馆等

066《广西民族语言方音词汇》

广西壮族自治区少数民族语言文字工作委员会编，民族出版社2008年出版

关键词：广西少数民族 民族语 语音

中图法分类号：H2

本书统一用国际音标记录了广西壮族自治区境内壮族、苗族、瑶族、侗族、毛南族、水族、仫佬族、仡佬族、京族、彝族共10个世居少数民族的语言，包括12个语种24个语音点，各语音点收4488个词汇。

收藏单位：国家图书馆、河北省图书馆、广西壮族自治区图书馆等

067《黑龙江省世居少数民族濒危语言研究》

金莉娜主编，黑龙江朝鲜民族出版社2017年出版

关键词：少数民族 濒危语言 黑龙江省

中图法分类号：H2

本书运用田野调查法、文献分析法等方法，对黑龙江省10个世居少数民族的语言文字使用情况进行了调查和分析，重点分析了赫哲语、满语、鄂伦春语、柯尔克孜语等濒危语言的使用、保护及传承现状，探讨了濒危语言的语音、词汇、语法等内部结构问题。

收藏单位：国家图书馆，黑龙江省图书馆等

068《满一通古斯语言与文学宗教研究》

唐戈编，民族出版社2008年出版

关键词：满—通古斯语言 文学 宗教

中图法分类号：H221

本书是一本论文集，主要包括三大部分：第一部分收入有关满—通古斯语言与文学研究的论文；第二部分收入满—通古斯语言与宗教研究的论文；第三部分收录文学与宗教结合研究的论文。在每一个部分中都以民族先后为序，即：满族、锡伯族、赫哲族、鄂温克族和鄂伦春族。本书是研究满—通古斯语言与文学宗教的参考资料。

收藏单位：中央民族大学图书馆、青海民族大学图书馆、内蒙古大学图书馆等

I 文学

069《白马情歌（藏文）》

冀文正编著，成都电子科技大学出版社2016年出版

关键词：门巴族 珞巴族 民间歌谣

中图法分类号：I277.29

本书是“珞渝（瑜）文化丛书”之一，以作者搜集并整理的珞巴族、门巴族两个民族的歌谣、情歌为主要内容，包括爱情、生活、智慧、家乡、亲情、宗教、节日等篇章。

收藏单位：国家图书馆、东南大学图书馆、江苏农林职业技术学院图书馆等

070《北方少数民族创世神话选集》

赵晶选编，中国国际广播出版社2016年出版

关键词：少数民族 民间文学 神话

中图法分类号：I277.5

千百年来，北方少数民族中口承或文字形式遗留了独具特色而文化底蕴深厚的神话，而“创世”是神话学的核心问题。本书是“中华大国学经典文库”之一，作者选取了柯尔克孜族、塔塔尔族、裕固族、土族、保安族、鄂温克族等北方15个少数民族具有代表性的创世神话。包括创世的传说、火神、鹿妈妈、柯尔克孜人的由来和三姐妹等内容。

收藏单位：国家图书馆、甘肃政法大学图书馆、兰州大学图书馆等

071《达斡尔、鄂温克、鄂伦春短篇小说选》

乌热尔图主编，内蒙古人民出版社1991年出版

关键词：短篇小说；达斡尔族；鄂温克族；鄂伦春族

中图法分类号：I247.7

本书收入达斡尔、鄂温克、鄂伦春族17位作家的27篇短篇小说，约22万字，包括多次获全国短篇小说奖、儿童文学奖的乌热尔图的《小说三题》等。这些作品从不同角度和侧面，描绘了达斡尔、鄂温

克、鄂伦春三个民族的风土人情和社会生活，塑造了性格迥异的人物形象。文笔清新、风格各异、富有浓郁的民族特色和生活气息。

收藏单位：呼伦贝尔学院图书馆

072《达斡尔、鄂温克、鄂伦春民歌》

呼伦贝尔盟文联、呼伦贝尔盟文化局编，内蒙古人民出版社 1981 年出版

关键词：达斡尔族 鄂温克族 鄂伦春民歌

中图法分类号：I277.29

本书收入的达斡尔族民歌、鄂温克族民歌、鄂伦春民歌是流传至今的口头文学，是“三少”民族“活”的历史典籍，读者可从丰富多彩的民歌中了解三个民族的历史变迁、生产斗争经验和人生哲理、社会风情，感受他们反侵略、反压迫、反剥削的英勇斗争精神，追求美好生活的理想愿望，对劳动、生活、家庭的赞美及对纯真爱情的歌颂。入选作品最大限度的保留了民歌原有的风貌，尽可能忠实于作品原义，保留了原来的格式和语言风格，是研究“三少”民族民歌的重要参考资料。

收藏单位：国家图书馆，内蒙古大学图书馆、黑龙江省图书馆等

073《东乡族、保安族、裕固族民间故事选》

郝苏民编，上海文艺出版社 1987 年出版

关键词：民间故事 保安族 裕固族

中图法分类号：I277.3

本书是“中国少数民族民间文学丛书·故事大系”之一。裕固族民间文学十分丰富，涉及社会生活的各个方面，并以多种题材艺术地再现于人民群众的口头之上。本集所收的作品都直接反映了这一历史事实。民间文学与民俗学之间的密切关系，民俗的产生发展和演变过程可以通过民间文学作品得以认识和说明，因此借助于民俗学这门科学，就可以使我们的民间文学研究更趋于深入。本书中的裕固族传说，直接或间接地反映了裕固人历史迁徙、婚俗形成和意识，从理解和研究民族文化这个角度出发，搜集和整理这类作品是十分必要的。

收藏单位：国家图书馆、西北民族大学图书馆、佳木斯大学图书馆等

074《二十世纪达斡尔族、鄂温克族、鄂伦春族小说集萃》

刘迁选编，内蒙古文化出版社 2008 年出版

关键词：中短篇小说 达斡尔族 鄂温克族 鄂伦春族

中图法分类号：I247.7

本书为中短篇小说作品集。收录了 20 世纪最后几十年间，达斡尔族、鄂温克族和鄂伦春族成长起来的作家作品 38 篇。纵观全书，这里有亮丽的民俗风物画，有现代神秘的故事，有对逝去文化的挽歌，有对美好生活的憧憬，为读者展现了思想魅力永存的大森林和大草原的彩色画卷。这部作品集的出版，将会为深入研究“三少”民族文学乃至当代文学提供很多有价值的资料。

收藏单位：国家图书馆，呼伦贝尔学院图书馆等

075《〈格萨尔〉文学翻译论》

扎西东珠、何罗哲、任青道吉等著，人民出版社2012年出版

关键词：《格萨尔》翻译

中图法分类号：I207.9

本书从意义与缘起、翻译论举要、《格萨尔》译介史概述、《格萨尔》在裕固族、撒拉族、普米族及国外民族文化等不同文化语境中的流布概况等方面论述了《格萨尔》的现实意义，而其文学翻译问题的研究，旨在探索从具有共性的翻译实践中“生成”的翻译理论，到需要突出“个性”的《格萨尔》文学翻译实践方面的问题。

收藏单位：国家图书馆、河西学院图书馆、兰州大学图书馆等

076《〈格萨尔〉学史稿》

扎西东珠、王兴先编著，甘肃民族出版社2002年出版

关键词：格萨尔 文学研究

中图法分类号：I207.9

本书是“格萨尔研究丛书”之一，是国内外第一部《格萨尔》学史。作者采取详今略古、国内详国外略的原则，运用编年史与专题史相结合的方法，对《格萨尔》的史实做了全面、科学的总结与归纳。作者详细介绍了《格萨尔》在裕固族、土族、撒拉族、普米族等少数民族地区的流布和遗物、遗迹、风物传说等情况，是研究格萨尔历史的参考资料。

收藏单位：国家图书馆、甘肃民族师范学院图书馆、西北民族大学图书馆

077《贵州水族瑶族毛南族壮族民间故事选》

祖岱年、熊志彪编，西南交通大学出版社，1994年出版。

关键词：毛南族 民间故事

中图法分类号：I277.3

作为一个历史悠久、有自己传统文化的单一民族，在长期的社会实践中，无疑创造了并不断丰富着自己的民间文学。本书选编了10余篇在水族、瑶族、毛南族、壮族中广泛流传，具有一定影响力的故事。这些故事为人们了解这些民族提供了第一手资料。

收藏单位：国家图书馆等

078《汉族题材少数民族叙事诗译注：壮族、仫佬族、毛南族卷》

蓝柯主编，民族出版社2011年出版

关键词：叙事诗 毛南族 仫佬族

中图法分类号：I207.22

本书搜集、整理的民族叙事诗，是保护和传承民族民间文化系统工程的一个重要组成部分。民族传统文化是民族精神的重要支柱，而且也是衡量一个国家综合国力的重要尺码，汉族题材经典叙事诗在少数民族地区广泛流传，并以民间神话、故事传说、民歌、民间长诗等艺术形式存在。在这些作品里，各地少数民族的民族意识和审美情趣与汉族的民族意识和审美情趣水乳交融，成为民族文化交融的一大奇观。本书稿内容包括广西壮族自治区的壮族、仫佬族、毛南族等民族的《孟姜女与万喜良》《朱买臣》《龙女与汉鹏》等汉族经典叙事诗8首，具有很高的学术研究和参考价值。

收藏单位：佳木斯大学图书馆、国家图书馆、浙江图书馆湖北省图书馆等

079《河湟民间文学集》(第1–12集)

青海西宁市文联编，1982—1989年出版发行。

关键词：民间文学 河湟地区

中图法分类号：I277

河湟地区泛指黄河及其支流湟水河、大通河之间的广阔地域，史称“三河间”。这一地区自古以来多民族繁衍生息，汉族、藏族、回族、土族、撒拉族等多个民族在这里交融共生，形成了灿烂的河湟文化，孕育了土族盘绣、花儿、河湟皮影等优秀传统艺术文化，保留了有着“东方庞贝”之称的“喇家遗址”、瞿昙寺等历史文化遗址。十二集的民间文学集搜集、整理了河湟地区的民歌、民间小曲、民间故事与传说、民间叙事诗、格言、谚语、民间小调、歇后语、民间戏剧、民间曲艺、摇篮歌、儿歌、寓言、民风、民俗等，是了解和研究河湟地区民间文学的参考资料。

收藏单位：国家图书馆、格尔木市图书馆、西北民族大学图书馆等

080《回、彝、水、仡佬、毛南、京族民间故事选》

广西师范学院民族民间文学研究所编；杨光富等选注，广西人民出版社1988年出版

关键词：少数民族文学 民间故事

中图法分类号：I277.3

该书选编了回族、彝族、水族、仡佬族、毛南族、京族等六个民族中思想内容具有积极意义，表现形式具有特色，流传较广，有一定代表性的故事作品，其中包括神话、传说、故事、寓言、笑话、谜语、谚语、歇后语、歌谣、民间叙事长诗、民歌、古歌、民间喜剧、曲艺及其有关评论、论文等。本书体现了各民族民间文学工作者、民间诗人、民间歌手、民间艺人共同努力下的研究成果，为各民族民间文学艺术交流做出了积极的贡献。

收藏单位：国家图书馆、佳木斯大学图书馆等

081《景颇族民间故事 柯尔克孜族民间故事 土族民间故事》

鸥鹍渤等编，上海文艺出版社1995年出版

关键词：民间故事 景颇族 柯尔克孜族 土族

中图法分类号：I277.3

本书是“中华民族故事大系”第10卷，共908页，主要收集了景颇族、柯尔克孜族、土族三个人口较少民族的民间故事，对了解三个民族的生活习惯、民族的发展具有重要参考价值。

收藏单位：国家图书馆、天津图书馆、辽宁省图书馆等

082《灵在民间》

冀文正编著，成都电子科技大学出版社2016年出版

关键词：珞巴族 门巴族 民间故事

中图法分类号：I277.3

本书是“珞渝（瑜）文化丛书”之一，以作者搜集的珞渝（瑜）地区的民间故事为主体，内容涉及民间传说、神话、猎人与动物，包括了神话、传说、动物和植物等篇章。

收藏单位：国家图书馆、云南艺术学院图书馆等

083《陇右地方文献与中国文学地图的重绘》

霍志军著，人民出版社 2019 年出版

关键词：地方文学 文学研究

中图法分类号：I209.942

本书着力发掘中国文学地图中的陇右因素，揭示陇右文化对文人、文学家族的影响，考察陇右地区异常丰富的中原文学与各少数民族文学、民间智慧与文人探索、书面文学与口传文学相激相荡所产生的独一的文学内容，对重新发现陇右地区丰富多彩的文学遗存对形成“多元一体”中国文学的重要作用。本书第八章探讨了中国文学的三枝奇葩：保安族、裕固族、东乡族文学，即保安族文学的历史建构和审美特质、裕固族文学在中国文学地图中的地位。

收藏单位：国家图书馆、兰州大学图书馆、西北师范大学图书馆等

084《珞巴族门巴族民间故事选》

李坚尚、刘芳贤编，上海文艺出版社 1993 年出版

关键词：珞巴族 门巴族 民间故事

中图法分类号：I277

本书是“中国少数民族民间文学丛书”之一。各少数民族散文体裁的民间文学作品，即一般通称的民间故事，包括神话、传说、故事、笑话、寓言等。门巴族和珞巴族的民间故事，内容丰富，形式多样，以其深沉的宗教哲理来阐明人生，解释社会现象。本书收录了门巴族和珞巴族重要的，有时代性的作品，同时顾及内容形式的多样性，以反映一个民族民间故事的概貌，所收作品经过整理，尽可能保持原貌，保存它的固有的艺术价值和科学价值。

收藏单位：国家图书馆、佳木斯大学图书馆、南京图书馆等

085《毛南族、京族民间故事选》

袁凤辰，上海文艺出版社 1987 年出版

关键词：毛南族 民间故事

中图法分类号：I277.3

本书是“中国少数民族民间文学丛书·故事大系”之一，选出毛南族、京族民间故事中代表性的作品，编成一部有特色的读物，向各族读者介绍毛南族和京族的历史生活和口头文学，以增进相互了解和团结，并为有关学科的专家提供一份有价值的研究资料。本书语言朴实无华，感情真挚，书中的方言和毛南语、京语都有注释，便于读者阅读。本书细致地划分神话与迷信、爱情与色情等方面的界限，把精华部分保存下来，做到了科学性与艺术性的统一。

收藏单位：大连理工大学图书馆、国家图书馆、北京大学图书馆等

086《满—通古斯语族语言词汇比较》

朝克著，中国社会科学出版社 2013 年出版

关键词：通古斯满语族 对比语言学研究；通古斯满语族 比较词汇学 研究

中图法分类号：H54

满—通古斯语族是发源于贝加尔湖附近的一个古老的民族共同体，现在属于这个语族的包括满族（锡伯族）、赫哲族、鄂伦春族、鄂温克族及生活在俄罗斯境内

的奥罗奇人、那乃人、乌底盖人、乌尔奇人、雅库特人等，人口在1000万人左右。本书对满—通古斯语族语言的词汇进行了比较研究。

收藏单位：国家图书馆等

087《门巴族民间文学概论 珞巴族民间文学概论》

于乐闻，1979年出版

关键词：门巴族 珞巴族 民间文学

中图分类号：I207.7

西藏民族学院门巴族、珞巴族民间文学调查组于1979年5月至9月底，先后奔赴西藏自治区米林、那错两县对门巴族和珞巴族民间文学进行了调查和收集工作。本书根据调查所获得的资料，介绍了两个民族的神话与传说、萨玛酒歌、古典情歌、叙事诗、戏剧等民间文学。

收藏单位：广西民族大学、南宁师范大学图书馆、南京师范大学等

088《蒙古族、达斡尔族、鄂伦春族民间文学资料汇编》

中国民间文艺研究会内蒙古分会1980年编印

关键词：民间文学 达斡尔族 鄂伦春族

中图法分类号：I277

该书分三辑，共收录蒙古族民间故事32篇，蒙古族叙事诗3篇，达斡尔族民间故事30篇，鄂伦春族民间故事16篇。这些凝聚着少数民族人民智慧、具有悠久历史的优秀民族民间文学作品，深刻反映了蒙古族、达斡尔族、鄂伦春族人民历代与自然、社会两种恶势力斗争的生活侧面；反映了他们勤劳、勇敢、正直、善良的性格和情操以及追求光明、正义的美好愿望和理想。本书是民间文学爱好者和从事民间文学工作的专业人员欣赏、研究的优秀作品和重要参考资料。

收藏单位：国家图书馆，内蒙古大学图书馆、呼伦贝尔学院图书馆等

089《墨脱民间故事专集：西藏民间故事：第6集》

翼文正搜集整理，西藏人民出版社1993年出版

关键词：民间故事 墨脱县 西藏自治区

中图法分类号：I277

珞巴族和门巴族虽然没有文字，但却是故事的海洋。民间蕴藏着大量的口头文学，远古的神话传说包含大量赞颂征服自然和邪恶的英雄故事，这些故事是他们英雄历史形象的再现。珞巴族和门巴族民间文学体裁多样，题材广泛，在创作方法上表现出了浓郁的地方特色和民族风格，具有较高的艺术魅力和文化价值。

收藏单位：国家图书馆、黑龙江省图书馆、吉林省图书馆等

090《拇指孩儿：达斡尔族、俄罗斯族、塔塔尔族》

张新泰编，新疆人民出版社2012年出版

关键词：达斡尔族 俄罗斯族 塔塔尔族 民间故事

中图法分类号：I277.3

本书搜集、整理达斡尔族、俄罗斯族、塔塔尔族的民间故事、传说、神话中

具有地域性和民族性的内容，以供读者全面了解这三个民族口传心授的文化和历史。本书收录了《燕子尾巴的传说》《喜鹊报喜》《拇指孩儿》《小头儿》《一只金鸟》《皮囊》《一颗南瓜籽》《寒冷老人》《审判》等民间故事。

收藏单位：国家图书馆、宁波市图书馆、杭州图书馆等

091《仫佬族毛难（南）族京族文学概况》

王弋丁著，广西人民出版社 1982 年出版

关键词：少数民族文学 仫佬族 毛难（南）族 京族

中图法分类号：I207.9

仫佬族、毛南族、京族人民的文学，在旧社会主要是民间口头创作。群众通过口头创作的诗歌、神话、故事，传说、童话、寓言等多种形式的文学去叙述历史，揭露社会的罪恶，歌颂人民勤劳、勇敢的高贵品质，抒发了人民美好的理想和愿望。本书介绍了仫佬族、毛难（南）族和京族民间文学的概况。

收藏单位：国家图书馆、广西壮族自治区图书馆、贵州省图书馆等

092《怒族独龙族民间故事选》

左玉堂等编著，上海文艺出版社 1994 年出版

关键词：怒族 独龙族 民间故事

中图法分类号：I919

本书收集的民间故事包括神话、传说、故事、笑话、寓言等。这些故事是怒族重要的有代表性的作品，同时顾及到内容、形式的多样性、以反映一个民族民间故事的概貌。本书所收集的作品经过整理，尽可能地保持了原貌，以保存它固有的艺术价值和科学价值，是研究怒族、独龙族民间文学难得的一本朴实的资料。

收藏单位：佳木斯大学图书馆、国家图书馆、广西壮族自治区图书馆等

093《少数民族神话故事精选》

陆晓荔、莫柳桂编译，广西民族出版社 2018 年出版

关键词：少数民族 神话

中图法分类号：I276.5

中华民族是一个多民族的大家庭，每个民族都有自己的神话故事，而每个民族的神话故事都有着各自的艺术特点，本书收录了人口较少民族如景颇族、怒族、裕固族等民族的 60 多篇神话故事，从中可以看到不同民族的历史文化和人文风貌。收录本书的神话故事，歌颂了人们辛勤的劳动和智慧的创造。

收藏单位：国家图书馆等

094《山花烂漫：怒族、独龙族、普米族文学作品选》

怒江州文联、怒江州民宗委，云南人民出版社 2019 年出版

关键词：怒族 独龙族 普米族 民族文学

中图法分类号：I207.966

本书稿内容丰富、思想性强。书稿收录了活跃在怒江州内的怒族、独龙族和普米族作家 170 余篇文学作品。全书洋溢着他们对家国情怀、乡土人情的眷恋和赞美，有着满满的正能量。不论是诗歌、散

文还是小说，无不以拳拳之心尽情抒发改革开放40年来国家、家乡的发展变化，表达了作者对党和国家的感恩之情。

收藏单位：国家图书馆等

095《土族撒拉族民间故事选》

朱刚等编，上海文艺出版社1992出版。

关键词：撒拉族 民间故事 土族

中图法分类号：I277.3

本书是“中国少数民族民间文学丛书•故事大系”之一。中国少数民族民间故事富有民族特色，它不仅具有文学价值，而且对于历史学、社会学、民族学、民俗学等学科的研究和发展也有一定的价值和意义。本书包含了土族和撒拉族的重要的有代表性的作品，这些作品尽可能保持原貌，以保存它的艺术价值和科学价值。

收藏单位：青海师范大学图书馆、中央民族大学图书馆、兰州城市学院图书馆等

096《五民族谚语》

贺灵等译，马雄福整理，新疆人民出版社1991年出版

关键词：少数民族文学 谚语

中图法分类号：I277

我国各民族都有自己悠久的历史和灿烂的民间文化遗产，而在瑰丽的民间文艺宝库中，谚语则被称为语言的精华。谚语可以说是社会生活的缩影，是人类经验的总结，是人们集体智慧的结晶。它的内容丰富翔实，涉猎面极广，充分体现了广大人民群众驾驭语言的能力，以及生活实践赋予他们的高超的艺术天才。本集共选收了广泛流传在塔吉克族、俄罗斯族、满族、达斡尔族和塔塔尔族等5个少数民族民间具有民族特色和时代色彩的近3000条谚语。

收藏单位：国家图书馆、南京图书馆、新疆维吾尔自治区图书馆等

097《西北民族文学史》

耿金声著，天津古籍出版社1995年出版

关键词：少数民族文学 文学史 西北地区

中图法分类号：I207.9

柯尔克孜族、锡伯族、乌孜别克族、塔吉克族、俄罗斯族、塔塔尔族、土族、撒拉族、保安族、裕固族等14个少数民族世世代代生息繁衍在地域辽阔、山河壮丽、物产丰富的我国西北地区。这14个少数民族被称为西北民族。本书阐述了原始社会时期、封建社会时期、半殖民地半封建社会时期的西北民族文学。

收藏单位：国家图书馆、哈密市图书馆、甘肃民族师范学院图书馆等

098《西部民族风情》

李健彪著，国际文化出版社2004年出版

关键词：民俗文化

中图法分类号：I357.3

本书是“中华民俗文库”之一，带你走进西部各族人民的生活，领略不同民族文化，了解更多关于民族的风情。如裕固族的给娃娃剃头习俗、珞巴族的服饰和饰品、门巴族的婚礼、撒拉族与骆驼舞、仫佬族的”走坡”和“补做风流”、柯尔克孜族的婚俗、土族供奉“护法神箭”等，

是了解西部民族风情的普及读物。

收藏单位：西北民族大学图书馆、北方民族大学图书馆、中南民族大学图书馆等

099《西藏民间故事：珞巴族·门巴族专辑·第5集》

于乃昌编，西藏人民出版社1989年出版

主题词：藏族 民间故事 选集

中图法分类号：I277.3 文学

本书对珞巴族和门巴族的民间故事进行了整理和汇编。这里选用的故事，都是地道的西藏民间故事，多数年过四十的藏族人读起来会很熟悉，反映了人民的生活和愿望，提供了难能可贵的资料。

收藏单位：国家图书馆等

100《新时期中国少数民族文学作品选集：门巴族卷 珞巴族卷》

丹增，白庚胜总主编，作家出版社2015年出版

关键词：少数民族文学 门巴族 珞巴族

中国图书分类法：I29

本册编选了门巴族、珞巴族各类题材的代表性作品，集中展示了新时期我国少数民族文学繁荣发展的景象，也拓展和扮靓了中国当代文学的版图。本书包括散文、诗歌，收录的作品，如《我的家乡——门隅》《探访斯木村"魔女"文化》《走进藏南群山峡谷及门巴族的文化深处》《从大峡谷走向太阳升起的地方》等。

收藏单位：国家图书馆、西安图书馆、湖北省图书馆等

101《新时期中国少数民族文学作品选集：塔吉克族卷 乌孜别克族卷 俄罗斯族卷 塔塔尔族卷》

西仁·库尔班主编，作家出版社2015年出版

关键词：少数民族文学 塔吉克族 乌孜别克族 俄罗斯族 塔塔尔族

中图法分类号：I29

我国当代少数民族诗歌具有鲜明的地域特色和民族特色。各少数民族的诗人对本民族独特的社会历史的描绘，对独特的心理素质和感情的表达，对源远流长的民族民间诗歌形式的学习和创新，对珍贵诗歌艺术资源的借鉴，使当代少数民族诗歌呈现丰富多样的风格与光彩。从诗歌的话语特征上看，当代少数民族诗歌不同时期表现出不同的话语亮色。本作品集编选了塔吉克族、乌孜别克族、俄罗斯族、塔塔尔族各类题材的代表性作品，集中展示了新时期我国少数民族文学繁荣发展的景象，也拓展和扮靓了中国当代文学的版图。

收藏单位：国家图书馆、佳木斯大学图书馆、石河子大学图书馆等

102《云南人口较少民族民间故事的生态文化研究》

于敏著，人民出版社2018年出版

关键词：人口较少民族 民间故事 文化生态学

中图法分类号：I207.73

本书共7章（含绪论）。绪论部分主要概述了各人口较少民族的历史文化概况、民间故事的研究现状、生态文化的内涵，并对本书研究对象进行具体的概念上

的界定。第一章至第六章分别论述了人口较少民族民间故事的生态观、生态美学思想、生态伦理学思想、民间故事中的宗教信仰与生态文化、民间故事中的习俗描写与生态文化，以及生态文化的当下意义等六个方面。

收藏单位：国家图书馆、佳木斯大学图书馆等

103《云南 8 个人口较少民族作家文学作品选：散文卷》

黄玲主编，云南民族出版社 2016 年出版

关键词：少数民族文学 作品综合集 云南省

中图法分类号：I267

本书收集了云南 8 个人口较少民族阿昌族、布朗族、德昂族、独龙族、基诺族、景颇族、怒族、普米族的作家公开发表的散文，作家们用自己的智慧，展开想象的思维创作出了反映自己所思所想的作品，把各自家乡的美丽、山河的神秘、民族的魅力、节日的凝聚力、爱情的甜蜜、亲人的情谊等等都融进作品里，全面反映了 8 个人口较少民族生活的方方面面。

收藏单位：国家图书馆等

104《智语箴言》

冀文正编著，成都电子科技大学出版社 2016 年出版

关键词：珞巴族 门巴族 谚语

中图法分类号：I277.7

本书是“珞渝（瑜）文化丛书”之一，是对冀文正先生 60 年来搜集的有关珞巴族、门巴族的历史、风情、民俗、文化等珍贵的第一手资料的归纳梳理，也是对其进行的首次系统化的整理。主要包括两个民族的生活、智慧、政治等内容。

收藏单位：国家图书馆、中山大学图书馆、深圳大学图书馆等

105《中国阿尔泰语系民族民间文学概论》

满都呼主编，内蒙古教育出版社 2005 年出版

关键词：阿尔泰语系 少数民族文学 民间文学

中图法分类号：I207.9

中国阿尔泰语系民族近 20 个，其中包括的人口较少民族有柯尔克孜族、乌孜别克族、塔塔尔族、裕固族、达斡尔族、土族、保安族、锡伯族、赫哲族、鄂伦春族。本书从神话传说、英雄史诗与叙事长诗、民间歌谣、民间说唱等几部分对我国境内阿尔泰语系各民族民间文学进行研究，是研究阿尔泰语系民族民间文学有价值的参考资料。

收藏单位：青海民族大学图书馆、兰州大学图书馆、西北民族大学图书馆等

106《中国各民族神话：水族、布朗族、独龙族、基诺族、傈僳族》

姚宝瑄主编，书海出版社 2014 年出版

关键词：基诺族 布朗族 独龙族 民族神话

中国图书分类法：I277.5

本书稿是“中国各民族神话”丛书之一。编者经过多年的实地考察、现场采集、资料收集，将水族、布朗族、独龙

族、基诺族、傈僳族的创世神话、洪水神话、天体神话、英雄神话整理，最大限度保留神话流传地的方言特色，全面、生动地展示了中国古老神话的面貌，保存了关于中国民族神话的第一手资料，有很高的文化价值和出版价值。

收藏单位：昆明理工大学图书馆、昆明冶金高等专科学校图书馆、泸西县图书馆

107《中国人口较少民族书面文学研究》

钟进文主编，民族出版社 2012 年出版

关键词：少数民族文学 人口较少民族

中图法分类号：I207.9

人口较少民族自中华人民共和国成立后，涌现出不少作家、诗人，创作了许多非常有特色的民族文学作品。本书共分七章，内容包括人口较少民族书面文学的发展历程、人口较少民族小说创作、人口较少民族散文创作、人口较少民族报告文学创作、人口较少民族诗歌创作、人口较少民族戏剧影视文学创作等。作者主要对这些人口较少民族书面文学的发展历程及其他们的小说、诗歌、散文等各类文学作品形式做全方位的深度概说和评论。

收藏单位：国家图书馆、兰州大学图书馆、西北民族大学图书馆等

108《中国突厥语诸民族民间达斯坦概论》

阿布都外力・克热木等著，民族出版社 2017 年出版

关键词：突厥语民族 民间文化

中图法分类号：I207.22

本书是 2008 年度国家社科基金一般项目“西北突厥语民族达斯坦论”的阶段性成果，主要概述了我国维吾尔族、哈萨克族、柯尔克孜族、乌孜别克族、塔塔尔族、撒拉族和裕固族七个突厥语族民间达斯坦的主题、母题、叙事结构和语言特点等诸多方面的内容，提出了一些学术结论和价值判断。此书对西北少数民族民间口头文化传承与研究有较高的学术价值和参考意义。

收藏单位：国家图书馆、西藏民族大学图书馆、西南民族大学图书馆等

109《中华民俗源流集成》（1–10 卷）

雪犁著，甘肃人民出版社 1994 年出版

关键词：民间故事 风俗习惯

中图法分类号：I277.3

这部由我国著名民俗专家编纂的民俗巨著共计 10 卷，包括我国 56 个民族从古至今的民间风俗故事约 2000 多篇。包括岁时、节日、婚姻、丧葬、礼仪、服饰、饮食、居住、民间工艺、娱乐、信仰、祭祀、禁忌、商业等内容，是了解中华民族民俗文化的参考资料。

收藏单位：国家图书馆、云南民族大学图书馆、中央民族大学图书馆等

110《中华民族故事大系：布朗族民间故事 撒拉族民间故事 毛南族民间故事・第 12 卷》

岩温扁等编，上海文艺出版社 1995 年出版

关键词：布朗族 撒拉族 毛南族 民间故事

中图法分类号：I277.3

本书精选了布朗族、撒拉族、毛南族优秀故事作品，并配有相关照片，图文并茂地介绍了3个民族的民间故事。

收藏单位：国家图书馆、首都图书馆、清华大学图书馆等

111《中华民族故事大系：普米族民间故事 塔吉克族民间故事 怒族民间故事 乌孜别克族民间故事 俄罗斯族民间故事 鄂温克族民间故事·第14卷》

王震亚等编，上海文艺出版社1995年出版

关键词：普米族 塔吉克族 怒族 乌孜别克族 俄罗斯族 鄂温克族 民间故事

中图法分类号：I277.3

本书精选了普米族、塔吉克族、怒族、乌孜别克族、俄罗斯族、鄂温克族优秀故事作品，并配有相关照片，图文并茂地介绍了6个民族的民间故事。

112《中华民族故事大系：赫哲族民间故事 门巴族民间故事 珞巴族民故事 基诺族民间故事·第16卷》

王士媛等编 上海：上海文艺出版社1995年出版

关键词：民间故事 民族故事 基诺族 赫哲族

中国图书分类法：I277.3

本书精选了赫哲族、门巴族、珞巴族、基诺族优秀故事作品，并配有相关照片，图文并茂地介绍了4个民族的民间故事。

收藏单位：广西民族大学图书馆、中南大学图书馆、广东省立中山图书馆等

J 艺术

113《北方四少民族民间图案及缝布艺术作品集》

胡秀杰、伊桑编，内蒙古文化出版社2014年出版。

关键词：少数民族 民间艺术 图案 缝布

中图法分类号：J522

本书为“内蒙古历史文化丛书”之一，包括蒙古族民间图案、达斡尔族民间图案、鄂温克族民间图案、鄂伦春族民间图案、缝布艺术五个部分。本作品集选题独特，具有浓厚的民族特色，展现了北方草原蒙古族、达斡尔族、鄂温克族、鄂伦春族独有的风情和悠久的文化，体现了万物有灵的自然文化神韵，生动形象地反映了草原各族人民对美好生活的无限向往和憧憬，更加彰显出北方少数民族不屈的精神与豪放的个性。

收藏单位：呼伦贝尔学院图书馆等

114《布朗族·基诺族》

《云南少数民族图库》编委会编著，云南美术出版社2002年出版

关键词：布朗族 基诺族 图库

中国图书分类法：J522

本书通过图片的方式加以文字叙述，介绍了布朗族、基诺族的居住地、语言、文化习俗等民族文化。

收藏单位：云南师范大学商学院图书馆、湖北美术学院图书馆、宁波图书馆等

115《穿越时空．民族瑰宝：黑龙江三皮文化》

张敏杰著，黑龙江人民出版社 2018 年出版

关键词：地方文化 黑龙江省

中图法分类号：J528

本书全面记录了黑龙江鱼皮文化、桦树皮文化、兽皮文化的形成、传承以及发展历程，包括三皮制作技艺的传承、三皮制作技艺制品的诸多形态、三皮制作技艺的现状等内容，反映了黑龙江省域内的渔猎文化的历史沿革，反映了赫哲族、鄂伦春族等民族人民的历史、生活、民俗、民风。

收藏单位：国家图书馆、湖北省图书馆等

116《德宏傣族景颇族自治州民歌集成：阿昌族、德昂族卷・四》

杨锦和等编，德宏民族出版社 2006 年出版

关键词：阿昌族 德昂族 民歌 歌曲 德宏傣族景颇族自治州

中图法分类号：J642.227.42

本书记录了德宏傣族景颇族自治州德昂族和阿昌族的民歌，包括山歌、情歌、风俗歌。

收藏单位：国家图书馆等

117《德宏少数民族织锦图集》

冯顺祖绘，德宏民族出版社 2007 年出版

关键词：织锦缎 工艺美术 德宏傣族景颇族自治州

中图法分类号：J523.1-64

本书收集了傣族织锦图案 90 余幅，景颇族织锦图案 120 余幅，德昂族、阿昌族、傈僳族织锦图案 20 余幅，真实地记载了德宏各民族织锦和民族审美文化变迁的历史。

收藏单位：国家图书馆、云南省图书馆等

118《东北非物质文化遗产丛书：民间手工技艺卷》

刘铁梁等著，东北大学出版社 2018 年出版

关键词：非物质文化遗产 民间工艺 东北地区

中图法分类号：J528

本书主要阐释了东北地区诸如烙画、指画、鱼皮画、桦树皮画、布贴画、葫芦画等民间传统画绘制技艺；满族、蒙古族、鄂伦春族、鄂温克族、达斡尔族的民间传统刺绣技艺；民间传统镂雕技艺；民间传统编织与彩扎技艺；民间传统毛皮制作技艺等。全书体例合理，对东北民间手工技艺的介绍相对翔实、完整，对保护逐渐失传的东北民间传统手工技艺具有重要意义。

收藏单位：大连理工大学图书馆、黑龙江省图书馆等

119《东北民歌文化研究及艺术探析》

杨清波著，中国海洋大学出版社 2019 年出版

关键词：民歌 东北地区

中图法分类号：J607.2

在我国东北边陲，聚居的少数民族主要有满族、鄂伦春族、达斡尔族、赫哲

族、朝鲜族、鄂温克族等。本书以东北民歌为研究对象，阐述东北的自然与社会环境，介绍各少数民族及民歌，阐述东北民歌和宗教、民间音乐的关系，论述东北民歌的分类及特点，并具体对东北民歌方言、东北民歌衬词、民歌中的说唱、二人转展开介绍。

收藏单位：国家图书馆，北京师范大学图书馆等

120《甘肃民歌钢琴小曲百首》

杨瑾等编，兰州大学出版社2020年出版

关键词：民歌 钢琴曲 甘肃省

中图法分类号：J647.41

本书包括了汉族、回族、藏族、东乡族、土族、裕固族、保安族、蒙古族、撒拉族、哈萨克族十个民族的101首民歌，从地域上看，涵盖了陇东、陇中、陇西、陇南、临夏、甘南及河西等地的不同风格。为了帮助大家了解甘肃各个民族和他们丰富多彩的民歌遗产，本书编写了“乐曲说明”和“甘肃各民族及其民歌简介”作为附录，详细说明民歌的背景和演奏注意要点及民歌介绍。

收藏单位：国家图书馆等

121《龟兹遗韵：论当代库车地区维吾尔族传统音乐与龟兹乐的传承关系》

周吉著，中央音乐学院出版社2008年出版

关键词：民间音乐

中图法分类号：J607.215

笔者通过对库车地区流传的维吾尔族传统音乐与被公认为古代回鹘直接后裔的裕固族传统音乐的比较，与哈萨克族、柯尔克孜族、乌孜别克族、塔塔尔族等突厥语族民族传统音乐的比较，从各个不同的方面对龟兹乐的形态特点做了初步探讨，并论证了当代库车地区维吾尔族传统音乐和龟兹乐之间的因袭、传承关系。

收藏单位：国家图书馆、佳木斯大学图书馆、兰州大学图书馆等

122《哈尼族布朗族基诺族舞蹈》

李金印、刘金吾编著，云南民族出版社1999年出版

关键词：布朗族 基诺族 民族舞蹈

中图法分类号：J722.22

作者从文化人类学角度研究少数民族舞蹈，同时研究民族舞蹈的保存与发展，传承与创新问题。本书介绍了哈尼族、布朗族、基诺族舞蹈的概况、风格特征及其形成与变异、民族舞蹈发展简况及具有代表性的、流传较广的民间舞蹈和一些地区特有的舞蹈等。

收藏单位：国家图书馆、云南省图书馆、北京大学图书馆等

123《河州花儿》

郭正清著，甘肃人民出版社2007年出版

关键词：“花儿” 音乐

中图法分类号：J616.2

本书列入“甘肃省非物质文化遗产保护丛书”，分上、中、下三编。上编为河州“花儿”概述，包括对河州“花儿”的界定、命名、内容、“花儿”的词式结构、曲式结构、形成历史、地域民族特征、艺术价值及“花儿”会与“花儿”歌手的介绍；

中编为河州“花儿”唱词精选、精选“花儿”注明最早见于记载的文献，对考证“花儿”的源流提供了线索；下编为河州“花儿”曲令精选，精选了河州“花儿”唱词725首，不同名称的河州“花儿”曲令166首，每首下面注明最早见于记载的文献，力图展现河州“花儿”全貌。

收藏单位：国家图书馆、西北民族大学图书馆、甘肃民族师范学院图书馆等

124《黑龙江少数民族歌曲赏析》

刘嘉宁编著，黑龙江人民出版社2014年出版

关键词：少数民族 音乐赏析

中图法分类号：J642.223.5

本书选出了达斡尔族、鄂伦春族、鄂温克族、赫哲族四个少数民族的歌曲作为主讲的内容，从分布较广、影响较大、音乐品种和数量较多、风格特征比较突出等方面来考虑，力图对黑龙江省不同语系民族均有所观照，使学习者有意识地进行比对。尽管本书没有较多地在语系、乐系和某具体民族的音乐特征之间做更多的关联性讲解，但却试图通过这样的框架设计和内容安排，把三者作为整体观念传递给学习者。本书内容分为两个部分：第一部分是黑龙江省少数民族概况。第二部分是以简谱、五线谐的方式，描述该民族的主要歌曲活动现象，精选出最有代表性的曲例，通过对其音阶调式、节奏节拍、句法结构、典型音调、演唱演奏方式等方面的分析，凝练出该民族的歌曲形态特征。

收藏单位：国家图书馆、黑龙江省图书馆等

125《呼伦贝尔少数民族民歌与舞谱》

郭晓环著，内蒙古文化出版社2014年出版

关键词：民歌 舞蹈 呼伦贝尔市

中图分类：J722.22

本书以翔实的文字、精美的插图、诗歌的形式，记录了中国北方的蒙古族、达斡尔族、鄂伦春族、鄂温克族各时期民歌，全景展现了他们的生产生活、历史沿革、对美好爱情的渴望及对传世英雄的赞扬，是研究呼伦贝尔少数民族民歌与舞谱的有价值的参考资料。

收藏单位：国家图书馆、呼和浩特图书馆等

126《民族刀具文化：保安族腰刀与阿昌族户撒刀》

李友友编著，中国轻工业出版社2016年出版

关键词：保安族 阿昌族 刀具文化

中图法分类号：J526.9

本书是“非物质文化遗产丛书”之一。作者以实地考察成果为基础，对少数民族刀具文化进行了深入的探究，分别以保安族腰刀和阿昌族户撒刀为例，从历史背景、技艺传承、工艺特色及其传承的社会文化环境等多方面进行分析，对我国当下少数民族刀具文化的现状进行了系统梳理和全面、深入的总结，对研究民间艺术和非物质文化遗产具有借鉴作用。

收藏单位：国家图书馆、黑龙江省图书馆、西安图书馆等

127《内蒙古少数民族歌曲选集》

乌日娜编著，中央民族大学出版社2016年出版

主题词：民族歌曲 内蒙古自治区

中图法分类号：J642.22

本书选取了鄂伦春族、鄂温克族、达斡尔族及蒙古族的典型民歌及创作歌曲。每首歌曲都配以钢琴伴奏谱，使声乐教学更加完善、规范、科学发展，有利于提高教学水平。

收藏单位：国家图书馆，黑龙江省图书馆

128《丝路乐舞之旅：新疆少数民族音乐舞蹈》

蔡宗德、周菁葆主编，世界文物出版社 2000 年出版

关键词：舞蹈 民俗音乐 新疆维吾尔自治区

中图法分类号：J607

本书由多名专门研究整理新疆维吾尔自治区少数民族乐舞的学者执笔，系统地叙述了新疆维吾尔自治区 11 个主要民族的民间歌曲、民间说唱、民间歌舞、民间器乐等，通过本书，读者可以欣赏新疆维吾尔自治区乐舞的千姿百态。

收藏单位：国家图书馆、石河子大学图书馆、兰州大学图书馆等

129《西北地区人口较少民族婚礼仪式的音乐人类学研究》

苏娟著，青海人民出版社 2019 年出版

关键词：婚姻仪式 民族音乐研究 少数民族风俗习惯 西北地区

中图法分类号：J607.2

本书主要以西北人口较少民族中土族、撒拉族、保安族、裕固族、锡伯族等五个民族婚礼仪式音乐为主要研究对象，运用资料检索法、田野调查法、比较分析法等研究方法，通过婚礼仪式音乐产生的人文语境、婚礼仪式音乐的艺术特征、社会功能和音乐人类学反思等方面进行分析与研究，深入剖析婚俗文化、仪式演绎和音乐三者之间的互动关系，力图借助民族学、人类学、历史学等多学科研究的成果，以点带面揭示出西北少数民族民间音乐的整体面貌与独具特色的民族音乐文化特征。

收藏单位：国家图书馆、青海民族大学图书馆等

130《西域民族图案大典》

中国美术家协会新疆分会编，新疆美术摄影出版社 2014 年出版

关键词：少数民族 图案

中图法分类号：J522.8

本书收录了西域民族图案作品，其中包括维吾尔族图案、哈萨克族图案、柯尔克孜族图案、锡伯族图案、蒙古族图案、俄罗斯族图案、塔吉克族图案等。

收藏单位：国家图书馆、中央民族大学图书馆等

131《西域艺术史》

王嵘著，云南人民出版社 2006 年出版

关键词：西域艺术 艺术史

中图法分类号：J120.9

本书从出土文物、遗址遗存、传统文化与习俗等方面论述了西域艺术的源流、发展及在原始阶段、佛教流行时期、伊斯兰教流行时期西域各民族在艺术上取得的

辉煌成就。本书在第 14 章第 8 节介绍了柯尔克孜族、乌孜别克族、塔吉克族、锡伯族艺术。

收藏单位：黑龙江省图书馆、石河子大学图书馆、塔里木大学图书馆等

132《新疆刺绣纹样艺术》

张亨德、韩莲芬编著，新疆电子音像出版社、新疆美术摄影出版社 2015 年出版

关键词：刺绣 纹样 新疆维吾尔自治区

中图法分类号：J523.6

新疆刺绣历史悠久，有独特的民族风格，影响和改变着新疆各族人民的物质与文化生活，是一种有动感创作过程的工艺美术品。刺绣与生活和大自然有着密切的联系。刺绣艺术直接美化人民的生活，而刺绣图案的内容也是和生活、大自然分不开的。本书是“新疆少数民族工艺美术研究”丛书系列之一，内容包括维吾尔族刺绣、柯尔克孜族刺绣、哈萨克族刺绣、回族刺绣、俄罗斯族刺绣、满族刺绣、蒙古族刺绣、塔吉克族刺绣、乌孜别克族刺绣等章节。

收藏单位：新疆师范大学图书馆、新疆图书馆、伊犁师范大学图书馆等

133《新疆美术大系：新疆民间手工艺图案卷》

《新疆美术大系》编委会编，新疆美术摄影出版社 2012 年出版

关键词：少数民族 民间工艺 图案 新疆维吾尔自治区

中图法分类号：J522.8

本卷分为论文和图案两部分，内容包括维吾尔族手工艺图案、哈萨克族手工艺图案、柯尔克孜族手工艺图案、蒙古族手工艺图案、塔吉克族手工艺图案、锡伯族手工艺图案。整理和挖掘新疆民间手工艺图案资源，旨在研究新疆维吾尔自治区民间美术的民族特点、历史渊源、东西方文化交融及民族学、历史学、考古学、美学、民俗学及艺术、建筑等学科。把少数民族民间手工艺图案研究与现代文艺理论相结合，可继承和发扬新疆维吾尔自治区优秀传统文化，不断完善新疆维吾尔自治区民间手工艺图案独特的历史定位和文化价值。本书可供民间手工艺爱好者、收藏者及相关读者参考。

收藏单位：国家图书馆、中央民族大学图书馆等

134《新疆民间歌曲选：锡伯、塔塔尔族专辑·5》

新疆维吾尔自治区文化厅、中国音乐家协会新疆分会编，新疆人民出版社 1983 年出版

关键词：锡伯族 民间歌曲 塔塔尔族

中图法分类号：J642.224.5

锡伯族不仅有悠久的历史，而且有灿烂的文化，流行在民间的歌曲就是很珍贵的一部分。这些歌曲植根于本民族人民生活，记录了他的历史，反映了人民的喜怒哀乐和生活习俗。本书收录了 57 首民间歌曲。其中部分民间歌曲被首次译配成汉文出版，这是首次出版的较为全面的有关这两个民族的民间歌曲集。这些歌曲不仅适合演唱，而且是不可多得的珍贵的音乐资料。

收藏单位：中国音乐学院图书馆、塔

城地区图书馆、新疆图书馆等

135《云南原生态民歌选集》

杨明主编，云南民族出版社 2010 年出版

关键词：民歌 歌曲 云南省

中图法分类号：J642.227.4

本书主要收集整理了云南省 20 多个民族 1364 首最具代表性、最具特色的民歌，其中包括汉族、彝族、白族、纳西族、藏族、普米族、傈僳族、怒族、独龙族、傣族、景颇族、阿昌族、德昂族、布朗族、基诺族、佤族、拉祜族、哈尼族、壮族、瑶族、布依族、水族等少数民族民歌，是首次对云南原生态民歌的一次全方位的总结和摸底，具有极强的资料性和学术价值，是较为集中、较为完整、容量较大，便于群众运用的普及性极强的“云南民歌”歌曲集。

收藏单位：国家图书馆等

136《中国北方少数民族美术》

王文俭著，黑龙江人民出版社 2008 年出版

关键词：北方少数民族 美术史

中图法分类号：J120.9

作者较系统地论述中国各个历史时期北方少数民族美术所取得的成就，特别是那些在全国美术发展上具有重大影响的著作，不仅在学术上提供了可以增加各族人民之间相互了解的资料，进一步促进与繁荣少数民族美术创作，而且也填补了中国北方少数民族美术的空白，为中国北方少数民族文化遗产的抢救、挖掘及发现中国北方少数民族美术方面提供翔实的资料。本书包括鄂伦春族美术、鄂温克族美术、达斡尔族美术、赫哲族美术、锡伯族美术、柯尔克孜族美术、裕固族美术、保安族美术、撒拉族美术、乌孜别克族美术、塔吉克族美术、塔塔尔族美术；土族美术、俄罗斯族美术等内容。

收藏单位：国家图书馆、甘肃民族师范学院图书馆、华东师范大学图书馆等

137《中国民间歌曲集成：青海卷》

本书编辑委员会编，中国 ISBN 中心 2000 年出版

关键词：民歌 青海省

中图法分类号：J642.2

《中国民间歌曲集成》是遵照中华人民共和国文化部、中华人民共和国国家民族事务委员会和中国音乐家协会的有关文件精神进行编选的。本卷民歌是从历年来所收集的民歌中精选出 965 首编辑而成，它包括了青海省土族、撒拉族、各种题材内容和体裁形式的民歌。

收藏单位：青海师范大学图书馆、西北民族大学图书馆、贵州省图书馆等

138《中国民族民间器乐曲集成：新疆卷》

周吉主编，中国 ISBN 中心 1996 年出版

关键词：民族器乐 器乐曲 新疆维吾尔自治区

中图法分类号：J648

本卷分为三大类别：民族民间器乐曲、木卡姆音乐、宗教音乐。全卷共收集了维吾尔族、哈萨克族、柯尔克孜族、蒙古族、锡伯族、塔吉克族、乌孜别克族、

塔塔尔族等民族的民间器乐曲727首；维吾尔族“木卡姆”四部：《吐鲁番木夏乌热克木卡姆》（鼓吹乐）《哈密恰尔朵木卡姆》《刀郎崩姆比亚之木卡姆》《十二木卡姆》中各选一部；维吾尔族、回族、哈萨克族、伊斯兰教各教派礼仪音乐及其他宗教音乐71首，锡伯族萨满礼仪音乐18首。

收藏单位：国家图书馆、克拉玛依职业技术学院图书馆、新疆师范大学图书馆等

139《中国民族民间舞蹈集成：青海卷》

本书编辑部编，中国ISBN中心2001年出版

关键词：民间舞蹈 青海省

中图法分类号：J722.2

我国有着历史悠久的乐舞文化传统，尤其是丰富多彩的各民族的民间舞蹈，源远流长，风采独具是中华民族乐舞文化的重要组成部分。本卷包括的土族舞蹈有安昭、踏灰、纳顿、於菟；撒拉族舞蹈有骆驼舞、阿丽玛、伊秀儿玛秀儿、连枷舞。

收藏单位：北京舞蹈学院图书馆、西北民族大学图书馆、北方民族大学图书馆等

140《中国曲艺音乐集成：新疆卷》

本书编辑委员会编，中国ISBN中心2003年出版

关键词：曲艺 民间音乐 新疆维吾尔自治区

中图法分类号：J644

曲艺音乐又称说唱音乐，是以说、唱为手段来状物写景、倾诉感情、表达故事、刻画人物的一种独特的艺术形式，它同民歌、戏曲音乐、民间器乐曲一样，是中华民族绚丽多彩的传统音乐文化的重要组成部分。本卷共编入流传于新疆各民族民间的27个曲种。其中，柯尔克孜族4种，锡伯族3种，塔吉克族1种，乌孜别克族2种，另有塔塔尔族2个曲种编在附录中。编排次序以民族为第一级分类，以曲种为第二级分类。

收藏单位：国家图书馆、石河子大学图书馆、新疆师范大学图书馆等

141《中国少数民族宗教音乐研究：广西卷》

杨秀昭主编，宗教文化出版社2011年出版

关键词：少数民族 宗教音乐

中图法分类号：J608

本书研究范围涵盖了广西壮族自治区的仫佬族、毛南族、京族等11个少数民族的信仰体系、宗教仪式与仪式音乐，以及这些仪式音乐的形态特征及其形成缘由，揭示其赖以生存的文化背景与蕴藏深厚的文化内涵。本书中有对仫佬族、毛南族、京族三个人口较少民族的民间宗教信仰及其音乐概述，如仫佬族“依饭节”仪式音乐、仫佬族‘打斋’仪式及其音乐的相关介绍，是研究中国少数民族宗教音乐的参考资料。

收藏单位：国家图书馆、杭州图书馆、广西壮族自治区图书馆等

142《中国戏曲志：西藏卷》

本书编辑委员会编，中国ISBN中心1993年出版

关键词：戏曲 地方戏 西藏自治区

中图法分类号：J825

编辑出版本书的主旨是在于记述中国戏曲的历史和现状，是为了系统地记录、整理各地区各民族的戏曲资料，包括戏曲改革工作的经验教训，促进社会主义戏曲事业的繁荣，也为今后保留一部比较完善的戏曲文献，属于社会主义精神文明建设的组成部分，具有重要的现实意义。本书记述了各地区、各民族有史料记载以来至1982年戏曲发展的历史及其理论研究成果。如在部分篇幅介绍了门巴戏、门巴戏朗达、门巴戏角色类型、门巴戏18种表演身段、门巴白面具。

收藏单位：国家图书馆、重庆图书馆、天津图书馆等

K 历史、地理

143《北方渔猎民族研究》

王咏曦著，天津社会科学院出版社2012年出版

关键词：北方少数民族 民族文化 内蒙古自治区

中图分类：K280.26

本书主要写的是生活在黑龙江省和内蒙古自治区的达斡尔族、鄂温克族、鄂伦春族这三个少数民族，作者在书中对这些民族的源流、称谓、地理分布、历史变革、宗教信仰、民族人物等均有论述，为人们研究这些民族的历史、经济、文化提供了翔实资料，具有重要的参考价值。

收藏单位：国家图书馆，黑龙江省图书馆有收藏。

144《城镇化视域下黑龙江人口较少世居民族文化田野调查与研究：以鄂温克族、达斡尔族、锡伯族、柯尔克孜族为例》

张广才著，黑龙江人民出版社2020年出版

关键词：人口较少民族 民族文化 东北地区

中图法分类号：K280.35

本书通过对世居东北地区的鄂伦春族、鄂温克族、赫哲族、柯尔克孜族少数民族聚居村落文化环境的实地考察，重点梳理了城镇化过程中，四个人口较少民族传统文化真实存留状况，并分析了产生这种状况的原因，提出了保持民族聚居地文化环境的路径，以期找到在城镇化进程中民族文化保护与传承的最佳模式。

收藏单位：黑龙江省图书馆、辽宁省图书馆、湖北省图书馆等

145《达斡尔、鄂温克、鄂伦春、赫哲史料摘抄》

内蒙古少数民族社会历史调查组，中国科学院内蒙古分院历史研究所1961年编印

关键词：民族史料 达斡尔族 鄂温克族 鄂伦族 赫哲族

中图法分类号：K282

本书从《黑龙江志稿》《朔方备乘》《辽海丛书》等17种史书中，摘录了有关达斡尔族、鄂温克族、鄂伦春族及赫哲族4个少数民族的史料汇编而成，反映了上述四个民族当时的政治、经济及生产生活情况，对了解和研究这4个少数民族的历史具有重要的参考价值。

收藏单位：国家图书馆，华东师范大学图书馆等

146《达斡尔、鄂温克、鄂伦春、赫哲史料摘抄：清实录》

内蒙古少数民族社会历史调查组、中国科学院内蒙古分院历史研究所编，内蒙古人民出版社 1962 年出版

关键词：民族史料 达斡尔族 鄂温克族 鄂伦族 赫哲族

中图法分类号：K282

“大清历朝实录”简称“清实录”，共计 4484 卷，是清代历朝的官修编年体史料汇编。本书作者将清实录中有关达斡尔族、鄂温克族、鄂伦春族、赫哲族 4 个少数民族的记载资料摘抄下来，并按清实录的顺序编排整理出版。摘抄反映了 4 个少数民族当时的政治、经济情况，为史学界研究这 4 个少数民族的历史提供了重要的参考。

收藏单位：国家图书馆，黑龙江省图书馆等

147《达斡尔、鄂温克、鄂伦春族书目提要》

莫德主编，内蒙古文化出版社 2019 年出版

关键词：达斡尔族 鄂温克族 鄂伦春族 图书目录

中图法分类号：K282.2

本书收录达斡尔族、鄂温克族、鄂伦春族三个少数民族图书文献资料共计 900 余种，其中包括正式出版物和自编自印的非正式出版物，比较全面地反映了达斡尔族、鄂温克族、鄂伦春族的历史人文、生产生活、自然地理、宗教信仰、文学艺术、文化教育、科学体育、语言文字、政治经济、法治建设及社会发展。本书对达斡尔族、鄂温克族、鄂伦春族三个少数民族文化历史等诸多方面的认识、了解、教学及研究具有较高的参考价值和实用价值。

收藏单位：国家图书馆，佳木斯大学图书馆等

148《当代中国民族问题资料·档案汇编：〈民族问题五种丛书〉及其档案集成》

国家民委《民族问题五种丛书》编辑委员会、中国民族问题资料·档案集成》编辑委员会编，中央民族大学出版社 2005 年出版

关键词：少数民族 民族历史

中图法分类号：K28

经国家民委民族问题研究中心批准，由“民族问题五种丛书”编辑委员会办公室搜集、整理“民族问题五种丛书”及其档案，汇集了“民族问题五种丛书”，即“中国少数民族”1 种、“中国少数民族简史丛书”55 种、“中国少数民族语言简志丛书”57 种、“中国少数民族自治地方概况”142 种、“中国少数民族社会历史调查资料丛刊”148 种，以及有关“民族问题五种丛书”的珍贵档案数百件。

收藏单位：暂时无法提供馆藏信息

149《东北非物质文化遗产丛书：民间礼俗卷》

刘铁梁、王凯旋主编，杜洪义著，东北大学出版社 2018 年出版

关键词：非物质文化遗产 礼仪

中图法分类号：K892.26

本书阐释了我国东北地区汉族、满族、蒙古族、朝鲜族、锡伯族、达斡尔族、鄂温克族、鄂伦春族、赫哲族、回族等各民族的民间生辰礼俗、婚姻礼俗、交往礼俗、丧葬礼俗及祭祀礼俗，翔实地介绍了不同民族在各种礼俗中的礼仪、礼节、习俗、忌讳等，为新时期民族文化的传承创新和精神文明建设提供有益借鉴。

收藏单位：黑龙江省图书馆、吉林大学图书馆、吉林省图书馆等

150《东北俗文化史》

隋书今等著，春风文艺出版社 1992 年出版

关键词：风俗习惯 东北地区

中图法分类号：K293

本书是“东北文化丛书”之一，共三编，分别是民间文艺、说唱戏曲、民情风俗。书中涉及赫哲族的有民间文艺概况、民间文学、赫哲族伊玛堪、居住、饮食、服饰、婚俗、丧葬、信仰习俗等，是研究赫哲文化的重要参考资料。

收藏单位：国家图书馆、吉林省图书馆、黑龙江省图书馆等

151《东北通古斯诸民族起源及社会状况》

郑东日著，延边大学出版社 1991 年出版

关键词：鄂伦春族 鄂温克族 赫哲族 民族起源

中图法分类号：K28

东北通古斯民族主要是指鄂伦春族、鄂温克族、赫哲族。本书是对东北通古斯民族起源及其社会状况的调查实录及研究专著。内容包括三大部分：第一部分主要探讨通古斯诸民族的起源、族属及族称；第二部分介绍通古斯诸民族的社会经济及社会组织的发展沿革，第三部分介绍通古斯诸民族的语言、风俗及文化特点，是研究东北通古斯诸民族起源及社会状况的参考资料。

收藏单位：黑龙江省图书馆、呼伦贝尔学院图书馆、内蒙古大学图书馆等

152《鄂伦春、鄂温克、达斡尔、俄罗斯民族民俗文物》

白劲松主编，内蒙古人民出版社 2014 年出版

关键词：鄂伦春族 鄂温克族 达斡尔族 俄罗斯族 历史文物

中图法分类号：K874

美丽富饶的呼伦贝尔，自古以来就是狩猎和游牧民族的乐园。生活在这里的各民族依据所居地域环境，或狩猎于崇山峻岭之间；或游牧于茫茫草原；或渔猎于沃野平川，创造出异彩纷呈的地域文化。擅长狩猎的鄂伦春族、从山林中走出的鄂温克族、契丹人的后裔达斡尔族和中西融合的俄罗斯族，在生产生活、语言服饰、文学艺术、宗教信仰等方面形成了各自独特的文化类群。本书收录了呼伦贝尔各地区博物馆、博物院馆藏文物精品 300 件（套）专业研究文章 3 篇。以图文并茂的形式展现鄂伦春族、鄂温克族、达斡尔族、俄罗斯族各民族的民风与民情。

收藏单位：北京服装学院图书馆

153《鄂温克 鄂伦春 达斡尔民族文化研究文集》

黎明编，内蒙古文化出版社2020年出版

关键词：民族文化 鄂温克族 鄂伦春族 达斡尔民族

中图法分类号：K280.26-53

2005年，由内蒙古自治区鄂温克族研究会、中国少数民族音乐学会北方草原音乐文化研究会、内蒙古社会科学院呼伦贝尔经济文化研究所共同举办了“全国首届鄂温克族、鄂伦春族、达斡尔族民间文化艺术研讨会”，内容包括民间音乐、文学艺术、民风民俗等。

收藏单位：国家图书馆等

154《各民族共创中华（东北内蒙卷．上）：满族、锡伯族、达斡尔族、鄂温克族、鄂伦春族、赫哲族的贡献》

王希隆著，甘肃文化出版社2011年出版

关键词：锡伯族 达斡尔族 鄂温克族 鄂伦春族 赫哲族 民族历史

中图法分类号：K28

本书用大量历史镜头，全方位、多视角地再现了东北内蒙古地区满族、锡伯族、达斡尔族、鄂温克族、鄂伦春族、赫哲族在经济、政治、文化、科技、社会等方面对中华民族的繁荣做出的贡献。

收藏单位：国家图书馆，华东师范大学图书馆、辽宁省图书馆等

155《各民族共创中华（西北卷．上）：维吾尔族、哈萨克族、塔吉克族、俄罗斯族、乌孜别克族、柯尔克孜族、塔塔尔族的贡献》

高永久著，甘肃文化出版社2011年出版

关键词：民族历史 俄罗斯族 乌孜别克族 柯尔克孜族 塔塔尔族

中图法分类号：K28

本书用大量历史文献，全方位、多视角地再现了西北地区维吾尔族、哈萨克族、塔吉克族、俄罗斯族、乌孜别克族、柯尔克孜族在经济、政治、文化、科技、社会方面对中华民族做出的贡献。

收藏单位：国家图书馆、佳木斯大学图书馆、西北民族大学图书馆、新疆大学图书馆等

156《各民族共创中华（西北卷．下）：回族、东乡族、保安族、撒拉族、裕固族、土族的贡献》

马建春著，甘肃文化出版社2011年出版

关键词：民族历史 保安族 撒拉族 裕固族 土族

中图法分类号：K28

本书论述深刻、观点公允、内容系统，运用唯物史观和马克思主义的民族理论，以丰富而翔实的资料，用大量历史镜头，全方位、多视角地再现了西北地区保安族、撒拉族、裕固族、土族等诸民族在经济、政治、文化、科技、社会方面对中华民族做出的贡献。

收藏单位：西北民族大学图书馆、广西民族大学图书馆、中央民族大学图书馆等

157《各民族共创中华(西南卷.上):藏族、门巴族、珞巴族、羌族的贡献》

韩效文、杨建新主编;尹伟先著,甘肃文化出版社 2011 年出版

主题词:民族历史 门巴族 珞巴族

中图法分类号:K28

本书论述深刻、观点公允、内容系统,运用唯物史观和马克思主义的民族理论,以丰富而翔实的资料,用大量历史镜头,全方位、多视角地再现了西南地区门巴族、珞巴族等民族在经济、政治、文化、科技、社会等方面对中华民族的繁荣做出的贡献。本书有现实的参考价值和历史的保存价值,为深入研究门巴族、珞巴族等民族提供了第一手翔实资料。

收藏单位:国家图书馆、佳木斯大学图书馆、吉林省图书馆等

158《各民族共创中华(西南卷.中):苗族、瑶族、侗族、水族、布依族、仡佬族、傣族、佤族、德昂族、布朗族、土家族、拉祜族、纳西族、阿昌族、独龙族、基诺族的贡献》

杨建新主编;杨筑慧著,甘肃文化出版社 2011 年出版

关键词:民族历史 德昂族 布朗族 阿昌族 独龙族 基诺族

中图法分类号:K28

本书论述深刻、观点公允、内容系统,运用唯物史观和马克思主义的民族理论,以丰富而翔实的资料,用大量历史镜头,全方位、多视角地再现了西南地区德昂族、布朗族、阿昌族、独龙族、基诺族等诸民族、在经济、政治、文化、科技、社会方面对中华民族做出的贡献。本书有现实的参考价值和历史的保存价值,为深入研究德昂族、布朗族、阿昌族、独龙族、基诺族等民族提供了第一手翔实资料。

收藏单位:云南中医学院图书馆、贵州民族大学图书馆、广东农工商职业技术学院图书馆、西藏民族大学图书馆等

159《各民族共创中华(西南卷.下):彝族、白族、傈僳族、哈尼族、普米族、景颇族、怒族的贡献》

韩效文、杨建新主编,甘肃文化出版社 2011 年出版。

关键词:民族历史 普米族 景颇族 怒族

中图法分类号:K28

本书论述深刻、观点公允、内容系统,运用唯物史观和马克思主义的民族理论,以丰富而翔实的资料,用大量历史镜头,全方位、多视角地再现了西南地区普米族、景颇族、怒族等在经济、政治、文化、科技、社会方面对中华民族做出的贡献。本书有现实的参考价值和历史的保存价值,为深入研究普米族、景颇族、怒族等民族提供了第一手翔实资料。

收藏单位:佳木斯大学图书馆、大理大学图书馆、中央民族大学图书馆等

160《各民族共创中华(中南东南卷.上):壮族、仫佬族、毛南族、京族的贡献》

杨建新主编,黄修义,黄耀萍著,甘肃文化出版社 2011 年出版

关键词:民族历史 仫佬族 毛南族 京族

中图法分类号：K28

本书全面、系统、深入叙述了壮族、仫佬族、毛南族、京族在经济、政治、文化、科技、社会等方面对中华民族的繁荣作出的贡献。本书有现实的参考价值和历史的保存价值，为深入研究壮族、仫佬族、毛南族、京族等民族提供了第一手详实资料。

收藏单位：国家图书馆、佳木斯大学图书馆等

161《各民族共创中华（中南东南卷．下）：黎族、高山族、畲族的贡献》

杨建新主编，李久林著，甘肃文化出版社 2011 年出版

关键词：民族历史 高山族

中图法分类号：K28

本书全面、系统、深入叙述了黎族、高山族、畲族在经济、政治、文化、科技、社会等方面对中华民族的繁荣作出的贡献。本书有现实的参考价值和历史的保存价值，为深入研究高山族等民族提供了第一手详实资料。

收藏单位：国家图书馆、佳木斯大学图书馆等

162《贡山独龙族怒族自治县概况》

本书编写组编，民族出版社 2008 年出版

关键词：怒族 独龙族 贡山独龙族怒族自治县

中图法分类号：K927.44

本书是按照国家民委民族问题五种丛书编委会的部署进行编写的。在中国共产党贡山县委、县人民政府的领导下，于 1984 年开始编写，着重介绍了贡山独龙族怒族自治县解放以来，贯彻党的方针政策，发展各项事业所取得的成就；同时还介绍了贡山的历史、地理、民族风情等。2008 年由民族出版社再版发行，介绍了贡山独龙族怒族自治县的地理环境、历史沿革与社会变革、民族区域自治、农业、工业、交通通信、财政金融、贸易、旅游、对外开放、社会事业、城乡建设、环境保护等，以期让读者对贡山独龙族怒族自治县的情况有一个了解。

收藏单位：国家图书馆、防城港市图书馆、云南省图书馆等

163《广西民族民间文化》

吴烨、吴丽萍主编，旅游教育出版社 2019 年出版

关键词：民族文化 广西壮族自治区

中图法分类号：K280.67

本书对广西壮族自治区的仫佬族、毛南族、京族等民族民间文化进行介绍，包括人口、分布、节日、禁忌、婚俗、饮食习惯、方言特点、礼仪、工艺、服饰、建筑、民间故事等。本书旨在让读者立足广西壮族自治区了解中国民族民间文化，获取更多的创作养料，从而创作出更多有文化内涵的作品，也引导读者进一步开阔视野，培养热爱中华优秀传统文化的感情和爱国主义精神。

收藏单位：国家图书馆、海南热带海洋学院图书馆、浙江外国语学院图书馆等

164《广西仫佬族毛南族社会历史调查》

广西壮族自治区编辑组，《中国少数

民族社会历史调查资料丛刊》修订编辑委员会编写，民族出版社 2009 年出版

关键词：毛南族 仫佬族 社会调查

中图法分类号：K287.6

本书是“中国少数民族社会历史调查资料丛刊（修订本）”之一，主要从环江县毛南族社会历史调查、环江县毛南族情况调查、罗城县仫佬族情况调查三个部分进行介绍。第一部分详细介绍了下南毛南族乡的社会历史概况、玉环村毛南族的社会生活、堂八村毛南族的历史和传说、下塘村毛南族的社会情况、中南村毛南族的社会情况。第二部分和第三部分对毛南族和仫佬族的人口分布与社会情况、历史来源、经济生活、传说与神话、宗教与风俗习惯分别进行了详尽的记述。

收藏单位：国家图书馆、广西大学图书馆、广西民族大学图书馆等

165《贵州世居民族迁徙史》

李平凡、颜勇主编，贵州人民出版社 2011 年出版

关键词：民族迁徙 贵州省

中图法分类号：K280.73

本书不仅全面反映了贵州省 18 个世居民族迁徙的历史，对各民族迁徙历程进行了系统研究，开创了贵州省民族史研究新的领域。该书真实系统地反映了贵州省各民族迁徙的历史，探索了山地高原世居民族的文化渊源。它的出版必将促进各族各界对贵州省的进一步认识，从文化的角度，有力地推动贵州省经济社会的发展。

收藏单位：国家图书馆、贵州省图书馆等

166《河池之最》

韦显寿、韩建猛主编，广西人民出版社 2011 年出版

关键词：河池市 广西壮族自治区

中图法分类号：K926.73

河池市位于广西壮族自治区的西北部。有壮族、汉族、仫佬族、毛南族、苗族、侗族、水族 8 个世居少数民族，是广西壮族自治区少数民族聚居最多的地区之一。本书汲取了河池市在自然、历史、政治、经济、文化、民族、社会、人物等方面最具代表性，最精彩的亮点，向读者介绍了一个山清水秀人杰地灵，多姿多彩，日新月异的河池。本书包括四大部分，即：世界之最在河池、中国之最在河池、广西之最在河池、河池之最，分别记叙了河池市在自然、历史、政治、经济、文化、社会、人物等方面的列入世界、中国和广西壮族自治区“之最”及河池“之最”的资料 240 多条目。

收藏单位：国家图书馆、广西壮族自治区图书馆、南宁市图书馆等

167《赫哲、鄂伦春、达斡尔族服饰艺术研究》

季敏著，黑龙江美术出版社 2006 年出版

关键词：赫哲族 鄂伦春族 达斡尔族服饰艺术

中图法分类号：K892.23

本书系统阐述了赫哲族、鄂伦春族、达斡尔族三个少数民族服饰艺术的历史变迁、美学特征、样式类别、装饰功能，以及民族服饰与生产、生活、自然环境、民俗信仰的关系。同时，运用大量的图片、

绘画，把三个民族服饰文化做了全面、生动的介绍和展示，给读者一目了然的直观感觉和服饰审美艺术的享受。通过对三个少数民族服饰艺术的深入探析和研究，总结出了服饰文化的历史性、民族性、区域性、类别性、性别和职业性等特点，填补了黑龙江省少数民族服饰文化研究的空白。此项研究不仅具有重要的艺术价值、科研价值、社会价值、应用价值，而且具有抢救少数民族文化、拯救口头与非物质文化遗产的历史意义和现实意义。

收藏单位：国家图书馆、黑龙江省图书馆等

168《黑龙江风情》

谷文双主编，黑龙江人民出版社 2006 年出版

关键词：风情录 黑龙江省

中图法分类号：K923.5

本书是“富饶神奇的黑龙江丛书”之一，通过对黑龙江民俗风情生动、形象、具体的描绘，反映了黑龙江人民的生产、生活和社会实践活动，展现了黑龙江地区物质生活、精神生活和人们社会交往等诸多方面，展示了黑龙江的美丽神奇。本书共收录文章 36 篇，例如涉及赫哲族风情的有 10 篇，分别是：狩猎、捕鱼、凿冰、鱼皮服饰、刹生鱼、狗爬犁、乌日贡、叉草球、嘎拉哈、伊玛堪等，是研究赫哲族民俗文化的参考资料。

收藏单位：国家图书馆、齐齐哈尔大学图书馆、黑龙江省图书馆等

169《黑龙江古代简志》

张泰湘著，黑龙江人民出版社 1989 年出版

关键词：地方志 黑龙江省

中图法分类号：K293.5

本书分 15 章，分别阐述了建置、民族、经济、工具、贸易、建筑、材料、交通、军事、法律、宗教、艺术、音乐、婚丧、气候等方面的内容，反映黑龙江地方史的几个侧面，是研究黑龙江省人口较少民族历史与文化的重要资料。

收藏单位：东北农业大学图书馆、哈尔滨工程大学图书馆、黑龙江省图书馆

170《黑龙江古代民族史纲》

干志耿、孙秀仁著，黑龙江人民出版社 2015 年出版

关键词：古代民族 民族历史 黑龙江省

中图法分类号：K289

这是一部历史与考古相结合的著作，本书分为上、下两编。上编记述了黑龙江地区旧石器时代晚期文化及远古居民，黑龙江地区的三大族系，商、周、秦、汉、魏、晋、南北朝、隋、唐、辽、宋、金、元、明、清等时期黑龙江各族的发展、演变历史。下编为黑龙江古代民族文化的相关研究文章。本书是地区民族史学术著作，是研究黑龙江人口较少民族历史的重要参考资料。

收藏单位：国家图书馆、吉林省图书馆、黑龙江省图书馆

171《黑龙江少数民族风情》

龚强著，黑龙江人民出版社 2009 年出版

主题词：少数民族风俗习惯 黑龙江省

中图分类：K892.4

黑龙江流域沃野千里，水泽密布，群山巍峨，草原广袤，这里养育着满族、蒙古族、回族、朝鲜族、鄂温克族、达斡尔族、鄂伦春族、柯尔克孜族、锡伯族、赫哲族等10个世居的少数民族。黑龙江的少数民族，在伟大祖国民族大家庭中具有重要的位置。源远流长的少数民族历史，别具一格的少数民族文化，特色浓郁的少数民族风情，个性鲜明的少数民族习俗，构成了厚重、丰富、绮丽的黑龙江人文资源。本书介绍了生活在黑龙江省的满族、朝鲜族、回族、蒙古族、达斡尔族、锡伯族、鄂伦春族、赫哲族、鄂温克族、柯尔克孜族的民族风情。

收藏单位：国家图书馆，黑龙江省图书馆等

172《黑龙江少数民族族源研究》

方衍主编，黑龙江省新闻出版局、黑龙江省民族研究所1992年印制

关键词：少数民族族源 黑龙江省

中图法分类号：K280.35

黑龙江少数民族，有着漫长而丰富的历史，民族源流、族源、族属问题，是民族历史研究中一个复杂的领域。本书是对黑龙江省研究学会和黑龙江省民族研究所于1991年11月所开的黑龙江少数民族族源学术讨论会上的新资料和新成果进行了汇编。会议着重讨论探索黑龙江赫哲族、达斡尔族、鄂伦春族、柯尔克孜族等少数民族的族源、族属、来源和形成，深入地研究各少数民族的历史，为人类文化提供新的知识，做出特殊的贡献。

收藏单位：佳木斯大学图书馆、长春师范大学图书馆等

173《黑龙江省民族博物馆藏文物集萃》

王军主编，黑龙江人民出版社2015年出版

关键词：民族博物馆 文物 黑龙江省。

中图法分类号：K872.35

本书涵盖了黑龙江省的满族、朝鲜族、回族、蒙古族、达斡尔族、锡伯族、鄂伦春族、赫哲族、鄂温克族、柯尔克孜族10个世居少数民族的文物，从生产工具、民族服饰、交通运输、宗教信仰、生活用具和文化艺术等几个方面，精选233件馆藏文物，多方位展示少数民族的传统文化。这本书是黑龙江省民族博物馆30年来文物工作的回望和总结。

收藏单位：国家图书馆、黑龙江省图书馆

174《厚德载物：人口较少民族文化保护与发展》

王建民等著，中央民族大学出版社2010年出版

关键词：人口较少民族 民族文化

中图法分类号：K28

中国人口较少民族发展需求研究在过去8年经历两个阶段：先是费孝通教授生前建议国家民族事务委员会开展此项造福人口较少民族的研究。2007年，国家民族事务委员会文化宣传司又在人口较少民族经济社会发展已得到中央政府全面关注的前提下，注意到他们的文化传承仍然存在严重问题，所以委托本中心王建民教授和张海洋教授牵头开展人口较少民族文化保

护与发展专项调查。调查报告曾在《中国少数民族文化发展报告(2008)》里收录，但因其中很多细节不合"蓝皮书"体例而被删减。本次重新结集以为教学案例和应用研究参考。

收藏单位：国家图书馆、呼伦贝尔市图书馆、云南省图书馆等

175《回族、东乡族、撒拉族、保安族民族关系研究》

丁宏主编，中央民族大学出版社2006年出版

关键词：撒拉族 保安族 民族关系 调查报告

中图法分类号：K28

本书包括宁夏回汉民族关系调查报告，东乡族、回族、汉族关系调查报告，撒拉族、藏族、汉族、回族关系调查报告，散杂居地区汉民族关系调查报告等六部分内容。

收藏单位：国家图书馆、湖北省图书馆、甘肃省图书馆等

176《积石山保安族东乡族撒拉族自治县概况》

本书编写组、本书修订本编写组编，民族出版社2008年出版

关键词：保安族 撒拉族

中图法分类号：K924.24

本书是"中国少数民族自治地方概况丛书（修订本）"之一，主要包括行政区划、自然资源、民族分布、历史发展、政权建设、社会变革、经济文化以及名胜古迹、宗教信仰、风俗习惯等内容。本书附有"积石山保安族东乡族撒拉族自治县行政区划略图"，以及大量的关于自治县的山川河流、地理地貌、名胜古迹、手工艺品以及人民生活状态的照片，是一部不可多得的全面了解积石山保安族东乡族撒拉族自治县情况的图书。

收藏单位：国家图书馆、佳木斯大学图书馆、中山大学图书馆等

177《积石山保安族东乡族撒拉族自治县志》

积石山保安族东乡族撒拉族自治县志编纂委员会编，甘肃文化出版社1998年出版

关键词：地方志

中图法分类号：K294.24

1980年，经国务院批准甘肃省成立了积石山保安族东乡族撒拉族自治县，1986年积石山县委、县政府设立县志编辑部，经过近十二年的奋斗，《积石山保安族东乡族撒拉族自治县志》终于编纂成书。全书由概述、大事记、地理编、经济编、文化编、政治编、民族宗教编、社会编、人物编、附录组成，它全面系统地记述积石山县自古至今自然、人文、社会、经济的历史和现状，各行各业的发展与演变，为广大读者了解积石山县提供丰富的历史借鉴和客观依据，具有了解地情、宣传地方、教育人民和为社会各界提供地情服务的独特作用。

收藏单位：国家图书馆、佳木斯大学图书馆、北京大学图书馆等

178《基诺族普米族社会历史综合调查》

《民族问题五种丛书》云南省编辑委

员会、《中国少数民族社会历史调查资料丛刊》修订编辑编委会编，民族出版社 2009 年出版

关键词：普米族 社会历史调查

中图法分类号：K286.6

本书是“中国少数民族社会历史调查资料丛刊（修订本）”之一，分为上、下篇。上篇是基诺族社会历史综合调查，下篇是普米族社会历史综合调查。具体包括兰坪、宁蒗两县普米族社会调查、宁蒗县永宁区托甸乡普米族社会历史综合调查报告、永宁温泉乡普米族婚丧习俗调查、宁蒗县红桥区翠培乡普米族社会历史调查等。历次调查的少数民族社会历史资料对我国少数民族社会历史的科学研究工作具有重要的参考价值。

收藏单位：国家图书馆、佳木斯大学图书馆、河南省图书馆等

179《坚守与担当：西南地区直过民族非物质文化遗产传承人访谈录》

何茜主编，西南师范大学出版社 2019 年出版

关键词：非物质文化遗产 民间艺人 访问记

中图法分类号：K825.7

编者选取了拉祜族、德昂族、佤族、景颇族、基诺族、布朗族、怒族、傈僳族等 8 个“直过民族”的 18 位不同领域的国家级非物质文化遗产传承人、云南省级非物质文化遗产传承人、普洱市等市级非物质文化遗产传承人作为访谈对象，通过田野访问形成调查报告编撰成书。作者对 8 个少数民族分别进行了简要介绍，每篇访谈调查报告由传承人简介、非物质文化遗产传承项目简介、访谈录、小节四个部分构成。本书的出版对“文化扶贫”的工作具有一定指导和借鉴作用。

收藏单位：国家图书馆等

180《景颇族阿昌族社会历史调查文集》

德宏州民语委编，德宏民族出版社 2007 年出版

关键词：景颇族 阿昌族 民族历史 社会调查

中图法分类号：K285.9

本书把 50 年代中央民族调查组汇编的《少数民族社会历史调查资料集》中有关景颇族、阿昌族社会调查资料和见诸州内外报纸杂志的有关两个民族的珍贵资料编录成集，为研究景颇族、阿昌族民族历史现状提供了较为全面的民族调查简史。

收藏单位：国家图书馆、云南省图书馆等

181《居游之间：游牧、采猎、渔捞三型游文化变迁与生态重塑》

王俊敏著，上海三联书店 2014 年出版

关键词：游牧 狩猎 捕捞 民族文化

中图分类：K28

本书是“环境治理与生态权益论丛”之一，着重研究了中国游牧、采猎、渔捞三型游文化变迁与生态重塑，即内蒙古蒙古族的游牧文化变迁与草原生态重塑、兴安岭鄂伦春族和鄂温克族的采猎文化变迁与森林生态重塑、太湖汉族的渔捞文化变迁与湖泊生态重塑的相互影响，特别对游文化转向“居游之间”、处于“进退之际”

的矛盾状态和变迁机制进行了分析，旨在展示中国三型游文化丰富深厚的传统生态文明资源，揭示人类文化与自然环境、文化多样性与生物多样性互赖共生、衰荣与共的关系，破除国人的“单面线性进化论”和“现代化进步观”信仰，为化解文化和生态双重危机，重建中华民族和人类生态文明提供借鉴。

收藏单位：国家图书馆、呼和浩特图书馆、广西壮族自治区图书馆等

182《来自森林草原的人们：达斡尔族、鄂温克族、鄂伦春族风情》

毅松等著，内蒙古人民出版社2003年出版

关键词：达斡尔族 鄂温克族 鄂伦春族 民族风情

中图法分类号：K892.322

本书为“内蒙古旅游文化丛书”之一，作者以生动、细腻、充满感情的笔调介绍了达斡尔族、鄂温克族、鄂伦春族的历史和文化，其中包括秀丽多姿的自然景观、古朴淳厚的民俗风情、热情奔放的歌舞竞技、体验和探险式的特色旅游和蓬勃发展的建设事业等，令人神往。

收藏单位：国家图书馆，华东师范大学图书馆、黑龙江省图书馆等

183《灵异的墨脱》

赵胜启著，云南大学出版社2004年出版

主题词：门巴族 民族文化 珞巴族

中图法分类号：K280.754

作者将深入西藏自治区考察期间的所见、所闻、所思、所想进行梳理、构思。编辑、据案寻踪，稍加穿凿拼成系列书稿，作为西藏自治区文化考察漫记，大约分为墨脱县，米林县、错那县、隆子县、察隅县等几个部分进行介绍。

收藏单位：国家图书馆、云南省图书馆、四川省图书馆等

184《蒙古语族民族文化变迁与构建和谐社会研究》

文化著，中国社会科学出版社2014年出版

关键词：蒙古语族 民族文化

中图法分类号：K281.2

作者将东乡族、保安族、裕固族、土族、达斡尔族的文化变迁过程，纳入到蒙古语族的整体文化系统中，在对每一个民族文化变迁过程的梳理研究基础上，以蒙古语诸民族形成过程中的外来文化因素的影响为主线，梳理研究东乡族、保安族、裕固族、土族、达斡尔族的本体文化形态形成的历史现象，并对其近代社会结构与社会关系的变迁、经济生产与生活方式的变迁、传统文化的解构与重塑方面进行阐释，从宏观上探视民族文化多元并存的态势，进而对民族多元文化并存与构建和谐社会的关联问题进行理论与实践性探讨。

收藏单位：国家图书馆、兰州大学图书馆、西北民族大学图书馆等

185《民国时期西北少数民族社会变迁及其问题研究》

闫丽娟著，中国社会科学出版社2012年出版

关键词：少数民族 社会变迁

中图法分类号：K280.4

本书是“国家哲学社会科学成果文库”之一，研究对象包括主要聚居在甘宁青地区的回族、东乡族、撒拉族、保安族、藏族、土族、蒙古族等民族和主要聚居在新疆维吾尔自治区的维吾尔族、哈萨克族、柯尔克孜族、塔吉克族、乌孜别克族、塔塔尔族、俄罗斯族等。作者以社会变迁为切入点，充分吸收了学术界的研究成果，对民国时期西北少数民族社会开始从传统向现代转型的基本历史进程进行了较为系统的探讨与分析。

收藏单位：国家图书馆、新疆师范大学图书馆、西北民族大学图书馆等

186《民族博采录：哈尔滨市达斡尔、鄂温克、鄂伦春、柯尔克孜族联谊活动纪实》

吴占柱、赵仁成编著，达斡尔、鄂温克、鄂伦春、柯尔克孜族联谊会2010年印制

关键词：达斡尔族 鄂温克族 鄂伦春族 柯尔克孜族 民族文化

中图法分类号：K280.35

这是一本纪实性书籍，比较详尽地记述联谊会活动的时间、地点、内容、人物及所产生的社会影响和对民族事业的贡献。突出了改革以后的城市及散居少数民族的活动特征和较少民族文化习俗特点，反映出在党的领导下民族“共同团结进步，共同繁荣发展”的历史潮流。全书共分为敖包相会、联谊奉献、“抹黑”共聚、联络公益、人物集录五编和附录。

收藏单位：国家图书馆，黑龙江省图书馆等

187《内蒙古民族抗日斗争大事记》

邢野主编，内蒙古人民出版社2017年出版

关键词：抗日战争 大事记 内蒙古自治区

中图分类：K265.05

本书以时间顺序为脉络，以蒙古族、汉族、满族、回族、鄂伦春族、鄂温克族、达斡尔族等各族人民同仇敌忾，浴血抗击日本侵略军并取得胜利为主线，在方志、文史、档案资料的基础上，把编年体与纪事本末体有机结合，秉笔直录，客观记述历史上内蒙古、绥远、察哈尔、热河等地区在抗日斗争中的大事、要事、首事、特事。

收藏单位：呼和浩特图书馆等

188《内蒙古少数民族风情》

徐世明、毅松编著，内蒙古人民出版社1993年出版

关键词：少数民族风俗习惯 内蒙古自治区

中图分类：K892.3

本书为“内蒙古历史文化丛书”之一，介绍了鄂伦春族、达斡尔族、鄂温克族、蒙古族的民俗风情。

收藏单位：呼和浩特图书馆、中国社会科学院图书馆、内蒙古大学图书馆等

189《清代民族图志》

李泽奉、刘如仲编著，青海人民出版社1997年出版

关键词：少数民族 民族历史 清朝

中图法分类号：K280.049

本书采用《皇清职贡图》等绘制的形

象图，结合历史文献，对该民族的地理位置、历史状况、衣食住行、婚丧风俗、宗教信仰、文学艺术、习俗禁忌等做了较为完整的介绍，其下线到清末，在体例上采用按地区分民族编排，将有关该民族形象图放在文前，有些民族还附有清人绘该族生活形象图。对研究清代各民族历史文化、民俗及绘画等具有较高的价值，是历史研究者、美术工作者、收藏家、图书馆等不可或缺的珍贵资料。本图志包含了28个人口较少民族的介绍。

收藏单位：国家图书馆、甘肃民族师范学院图书馆、兰州大学图书馆等

190《青海世居少数民族金石录》

马小琴，马忠，桑杰加整理，青海人民出版社2018年出版

关键词：少数民族 金石研究 青海省

中图法分类号：K877.2

本书是“青海少数民族古籍丛书”之一，精选整理青海世居少数民族藏族、回族、土族、撒拉族、蒙古族相关金石资料206件。其中，撒拉族卷收碑8通，匾4方；土族卷收碑17通。这些金石资料上自吐蕃王朝时期，下至本世纪初，包括碑刻、匾联、铭文等内容，并配有大量珍贵的实物图片，并对其进行翻译、注释、考证，较为全面、系统地梳理了青海地区世居少数民族遗存下来的珍贵金石文献资料，展示了世居于青海的少数民族在历史发展长河中创造的独特文化景观，各民族之间互通有无的文化融合状况，及为中华民族多元一体格局的形成做出的历史贡献。

收藏单位：国家图书馆、中央民族大学图书馆、西南民族大学图书馆等

191《〈清实录〉中的黑龙江少数民族史料汇编》

方衍主编，黑龙江省新闻出版局1992年印制

关键词：少数民族史料 黑龙江省

中图法分类号：K280.35

本书从中华书局印刷的《清实录》新版中摘抄了关于黑龙江少数民族的史料，是研究黑龙江省少数民族历史研究的重要文献。

收藏单位：中山大学图书馆、长春师范大学图书馆、内蒙古大学图书馆等

192《犬图腾族的源流与变迁（上、下）》

王黎明著，黑龙江人民出版社2012年出版

关键词：古代民族 民族历史

中图法分类号：K289

本书以犬图腾族的历史发展脉络为研究线索，发现20多个中国现代民族之间具有较近的民族血缘关系的重要历史事实，此书填补了中国古代史、民族史、民族关系史中关于犬图腾族历史研究的重大理论空白，其研究成果对于增强中华民族的凝聚力、向心力，增强民族间团结，增进民族感情，提高中华民族的使命感和责任感，促进中国现代化的进程具有重要意义。在本书第四编犬图腾支系民族中介绍了鄂伦春族、赫哲族、达斡尔族、鄂温克族、锡伯族、裕固族、土族、乌孜别克族、撒拉族、塔塔尔族的古代民族历史。

收藏单位：国家图书馆、中国人民大

学图书馆、广西民族大学图书馆等

193《撒拉族土族民间文化研究》

李晓云等著，上海大学出版社2018年出版

关键词：撒拉族 土族 民族文化

中图法分类号：K283.2

本书为“青海广播电视大学人文社会科学重点研究基地学术成果丛书”之一。全书分“建筑篇”“体育篇”“婚俗篇”“刺绣篇”4部分，共计11章。内容包括：撒拉族建筑文化、土族建筑文化、撒拉族传统体育文化等，是了解撒拉族、土族民间文化的有价值资料。

收藏单位：国家图书馆、西北师范大学图书馆、兰州城市学院图书馆等

194《少数民族风俗与禁忌》

毛公宁、刘万庆主编；国家民委政策法规司编，民族出版社2007年出版

关键词：少数民族风俗习惯 民族禁忌

中图法分类号：K892.3

“入乡”先“问俗”，掌握一些民族风俗与禁忌方面的基本常识，对于增进民族之间的理解和尊重、维护民族团结具有十分重要的意义。本书简要介绍了我国各少数民族的主要风俗与禁忌，涉及14个人口较少民族的风俗与禁忌介绍。

收藏单位：黑龙江省图书馆、石河子大学图书馆、塔里木大学图书馆等

195《田野中的求索：达斡尔族、鄂温克族、鄂伦春族调查与研究》

毅松主编，内蒙古教育出版社2009年出版

关键词：达斡尔族 鄂温克族 鄂伦春族 民族调查

中图法分类号：K282.2

本书是内蒙古社会科学院民族研究所科研人员的研究报告集。本研究报告集共收入了民族研究所科研人员从1997年到2009年完成的13篇调查研究报告，内容涵盖了达斡尔族、鄂温克族、鄂伦春族少数民族的民俗文化、经济发展、教育发展、曲棍球文化发展、文化变迁、新农村文化建设、人口城市化等方面。这些调查研究报告深入地分析、探讨了“三少民族”的经济社会文化变迁、发展中存在的问题、困境及发展趋向、对策建议。

收藏单位：暂时无法提供馆藏信息

196《土族婚礼·撒拉族婚礼》

贺喜焱、马伟著，青海人民出版社2010年出版

关键词：土族 撒拉族 婚姻 少数民族风俗习惯

中图法分类号：K892.22

本书是“青海省首批国家级非物质文化遗产代表作名录丛书”之一，作者对土族婚礼、撒拉族婚礼的过程进行了全面描述。并且对土族婚礼、撒拉族婚礼的保护与传承进行了详细介绍。

收藏单位：国家图书馆等

197《温文尔雅的民间礼仪（彩图版）》

阚男男编著，吉林出版集团有限责任公司2014年出版

关键词：礼仪

中图法分类号：K892.26

中国具有五千年文明史，素有“礼仪之邦”之称，中国人也以其彬彬有礼的风

貌而著称于世。本书是“流光溢彩的中华民俗文化”系列丛书之一，以图文并茂的形式，介绍了民间各种日常礼仪，对礼仪内容、所要遵守的细节等都详细地作了分析，使读者能够轻松运用到实践中。本书第八章介绍了京族、基诺族、塔吉克族、鄂温克族等少数民族的礼仪。

收藏单位：国家图书馆、陕西理工大学图书馆、西宁市图书馆等

198《乌孜别克族 俄罗斯族》

贾丛江著，新疆美术摄影出版社 2009 年出版

关键词：乌孜别克族 俄罗斯族

中图法分类号：K283

“中国新疆民族民俗知识丛书”比较全面系统地叙述和介绍了新疆 13 个主要民族的历史源流、生活变迁、文化生活和风俗民情。本书是“中国新疆民族民俗知识丛书”之一，介绍了乌孜别克族和俄罗斯族的历史源流、社会经济、物质文化、家庭与婚姻、宗教信仰、文化艺术等各方面的情况，帮助读者认识和了解新疆各民族过去的足迹和现代的变化。

收藏单位：国家图书馆、山西省图书馆等

199《西北少数民族非物质文化遗产概览》

王雪等编著，中国社会科学出版社 2015 年出版

关键词：民族文化 非物质文化遗产 西北地区

中图法分类号：K280.4

本书以国家非物质文化遗产名录为依据，分省、分民族介绍陕西省、甘肃省、宁夏回族自治区、青海省、新疆维吾尔自治区的少数民族非物质文化遗产 140 余项，涵盖裕固族、土族等 18 个少数民族，重点介绍了各项非物质文化遗产的基本形式、主要内容、民族特征、文化内涵和传承情况。

收藏单位：国家图书馆、石河子大学图书馆、乌鲁木齐市图书馆等

200《西北少数民族风俗风情》

马莉主编，宁夏人民出版社 2013 年出版

关键词：少数民族风俗习惯 西北地区

中图法分类号：K892.44

本书从服饰、饮食、建筑、节日、人生礼仪等多方面，对西北少数民族中上述各民族的风俗习惯进行多角度的描述，使读者从中感受到西北少数民族丰富多彩的民俗风情，进而增进对西北少数民族的了解，加深不同民族之间的友谊，更好地促进民族团结和共同发展。本书涉及的人口较少民族有柯尔克孜族、俄罗斯族、保安族、撒拉族、裕固族、土族、锡伯族。

收藏单位：国家图书馆、内蒙古大学图书馆、内蒙古自治区图书馆等

201《西藏民俗文化》

陈立明、曹晓燕著，中国藏学出版社 2010 年出版

主题词：少数民族风俗习惯 西藏自治区

中图法分类号：K892

本书全面系统地介绍了西藏自古以来的衣食住行、婚丧嫁娶等物质民俗行为方

式，论述了其地域性、民族性、互融性与时代性特征。本书中有部分内容介绍了门巴族饮食文化、门巴族服饰文化、门巴族居住文化、门巴族婚俗文化、门巴族生育习俗、门巴族葬俗文化、门巴族节日文化、门巴族游艺习俗。

收藏单位：国家图书馆、黑龙江省图书馆、内蒙古大学图书馆等

202《西藏民族志》

姚兆麟著，中国藏学出版社 2006 年出版

主题词：民族志 西藏自治区

中图法分类号：K280.75

本书客观而科学地叙述了西藏自治区的主要民族—藏族的来龙去脉和政治、经济、文化诸方面的情况及其与四周诸民族的关系，同时介绍了与藏族有着密切关系的门巴族、珞巴族及其他一些群体的基本情况。

收藏单位：首都图书馆、中南民族大学图书馆、四川警察学院图书馆

203《西藏审美文化》

于乃昌著，西藏人民出版社 1989 年出版

关键词：门巴族 民族文化 审美分析

中图法分类号：K281

作者曾 6 次深入喜马拉雅山区考察门巴族、珞巴族和僜人的文学艺术和文化，是我国门巴族、珞巴族文学艺术和审美文化学研究的开拓者，赢得"门巴族珞巴族研究专家"称誉。本书介绍了门巴族和珞巴族的民族文化。

收藏单位：国家图书馆、湖北省图书馆、广州市图书馆等

204《新疆非物质文化遗产代表作》

新疆维吾尔自治区文化厅编，新疆人民出版社 2006 年出版

关键词：民族文化 文化遗产 新疆维吾尔自治区

中图法分类号：K892.24

本书荟萃了新疆维吾尔自治区申报国家级非物质文化遗产代表作的项目 21 种，其中 14 种已经成功列入国家级非物质文化遗产代表作名录，包括塔吉克族鹰舞，塔吉克族引水节和播种节，锡伯族西迁节，塔塔尔族撒班节，乌孜别克族传统歌舞艺术。本书资料珍贵、内容准确，具有权威性，是全面了解新疆非物质文化遗产的作品。

收藏单位：国家图书馆、石河子大学图书馆、塔里木大学图书馆等

205《新疆民族概览》

续西发著，新疆人民出版社 2015 年出版

关键词：少数民族 新疆维吾尔自治区

中图法分类号：K280.45

本书对新疆维吾尔自治区的柯尔克孜族、锡伯族、塔吉克族、乌孜别克族、俄罗斯族、达斡尔族、塔塔尔族等 13 个世居民族的历史沿革、人口分布、经济状况、民族工艺、文化状况、语言文字、服饰、饮食、居住、交通、宗教信仰、礼仪、节日等方面的情况分别进行了较为全面的介绍和描述，并对居住在新疆维吾尔自治区的其他 40 多个民族进行概括。本书是一本具有普及性、知识性的大众读物，可作

为民族教育的辅导材料，使不同民族的读者更多地了解其他民族的历史、文化、风俗，树立正确的民族观。

收藏单位：国家图书馆、石河子大学图书馆、塔里木大学图书馆等

206《新疆少数民族服饰与节庆》

马雄福等著，中国旅游出版社2008年出版

关键词：民族节日 民族服饰 新疆维吾尔自治区

中图法分类号：K892

新疆维吾尔自治区民族服饰是中华民族服饰文化的一个组成部分，具有浓郁的民族服饰风韵。服饰作为一个民族文化的主要标识，积淀着深厚的民族文化观念。不同的民族服饰呈现着一个独特的地域文化，同时它又随着时代的变迁而不断创新。而节庆则是民族文化的主要载体和传承形式，同时又是民族服饰的一次博览会。本书收录的新疆维吾尔自治区各个民族的民族服饰，包括新疆维吾尔自治区7个人口较少民族在内，是研究新疆维吾尔自治区服饰与节庆的有价值的参考资料。

收藏单位：国家图书馆、石河子大学图书馆、塔里木大学图书馆等

207《新疆世居民族概览》

续西发著，民族出版社2001年出版

关键词：少数民族 新疆维吾尔自治区

中图法分类号：K280.45

本书对新疆维吾尔自治区13个世居民族（其中有7个人口较少民族）的历史沿革、人口分布、经济状况、民族工艺、文化状况、语言文字、服饰、饮食、居住、交通、宗教信仰、婚姻、丧葬、礼仪、节日、娱乐活动、禁忌等方面的情况介绍和描述，展示了西域神韵和风情。

收藏单位：国家图书馆、石河子大学图书馆、塔里木大学图书馆等

208《新疆世居民族民俗文化概览》

王晶主编，民族出版社2014年出版

关键词：少数民族风俗习惯 新疆维吾尔自治区

中图法分类号：K892.445

新疆维吾尔自治区的世居民族有13个，包括维吾尔族、哈萨克族、回族、柯尔克孜族、塔吉克族、乌孜别克族、塔塔尔族、蒙古族、锡伯族、满族、达斡尔族、俄罗斯族、汉族。本书将带领读者走近新疆维吾尔自治区的世居民族，从服饰、饮食、民居、信仰、节庆、人生礼仪、禁忌、民族文学与艺术等方面全方位展现13个世居民族民俗文化的整体风貌。

收藏单位：石河子大学图书馆、塔里木大学图书馆、新疆图书馆等

209《新疆兄弟民族习俗简志》

刘锡淦编著，新疆青少年出版社1963年出版

关键词：少数民族风俗习惯 新疆维吾尔自治区

中图法分类号：K892.445

新疆维吾尔自治区包括7个人口较少民族。作者1956年至1959年到新疆维吾尔自治区各地做社会历史调查，1960年至1961年又到米泉、吐鲁番一带做人民公社的调查，与此同时曾对新疆维吾尔自治区各兄弟民族的风俗习惯做了调查并搜集了

一些材料。作者将搜集的材料从家庭组织与婚姻、日常生活、丧葬与禁忌、节日与娱乐等方面加工整理成书。本书不仅可以让读者了解新疆维吾尔自治区各兄弟民族的风俗习惯，对史学工作者、研究民族史的读者也有所裨益。

收藏单位：喀什市图书馆、乌鲁木齐职业大学图书馆、新疆图书馆等

210《新疆与中亚跨界民族研究》

艾莱提·托洪巴依主编，民族出版社2012年出版

关键词：民族问题 跨界民族 新疆维吾尔自治区

中图法分类号：K280.45

本书既是科技部重大国家科技合作项目“中亚地区人类社会经济活动应对气候变化的策略”的阶段性成果之一，同时也是教育部2007年度哲学社会科学研究重大课题攻关项目“跨界民族与中国地缘安全研究”及新疆维吾尔自治区社会科学院2009年度重点学科项目阶段性成果之一。新疆维吾尔自治区有哈萨克族、柯尔克孜族、塔塔尔族、乌孜别克族、塔吉克族、蒙古族和俄罗斯族7个跨界民族。新疆维吾尔自治区的跨界民族居住地与国外同源民族的居住地直接毗邻，相互影响最直接最迅速。本书包括新疆维吾尔自治区与中亚跨界民族、社会个案调查——新疆跨界民族文化传承、新疆跨界民族经济社会发展现状、关于国家认同和民族认同问题的问卷调查和研究、新疆跨界民族问题对边境安全的挑战、加强国家安全的对策与建议等内容。

收藏单位：国家图书馆、塔里木大学图书馆、新疆图书馆等

211《裕固族、东乡族、保安族社会历史调查》

甘肃省编辑组、《中国少数民族社会历史调查资料丛刊》修订编委会编，民族出版社2009年出版

关键词：裕固族 保安族 社会历史调查

中图法分类号：K280.42

本书是“中国少数民族社会历史调查资料丛刊（修订本）”之一，介绍了裕固族、保安族、东乡族社会历史，具有重要的参考价值。关于裕固族社会历史调查部分的内容包括中华人民共和国成立前裕固族的部落分布及姓氏、康乐区裕固族的牧业经济状况、黄泥堡裕固族社会历史概况、裕固族的家庭与婚姻、裕固族的宗教和原始崇拜、裕固族的文化艺术、裕固族的习俗；关于保安族社会历史调查包括保安族简况、保安族的历史概述、保安族的生活习俗等内容。

收藏单位：国家图书馆、云南大学图书馆、湘潭大学图书馆等

212《阅读织物上的历史 中华嫁衣文化调查》

屈雅君等编著，陕西师范大学出版总社2018年出版

关键词：婚姻 服饰 风俗习惯

中图法分类号：K892.23

作者通过田野考察的方法对中华56个民族的嫁衣文化进行考察，以图片、访谈、问卷、图表等方式呈现解读嫁衣背后的女性文化。以图文并茂的形式如实记录

下了56个民族的原生态婚嫁及嫁衣实况，通过解读嫁衣背后所深涵的古老的文化图腾和象征符号，系统阐释了嫁衣这一文化符号的巨大内涵和其背后的故事。

收藏单位：国家图书馆、北京服装学院图书馆、西北师范大学图书馆等

213《云南古代南亚语系民族及其他》

桑耀华著，云南民族出版社2007年出版

关键词：少数民族 民族文化 云南省

中图法分类号：K289

本书是“云南省社会科学院离退休专家学术文库”系列图书之一。作者根据实地调研，纠正了南亚语系及族称的不正确定论，对德昂族、景颇族和阿昌族的文化做了研究。本书收录了《论古代滇文化的民族属性》《洱海区域文化的民族属性》《论哀牢》等文章，是研究云南古代南亚语系民族文化的参考资料。

收藏单位：国家图书馆、云南民族大学图书馆、云南大学图书馆等

214《云南少数民族图库：布朗族·基诺族》

本书编委会编著，云南美术出版社2002年出版

关键词：布朗族 基诺族 民族文化 摄影集

中图法分类号：K280.74-64

作者以一幅幅照片向广大读者展示了布朗族和基诺族的居住环境、建筑物的样式、生产生活的场景、民族服饰、欢庆节日的场面等，并配以相关文字说明，便于广大读者了解布朗族和基诺族的民族文化。

收藏单位：国家图书馆、复旦大学图书馆、中央民族大学图书馆等

215《云南少数民族图库：怒族·独龙族》

本书编委会编著，云南美术出版社2001年出版

关键词：怒族 独龙族 民族文化 摄影集

中图法分类号：K280.74-64

本书以摄影集的形式，介绍了云南的古老民族—怒族和独龙族的生态环境、风俗习惯、服饰艺术、宗教信仰、传统节日等。丰富而生动的图片，为我们再现了怒族与独龙族的日常生产、生活，体现了怒族与独龙族的勤奋、上进、智慧，为读者研究怒族与独龙族的历史发展提供了丰富的第一手详细资料。

收藏单位：北京服装学院图书馆、湖北经济学院图书馆、温州大学图书馆等

216《中国鄂温克族 鄂伦春族 赫哲族文物集萃》

中国民族博物馆、黑龙江省民族博物馆、鄂温克旗博物馆编，民族出版社2014年出版

关键词：鄂温克族 鄂伦春族 赫哲族 文物

中图法分类号：K874.2

本书选录三个民族的文物242（件）套，按照文物的特点和传达的意义，分为渔猎文化，桦皮文化，兽皮、鱼皮文化，萨满文化，艺术生活等五部分，通过实物图片的形式集中展现这三个北方游猎民族

在文化变迁和转型过程中创造的丰富灿烂文化遗产，并对其文化的异同进行初步的研究和探讨，是一部融资料性、知识性与学术性为一体的文物图录。

收藏单位：国家图书馆，华东师范大学图书馆、内蒙古大学图书馆

217《中国古代丝绸设计素材图系：少数民族卷》

安薇竹、赵丰编，浙江大学出版社2018年出版

关键词：古丝绸 纹样 少数民族

中图法分类号：K876.92

本书对15个少数民族的145件织物具有中国典型少数民族的丝绸纹样进行整理、分析，按照纹样题材分为动物纹、植物纹、天地属相、器物纹、文字纹、几何纹、人物纹六大类，包括织锦、刺绣、拼布等技艺，包括了毛南族、柯尔克孜族、塔吉克族等人口较少民族的织锦、刺绣、贴花和拼布。

收藏单位：国家图书馆、浙江图书馆、湖北省图书馆、福清市图书馆等

218《中国民族百科全书》

李德洙、白振声主编，世界图书出版西安有限公司2015年出版

关键词：少数民族 百科全书

中图法分类号：K28-61

本书共15卷，着重于从宏观角度把握中国各民族，尤其是55个少数民族共同性、综合性的历史发展脉络。根据中国民族发展的自身特点和发展规律，阐述了自新石器时代（公元前8000—前2000年）至21世纪初曾活动于历史舞台上的民族和政权，重点介绍当代民族经济、政治、军事、教育、科技、文化等领域的概貌。

收藏单位：国家图书馆、新疆农业大学图书馆、山东大学图书馆等。

219《中国民族村寨调查纪实》

马京、李菊梅主编，云南大学出版社2004年出版

关键词：少数民族 民族调查 村屯史

中图法分类号：K28

本书分为日志篇、随笔篇及附录三部分内容。日志篇包括毛南族、畲族、满族、蒙古族、仡佬族、黎族调查组日志；随笔篇收录了“赫哲族调查实录”“毛南族调查趣事”等；附录收集了“民族学实物资料的调查和征集”“云南大学‘中国民族村寨调查’领导小组名单”等。是研究少数民族村屯的第一手资料。

收藏单位：国家图书馆、塔里木大学图书馆、新疆大学图书馆等

220《中国民族发展史纲要》

王文光等著，云南大学出版社2010年出版

关键词：中华民族 民族历史

中图法分类号：K28

本书是“西南边疆民族研究书系”之一，是对中国民族形成、发展、交流、融合进行全面系统论述的专著，作者叙述了从远古至清朝几千年以来在中国这块土地上生活、繁衍的各族人民的情况，并进行了比较全面的考证与评价。

收藏单位：西北民族大学图书馆、西北师范大学图书馆、北方民族大学图书馆等

221《中国民族史论著总目：1874—1992》

王文杰主编，陕西人民教育出版社1995年出版

关键词：民族史 书目

中图法分类号：K28

本书系统地收录了1874年至1992年年底，国内外出版的有关中国民族史的中文文献26,500余条，其中包括专著、调查报告和资料汇编等1800余种，140余种报纸，1680余种期刊和800余种论文。

收藏单位：福建师范大学图书馆、武汉大学图书馆、中山大学图书馆等

222《中国民族志》

杨圣敏、丁宏副主编，中央民族大学出版社2003年出版

关键词：中华民族 民族志

中图法分类号：K28

本书是“民族学教材与研究丛书”之一，教育部“211”工程立项教材，北京市高等教育精品教材立项项目。本书内容除绪论外，包括汉语民族、满—通古斯语族民族、蒙古语族民族、突厥语族民族、藏缅语族民族、壮侗语族民族、孟高棉语族民族、苗瑶语族民族、斯拉夫语族民族、伊朗语族民族、印度尼西亚语族民族、未定语族民族等部分，是研究中华民族史的参考资料。

收藏单位：佳木斯大学图书馆、甘肃民族师范学院图书馆、兰州大学图书馆等

223《中国人口较少民族》

刘福合等著，新华出版社2007年出版

关键词：人口较少民族

中图法分类号：K28

本书共上、下两册，收录照片近800幅，史料丰富，留存并保护了人口较少民族的优秀文化遗产，因而具有较高的收藏价值和文献价值。本书以图文并茂的形式，展现了中国人口较少民族的经济社会面貌，记录了人口较少民族的发展历史，反映了人口较少民族的发展和扶贫开发成就。

收藏单位：国家图书馆、北京师范大学图书馆、广西民族大学图书馆等

224《中国少数民族》

国家民委《民族问题五种丛书》编辑委员会等编，民族出版社2009年出版

关键词：少数民族 民族历史

中图法分类号：K28

本书作为整套“民族问题五种丛书”的提纲挈领之作，为国内外广大读者了解中国少数民族的历史和现状，提供了一本权威性、综合性、基础性的读物，对于普及民族知识、宣传民族政策、开展民族研究、推动民族工作，发挥了积极的作用。本书在基本保持1981年原版《中国少数民族》原貌的前提下，坚持以补为主，以改为辅，重点补充改革开放以来少数民族和民族地区经济社会发展方面的内容，全面、系统地反映各个民族的历史渊源、地域风貌、社会风俗、文化特色、发展成就和未来前景。

收藏单位：国家图书馆、石河子大学图书馆、塔里木大学图书馆等

225《中国少数民族风情游：北方卷》

香港中国旅游出版社编，汕头大学出版社 2008 年出版

关键词：少数民族风俗习惯

中图法分类号：K892.3

本书精选“北国大地”“雪域高原”和“西北丝路”的满族、蒙古族、鄂伦春族、藏族、回族和哈萨克族等 15 个中国北方的少数民族，着重讲述了各个民族关于历史、语言文化、居住、习俗和节庆等各方面的内容；向读者展现各个民族别具特色的风采：马背上的蒙古族，能歌善舞的朝鲜族，善于渔猎的赫哲族，崇尚山鹰的塔吉克族，“逐水草而居”的哈萨克族……既有北国大地的豪迈奔放，也有西北丝路的异域风情。一册在手，民族风情欢乐游。

收藏单位：呼和浩特图书馆、吉林省图书馆、河南省图书馆等

226《中国少数民族简况：傣族、佤族、景颇族、布朗族、阿昌族、崩龙族》

中央民族学院研究室编，中央民族学院研究室 1974 年出版

关键词：景颇族 布朗族 阿昌族 崩龙族 民族历史

中国图书分类法：K28

本书翔实地介绍了傣族、佤族、景颇族、布朗族、阿昌族、崩龙族生活环境、生活生产、历史发展、民俗等各个方面内容，对了解其民族情况具有较高的参考价值。

收藏单位：国家图书馆、部分高校图书馆及公共图书馆有本书的收藏。

227《中国少数民族简况：哈萨克族柯尔克孜族、锡伯族、俄罗斯族》

中央民族学院研究室编，中央民族学院研究室 1974 年编印

关键词：柯尔克孜族 锡伯族 俄罗斯族 民族历史

中图法分类号：K28

本书介绍了哈萨克族、柯尔克孜族、锡伯族、俄罗斯族的宗教信仰、生计变迁、族源、历史、民俗民风文化等方面的内容，对了解其民族情况具有较高的参考价值。

收藏单位：国家图书馆、株洲市图书馆等

228《中国少数民族简况：回族、东乡族、土族、撒拉族、保安族、裕固族》

中央民族学院研究室编，中央民族学院研究室 1974 年编印

关键词：土族 撒拉族 保安族 裕固族 民族历史

中图法分类号：K28

本书简要介绍了回族、东乡族、土族、撒拉族、保安族、裕固族的人口及分布、历史由来、语言文字、宗教文化、习俗等内容，帮助读者了解少数民族基本情况。

收藏单位：国家图书馆、黑龙江省图书馆、西北民族大学图书馆等

229《中国少数民族简况：傈僳族、羌族、普米族、怒族、独龙族（征求意见稿）》

中央民族学院研究室 1974 年编印

关键词：普米族 怒族 独龙族 民族历史

中图法分类号：K28

本书对傈僳族、羌族、普米族、怒族、独龙族宗教信仰、生计变迁、族源、历史、民俗民风文化等各个方面进行了深入的探讨，为研究普米族、怒族、独龙族的社会发展提供了第一手翔实资料。

收藏单位：国家图书馆、北京图书馆、株洲市图书馆

230《中国少数民族简况：黎族、畲族、高山族、京族》

中央民族学院研究室 1974 年编印

关键词：高山族 京族 民族历史

中图法分类号：K28

本书按不同民族分为四个部分。每个民族分别介绍了其族源、族称、分布、自然环境，生产生活状况等，重点介绍了中华人民共和国成立以后在祖国民族政策的帮助下，其生存状态的变化。

收藏单位：广西民族大学图书馆、沈阳师范大学图书馆、宁夏图书馆

231《中国少数民族简况：蒙古族、达斡尔族、鄂温克族、鄂伦春族》（征求意见稿）

中央民族学院研究室编，中央民族学院研究室 1974 年编印

关键词：达斡尔族 鄂温克族 鄂伦春族 民族史料

中图法分类号：K28

本书分五个部分，以“中国是一个统一的多民族的大家庭”开篇，分别对蒙古族、达斡尔族、鄂温克族、鄂伦春族四个民族的起源、历史、聚居地、宗教信仰、生产生活方式等做了较为详细的描述，是了解和研究四个少数民族的参考资料。

收藏单位：国家图书馆，新疆大学图书馆、中南民族大学图书馆等

232《中国少数民族简况：维吾尔族塔吉克族、乌孜别克族、塔塔尔族》

中央民族学院研究室编，中央民族学院研究室 1974 年编印

关键词：塔吉克族 乌孜别克族 塔塔尔族 民族历史

中图法分类号：K28

本书主要介绍了四个少数民族的民族概况，包括维吾尔族、塔吉克族、乌孜别克族和塔塔尔族，分别讲述了四个少数民族的历史，中华人民共和国成立前后的生产生活、宗教信仰等内容，同时提到了四个少数民族的文学艺术、文教、卫生事业，让读者可以了解这四个民族的发展历程。

收藏单位：国家图书馆等

233《中国少数民族简况：藏族、门巴族、珞巴族》

中央民族学院研究室 1974 年编印

关键词：门巴族 珞巴族 民族历史

中国图书分类法：K28

本书对藏族、门巴族、珞巴族宗教信仰、生计变迁、族源、历史、民俗民风文化等各个方面进行了深入的探讨，为研究藏族、门巴族、珞巴族的社会发展提供了第一手翔实资料。

收藏单位：安徽大学图书馆、中南民族大学图书馆、新疆大学图书馆等

234《中国少数民族民俗大辞典》

本书编写组编，内蒙古人民出版社

1995 年出版

关键词：少数民族风俗习惯

中图法分类号：K892.3-61

民俗学是一门综合性的学科，它的研究对社会学、历史学、语言文学等学科都有重要的参考价值。我国 55 个少数民族奇风异俗构成了这部辞典丰富的内容。本书的编纂，为这些学科的研究提供准确而丰富的资料，同时，这部词典不仅适用于民俗学，也适合其他有关学科的检索。

收藏单位：国家图书馆、塔里木大学图书馆、新疆大学图书馆等

235《中国少数民族民俗文化传承研究：以毛南族、仫佬族为例》

周波著，中国商业出版社 2018 年出版

关键词：毛南族 仫佬族 民俗文化

中图法分类号：K892.376

本书首先阐述民俗文化的基本概念，在此基础上，重点对毛南族和仫佬族的基本情况、历史沿革、生活习俗、宗教信仰和文化艺术、语言艺术等内容进行了研究，最后，对中国少数民族民俗文化遗产传承与保护进行了探索。本书视角新颖，逻辑合理，语言通顺，通过简练的语言、系统的机构和丰富的知识点，以毛南族和仫佬族为切入点，对中国民俗文化进行了全面、细致的剖析和研究，参考和借鉴价值非常高，是一本可读性非常强的专业学术著作。

收藏单位：国家图书馆

236《中国少数民族文化史图典》

王永强等主编，广西教育出版社 1999 年出版

关键词：少数民族 民族文化 文化史

中图法分类号：K28

本图典共 8 卷，涉及历史学、民族学、人类学、考古学、语言学、宗教学、社会学、民俗学等学科领域。在已确定的历史分期下，探寻中国少数民族的历史轨迹，展现湮没于历史长河中的古代民族的文化遗存，揭示各民族的文化特征，阐述各民族共同创造中国历史和文化的历程，勾勒中国少数民族文化史的面貌。本图典按中国古今民族的主要聚居和活动区域分 8 卷，28 个人口较少民族见于各卷：鄂伦春族、鄂温克族、达斡尔族、赫哲族见于东北卷；柯尔克孜族、塔吉克族、锡伯族、乌孜别克族、塔塔尔族、俄罗斯族见于西北卷（上）；土族、裕固族、撒拉族、保安族见于西北卷（下）；门巴族、珞巴族见于西南卷（上）；独龙族、普米族、怒族、基诺族、景颇族、阿昌族、布朗族、德昂族见于西南卷（下）；京族、毛南族、仫佬族、高山族见于东南卷。

收藏单位：甘肃民族师范学院图书馆、兰州大学图书馆、西北民族大学图书馆等

237《中国少数民族与吉祥文化》

李灿光主编，中国社会科学出版社 2008 年出版

关键词：民族文化 吉祥文化

中图法分类号：K28

本书高度概括了包括 28 个人口较少民族在内的中国 55 个少数民族的基本情况：称谓、族源、社会经济形态及现状，图文并茂地从吉祥生育、生活颂吉（服饰、

饮食、居住、交通）、吉祥婚姻、敬老礼仪、节日与符图、信仰与象征、求吉祈福及吉祥物等 8 个方面清晰地勾勒出各少数民族人民对美好生活的追求、对吉祥的渴望，具有积极乐观的生活情趣。

收藏单位：国家图书馆、甘肃民族师范学院图书馆、西北师范大学图书馆等

238《中国突厥语族诸民族文化发展研究》

孙岿著，宁夏人民出版社 2004 年出版

关键词：突厥语族 民族文化

中图法分类号：K289

本书是教育部人文社会科学百所重点研究基地，中央民族大学中国少数民族研究中心丛书之一。我国突厥语族诸民族主要分布于新疆维吾尔自治区、青海省、甘肃省一带的西北地区，包括柯尔克孜族、乌孜别克族、塔塔尔族、撒拉族、裕固族、维吾尔族、哈萨克族 7 个民族。操同一语族语言的民族，在语言上必然有共同的起源，同时在族源上也曾经有过密切的联系，但是在文化上对现存同一语族民族就很难做出肯定的结论。作者将突厥语族民族的传统文化作为主要研究对象，论述了“突厥语”一词的来源，各民族的历史源流，生态环境与经济文化类型等，力争寻求其文化上的异同及文化的变迁有何不同。

收藏单位：国家图书馆、中央民族大学图书馆、大连民族大学图书馆等

239《中国新疆非物质文化遗产研究》

王茜著，新疆大学出版社 2014 年出版

关键词：非物质文化遗产 新疆维吾尔自治区

中图法分类号：K294.5

本书前 4 章主要进行理论方面的论述，论述新疆维吾尔自治区非物质文化遗产产生的地理与生态环境、成果的类型、成果特点与功能、成果的保护方面存在的问题及对策。后 8 章依次叙述新疆维吾尔自治区柯尔克孜族、塔吉克族、锡伯族、乌孜别克族、俄罗斯族和塔塔尔族等非物质文化遗产方面的主要成果。

收藏单位：国家图书馆等

240《中国 28 个人口较少民族文物补充研究》

们发延主编，辽宁民族出版社 2016 年出版

关键词：少数民族 历史文物

中图法分类号：K874.04

本书采用图文并茂的形式，介绍景颇族、达斡尔族、柯尔克孜族、锡伯族、仫佬族、土族器物及其文化。主要内容包括：这六个民族的文物状况综述；民族文物的分类研究；民族文物的内涵与价值；亟待抢救的民族文物的种类及其保护措施等。本书对于增强人口较少民族的民族自豪感，增强民族团结，维护边疆稳定，构建社会主义和谐社会，具有十分重要的意义，对于保护人类文化遗产和保持人类文化的多样性具有特殊意义；对于民族学、博物馆学、历史学等相关学科的学术研究也大有裨益。

收藏单位：内蒙古大学图书馆、内蒙古师范大学图书馆、大连工业大学图书馆等

241《中华文化通志：侗、水、毛南、仫佬、黎族文化志》

杨权等撰，上海人民出版社 2010 年出版

关键词：毛南族 仫佬族 文化史

中图法分类号：K287.2

少数民族是中华民族成员，他们在长期的历史发展过程中，与兄弟民族一道，共同缔造了统一的多民族国家，共同捍卫祖国边疆，维护民族团结和国家完整，为国家的繁荣和富强做出了重要贡献。本书全面叙述了我国南方汉藏语系的五个少数民族的历史和现状、由来和发展，对这些民族的各种文化现象进行了系统的、历史的探索。

收藏单位：国家图书馆、大连理工大学图书馆、西安图书馆等

242《中华文化通志：满、锡伯、赫哲、鄂温克、鄂伦春、朝鲜族文化志》

关捷等撰；中华文化通志编委会编，上海人民出版社 2013 年出版

关键词：锡伯族 赫哲族 鄂温克族 鄂伦春族 文化史

中图法分类号：K203

本书为“中华文化通志·民族文化典”丛书之一。主要阐述通古斯语诸族（包括满族、锡伯族、赫哲族、鄂温克族、鄂伦春族、赫哲族）及朝鲜族的文化，包括各民族的人口分布、族称与族源、历史沿革、自然环境、语言文字、文学艺术、科学技术、教育体育、生活习俗、节日与娱乐、婚姻与家庭、礼仪与禁忌、宗教信仰、名胜古迹等内容。通古斯语诸族及朝鲜族是中华民族的成员，他们是勤劳勇敢、坚强不屈和历史悠久的少数民族，长期繁衍生息在中国东北、西北边疆地区，对开发、建设、保卫祖国边疆，创造中华民族的光辉历史和文化做出了重要贡献。对此，本志有详细介绍。

收藏单位：国家图书馆、中央民族大学图书馆、黑龙江省图书馆等

243《中华文化通志：蒙古、东乡、土、保安、达斡尔族文化志》

中华文化通志编委会编、蔡志纯、范玉梅主编，上海人民出版社 2010 年出版

关键词：土族 保安族 达斡尔族 民族文化

中图法分类号：K28

少数民族是中华民族成员，他们在长期的历史发展过程中，与兄弟民族一道，共同缔造了统一的多民族国家，共同捍卫祖国边疆，维护民族团结和国家完整，为国家的繁荣和富强做出了重要贡献。本书全面叙述了蒙古族、东乡族、土族、保安族、达斡尔族的历史和现状、由来和发展，对这些民族的各种文化现象进行了系统的、历史的探索。

收藏单位：国家图书馆、太原城市职业技术学院图书馆等

244《中华文化通志：苗、瑶、畲、高山、佤、布朗、德昂族文化志》

张永祥等撰，上海人民出版社 2010 年出版

关键词：少数民族 民族文化

中图法分类号：K28

本书为《中华文化通志》之一，以翔实的资料记述了苗、瑶、畲、高山、佤、

布朗、德昂七个少数民族的人口分布、地理环境、族源族称、社会组织、经济生产、语言文字、文学艺术、科学技术、民间艺术、文化教育、生活习俗、婚姻家庭、道德规范、传统节日、民间风尚、宗教信仰等状况，展示了这些少数民族不同的历史进程和独特的文化风貌。

收藏单位：国家图书馆等

245《中华文化通志：维吾尔、柯尔克孜、哈萨克、乌孜别克、塔吉克、塔塔尔、俄罗斯、裕固、撒拉族文化志》

中华文化通志编委会编；何星亮撰，上海人民出版社 2010 年出版

关键词：柯尔克孜族 乌孜别克族 塔塔尔族 俄罗斯族裕固族 撒拉族 文化史

中图法分类号：K203

少数民族是中华民族成员，他们在长期的历史发展过程中，与兄弟民族一道，共同缔造了统一的多民族国家，共同捍卫祖国边疆，维护民族团结和国家完整，为国家的繁荣和富强做出了重要贡献。本书是“中华文化通志”系列丛书之一，较全面地展现出柯尔克孜族、乌孜别克族、塔吉克族、塔塔尔族、俄罗斯族、裕固族、撒拉族的文化源流、结构、状态及其发展和变迁情况。

收藏单位：国家图书馆、兰州大学图书馆、西北师范大学图书馆等

246《中华文化通志：彝、纳西、拉祜、基诺、傈僳、哈尼、白、怒族文化志》

陈康等撰，上海人民出版社 1998 年出版，2010 年再版

关键词：文化通志 怒族 基诺族

中图法分类号：K28

本书对西南地区缅彝语系的彝族、纳西族、拉祜族、基诺族、傈僳族、哈尼族、白族、怒族八个民族所创造的丰富灿烂的物质文化和精神文化做了全面系统的介绍。各族独立成篇，每篇先对各族的历史文化源流进行追溯，然后分成若干专题，从语言文字、文学艺术、衣食住行、婚丧嫁娶、节庆娱乐、宗教信仰、民间禁忌、习俗风尚、体育教育等方面，对各族文化进行论述。本书比较具体完整地反映了这些民族社会文化的发展的整体情况，相信会有现实的参考价值和历史的保存价值，也为读者更好地深入了解怒族与基诺族的有关情况提供了第一手详细资料。

收藏单位：佳木斯大学图书馆、太原城市职业技术学院图书馆

247《中华文化通志：壮、布依、傣、仡佬、京族文化志》

中华文化通志编委会编；黄庆印等撰上海人民出版社 1998 年出版

关键词：文化史 生活习俗 文学艺术

中图法分类号：K203

本书由壮族、布依族、傣族、仡佬族、京族五个民族的族志合成。这五个民族都生活在我国西南地区，语言系统相近，本志从这些民族所居住的自然环境，历史的变迁，生产方式、生活习俗、语言文字、文学艺术、宗教信仰等诸方面做了全面、细致的论述。

收藏单位：国家图书馆、哈尔滨工业大学图书馆、哈尔滨商业大学图书馆等

248《走入喜马拉雅丛林：西藏门巴族、珞巴族文化之旅》

陈立明著，中国藏学出版社 2002 年出版

关键词：民族文化 门巴族 珞巴族

中国图书分类法：K286.7

本书是作者喜马拉雅丛林科学考察随笔，记录了西藏自治区墨脱县的自然地理环境、门巴族、珞巴族的宗教信仰、风俗习惯、风土人情等，由于作者是民族学者，所以关注的重点是其文化价值研究。

收藏单位：国家图书馆、湖北图书馆等

P 天文、地球科学

249《百年地理大发现：雅鲁藏布大峡谷》

陶宝祥著，人民邮政出版社 2019 年出版

主题词：雅鲁藏布江 峡谷 科学考察

中图法分类号：P942.707.7

1998 年，中国雅鲁藏布大峡谷科学探险考察队的各路分队在扎曲胜利会师，揭开地球上最后一块秘境的面纱。作为人类徒步穿越雅鲁藏布大峡谷科学探险考察的组织者和参与者，作者以第一视角详细记录了科学考察的重重磨难和科考队员坚韧不拔、吃苦耐劳的宝贵品质，大峡谷中淳朴的藏族、门巴族和珞巴族老乡以及雅鲁藏布大峡谷无人区中珍贵的自然资源。

收藏单位：广西大学图书馆、深圳图书馆、吉林省图书馆等

250《莲花圣地：世界第一大峡谷人文风情解读》

罗洪忠著，电子科技大学出版社 2012 年出版

主题词：雅鲁藏布江 峡谷

中图法分类号：P942.707.7

本书全面系统地介绍了雅鲁藏布大峡谷的人文风光和历史风情，作者用散文笔调全景式地展示峡谷的自然风光、人文风情，用报告文学全面展示考察珞瑜文化（珞巴族和门巴族两个民族的文化合称珞瑜文化）等成果。本书细致地描绘了珞巴族和门巴族的生产生活，社会交往、宗教信仰、狩猎、农耕、建筑、饮食、服饰，交际、婚丧、伦理、文学、娱乐、礼仪等民俗事项，把这两个古老勤劳聪慧的少数民族形象展现在读者面前。

收藏单位：国家图书馆、四川省图书馆、广西壮族自治区图书馆等

251《中华人民共和国区域地质调查报告：门巴区幅（H46C002002）比例尺 1：250000》

杨德明等著，中国地质大学出版社 2014 年出版

主题词：区域地质报告 调查报告

中图法分类号：P562

本书论述了门巴区幅区域地质调查研究取得的成果。内容包括地层、岩浆岩、变质岩及变质作用、区域地质构造、测区旅游资源现状调查等。

收藏单位：国家图书馆、湖北图书馆、桂林理工大学图书馆等

R 医药、卫生

252《德宏世居少数民族医药概观》

苏玲丽主编，云南大学出版社2012年出版

关键词：民族医学 德宏傣族景颇族自治州

中图法分类号：R29

本书为“德宏世居少数民族文化研究系列丛书”之一，旨在展示德宏傣族、景颇族、阿昌族、傈僳族、德昂族五个世居少数民族的医药风貌，编者在编写过程中致力于本土资料的收集、挖掘，通过诊疗特色、常用药物、常用验方的举例，体现出五个世居少数民族医药的特点。

收藏单位：国家图书馆、云南省图书馆等

253《滇西民族民间秘验单方》

何开仁主编、德宏州中医医院编，德宏民族出版社2010年出版

关键词：验方 云南省

中图法分类号：R289.5

本书收集汉族、傣族、景颇族、德昂族、阿昌族和傈僳族等民族民间单验方1560方，分为妇科、内科、儿科、外伤、皮肤等，论述了各单方的组成、制法、用法、主治等。

收藏单位：国家图书馆、云南省图书馆等

254《云南德宏傣、景颇、阿昌、德昂族先天性遗传性疾病及健康情况调查研究》

骆毅主编，德宏民族出版社1990年出版

关键词：先天性疾病 遗传病 德宏傣族景颇族自治州

中图法分类号：R188.74

本书汇集了对德宏地区傣族、景颇族、阿昌族、德昂族先天性遗传性疾病、遗传性状、体质及健康情况的分析研究调查资料，反映了这四个民族当时的健康状况，妇女儿童的身体素质和疾病的发生率以及少数民族地区对婚姻法、计划生育政策贯彻的效果，对后续深入优生优育工作和人类学研究起到开拓作用。

收藏单位：国家图书馆、云南民族大学图书馆等

255《中国东乡族保安族及裕固族口腔疾病流行病学研究》

李志强主编，科学出版社2013年出版

关键词：东乡族 保安族 裕固族 口腔疾病

中图法分类号：R78

本书通过对中国东乡族、保安族、裕固族三个民族进行的龋病、牙周病调查以及口腔知识问卷调查，对这三个民族不同人群的口腔健康状况及影响因素进行了全面的介绍，为患有龋病和牙周疾病的病患提供了相应的治疗方案及理论依据。书中还针对三个民族进行口腔微生物的流行病学调查，通过对基因多态性的检测与分析，探索这些基因中各基因型的分布频率与龋齿发病的相关性。本书为完善口腔流行病学资料，进一步监测和评价中国少数民族口腔疾病状况，制定口腔卫生保健工作提供了良好的信息支持，可供口腔疾病预防工作者和口腔医师参考。

收藏单位：首都医科大学图书馆、佳

木斯大学图书馆、安徽医科大学图书馆等

T　工业技术

256《从蛮荒到现代》

韦荣慧著，中国民族摄影艺术出版社2006年出版

关键词：少数民族 民族服装

中图法分类号：TS941.742.8

本书作者用哲学感悟和理性陈述出了各民族特有的服饰文化，让读者从中感触到乌孜别克族、高山族等众多民族的各种传统服饰意象以及对古老文化的怀想。

收藏单位：国家图书馆、泉州理工学院图书馆、甘肃民族师范学院图书馆等

257《东北非物质文化遗产丛书：民间服饰卷》

刘铁梁等著，东北大学出版社2018年出版

关键词：非物质文化遗产 民族服饰 东北地区

中图法分类号：TS941.742

本书以生活在东北黑土地上的汉族、满族、蒙古族、朝鲜族、赫哲族、鄂伦春族、鄂温克族、达斡尔族8个民族为研究对象，细致阐述了各民族服饰的发展演变、服饰的种类、样式及制作工艺，服饰的文化内涵等内容。生活在黑土地上的东北各族民众，或捕鱼于江河，或狩猎于山林，或放牧于草原，或耕种于田野。不同的生存环境和生产方式决定了他们的服饰各具特色：有鱼皮服饰、狍皮服饰、棉麻服饰，有长袍马褂、短衣长裙、阔腿裤与套裤等，这些传统服饰是各民族在历史发展长河中的创造，是文化符号。随着人们对传统和自然的回归，那些已渐被遗忘的民族服饰一定会重放异彩，在现代服饰中重现它的价值。目前，朝鲜族服饰、赫哲族鱼皮制作技艺、鄂伦春族狍皮制作技艺等，已被列入国家级非物质文化遗产名录。

收藏单位：大连理工大学图书馆、黑龙江省图书馆等

258《甘肃特有少数民族服饰文化研究》

王淑芳著，民族出版社2015年出版

关键词：服饰文化 保安族 裕固族 甘肃省

中图法分类号：TS941.742

本书系甘肃省社科规划项目的成果，主要研究了东乡族、保安族、裕固族三个甘肃特有少数民族的服饰文化，特别是深入挖掘了其独特价值，以及与现代文明之间的关系，以此体现当代甘肃人对于民族文化的传承与弘扬，进一步揭示甘肃特有少数民族的认知心理、传统风俗习惯和审美情趣等深刻的文化内涵。

收藏单位：国家图书馆、甘肃民族师范学院图书馆、兰州大学图书馆等

259《广西少数民族服饰》

刘红晓、陈丽著，东华大学出版社2016年出版

关键词：少数民族 服饰 广西壮族自治区

中图法分类号：TS941.742.8

仫佬族、京族、毛南族是广西壮族自治区的人口较少民族。本书对广西壮族自治区少数民族服饰进行系统的梳理，按照民族进行分类，全面介绍广西壮族自治区

各世居少数民族的服饰特点及各少数民族独特的服饰文化，并从审美情趣和文化寓意等多个方面对其服饰色彩、服饰图案和纹样等进行阐述，具有较强的服装设计实践指导作用。

收藏单位：湖南科技大学图书馆、昆明学院图书馆、青岛大学图书馆等

260《黑龙江省部分人口较少民族服饰创新设计》

季敏主编，黑龙江人民出版社 2019 出版

关键词：民族服饰 服装设计 黑龙江省

中图法分类号：TS941.742.8

本书以赫哲族、鄂伦春族、鄂温克族、达斡尔族、柯尔克孜族、锡伯族为例，介绍了黑龙江较少民族服饰，展示了民族色彩、服饰搭配及各民族的特色。随着社会的变迁、科技的进步以及文化交流的深入，在保留传统民族服饰样式特点的前提下，对服饰结构、纹样图案、服饰材料等方面进行了改革与创新，让古老的民族服饰文化在当代焕发出夺目的光彩，同时得到广泛传播与传承。

收藏单位：国家图书馆等

261《内蒙古及东北地区少数民族服饰》

少数民族服饰课题组编，中国经济出版社 2016 年出版

关键词：民族服饰 内蒙古自治区 东北地区

中图法分类号：TS941.742.8

本书为“中国少数民族服饰传统制作工艺与技术保护工程第一阶段项目”的成果，主要针对内蒙古及东北地区满族、蒙古族、朝鲜族、达斡尔族、鄂伦春族、鄂温克族和赫哲族 7 个少数民族服饰传统制作工艺传承保护的需要，旨在防范其工艺形式的消失，保护少数民族服饰文化特质存续的完整性。

收藏单位：国家图书馆等

262《少数民族服饰》

戚嘉富著，黄山书社 2012 年出版

关键词：少数民族 民族服饰

中图法分类号：TS941

本书重点介绍了几个少数民族的特色服饰，包括维吾尔族服饰、蒙古族服饰、藏族服饰、鄂伦春族服饰、彝族服饰、白族服饰、傣族服饰、哈尼族服饰、纳西族服饰、苗族服饰、瑶族服饰、土家族服饰、拉祜族服饰、佤族服饰、布依族服饰、壮族服饰、基诺族服饰、侗族服饰、土族服饰、景颇族服饰等。

收藏单位：国家图书馆、贵州民族大学图书馆、北方民族大学图书馆等

263《神话·民俗与萨满服饰》

鄂·苏日台编著，内蒙古文化出版社 2012 年出版

关键词：萨满教 服饰 研究 呼伦贝尔市

中图法分类号：TS941.742

本书为“地域文化丛书”之一。呼伦贝尔境内的蒙古族陈巴尔虎部落和达斡尔族、鄂温克族、鄂伦春族都信奉萨满教。本书从民间广泛流传的有关萨满的神话故事、古老民俗入手，专题介绍和研究萨

满巫师的服饰特点、功能、神力、制作方法、宗教习俗和文化含义，比较系统地阐述了萨满服饰的丰富内涵。本书附有100多幅珍贵的萨满服饰图片资料。

收藏单位：国家图书馆等

264《云南独有少数民族服饰文化大典》

邓启耀著，云南美术出版社2015年出版

关键词：民族服饰 服饰文化 云南省

中图法分类号：TS941.742.8

云南省有15个独有少数民族，包括白族、哈尼族、傣族、傈僳族、佤族、拉祜族、纳西族、景颇族、布朗族、普米族、阿昌族、基诺族、怒族、德昂族、独龙族。本书对云南独有少数民族的服饰文化进行展示、解读，一方面以图片的形式展现云南独有少数民族的服饰特点，另一方面解读云南独有少数民族服饰中的文化内涵，图文之间互相配合、相辅相成，读者在理解“服饰文化”内涵的同时，也欣赏到了少数民族服饰的精美。

收藏单位：国家图书馆等

265《中国民居文化》

刘丽芳编著，时事出版社2010年出版

关键词：民居文化

中图法分类号：TU241.5

作者从历史、类型、工艺、风俗等方面记录了人类在建造家园的路途中自我成长的光辉历程。地理位置、地形地貌、气候特征、材料资源等自然因素，对民居的风格和形式产生了巨大的影响，而社会意识、民族差异、宗教信仰、风俗习惯、艺术风尚等社会因素，潜移默化地渗透在民居的许多细节中，构建了中国民居文化的精神内核。本书分为17章，包括中国原始民居、明清时期民居、中国近代至今的民居、中国汉族的民居、中国少数民族的民居、中国民居的装饰艺术等内容。在第11章介绍了28个人口较少民族的民居。

收藏单位：国家图书馆、云南大学图书馆、云南艺术学院图书馆等

266《中国少数民族特色村寨建筑特色研究：村寨与自然生态和谐研究卷1》

国家民委经济发展司编著，民族出版社2014年出版

关键词：少数民族 民族建筑 建筑艺术

中图法分类号：TU-092.8

本书是“中国少数民族特色村寨保护与发展丛书”系列之一。作者从我国不同民族地区少数民族特色村寨的村寨景观形式与规模、分布，包括考虑人们生产与生活的现实需要等方面进行论述，突出表述人文景观与自然环境有机结合的典范。本书介绍了鄂伦春族、赫哲族等不同地区人口较少民族的人居环境特点。

收藏单位：国家图书馆、福建工程学院图书馆、中山大学图书馆等

267《中国少数民族特色村寨建筑特色研究：村寨形态与营建工艺特色研究卷2》

国家民委经济发展司编著，民族出版社2014年出版

关键词：少数民族 民族建筑 建筑艺术

中图法分类号：TU-092.8

本书是“中国少数民族特色村寨保护与发展丛书”系列之一。作者从我国西南、华南、中南、东北、西北地区各少数民族地区的民族村寨的自然地理环境景观、气候和易得的建筑材料论述，构筑少数民族村寨建筑形态与营建工艺的重要物质基础条件，以及从各地域民众长期生活的民居村寨营建经验的不断积累和提高、少数民族特色村寨建筑形态与工艺特色着手，研究不同地区结合各自的民俗、民风的建筑特色和营建工艺。本书介绍了鄂伦春族、土族的村落建筑形态与营建工艺。

收藏单位：国家图书馆、昆明理工大学图书馆、广西民族师范学院图书馆等

268《中国少数民族特色村寨建筑特色研究：村寨建筑艺术与美学价值研究卷3》

国家民委经济发展司编著，民族出版社2014年出版

关键词：少数民族 民族建筑 建筑艺术

中图法分类号：TU-092.8

本书是“中国少数民族特色村寨保护与发展丛书”系列之一。作者侧重从美学价值和艺术特色方面研究少数民族特色村寨，分几大区域，选择性地介绍一些村寨建筑艺术的核心元素、室内外空间环境的美学价值等。本书介绍了鄂伦春族、土族的村寨建筑美学价值与艺术特色。

收藏单位：国家图书馆、北京服装学院图书馆、广西民族师范学院图书馆等

269《中国少数民族特色村寨建筑特色研究：村寨建筑文化研究卷4》

国家民委经济发展司编著，民族出版社2014年出版

关键词：少数民族 民族建筑 建筑艺术

中图法分类号：TU-092.8

本书是“中国少数民族特色村寨保护与发展丛书”系列之一。作者从少数民族特色村寨的文化内涵来研究不同民族的生态环境和经济生活特点，有选择性地介绍少数民族村寨建筑格局所包含的社会空间、神圣空间以及建筑仪式的内容、建筑形式的变迁等。本书介绍了鄂伦春族、土族的村落建筑文化。

收藏单位：国家图书馆、福建工程学院图书馆、柳州工学院图书馆等

Z 综合性图书

270《积石山保安族东乡族撒拉族自治县年鉴：2006—2007》

董克义主编，积石山县志编辑部2009年编印

关键词：积石山保安族东乡族撒拉族自治县 年鉴

中图法分类号：Z524.24

本书系统地记述积石山保安族东乡族撒拉族自治县2006—2007年自然、政治、经济、文化、社会等各个方面的基本情况和取得的重要成就，由照片、专载、大事记、概述、军事、商业贸易等31个类目组成。

收藏单位：国家图书馆、首都图书馆等

271《积石山保安族东乡族撒拉族自治县年鉴：2018》

马力宁主编，黄河水利出版社 2019 年出版

关键词：积石山保安族东乡族撒拉族自治县 年鉴

中图法分类号：Z524.24

本书记述了 2017 年积石山保安族东乡族撒拉族自治县自然、政治、经济、文化、社会等各个方面的基本情况和取得的主要成就，是读者全面了解积石山保安族东乡族撒拉族自治县基本情况的一本优秀工具书。

收藏单位：国家图书馆、首都图书馆等

272《民族文献提要：1949—1989》

《民族文献提要》编写组编，云南教育出版社 1991 年出版

关键词：民族学 民族文献

中图法分类号：Z89

本书收录 1949.10—1989.10 期间在中国面世的汉文版图书，重点选收了关于中国各个少数民族和全国各地方民族情况的文献，共计 2000 余种，是研究民族问题的一把钥匙。

收藏单位：国家图书馆、西北民族大学图书馆、西北师范大学图书馆等

273《民族文献提要：2000—2009》

林艺编，云南大学出版社 2001 年出版

关键词：民族学 民族文献

中图法分类号：Z89

本书收录了 2000—2009 年十年来全国各家出版社出版的民族文献图书，编写的体例主要依据北京图书馆出版社出版的《中国图书分类法》(2003 年第四版) 大类分类，然后按出版时间的顺序进行排列。通过对文献出版信息的收集和整理，较为直接和横向性地了解和对比民族问题的相关研究进展，对民族学、民族文化、民族经济以及各民族的历史发展和社会变迁均具有较好的参考价值。

收藏单位：国家图书馆、兰州大学图书馆、西北民族大学图书馆等

274《青海年鉴》

青海省地方志编纂委员会编辑，1998—2020 年发行。

关键词：青海 年鉴

中图法分类号：Z524.4

青海省每年例行出版年鉴，对该省各方面的情况做以全面的总结，书中的数据很具有参考和留存价值。年鉴设特载、青海概况、大事记、领导名录、政治、军事、经济、社会发展、社会事业等栏目，忠实记载了各族人民改革开放和开发建设青海的历史进程。书中的数据很具有参考和留存价值。对于今后乃至更长一段时间民和县的经济与社会发展具有一定的借鉴价值，对研究土族、撒拉族的发展提供重要的数据参考。

收藏单位：国家图书馆、青海民族大学图书馆等

275《新中国成立 60 周年少数民族文学作品选》

中国作家协会编，作家出版社 2009 年出版

关键词：少数民族文学

中图法分类号：Z838

本书既是对我国少数民族文学创作成果的一次检阅和展示，也是各民族作家相互学习交流的一个平台和机会。丛书共6卷20册，包括散文卷、诗歌卷、中篇小说卷、短篇小说卷、报告文学卷、理论评论卷。其中收录了人口较少民族的作品。

收藏单位：国家图书馆、西北师范大学图书馆、西藏民族大学图书馆等

276《云南民族口传非物质文化遗产总目提要：民间故事卷》

普学旺主编，云南省少数民族古籍整理出版规划办公室编，云南教育出版社2008年出版

关键词：民间故事 非物质文化遗产

中图法分类号：Z88

本书收录了云南各民族具有代表性的口传非物质文化遗产2668项，这是对云南各民族浩如烟海的口传非物质文化遗产所进行的第一次大展示、大盘点和大总汇。本书还将每一项文化遗产从遗产名称、所属类别、流传地区、主要内容、讲述者和搜集整理、出版情况等做了科学而全面系统的介绍。

收藏单位：国家图书馆、云南省图书馆等

277《云南民族口传非物质文化遗产总目提要：神话传说卷》

普学旺主编，云南省少数民族古籍整理出版规划办公室编，云南教育出版社2008年出版

关键词：神话 非物质文化遗产

中图法分类号：Z88

本书收录了云南各民族具有代表性的口传非物质文化遗产2241项，这是对云南各民族浩如烟海的口传非物质文化遗产所进行的第一次大展示、大盘点和大总汇。本书还将每一项文化遗产从遗产名称、所属类别、流传地区、主要内容、讲述者和搜集整理、出版情况等做了科学而全面系统的介绍。

收藏单位：国家图书馆、云南省图书馆等

278《云南民族口传非物质文化遗产总目提要：史诗歌谣卷》

普学旺主编，云南省少数民族古籍整理出版规划办公室编，云南教育出版社2008年出版

关键词：史诗 民歌 非物质文化遗产

中图法分类号：Z88

本书收录了云南各民族具有代表性的口传非物质文化遗产4600项，这是对云南各民族浩如烟海的口传非物质文化遗产所进行的第一次大展示、大盘点和大总汇。本书还将每一项文化遗产从遗产名称、所属类别、流传地区、主要内容、讲述者和搜集整理、出版情况等做了科学而全面系统的介绍。

收藏单位：国家图书馆、云南省图书馆等

279《中国少数民族古籍总目提要：东乡族卷、裕固族卷、保安族卷》

张公瑾主编，中国大百科全书出版社2006年出版

关键词：裕固族 保安族 东乡族 古籍

中图法分类号：Z838

本书收录东乡族、裕固族、保安族三个民族的古籍条目。内容包括历史、宗教、政治、经济、文学、艺术等诸多方面，真实记录了这三个民族的历史发展进程和文化发展轨迹。为研究东乡族、裕固族、保安族历史提供重要文献。

收藏单位：甘肃民族师范学院图书馆、兰州大学图书馆、西北民族大学图书馆等

280《中国少数民族古籍总目提要：拉祜族卷、景颇族卷、阿昌族卷》

国家民族事务委员会全国少数民族古籍整理研究室编，民族出版社 2019 年出版

关键词：景颇族 阿昌族 古籍

中图法分类号：Z838

本书分为拉祜族卷、景颇族卷、阿昌族卷三卷。拉祜族卷收录拉祜族古籍条目 827 条，其中，书籍类，收录 31 条；铭刻类，收录 3 条；文书类，收录 3 条；讲唱类，收录 790 条。景颇族卷共收录景颇族古籍条目 423 条。其中书籍类，收录汉文书籍条目 11 条；讲唱类，收录景颇族口碑古籍条目 412 条。阿昌族卷收录阿昌族古籍条目 507 条，其中：书籍类，收录 34 条；铭刻类，收录 2 条；文书类，收录 2 条；讲唱类，收录 469 条。

收藏单位：国家图书馆、云南省图书馆、佳木斯大学图书馆等

281《中国少数民族古籍总目提要：毛南族卷、京族卷》

张公瑾等编著，中国大百科全书出版社 2009 年出版

关键词：毛南族 京族 古籍

中图法分类号：Z838

本书按甲、乙、丙、丁四编的顺序排列。甲编为书籍类，乙编为铭刻类，丙编为文书类，丁编为讲唱类。详细列举了毛南族古籍的目录，为我们今后查找毛南族的古籍数目提供了方便，也为进一步了解和掌握毛南族的发展提供了参考。

收藏单位：国家图书馆、广西壮族自治区图书馆、云南省图书馆等

282《中国少数民族古籍总目提要：土族卷、撒拉族卷》

国家民族事务委员会全国少数民族古籍整理研究室编，中国大百科全书出版社 2007 年出版

关键词：土族 撒拉族 古籍

中图法分类号：Z838

本书收录土族和撒拉族的古籍条目 2942 条。内容包括历史、宗教、政治、经济、文学、艺术等诸多方面，真实记录了这两个民族的历史发展进程和文化发展轨迹。

收藏单位：国家图书馆、甘肃民族师范学院图书馆、大连民族大学图书馆等

283《中国少数民族古籍总目提要：佤族卷、布朗族卷、基诺族卷、德昂族卷》

国家民族事务委员会全国少数民族古籍整理研究室编，民族出版社 2019 年出版

关键词：布朗族 基诺族 德昂族 古籍

中图法分类号：Z838

本书分为佤族卷、布朗族卷、基诺族卷、德昂族卷四卷。佤族卷收录佤族古籍条目 477 条，其中书籍类条目 5 条，讲唱类条目 472 条。布朗族卷收录布朗族古籍条目 511 条，其中书籍类 91 条，铭刻类 7 条，讲唱类 413 条。基诺族卷收录基诺族古籍条目 374 条，其中书籍类 8 条，文书类 3 条，讲唱类 363 条。德昂族卷收录德昂族古籍条目 229 条，其中书籍类 14 条，讲唱类 215 条。

收藏单位：国家图书馆、佳木斯大学图书馆等

284《中国少数民族古籍总目提要：乌孜别克族卷、塔塔尔族卷、俄罗斯族卷》

张公谨主编，中国大百科全书出版社 2011 年出版

关键词：乌孜别克族 古籍

中图法分类号：Z838

本书是一部第一次系统介绍乌孜别克族、塔塔尔族、俄罗斯族古籍总体情况，反映乌孜别克族、塔塔尔族、俄罗斯族古籍概貌的书籍。它不仅是一部了解乌孜别克族、塔塔尔族、俄罗斯族历史文化的读物，也是研究乌孜别克族、塔塔尔族、俄罗斯族政治、经济、历史、宗教、文化的参考工具书，具有较高的收藏价值和实用价值，展示了乌孜别克族、塔塔尔族、俄罗斯族丰富多彩的民族历史文化遗产，反映了乌孜别克族、塔塔尔族、俄罗斯族人民为缔造中华民族文明所做出的贡献。本书共收录条目 732 条。其中，书籍类 249 条，内容包括宗教、哲学、语言文字、文学、其他等；讲唱类 483 条，收录了长期以来在民间流传的长诗、传说、故事、歌谣、谚语、趣闻等。

收藏单位：佳木斯大学图书馆、新疆师范大学图书馆、新疆图书馆等

285《中国少数民族论著索引》

陈延琪等著，新疆人民出版社 1992 年出版

关键词：少数民族 书名索引

中图法分类号：Z89

全书分为著作和论文两部分，共收录 1949—1989 年底有关中国少数民族研究方面的著作 3088 种，论文 28500 余篇。为科研工作者研究人口较少民族提供文献参考。

收藏单位：国家图书馆、中央民族大学图书馆、甘肃民族师范学院图书馆等